编委会

编委会主任	杨绪全
编委会副主任	马文革　梁若皓　魏爱军　赵付忠
编　　　委	杨绪全　马文革　梁若皓　魏爱军
	赵付忠　裴根长　刘东光　加年丰
	李润林　尹海斌　任晓华　贺高明
	王堃茏　成五虎
编　　　务	裴根长　李晓谦　刘庆忠　张振中

调查与分析

——2012年2013年政研文集

中共山西省委政研室 编

山西出版传媒集团
山西人民出版社

图书在版编目（CIP）数据

调查与分析：2012年、2013年政研文集 / 中共山西省委政研室编. —太原：山西人民出版社，2014.6
ISBN 978-7-203-08573-7

Ⅰ.①调… Ⅱ.①中… Ⅲ.①地方政府-行政管理-调查报告-山西省 Ⅳ.①D625.25

中国版本图书馆CIP数据核字（2014）第123035号

调查与分析：2012年、2013年政研文集

编　　　者：	中共山西省委政研室
责任编辑：	侯浩天
装帧设计：	谢　成
出 版 者：	山西出版传媒集团·山西人民出版社
地　　　址：	太原市建设南路21号
邮　　　编：	030012
发行营销：	0351-4922220　4955996　4956039
	0351-4922127　（传真）4956038（邮购）
E－mail：	sxskcb@163.com　发行部
	sxskcb@126.com　总编室
网　　　址：	www.sxskcb.com
经 销 者：	山西出版传媒集团·山西人民出版社
承 印 者：	山西臣功印刷包装有限公司
开　　本：	787mm×1092mm　1/16
印　　张：	25.75
字　　数：	320千字
印　　数：	1-2000册
版　　次：	2014年6月　第1版
印　　次：	2014年6月　第1次印刷
书　　号：	ISBN 978-7-203-08573-7
定　　价：	60.00元

如有印装质量问题请与本社联系调换

目 录

（以刊发时间为序）

山西发展私募股权投资研究 …………………………………………… 李晓谦 1
我省食品安全技术支撑不足亟待加强
　　——基于"健康山西"建设的调查与建议
　　…………………………………… 郝光荣　成五虎　薛安廷 12
关于加快太原市城中村居民燃煤小锅炉改造的建议 … 赵付忠　刘庆忠 17
建设榆次"百亿液压产业集群"势在必行 ……………… 加年丰　李文恩 21
当前群众反映强烈的热点难点问题分析
　　…………………………… 刘东光　李晓谦　武少权　何　飞 31
关于在我省规模推广实施谷期电集中供热的建议 …… 赵付忠　刘庆忠 45
强化目标考核　促进科学发展
　　——关于临猗县开展年度目标责任制考核情况的调查 ……… 加年丰 53
关于我省城乡居民收入分配问题的调研报告 ………… 加年丰　马海刚 58
创新求实、服务决策　关于琼黔滇三省政研工作情况的
　　考察报告 …………………………………………… 霍甫安　成五虎 69
关于把山西建设成为全国重要的现代制造业基地的
　　调研报告 ………………………… 刘东光　李晓谦　武少权　何　飞 76
关于把山西建设成为中西部生产性服务业大省和现代物流中心的
　　调研报告 ………………………… 任晓华　成五虎　薛安廷　陈丽萍 94

1

采用 CO_2 煤层预裂增透解吸技术抽采瓦斯有利于煤矿安全

  生产……………………………………………… 赵付忠 成五虎 111

山西提高煤炭资源就地转化率的调研报告………………… 李文恩 120

"一村一品"的朱村之路 ………… 马文革 刘东光 武少权 何 飞 135

转型跨越的"朔州实践"

  ——关于朔州市"四化一同推进"的调查和思考 …… 加年丰 李文恩 146

山西县域经济研究……………… 刘东光 李晓谦 武少权 何 飞 163

关于发挥我省电力资源优势争取国家专项奖励资金推进节能减排工作

  的建议…………………………………………… 赵付忠 张振中 181

考核工作接地气

  ——对县(市、区)推行年度目标责任考核制度的调查 ……… 裴根长 190

对贫困乡村农民增收的调研与思考………… 李润林 邓晓辉 马海刚 199

建设全产业链是转型跨越的战略选择………………………… 李文恩 207

以黑补绿促转型 建设美丽新山西

  ——山西转型跨越综改试验之我见 ……………………… 梁若皓 216

关于太原西山生态修复与晋阳湖区建设的调研报告 ……………………

  …………………………………………………… 郝光荣 赵付忠 227

发挥好流通业的先导作用是加快我省转型跨越发展的

  重大战略 ………………………………………… 加年丰 李文恩 234

关于引进先进技术和资金 加快推进"气化山西"建设步伐的

  建议 ……………………………………………… 赵付忠 刘庆忠 244

高收视率 高关注度 高话题度 《寻找好声腔》成为传递社会正能量的

  新亮点 …………………………………………… 成五虎 杨艳芳 257

实施民生警务、打造亲民公安的有益探索 ………………………… 成五虎 262

同煤重组漳电的启示 ………………………………………………… 李晓谦 269

做一篇"四化"一体推进的大文章

  ——山西联盛集团农业开发有限公司产业扶贫开发的

调查与思考……………………………………… 刘东光 武少权 275
对我省推进产业扶贫开发的几点建议……………… 刘东光 武少权 287
转变作风重在抓好落实
——对长治县西火镇"六小民务"活动的调查与启示
……………………………………………… 赵付忠 刘庆忠 292
新绛县农村土地流转的调查与思考……… 马文革 刘东光 马海刚 299
加强综改试验区建设的积极探索
——关于阳泉市郊区积极推进综改区建设的调研报告………
……………………………………………… 薛安廷 赵付忠 306
"三农"老难点改革新课题
——关于加快实现农村小康问题的几点思考……… 梁若皓 320
阳泉市矿区发展"飞地经济"的探索与研究………… 张文英 328
关于加强城镇化建设的若干建议
——对阳泉市郊区综改试验区建设的调查与思考………
……………………………………………… 赵付忠 薛安廷 340
"气化山西"应注重加强高新科学技术的推广应用 … 赵付忠 张振中 346
灵石县积极探索县直纪检监察派驻机构联组工作统一管理新模式
…………………………………………………………… 成五虎 357
我省应大力发展中小企业私募债券……………… 尹海滨 陈丽萍 362
关于破解我省民营企业生产要素瓶颈的调研报告………… 加年丰 371
我省工艺美术品制造业的现状、问题及发展策略…… 尹海滨 陈丽萍 385
小店区城中村社区换届选举是怎样做到风清气正的
……………………………………………… 刘东光 武少权 392
后　记 …………………………………………………………… 401

山西发展私募股权投资研究

李晓谦

一、引言

苹果电脑、思科、谷歌、新浪、百度、腾讯、蒙牛乳业、深圳发展银行……是什么成就了这些耳熟能详的企业？答案可能有多种，但有一个共同的因素却不容忽视：在这些企业成长的背后，都活跃着私募股权投资的身影。继银行信贷、证券市场之后，私募股权投资已成为全球三大融资方式之一，在美、欧等发达国家其发展规模和势头已经超过了前二者。中国经济的高速发展，为私募股权投资开辟了广阔的空间，在全国各地发展如火如荼。我省要实现"十二五"期间每年1万亿的固定资产投资，解决投资乏力、结构性资金不足和企业融资难题，优化资源配置，实现产业转型、整合提升，必须大力实施金融创新，撬动私募股权投资这根资本杠杆，为转型跨越发展、实现再造一个新山西的宏伟目标提供强大的资本动力。

二、私募股权投资深刻影响全球经济格局

私募股权投资是世界金融家族中的重要成员，在金融体系中扮演着十分重要的角色，对全球经济格局的形成和演变发挥着越来越大的作用。近年

来，私募股权投资在中国发展势头迅猛，影响日渐加深。

（一）私募股权投资是全球金融体系当中的重要成员

私募股权投资（Private Equity Investment，简称"PE"投资）是指通过私募的形式，对非上市企业进行的权益性投资。所谓"私募"，是以非公开的方式向特定投资者（机构或个人）募集资金，从而有别于面向社会公开发行的"公募"基金，二者的投资方向也大不相同。广义的私募股权投资涵盖了企业首次公开发行股票（IPO）之前各个阶段的权益性投资、上市之后的股权投资，以及对企业债权、不动产等的投资。私募股权投资以筹集资金、组建基金及管理机构为开始，以选择投资对象、参与其经营管理为过程，以退出被投资企业、获取投资回报为结束。投资的对象主要偏向于处于成长期或扩张期、已形成一定规模和稳定现金流的企业，这一点与风险投资（VC）有所区别，后者更倾向初创期的企业。退出方式主要包括被投资企业上市、并购重组、股权转让、股东或管理层回购等。

私募股权投资代表着全球金融体系当中的新兴力量。目前全球私募股权投资已经形成了万亿美元规模的庞大产业，在欧美等发达国家，私募股权投资占到本国GDP的5%以上，被投资企业的平均企业价值（EV）年增长率超越了同类上市公司。一项来自欧盟的调查表明，2002至2008年，得到私募股权投资的企业利润年均增长率为39%，上市公司则为25%。2006年起，美国的私募股权投资总量就超过了三大股市募集资金的总额，各路私募股权投资基金不断上演着投资"神话"，成为扶持企业快速发展的重要力量。从某种意义上说，正是由于私募股权投资（广义的）的存在，才造就了"硅谷传奇"、"互联网盛宴"……推动了各种公司的成长繁荣，推动了行业的并购重组，构筑了美国国力的中坚。在新兴市场国家，近几年来私募股权投资也呈现快速增长的态势。作为一种非传统的投资方式，私募股权投资的发展已经超越了国界、区域的限制，对全球金融系统和经济格局的影响日益加大，并影响着就业、生产力、公司治理乃至政府管理的许多方面，全球资产配置也呈现向私募股权投资领域倾斜的趋势。

（二）私募股权投资在中国快速发展

自上世纪 80 年代我国引入股权投资机制以来，私募股权投资在中国快速发展。目前中国私募股权投资基金的整体规模和发展速度都居亚洲首位，国内市场上活跃的私募股权投资基金管理机构超过 2500 多家，其中本土的管理机构就有 1700 多家，管理资金规模超过 1 万亿元。2003 年以来，我国私募股权投资基金市场一直保持着 40% 的复合增长率，已经远超美国、日本等发达国家。据有关数据，仅 2010 年，国内企业以私募股权投资方式的融资总额就达 1044 亿元，相当于同期 A 股市场 IPO 融资总额的 21.4%。2011 年上半年，国内私募股权投资加速，完成投资交易 188 起，仅披露的投资金额就达到 95.88 亿美元，是 2010 年投资总额的 92.4%，全年私募股权投资总额超过去年已成定局。下图显示的是从 2006 年至今年上半年的全国私募股权投资额（百万美元）和案例数（个）情况。（数据来源：清科研究中心）

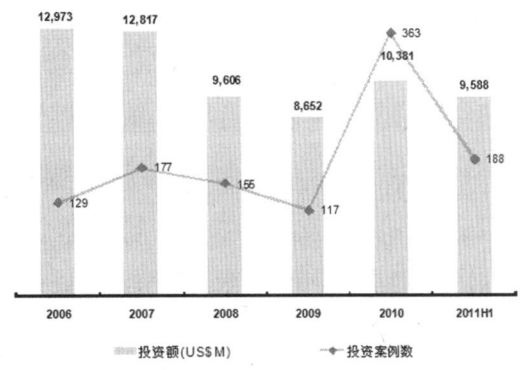

从行业看，目前国内私募股权投资主要分布在互联网、清洁环保、机械制造、信息技术、能源矿产、医疗健康、消费品和服务等领域；从地域看，京、津、沪、深及江浙、广东等地一直是私募股权投资的热土，最近两年，内蒙、重庆、河北、湖北、山东、河南等地也大有奋起直追之势。从资金来源看，国内私募股权投资市场已形成了外资、国有、民营三分天下的局面，

国有部分主要包括政府主导的产业投资基金，以及社保、金融机构、国企等机构投资者出资参与的基金。从发展趋势看，外资介入较早，实力雄厚；国有私募股权投资随着有关政策的放开，资金来源不断拓宽；民营私募股权投资近年来潮流涌动、市场化程度较高。未来几年，国内私募股权投资将呈现竞相发展、并面临重新洗牌的格局。下两图显示的是案例数（个）和投资额（百万美元）区分的2011年上半年国内私募股权投资的地域分布情况。（数据来源：清科研究中心）

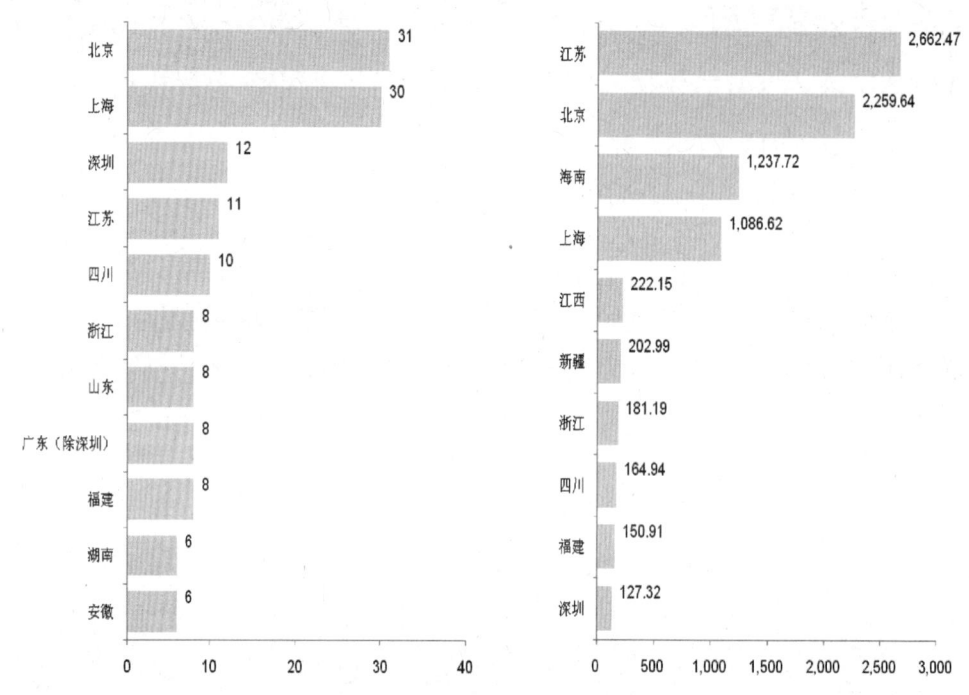

三、私募股权投资对山西转型跨越发展意义重大

山西进行综改试验区建设，推进转型跨越发展，实现再造一个新山西的宏伟目标，离不开强大的资金支持。资金从哪里来？往哪里去？资源如何配置？如何实现价值的最大化？只有解决好这些经济发展的动力、供给、方向、效益问题，才能真正实现又好又快发展。培育和发展私募股权投资，对于解决投资乏力和融资难题、实现产业整合升级、促进企业发展壮大都具有

重要而深远的意义，是一件利省利民的好事。

（一）聚集社会资金，破解融资难题

私募股权投资一头连接社会富余资金，一头连接实体经济，实现了资金向资本的转化。由于其具有资金来源广泛，筹集方式灵活，参与机构多样等优势，可以有效地弥补银行信贷和上市融资的不足，从而可以有效解决我省结构性的资金短缺问题。金融危机之后，经济运行中的不确定因素增加，通胀高企和经济下行的风险同时存在，国家的财政、货币政策不断调整，总体而言银行信贷的门槛不断加高，放贷能力系统性衰减，贷款难成为制约企业发展的长期存在、难以破解的问题，中小企业尤为突出；证券市场虽然是一条融资的捷径，但是总体容量有限，随着证监会发审条件趋于严苛，上市融资留给我省企业的空间也不算多；传统的招商引资模式的作用也在激烈的区域竞争中有所削弱。因此，必须寻找新型的金融工具，开辟直接融资的新渠道。私募股权投资就是一种可资利用的良好工具。

（二）优化资源配置，推动产业转型

作为一个高度市场化的专业投资方式，私募股权投资拥有敏锐的市场嗅觉、广泛的客户网络和灵活的融资手段，能够及时、准确地把握投资机会，使得资金从劣质行业和企业退出，流向收益水平较高的新兴产业，从而带动整个社会资源向优势行业转移。因此，私募股权投资可以促成社会资金向实体经济转化的机制，实现资金的转化和优化配置。此外，经济全球化背景之下，产业结构调整、整合提升势在必行。私募股权投资是并购重组的助推器，从而加速整个产业转型和结构调整。"十二五"期间，山西面临产业转型的强劲要求和淘汰落后产能的巨大压力，产业转型也是我省实现转型跨越的关键所在。实施产业转型，必须借助资本的力量。私募股权投资的发展，可以作为我省经济结构调整、产业转型升级、企业并购重组的强力推手，实现资源集中化、产业集聚化、企业集约化。

（三）加快企业发展，提高竞争实力

私募股权投资不仅满足了企业多渠道融资的需求，减轻了企业对银行的过度依赖，而且由于企业资本金的增加，直接降低了负债率，优化了融资结构，提升了再融资能力，从而形成良性循环。如果加上并购重组，企业的融资能力可以数倍放大。在这种双重作用下，企业就能获得发展所需的大量资金，实现资产、负债的良性互动，加快企业成长壮大。此外，私募股权投资不仅给目标企业提供资金，还能够帮助企业优化股权结构、完善法人治理、拓宽信息渠道、促进科学决策，从而提升企业的经营管理水平。私募股权投资为了控制投资风险，获取最大收益，必须介入目标企业的经营管理，利用自身丰富的投资和管理经验，在企业的战略管理、风险控制、品牌管理、产品开发、市场营销、财务管理、成本控制等方面帮助企业完善经营管理，增加竞争实力。国内外众多知名企业都是在股权投资基金的引导下，成为行业的佼佼者。因此，发展私募股权投资，也有助于提升我省企业的经营管理水平，培育骨干企业，打造核心竞争力。

（四）激发创业活力，解决就业难题

就业乃民生之本。"后金融危机时代"，我们面临着空前的就业压力。激发全民创业活力，大力发展民营经济，积极促进中小企业发展是解决就业难题的良方。目前我国中小微企业（含个体工商户）已超过5000万户，为社会提供了80%的就业岗位。私募股权投资的发展，可以极大地助推中小企业成长，有效地解决就业难题。私募股权投资活跃的地方，也是民营经济、中小企业发达的地方。山西产业结构"一煤独大"，煤炭经济沉淀了太多的生产要素，对其他产业产生挤出效应，"资源陷阱"、"煤炭依赖"也就此产生。长期以来我省民营经济、中小企业发展受限，活力一直没有被激发出来，这是山西发展的一大"顽症"，一直没有得到很好的解决。发展私募股权投资，可以引导资金更多地投向民营经济和中小企业、创新型企业，激发全民创业的活力，扩大就业规模，改善就业结构，对于山西转型跨越有着特殊的意义。

四、山西发展私募股权投资时机成熟、时不我待

近几年来，国家鼓励建设多层次的资本市场，私募股权投资发展的道路已经铺平，山西转型跨越发展、综改试验区建设为发展私募股权投资开创了巨大需求，各地竞相发展，我们必须顺势而为、奋起直追。

（一）私募股权投资发展的道路已经铺平，市场空间广阔

从国家层面看，建设多层次资本市场的要求为私募股权投资的发展开辟了广阔的政策空间，中国经济的高速发展和转变经济发展方式的总体战略为私募股权投资发展开辟了广阔的市场空间。随着股权分置改革的完成，主板、中小板、创业板、新三板、产权交易市场等多种资本交易平台的推出，为私募股权投资基金提供了多种价值实现途径；社保、券商等越来越多机构投资者获准进入私募股权投资，拓宽了资金来源渠道；《证券法》、《公司法》、《合伙企业法》、《创业投资企业管理暂行办法》等一系列法律法规和相关政策的陆续出台，为私募股权投资基金的管理运作、组织方式提供了更加完备的法律和政策依据。这些都为私募股权投资的发展铺平了道路，近年来私募股权投资基金在全国各地如雨后春笋般的发展也印证了这一点。从省级层面看，建设国家资源型经济转型综合配套改革试验区为我省发展私募股权投资提供了最大的政策机遇，综改试验区建设的一项重要任务就是金融创新，用好资本杠杆，改善投融资结构和水平。转型跨越发展、再造一个新山西的总体战略，为我省资本市场发展、金融体系创新开创了时代需求。产业转型、整合升级、强企富民也为发展私募股权投资提供了广阔的平台。因此，现实要求我们必须以私募股权投资为"种子"，开创出一片"泛资本市场"的"试验田"，助力转型跨越发展和综改试验区建设。

（二）民间资金充沛，为发展私募股权投资提供了资金保障

山西历来不缺民间资金。从 2001 年到 2010 年，全省金融机构各项存款年均增长 20%，而存差却以年均 36% 以上的增速增加，且呈扩大的趋势，2010 年，山西省存差达到 8944 亿元，2011 年的前 6 个月，我省存差接近 9000 亿元。据不完全统计，全省目前有近 1 万亿的存款闲置或流出，仅从煤炭行业退出的闲置资金就达 3000 多亿。山西富豪们在外地购置房产、进行奢侈品消费、投资证券和收藏品市场，但投资实业的占比不高，这就造成一方面是充裕的民间资金，一方面是较大的投资缺口，资金使用效率低下。此外，我省民间融资需求一直比较旺盛，规模日益扩大，2010 年就将近 2000 亿。与其让这些"地下钱庄"暗流涌动，不如让它们浮出水面，流向更需要的地方，发挥出更大的效益。发展私募股权投资，由于其较高的投资回报水平，可以对这些充裕的民间资金形成强大的吸引，从而为提高民间资本的使用效率、改善金融资源配置、支持地方经济发展开辟新的途径。

（三）各地竞相发展，我们不进则退

近几年来，京、津、沪、深、渝以及湖北、河南、内蒙等地纷纷出台地方法规、优惠政策等，鼓励、推动私募股权投资发展。以天津为例，自 2008 年起，天津市出台了一系列文件，为私募股权基金企业及基金管理企业提供了较为明确的政策保障，并提出以滨海新区综合配套改革试验区建设为契机，打造全国私募股权投资基金中心，通过政策扶持、资金引导、提供项目对接平台等一系列举措，推动地区私募股权投资基金快速发展，形成集聚效应。截至今年 3 月，在天津注册的私募股权投资基金及其管理企业超过 1200 家，注册资金超过 2300 亿元，投资超过 400 亿元，推动了地方投融资体制改革，促进了产业升级和经济发展，也快速地增加了地方税源。山西是产业基金成立较早的省份，2007 年就成立了能源产业投资基金，但是，由于受到市场化机制缺失、投资范围受限等因素的影响，基金的筹集、管理和

运作还不尽如人意。面对各地竞相发展的大潮，我省必须加快发展，后来居上。

五、先行先试、加快我省私募股权投资发展

山西加快发展私募股权投资，面临难得的政策机遇和市场空间，同时也会遭遇观念、体制、人才等诸多瓶颈制约，但最大的障碍在于先行先试的勇气不够、掣肘因素偏多。山西要推动转型跨越，实现发展方向和发展动力的诸多转变，必须加快我省私募股权投资的培育发展。

（一）提高认识，改进服务

发展私募股权投资，必须提高到全省转型跨越发展的高度，作为综改试验区建设的一项重要举措和金融体系创新的一个具体抓手加以推动。要充分认识私募股权投资基金在现代经济运行中的重要作用，要尽早规划我省培育和吸引私募股权投资基金的相关政策和实施办法。借鉴外省市实践经验，结合我省情况，研究制定鼓励私募股权投资的扶持政策，特别是在人才引进、直接奖励、税收优惠、工商绿色通道、办公场所等方面出台具体的政策措施。聚合部门资源，动员企业力量，调动社会资金，按照"政府资金引导、社会资金参与、专业团队管理、市场机制运作"的原则，选择重点地区、优势行业、优质项目作为前期目标，先行先试、重点突破、整体推进。目前，晋中市已成为我省资本市场改革创新的示范区，出台了鼓励私募股权投资发展的政策意见，走在了先行先试的前锋。各地市、相关部门要进一步解放思想，树立前瞻意识，学习资本运作理念，借鉴发达省市的经验做法，勇于破除成见和部门私利，努力消除各种掣肘因素，不断提高行政效能和服务水平，加快我省私募股权投资发展的步伐。

(二)设立基金,加强监管

在山西证监局的大力推动下,山西首支大型私募股权投资基金已于2011年11月30日正式成立并落户晋中,私募股权投资基金的成立及资本市场改革创新示范区的建设是我省资本市场发展当中一件开创性的大事,对于我省转型跨越发展、综改试验区建设具有标志性意义。"十二五"期间,我省还要培育20多只规模在10亿元以上的大型私募股权投资基金,募集资金500亿元,形成有足够影响力的基金产业群。同时,要做大做强现有的能源产业投资基金,组建3—5只产业投资基金,募集资金500亿元,促进新兴、骨干产业做大做强。在做好本地私募股权投资基金培育的同时,创造条件吸引国内外高水平的私募股权投资基金及管理团队落户山西。我们要发挥国有企业众多的优势,由国资部门牵头,支持部分国有大企业集团参与发起,制定工作计划和出资方案;必要时,可以借鉴东部省市经验,以一部分政府专项投资基金作为"种子",介入前期发起的私募股权投资基金,发挥示范带动作用,产生引导聚集效应。建立健全私募股权投资基金及管理机构的运作体制,创新运作模式,拓展增值服务,有效控制风险,提高投资的效率和效益。在政策和法律的框架下,充分发挥市场机制的作用。要加强对基金和管理机构的监管,防止盲目发展和无序竞争,严防打着私募的幌子进行集资诈骗等违法活动。金融监管部门更要发挥职能优势,采取银行托管等有效措施,将管理落到实处,为私募股权投资的良性发展保驾护航。

(三)培育项目,做好对接

各地市、各国有骨干企业和民营企业也要加深对私募股权投资的了解认识,认真挖掘、培育、筛选本地、本企业的优质项目,认真梳理打包,建立与私募股权投资基金的对接机制,力争获得私募股权投资的"青睐"。按照"以煤为基、多元发展"的产业发展思路,努力在清洁能源、煤化工、新材料、装备制造、生物医药、节能环保、物联网、交通物流、文化旅游以及基础设施建设等领域培育一批优质项目和新兴企业。充分发挥产业园区的作用，促进科技成果转化，为私募股权投资培育充足的项目资源。继续大力支持民营经济和中小企业发展，拓宽发展空间和领域，开创一批发展前景好、成长性高的中小企业、创新型企业，实现虚拟经济和实体经济的有效对接。投资方和被投资企业要有效沟通，扩大共识，最大限度地消除信息不对称等不利因素的影响，保障投资项目的顺利实施。

（四）吸引人才，营造环境

私募股权投资基金的良好运作，需要一批熟悉资本市场运行规则、产业发展规律和方向、具备丰富经营管理经验和相关法律法规知识的专业人才作为保障。为此，要坚持外部引进和内部培养并举，制定优惠政策吸引高端、专业人才来晋工作，联合省内高校、企业开展金融人才培养的"千人工程"，打造山西私募股权投资的专业团队。继续完善IPO、柜台交易、产权交易、并购市场、资产证券化和内部市场等无缝衔接的资本市场，为私募股权基金发展提供健全的退出渠道。加强征信体系建设，大力传承、弘扬晋商文化，提高诚信意识，规范信用行为，营造良好的市场环境。

（2012年1月，本文获"山西资本市场·大秦杯"优秀论文一等奖）

我省食品安全技术支撑不足亟待加强

——基于"健康山西"建设的调查与建议

郝光荣　成五虎　薛安廷

食品药品安全检验检测，是有关部门实施行政监管的依据和基础，是保障食品药品安全的技术支撑，同时也是"健康山西"建设的一项重要内容。最近调研发现，作为我省食品药品监督管理部门的主要技术支撑单位——山西省食品药品检验所，凭借原有"药品检验检测"的力量承担起现在职能增加后的"食品药品检验检测"任务，虽尽其全力超负荷运行并取得全国一流的业绩，但仍难以适应工作量剧增的食品安全检验检测形势的要求。站在"健康山西"建设和重视民生的高度，此情须予重点关注，亟待采取有力措施，切实加以解决。

一、业绩优异，事多编少——食品安全监管技术支撑严重不足

山西省食品药品检验所是省食品药品监督管理局直属的全额事业单位。2010年，根据省编办的规定，由原"山西省药品检验所"更名为"山西省食品药品检验所"，职能在原来药品和药包材检验的基础上，扩展为承担食品、药品、生物（血液）制品、药包材、保健品、化妆品的监督检验、注册检验、强制检验、应急检验、复检、委托检验以及国家和省计划的抽样检

验工作。在人员编制、额定经费、工作场地不增加的情况下，该所依靠强有力的领导班子和全员振奋饱满的工作姿态，居弱图强，创先争优，各项工作都取得了优异的成绩。2011年，完成检品总量高达8242批次，比上年同比增长92%，比新职能增加前的2009年增长193%；评价抽验在全国省级所中连获第一，实现"三连冠"；整体技术能力建设实现跨越式发展，目前拥有法定资质的技术参数已达678项，比新职能增加前的2009年增加361项，增长幅度113%；规范化管理水平也有大的提升。尽管如此，用新的职能和日益严峻的食品安全形势来要求，仍有一些不够适应的情况，尤其是专业技术人员严重不足，直接影响食品药品安全监管工作的正常开展。

山西省食品药品检验所始建于1953年，1986年省编办核定编制91名（全额事业），后陆续增加一些军转干部至107名，2005年加挂"山西省药品包装材料检测中心"之后，增加自收自支编制15名。2010年更名为"山西省食品药品检验所"，增加了生物（血液）制品、餐饮服务食品、保健食品、化妆品等大量检验职能，但人员编制并未随之增加。由于药品检验工作任务本身就十分繁重，再加上食品安全检验的任务量和复杂性远远超过药品，两年来全所上下运转均处于严重的超负荷状态，被人们戏称为"三无"单位，即无双休日、无节假日、无固定下班时间，尤其是一线工作人员常常是白天黑夜连轴转，绝大部分职工连"中秋"、"国庆"等节日也得在工作岗位上度过。新组建的餐饮食品、保健食品、化妆品三个科室，每科只能配置正式职工1至2人，很难正常开展工作，不得不长期聘用一些临时技术人员。在新的机构职能格局中，新的食品安全检验显然比原有药品检验责任更大、任务更重，人力资源配置至少应该倍量增加，但扩能不增编、派活不给人，缺少承担食品安全检验职责的一大块人员编制，导致整体编制异常紧张，尽管拆东补西、奋力拼搏，仍远远不能满足职能赋予的起码要求，长此状态则影响食品安全监管的有效性。

二、功能独特，形势严峻——强化食品安全监管技术支撑体系势在必行

食品安全是关乎人人的重大民生问题。面对依然严峻的食品安全形势，国家提出要健全和完善食品安全技术支撑体系，我省把"健康山西"建设作为转型跨越发展的一项重要内容，社会公众更是呼吁确实保障食品安全。因此，必须深刻认识加强食品安全技术支撑体系以及增加食品安全检验人员编制的重要性、必要性、可行性。

从理论上讲，食品安全检验机构具有独特的社会功能。除了设事配人、人事相随的一般理由，食品药品检验检测工作所发挥的独特的社会功能更是我们寻求合理解决方案的理论参照。一是科学性。餐饮服务领域是食品安全风险最为集中的环节，而药品则稍有安全质量问题就可能危及生命，食品药品安全事件所具有的不确定性和不可控性特征，决定了必须依靠科学的检验检测方能构筑起食品药品安全的有效屏障。二是公共性。检验检测工作是食品药品行政监管部门的重要基础和支撑，是保障公众饮食用药安全的重要技术手段，这种公共性质决定了其资源配置必须远离功利化影响和利益集团左右，配置方式须用"看得见的手"而非"看不见的手"，配置主体须是政府而非企业。三是专业性。食品药品检验检测属于自然科学范畴，讲求客观规律且验证直接，有机构成复杂，涉及学科较多，科技含量较高，这种岗位的专业性要求特别强调与之相应的专业人才来予满足。四是时效性。食品药品安全事件的处置，要求必须在第一时间做出检验结论，控制问题产品，由此决定了检验检测工作必须具有极强的时效性。五是权威性。单纯依靠直观检查和经验判断不能有效发现和确定多数食品药品安全问题，只有通过先进可靠技术手段的验证，才能准确分析问题成因，正确预测并有效消减危害后果；加之，食品药品检验机构依法设立和政府赋予、委托职能的社会角色，合理合法，显示了检验检测工作的权威性。

从实践中看，兄弟省市已提供了一些先进可行的经验。据了解，全国许多省级机构仅从事药品检验的人员编制就多于我省，如北京219名、上海245名、辽宁161名、河北160名，特别是同市场规模和服务人口相近省市检验机构中仅从事药品检验的人员相比，我省的人员编制亦明显不足，如重庆150名、天津198名、黑龙江163名、湖南180名。特别是广东省将食品药品检验机构纳入参照公务员管理单位（简称"参公单位"）的经验，值得我们关注和研究，早在2004年，广东省就在全国药检系统体制改革中率先实施依照国家公务员法管理，2007年被广东省政府批准为"参公单位"，广东省食品药品监督管理局网站显示：广东省药品检验所是具有独立法人资格并参照《中华人民共和国公务员法》管理的全额拨款事业单位。我们还注意到，专业技术岗位聘用制公务员制度试点正在加快推进，继广东之后，今年江苏、河南、四川、河北等省的试点也正在相继展开。

三、权衡借鉴，两点建议——纳入"参公"，增加编制

根据食品安全技术支撑机构、岗位的特点和功能，借鉴外省经验，结合我省实际，提出两点建议：

第一，建议启动聘任制公务员试点工作，并将食品药品检验机构纳入"参公单位"，列入首批试点。这是一个旨在强化食品药品安全监管技术支撑体系建设的现实性课题，可以结合公务员制度改革完善工作着力推进。应当考虑将食品药品安全监管技术检验检测岗位设置为专业技术型公务员职位，采用合同聘任的方式，形成更加灵活的进入和退出机制。

第二，建议尽快增加食品安全检验机构人员编制。经初步权衡评估，山西省食品药品检验所目前急需新增的专业技术人员编制至少也应该是现有编制的60%—70%，如此，方能基本适应食品药品安全监管技术支撑体系的实际需要。建议责成有关方面进一步调查研究，尽快拿出增编的具体意见，

切实加强食品安全技术支撑体系建设,在促进"健康山西"建设中发挥更大作用。

(2012年2月《调查与分析》第2期)

关于加快太原市城中村居民燃煤小锅炉改造的建议

赵付忠　刘庆忠

去冬今春以来，太原市的环境污染日趋严重，空气质量明显下降，特别是城中村居民燃煤小锅炉采暖对空气环境造成的影响非常明显，已引起各界广泛关注。太原市作为山西省会城市，要实现率先发展的目标，首先必须下大力解决好环境污染问题，这样才能促进经济更好更快地发展。

一、太原市城中村居民燃煤小锅炉对省城空气污染严重

据统计，目前太原市共有154个城中村，总人口26万人，占地面积28.63平方公里，其中中心区有42个城中村，人口8.7万人。近年来，随着太原市城市建设的快速发展，许多城中村居民均不同程度建起了2—4层楼房，且多为租赁他人居住或经营。为了解决冬季采暖问题，普遍采用的是燃煤小锅炉供热方式。虽然太原市近年来严禁各单位采用燃煤锅炉方式供热，但由于城中村居民居住分散的特点，且属集中供热不达区域，所以仍普遍采用传统的小锅炉方式供热。从科学的角度量化分析，每户冬季燃煤按3吨计算，26万城中村居民每户平均按5人计，5.2万户城中村居民采暖燃煤总量至少超过15万吨，仅此每年排放在大气层中的一氧化碳就达20万吨以上，

对省城空气造成严重污染。仅以太原市长风商务区为例，近年来该区已建成太原市商业区一大亮点，吸引了众多外资外商和合资合作项目落户太原，然而长风商务区周边的城中村居民约有10万人，如此众多的燃煤小锅炉冬季取暖，对空气环境造成了严重污染。为了尽可能阻碍或减少一些污染物的吸入，不少进入该区域的人员只好经常戴着口罩或采取一些应急办法。太原是山西省会城市，是全省政治、经济、社会、文化活动中心，如此严重的空气污染，在一定程度上直接影响到省城人民的生活质量、外资外商的引进和经济建设的发展，须引起各级高度重视。

二、太原市对城中村居民燃煤小锅炉改造的措施及问题

为了改善环境，减少污染排放，提高空气质量，太原市对城中村居民燃煤小锅炉改造非常重视，并采取了一系列有效措施。2011年11月28日，专门召开空气污染防治工作会议，形成了《太原市加强冬季大气污染整治工作方案》，对迅速解决太原市空气污染问题提出了具体措施。该《方案》的重点是，立即采取有效措施，通过蓄热式谷期电供热方式，在2012年1月20日前完成对长风商务区周边城中村10万居民的燃煤小锅炉改造，从源头上解决影响太原市空气质量最为突出的问题。省委、省政府领导均作了重要批示，并给予了强力支持。根据该市总体部署，承建单位迅速从各地抽调400余人进行攻坚，并很快完成了对南屯、小王村供暖改造项目的样板工程，经调试验收供暖效果明显，之后因缺乏项目组织实施主体，经承建单位多次反映未果致使工程搁浅下来。

省、市领导及环保部门对太原市城中村居民燃煤小锅炉改造工作非常重视，多次询问和督促工程实施进展情况，得到的答复是正在按原计划实施，然而实际情况是，工程非但无任何进展，甚至连实施主体都没有确定，项目早已束之高阁胎死腹中。

太原市城中村居民燃煤小锅炉改造目前存在的突出问题是缺乏责任主

体，现状是省、市两级领导重视，承建单位热情，城中村居民欢迎，但区级中间环节脱钩，形成了"两头热、中间冷"，该市尽管制定出台了对燃煤小锅炉实施改造的《工作方案》，实施单位完成了改造项目的样板工程，但项目仅限于浮在表面，根本没有大面积推进，更谈不上按《工作方案》抓好落实。

三、对加快太原市城中村居民燃煤小锅炉改造的建议

对城中村居民燃煤小锅炉进行改造，是太原市目前迅速改善空气质量应当采取的一项应急措施，直接关系到省城环境污染治理和空气质量的改善，为确保该《方案》真正落在实处，特提出如下建议：

1. 强化组织指导，从改善省城空气质量的大局出发，深化对城中村居民燃煤小锅炉改造重要性的认识。省第十次党代表大会明确提出，今后五年，我省生态环境要有新局面，节能减排幅度要高于全国平均水平，市区和县域环境空气质量要达到国家二级标准。山西作为全国煤炭大省和老工业基地，环境污染治理始终面临较大压力，节能减排，减少污染，改善环境，提高空气质量，是省委、省政府多年来一直关注的重点。太原作为省会城市，环境污染治理力度和空气质量的好坏，不仅直接影响到省城人民的生活质量、外资外商和合资合作项目的引进，而且对全省经济发展具有重要的引领作用。太原市要实现率先发展，必须坚持把环境污染治理和提高空气质量作为一件大事，不仅要有应急办法，而且要采取一系列有效措施，真正下大决心、花大气力，从根本上解决环境污染治理问题。

2. 坚持实事实办，加大对太原市城中村居民燃煤小锅炉改造的扶持力度，从政策上给予强力支持。党中央、国务院批准在我省设立国家资源型经济转型综合配套改革试验区，为山西经济发展带来了新的机遇。省第十次党代表大会提出，建设转型综改试验区，要着力破解环境保护约束机制和利益导向落实难的问题，持续全面改善环境。山西是全国煤炭资源大省，如果能

在城中村居民采暖燃煤小锅炉改造方面探索出一条节能、环保、低碳的路子，不仅可以节约大量煤炭资源，而且对全省各地（县、市、区）具有重要引领作用。因此，要坚持实事实办、特事特办的原则，鼓励和支持太原市先行先试，在政策上给予倾斜，加大对城中村居民燃煤小锅炉改造的扶持力度，待取得经验后再逐步推广。

3. 转变工作作风，按照《太原市加强冬季大气污染整治工作方案》要求抓好落实，力戒做表面文章。近年来太原市在加强环境污染治理、改善空气质量方面取得了明显成效，但形势仍不容乐观，面临的任务非常艰巨。太原市制定出台的《太原市加强冬季大气污染整治工作方案》，对燃煤小锅炉改造的范围、重点、方法、措施等均作了明确部署，当务之急是认真抓好落实，采取切实有效措施，转变工作作风，严格按照《工作方案》要求强力推进，抓好各项具体工作的落实，切不可为应付检查而做表面文章，使之流于形式，要本着对省城人民高度负责的精神，实实在在抓好该项惠及民生的工程。

4. 发挥职能作用，加强对太原市城中村居民冬季燃煤小锅炉改造的监测，尽快还省城一片蓝天。对太原市城中村居民冬季燃煤小锅炉改造，不仅直接涉及省城 26 万城中村居民的切身利益，更重要的是能够有效改善省城空气质量，同时对各地有一定引领作用。因此，城建、环保、热力、电力等职能部门，要充分履行职责，加大对太原市城中村居民燃煤小锅炉改造的扶持监测力度，力争通过大家共同努力，尽快还省城一片蓝天，让太原市的空气质量有一个明显改善。

（2012 年 2 月《情况与建议》第 1 期）

建设榆次"百亿液压产业集群"势在必行

加年丰　李文恩

液压产业是衡量装备制造业水平的重要标志，液压传动技术和产品是工程机械等产业的基础支撑。据中国液压协会估算，目前我国500亿元的液压产业撬动着我国5万亿元的装备制造业，杠杆效应达到100倍。我国液压产业大而不强，落后国际先进水平15年左右，70%的高端液压产品依赖进口。特别是在高端工程机械中，90%的液压件受制于人，70—80%的利润给了国外液压产品制造商。可以说，液压高端产业既是我国装备制造业发展的重要"瓶颈"，也是发展空间最大的领域之一，还是当前国内外竞相发展、全球竞争异常激烈的基础产业。

晋中市榆次区是我国液压行业的重要基地之一。目前，除榆液集团外，在方圆5平方公里的范围内，集中了215家中小型液压企业。2010年全行业实现销售收入约22亿元，其中榆液集团占三分之一，中小企业占三分之二，产品覆盖军工、航空、航天、水利、环保、工程机械等行业。依托现有基础，按照省委书记袁纯清同志提出的"建设全国重要的现代制造业基地"的战略定位以及"大企业引领、大项目带动、园区化承载、集群化发展"的思路，加快建设榆次"百亿液压产业集群"，意义重大，影响深远。

一、"榆次液压"是山西制造业半个世纪的名片

长期以来,"榆次液压"既是榆次的骄傲,也是山西装备制造业一张烫金名片,与太原重工、经纬纺机等共同支起了山西装备制造业的脊梁。而且,在全省转型跨越的征途中,"榆次液压"仍然在发挥着重要的带动作用。

(一)榆次是中国液压工业的摇篮

上世纪60年代中期,经周恩来总理批准,从日本成套引进液压技术,在榆次建立了国内第一家生产液压元件的大型国有企业——榆次液压件厂。1985年,榆次液压件厂联合全国41家企业、院校、研究所成立了国内最大的榆次液压工业公司。1992年与日本油研株式会社合资成立了榆次油研液压有限公司。2002年"榆液"划归太原重型机械集团有限公司管理,组建了榆次液压集团有限公司。经过近半个世纪发展,榆液集团已成为中国液压行业建厂最早、产品种类齐全、技术装备先进、经营规模最大、销售网络畅通、品牌效应最好的机械行业500强之一。从榆液集团走出的领导干部、技术骨干、企业家不计其数、遍布全国,在相当长的时期内,为我国液压工业发展培养了一大批领军人物和优秀人才。

(二)榆次液压集团的龙头地位十分突出

榆次液压集团在行业内拥有四大优势。在品牌建设上,"榆液"是全国液压行业最著名的品牌,很多"榆液"标准已经成为国家标准,并载入全国高校教材和权威设计手册。在产品开发方面,有近200余个品种、4000个规格,油研系列阀、子母叶片泵、齿轮泵、液压系统等在国内独领风骚,其中液压产品覆盖三峡工程、秦山核电站等国家重点工程。在技术研发方面,拥有国内液压行业唯一的国家级企业技术中心,聘请清华大学和中国科

学院10位院士、教授为专家委员会成员，聚集了行业领军人物，多次承担国家重点工程配套项目设备的设计制造，研发的国内首台板坯连铸液压系统，获全国科技进步一等奖；在市场开拓方面，在全国40多个城市设立了销售分公司。立足上述优势，"十二五"期间榆液集团提出要以振兴民族液压工业为使命，建设"一个园区、两个中心、四个基地"。一个园区是，建成世界一流、国内领先的高端液压产品自主化产业示范园区；两个中心是，发展现有的国家级技术中心，组建国家级液压产品实验检测中心；四个基地是，建设国内最大的机电一体化液压元件制造基地，技术含量最高的液压系统装备制造基地，高压精密铸件生产基地，外向型液压产品出口基地。到2015年，实现年销售收入50亿元，利税8亿元。目前，在各级领导关怀下，占地500亩的基地建设项目正在紧张施工。

（三）榆次液压产业已经形成了集群化发展态势

自组建榆次液压集团有限公司近十年来，民营液压企业如雨后春笋般快速成长，形成了三分天下有其二的局面，在5平方公里区域内集聚了215家液压民营企业，产品配套能力极强，这种产业密度不仅省内独有，在全国也十分罕见。2010年榆次液压行业产销总量处于全国首位，液压元件销售占国内市场的15%以上，液压系统的国内市场覆盖率达25%—30%。其中，液压系统销量居全国第一，液压阀排位第二，市场占有率均为10%，叶片泵排位第三，市场占有率为9%。产品行销我国二十四个省份，远销美国、巴西、阿根廷、意大利、法国、印度、越南、巴基斯坦等国家。民营企业机制灵、活力强、科技进步快，方盛、斯普瑞、海洋等液压公司，是市级专利示范企业、省级民营科技企业和山西省高新技术企业。近年来，全行业共取得国家专利150多项，50多种产品或技术分别获国家、部、省科技进步奖和优质产品奖。斯普瑞公司的"塞纳瑞"商标和方盛公司的"方盛"商标是山西省著名商标和名牌产品。榆次液压行业的发展，产生了明显的集聚效应，吸引了清华大学、上海交大、浙大一批专家教授顾问团。同时，承纳了国外和沿海的产业转移。近几年，外资、省外投资企业达到15家，占到企业总数的7%。2011年，榆次海洋液压与日本粟田株式会社签订了1000万元人民币的投资合同，与柳工集团、宁夏君正集团三方达成了产品对接合作协议，与上海交大签订了"变转速比例泵控制技术研发平台"技术开发合同，产学研合作显现出良好的发展态势。

（四）榆次液压为"四化率先发展区"建设提供了强劲动力

2010年以来，在省委、省政府确定的转型跨越、再造一个新山西的总体布局中，晋中市被定位为全省"四化率先发展区"。榆次区作为晋中市区，是四化率先发展的要冲和转型跨越的关键。榆次液压行业的快速发展，为榆次工业新型化、市域城镇化带来了难以估量的影响。2008年以来，榆次液压工业增加值以年均25%以上的速度增长，2009年、2010年连续两年全行业实现销售收入居全国前列，目前占全区工业比重达10%以上；直接、间接安排就业人员4万多人，其中吸纳近千名大学生就业；2010年实现利税总额近3.8亿元，近三年来为财政增收近6亿元，成为榆次区仅次于纺机行业的第二大支柱产业。可以说，榆次液压的快速发展，为晋中的工业新型化做出了重要贡献，并间接支持了市域城镇化、农业现代化。

二、建设"百亿液压产业集群"正逢其时

液压产业作为山西装备制造业的几张王牌之一，具有极大的比较优势和发展潜力。榆次区委、区政府提出到"十二五"末实现打造"百亿液压产业集群"目标，不仅是打造国家级液压产业集群示范基地的迫切需要，还是振兴山西民族制造业品牌、加快转型跨越的重要举措。目前看，以太重榆液为龙头，以高端产品自主研发为发展方向，以液业园为载体，以产业化集群为带动的模式正在形成。

(一) 从区域环境看，榆次区在119个县份中正跻身第一方阵

在全省转型跨越战略和晋中"四化率先发展区"建设中，榆次区扮演着极为重要的角色。在工业新型化方面，纺机、液压、铬铁、汽车、老陈醋等五大"百亿产业集群"，不仅对晋中，对全省都具有重要示范作用。在市域城镇化方面，榆次是太原都市圈的副中心，是太原晋中同城化的焦点和中枢。在农业现代化上，榆次是国家级农业科技园核心区、统筹城乡的试验区，蔬菜、干鲜果、花卉、肉鸡、鲜奶等特色产品能有效满足太原都市圈需求，庄园经济、订单农业等比较发达，以城中村改造为重点的城乡一体化进展顺利。在城乡生态化上，榆次在城乡绿化、环境整治、生态治理上也取得了积极成效。此外，榆次还有三个重要的机遇。第一个是正在建设的大学城位于榆次，项目建成后省内10所大学、20万青年学子将入驻榆次，相当于现有人口的三分之一左右。这既是拉动服务业快速发展的强劲动力，也是支撑榆次长期可持续发展的科技和人力支撑，将从根本上改变榆次区的人口结构、经济结构、社会结构。某种意义上，榆次将像北京海淀区一样成为永远年轻的城区。第二个是在资源型经济转型综改试验区建设中，榆次被确定为统筹城乡试验区，省市在很多方面支持榆次先行先试。第三个是榆次是国家级"大晋中文化核心区"，立足区域内丰富的文化旅游资源，将新上"穿越5000年"旅游小铁路等重大项目。可以说，在产业的协调性、空间的拓展性、机遇的独享性上，榆次区在119个县份中名列前茅。这些为榆次液压的跨越式发展提供了非常宽松的环境。

(二) 从要素配套看，榆次液压跨越式发展条件已经基本成熟

在产业规划和政策方面，榆次液压跨越式发展机遇难得。2009年5月国务院颁布的《装备制造业调整和振兴规划》提出，要提升液压等基础配套产品制造水平，夯实产业发展基础，以推进企业自主创新，加快装备制造业的转型升级；我省"十二五"规划纲要和装备制造业"十二五"规划也

都把榆次液压列为我省重点培育发展的产业之一；晋中市和榆次区也把榆次液压作为建设"四化率先发展区"特别是工业新型化的重要支撑之一。在园区建设方面，软硬环境正在优化。榆次工业园区是全省24个省级开发区之一，2011年园区产值达到120亿元。目前园区发展态势良好，入驻企业快速增长。榆次液压产业集群在园区中相对集中，实现集聚发展指日可待。在发展空间方面，榆次土地储备十分充足，发展潜力更大、后发优势更强。目前，榆次区城乡土地总体规划已经调整，在"十二五"时期，通过城中村改造和土地置换将有3万亩的储备用地，榆次液压集团占地500亩的新厂区正在建设中。在行业管理方面，目前成立了榆次液压行业协会，在加强行业管理、完善产业配套、推进招商引资、控制低质竞争等方面充分发挥了非政府组织的管理职能。只要把握机遇，科学调整产品结构、提升技术先进性，榆次液压就一定能够强化在全国液压行业的领先地位，与经纬纺机、吉利汽车等一道成为榆次乃至晋中和全省制造业的最大亮点。

（三）从发展形态看，榆次液压跨越发展模式已经初步形成

袁纯清同志到山西后，提出了"大企业引领、大项目带动、集群化发展、园区化承载"的产业发展思路。榆次液压在发展中，牢牢遵循这个思路，在四个方面做了很多工作，形成了较大的发展势能。比如，在大企业引领上，榆液集团已经成为215家民营企业成长和发展的母体、源泉，现有的中小企业老板大多是原榆液集团的中层干部、技术人员、产业工人，第一桶金基本上是借助榆液集团挖到的。在大项目带动上，榆液集团、方盛、斯普瑞、高行、海洋近年来纷纷扩建厂房、更新设备，新上了一批重大项目。在园区化承载方面，经过多年努力，随着软件硬件的改善，榆次工业园区已经成为榆次液压产业可以依靠的现实载体。在集群化发展方面，在相当集中的空间内，聚集了很多企业，多数企业亩均产值在100万元以上，个别企业接近1000万元，这在省内是少见的。应该说，榆次液压在产业集群发展方面进行了有益的探索，发展模式已经基本成熟。

三、建设"百亿液压产业集群"存在的困难

对照袁纯清同志"大企业引领、大项目带动、园区化承载、集群化发展"的思路，与浙江、广东等地的产业集群以及常州、阜新等地的液压产业集群相比，榆次液压产业还存在明显的差距。

（一）龙头效应尚未充分发挥，中小企业配套能力不足

榆次液压产业基本上是围绕榆液集团的发展不断成长壮大的，榆次液压近半个世纪的发展史，主要是榆液集团的发展史，榆次民营液压企业只是在最近的10多年间异军突起。企业总量快速膨胀，但单体企业规模普遍偏小，2010年榆次215家民营液压企业实现14.4亿元销售收入，平均不足700万元。多数企业都刚摆脱"小作坊"生产方式，发展不够也不规范。榆液集团作为榆次液压的"龙头老大"，与民营企业的融合、配套发展的意识不强，产业领导力不足，在管理提升、人才培训、技术研发、品牌塑造等方面，还没有充分发挥出强有力的行业影响和带动作用。

（二）自主创新能力和投入不足，产品低端色彩较重

与"微笑曲线"展示的现代制造业发展要求相比，榆次液压在产品的研发和市场的开拓上还有不小的欠缺。除了榆液集团在产品开发和技术进步上投入较大外，多数中小企业受企业效益、融资困难、人才短缺等因素影响，难以在新技术和新产品的开发和储备上迈上新台阶。产品大多为初级产品，处于价值链的低、中端，高端产品匮乏，整体效益不高。比如，在液压领域有一个共识：谁掌握了精密铸件技术，谁就占领了行业制高点。但目前我省只能生产中低档铸件，精密铸件还主要依赖东部沿海地区，只能眼睁睁看着大量潜在利润流失。榆液品牌开发利用也不足，还没有完全转化为现实的市场份额和企业利润，迫切需要政府主导、联合开发来突破瓶颈。

（三）体制机制不够顺畅，土地等政策瓶颈仍然突出

突出表现在以下几个方面。一是管理层次较低。榆液集团作为产业集群的龙头和核心，属于省属企业，晋中市和榆次区协调能力较差。榆次液压集团作为国企，由于历史和利益关系，与民营中小企业缺乏主动沟通和合作的愿望和意向。而且，无论是区政府还是行业协会，由于层次较低、政策信息不畅，对行业发展的指导性不强。二是一些领域难以实现"国民待遇"。与大量的民营企业相比，榆液集团可以在项目、资金、科技、人才等方面享受到各级政府更多的倾斜支持，造成发展条件不对等，发展不平衡。三是建设用地指标不足已成为当前的最大障碍。虽然榆液集团500亩基地建设用地已经满足，但中小企业发展用地需要一时还难以解决。榆次区有3万亩的建设用地储备，但受指标控制，不少企业只能望地兴叹。目前纺机、液压等行业扩建的土地需求3000亩，而按照现行管理体制，只能筹措300亩，供需矛盾巨大，严重制约了不少经济效益好、市场前景广阔的扩建项目、招商引资项目的落地建设。

四、建设"百亿液压产业集群"需要高层强力推动

基于液压产业的基础性地位，在调动驻地企业的发展愿望，充分发挥晋中市和榆次区积极性的基础上，迫切需要省委、省政府的顶层设计和第一推动力。

（一）把榆次液压产业集群化发展提升为省级战略

省"十二五"规划提出，要以榆次液压集团为主体，重点发展高端和智能化液压系统，建成国内高性能液压元器件及液压系统国家示范基地。近年来，晋中市和榆次区做了很多工作，取得了积极成效。考虑到产业集群发展的复杂性，特别是榆液集团属于省属企业，当地政府和行业协会的协调能

力有限，建议将榆次液压产业集群发展提升为省级战略，成为由省领导牵头，省发改委、经信委、财政厅、商务厅、国土厅、科技厅、晋中市、榆次区、开发区等单位组成的榆次液压产业集群发展领导组，对榆次液压相关问题高层协调、一事一议。同时，鼓励和支持榆次液压集团加强与中小企业的协作和配套，真正形成良性的产业集群发展模式。

（二）省市掌握的政策资源要敢于倾斜投入

目前榆次液压发展中的问题，迫切需要省市舍得拿出必要的行政、经济资源进行集中支持。当前要重点解决好四个问题。一是实施计划单列政策。适当打破目前行政管理体制，在报批程序、资金、土地等方面对榆次液压进行计划单列。二是着力解决土地瓶颈问题。为满足企业扩大生产的要求，建议由省直接向榆次区下达用地计划，不占用晋中指标。三是强化对榆次液压发展的资金支持。建议设立专项扶持基金，除采取直接投资、补充资本金外，更加注重贴息、投资奖补等方式。四是与太原理工大学开展产学研合作，建立孵化园。扶持建立中小液压企业公共技术服务和检测平台，组建省级技术研发中心，鼓励企业自主创新和加强知识产权保护工作。五是争取将"榆次液压"作为"打包项目"列为省转型综改"5335"标杆项目。此外，要在税收政策、金融、科技、人才等方面配套相关政策。

（三）支持榆次在产业集群发展上先行先试

初步考虑，结合我省转型综改试验区建设，应支持榆次区在以下四个方面改革创新。一是在榆次城中村改造中先行先试。这是解决土地问题的基础性工程。鼓励榆次区借鉴重庆、成都、苏州等地的经验，积极探索以招标等方式加快城中村改造，完善土地增减挂钩试点，为全省以土地为核心加强城乡一体化进程趟出新路。二是在开发区管理模式上先行先试。目前晋中开发区和榆次工业园区在空间上相邻、产业上重复，可适时加快整合、明确分工，必要时可推动两区合一。三是在组建战略联盟上先行先试。支持榆次实施"皓月工程"和"小巨人工程",培育壮大榆液集团,培育10—20个小巨人企业或细分市场的旗舰企业。同时,鼓励榆液集团以产权、市场、技术、品牌为纽带,与大量的中小民营企业、科研机构、下游用户组建产业联盟,使产业集群向纵深化发展。四是在资本运营上先行先试。目前,榆次液压已有两家企业分别在纳斯达克和天交所上市,今后要支持企业加大资本运营,并探索设立榆次液压产业投资基金。四是在行业协会管理上先行先试。鉴于目前榆次液压产业发展形势,榆次液压协会作为区一级协会已经不能适应产业发展的需要,建议将榆次液压协会升级为省级液压协会。

(2012年3月《调查与分析》第3期)

当前群众反映强烈的热点难点问题分析

刘东光　李晓谦　武少权　何 飞

科学对待和正确处理当前人民群众反映强烈的热点难点问题，已经成为关系改革发展稳定全局的重大课题，成为摆在各级党委和政府面前的突出任务。近日，省委政研室组织力量，对当前人民群众反映强烈的热点难点问题进行了研究、分析，并提出一些建议。

一、当前人民群众反映强烈的热点难点问题概述

群众反映强烈的热点难点问题涉及方方面面，表现形式多样。长期以来，理论界的专家学者从自身需要出发研究这些问题，目前还未形成权威的分类标准。本报告着眼于政治建设、经济建设、社会建设、文化建设和生态建设"五位一体"中国特色社会主义事业的总体布局，对当前群众反映强烈的热点难点问题进行简要概括。

（一）政治建设方面

群众反映强烈的热点难点问题主要有民主不够、司法不公、干部作风不实及腐败问题。民主问题是政治建设的基本问题，民主不够的问题随着群众民主意识的增强逐渐凸显，基层反映比较普遍的是政务、企务、村务不公开、不透明，群众的知情权、参与权、监督权落实不到位，一些地方由此引

发了严重的干群对立。司法不公主要表现为徇私舞弊、钱权交易，办"关系案"、"人情案"、"金钱案"，有的办案人员对待群众冷漠粗暴，对待人犯刑讯逼供，滥用强制措施。因司法不公造成的冤假错案，在很大程度上导致了群众对公共权力机构的不信任。干部作风不实是官僚主义、形式主义的表现，突出表现为效率不高、软弱涣散，因循守旧、不思进取，不敢碰硬、不愿创新，夸夸其谈、弄虚作假，不解决实际问题。腐败问题是群众最反感的问题，随着我党反腐败力度的不断加大，已查处的大案要案越来越多，尽管如此，腐败的方式在不断翻新，涉案的金额越来越大，涉案干部的级别越来越高，反腐败斗争丝毫不能放松。

（二）经济建设方面

群众反映强烈的热点难点问题主要有物价房价居高不下、征地拆迁矛盾突出、企业改制遗留问题、分配不公加剧，以及与经济建设相伴的安全生产问题。房价物价问题与群众生活关系最为密切，2010年下半年以来，CPI指数一度持续攀升，使低收入家庭面临巨大的生活压力，"蒜你狠"、"豆你玩"、"姜你军"等黑色幽默"三字经"体现了群众对物价上涨的无奈和不满，特别是居高不下的房价使很多家庭不堪重负，"房奴"、"蜗居族"成为社会关注的一个焦点。征地拆迁纠纷伴随着城市化、工业化进程而加剧，其背后是巨大的利益冲突，由此导致的群体性上访呈快速增长态势。有的地方发生了诸如"乌坎事件"的严重冲突，负面影响很大。企业改制集中在上世纪末本世纪初，由于改制不规范、不透明，导致国有和集体资产流失，银行等债权人权益受到损失。对职工群众而言，主要存在解除劳动关系补偿不到位、下岗安置不理想，拖欠工资和集资款，不能按时足额缴纳养老、医疗、失业等保险金等涉及职工切身利益的问题。涉及的职工目前普遍生活困难，有的多次集体上访。分配不公是造成贫富差距扩大的主要原因，已经成为我国目前最受关注、最为不满的热点难点问题之一。从2000年开始，我国基尼系数就越过了0.4的警戒线，权威专家测算，现已接近0.5。由此导致社会整体幸福感下降、拜金主义盛行、"仇富"心理扩散、社会对立情绪加剧，对社会稳定和国家的长治久安造成严重威胁。安全生产问题事关群众生命财产安全，社会关注度很高。各地近年来在安全生产上采取了一系列行之有效的措施，重特大安全生产事故频发的局面得到了持续扭转，但安全生产这根弦一刻也不能放松。

（三）社会建设方面

群众反映强烈的热点难点问题主要有看病难、看病贵、上学难、就业难、社会保障体系薄弱、食品药品安全隐患大、治安问题多等等。看病难看病贵问题一度相当突出，近年来尽管针对医药卫生资源总量不足且配置不合理，公立医院公益性质淡化，基层卫生服务体系薄弱，以药养医等原因采取了不少措施，但并未得到根本扭转。教育不均衡主要是由于教育资源总量不足且配置不合理、教育质量参差不齐、受教育机会不均等原因，群众接受优质教育的要求远远得不到满足，导致教育公平问题凸显。当前上好学校难的问题比以往一些学生没学校可上的问题更为社会所关注。就业是民生之本，就业难的社会群体主要是国有企业下岗职工、高校毕业生、结构性失业人员和农民工；社会保障问题主要是统筹层次比较低，城乡二元化的保障体系导致新的城乡分割。就业问题和社会保障问题关联度很高，是社会建设中最为基本的问题。食品药品安全问题是最基本的民生问题。由于食品药品产业集中度低、生产流通环节多、监管不到位等原因，导致诸如河北三鹿奶粉事件、河南双汇瘦肉精事件、铬超标药用胶囊事件等一系列严重的公共事件，使食品药品安全问题成为关注度很高的社会热点问题，极易引发社会恐慌和不满情绪。社会治安是群众安居乐业的基本保障，是群众评判党和政府管理能力的主要标准。在一些地方，未成年人犯罪呈上升趋势，重大刑事案件时有发生，群众缺乏安全感。

（四）文化建设方面

群众反映强烈的热点难点问题主要有信仰危机、诚信缺失、价值观错位、道德滑坡和低俗文化流行等。随着时代的变迁，信仰危机的问题开始凸显，一些人没有坚定的政治信仰，对共产主义远大理想和中国特色社会主义信念将信将疑；一些人失去生活的方向，浑浑噩噩；一些人崇尚金钱拜物教，以逐利为唯一目标，甚至见财起意，不惜铤而走险；一些人转而寻求宗教的心灵慰藉，整天求神拜佛。信仰危机的实质不是人们没有追求，而是人们缺乏明确的、稳定的、正确的追求。社会诚信缺失因近年来发生的曹操墓之争、肯德基"秒杀门"、蒙牛"诽谤门"、唐骏"学历门"等进一步凸显，因"小悦悦事件"等一连串更加让公众难以接受的事件而成为焦点。诚信缺失引发整个社会的信任危机，垫高了社会运行的成本，造成人与人之间互不信任，交流和沟通变得更加困难，对他人的同情、关心和帮助也变得更加不易。价值观错位主要表现为极端个人主义、拜金主义、享乐主义、实用主义、虚无主义等价值取向，由此导致一些人国家观念、全局观念、集体观念、义务观念和社会责任感淡薄，导致社会凝聚力减弱和离心倾向增强。道德滑坡问题因"毒奶粉"、"地沟油"、"染色馒头"等一连串严重违背社会伦理，突破道德底线的事件而成为焦点。随着电视、网络、手机等大众传播媒介的崛起，一些低俗文化呈泛滥之势，炒作风气炙热、"裸露文化"盛行，一些在青少年中有着广泛影响的艺人、精英行为不检点等，严重毒害社会风气。这些问题紧密联系、相互影响，成为思想文化建设领域亟待解决的重大问题。

（五）生态环境建设方面

群众反映强烈的热点难点问题主要是生态破坏和环境污染问题。生态破坏主要表现在水土流失、土地荒漠化、草场退化、森林资源危机、水资源短缺、生物多样性减少等方面。环境污染是经济社会发展中一个不可回避的问题，综合世界银行、中科院和环保总局的测算，我国每年因环境污染造成的损失约占GDP的10%左右。3亿农民喝不到干净水，4亿城市人呼吸不到新鲜空气；1/3的国土被酸雨覆盖，世界上污染最严重的20个城市我国占了16个。同时，环境质量仍在继续恶化，局部地区日趋严重；城市的生活型污染和农村的生产型污染现象并存。随着生活水平的提高，人民群众对生态环境的要求越来越高，生态破坏和环境污染问题越来越成为普遍关注的社会问题。

二、对当前人民群众反映强烈的热点难点问题的基本认识

正确认识当前热点难点问题，透过现象看本质，不仅可以认清具体问题，还可以更好地认识国情，找到应对之策。为此，必须用历史的眼光和辩证的方法，客观全面理性地认识问题。概括起来，当前的热点难点问题具有以下基本特征。

（一）热点难点问题的产生具有必然性

改革开放初期，邓小平同志就深刻指出："过去我们讲先发展起来。现在看，发展起来以后的问题不比不发展时少。"胡锦涛同志在省部级主要领导干部提高构建社会主义和谐社会能力专题研讨班上的讲话中也明确提出："在当前和今后相当长一段时间内，我国经济社会发展面临的矛盾和问题可能更复杂、更突出。"事实上，所有热点难点问题，都是社会发展到一定阶段的产物，是社会客观实际和人们主观认识相互作用的结果，带有客观必然性。当前，我国正处在经济社会发展的重要战略机遇期，同时也处在社会矛盾凸显期，热点难点问题产生的必然性可以从两个方面来认识：一方面，是由社会主义初级阶段的发展水平决定的。当前和今后相当长的一段时间，我们还处在社会主义初级阶段，生产力不发达，多种所有制形式并存，人民日益增长的物质文化需要同落后的社会生产之间的矛盾长期存在，发展中的不

平衡、不协调、不可持续问题依然突出，社会管理还显得比较薄弱。用现代化进程的观点看，社会主义初级阶段是我们迈向现代化的起步阶段。任何一个国家在现代化起步阶段都是社会问题复杂、社会矛盾尖锐的时期。改革开放以来，无论是"摸着石头过河"，还是"改革进入深水期"，改革开放、现代化进程总是沿着问题产生——问题解决——新问题产生——再解决的路径发展的。比如，尽管我们的经济总量跃居世界第二，但人均水平很低，处于世界后列，这就决定了我们在社会福利、社会保障、公共服务等方面的水平还很低，而且很不完善，离人民群众日益增长的需求还有很大距离。另一方面，是当前中国社会进入转型期的必然产物。由计划经济向市场经济转变，由封闭社会向开放社会转变，由农业文明向城市文明转变，由传统文化向现代文化转变，由机械时代向信息时代转变，转变的过程中必然会出现社会阶层分化、社会流动加速、利益格局调整、利益诉求多元、社会矛盾加剧等诸多问题。在此背景下，囿于旧制度的不适应性以及新制度的供给不足，不可避免会出现大量社会转型过程中的制度缝隙和漏洞，造成利益分配失衡、权力监管乏力、社会道德滑坡、社会运行成本加大，进而导致社会热点难点问题数量增加、程度加深成为一种特定的时代特征。

（二）热点难点问题的成因具有复杂性

目前群众反映强烈的热点难点问题表现形式千差万别，其成因也错综复杂、互相交织、互为因果，既有外部的因素，也有内生的原因；既有历史的作用，也有现实的影响；既有长期累积，也有直接诱因；既有全局性的，也有局部性的；既有经济社会发展的一般规律使然，又有人们认识问题不足、制度安排不妥、政策设计不周、利益集团影响的结果。从发展时空的深刻影响看，改革开放以来，我们用30年的时间走过了发达国家数百年才走完的历程，发达国家数百年间不同发展阶段暴露出来的矛盾和问题，都在这几十年间交织、叠加、累积，必然使诸多问题和矛盾更加错综复杂。比如老龄化问题，西方发达国家在经济发展和社会财富积累到一定程度的时候才开始出现，而中国在经济尚处于不发达阶段的时候，就快速步入"少生、少死、高寿"的老龄化社会，"未富先老"由此引发了比发达国家更难以解决的人口数量庞大和老龄化加速双重问题。再比如说，城乡差距的拉大、区域发展的不平衡、就业形势的严峻、社会治安的复杂等等问题，都和我国的基本国情有关。

中国地域广、人口多、体量大，这种国情必然使各种问题更加复杂，各种利益更难平衡，各种矛盾更加交织。从问题之间的联系来看，许多社会热点难点问题互相牵扯、关联性强，往往"牵一发而动全身"，或者"按下葫芦浮起瓢"，还有不少属于"两难"问题：既要大力解放和发展生产力，追求效率，尽快做大"蛋糕"，又要促进社会公平公正，着力分好"蛋糕"，实现共同富裕；既要保持一定的经济增长速度，又要减缓"通胀"，更要防止"滞胀"，这就给宏观经济调控带来相当的难度；既要加快经济建设，又要保护生态环境；既要推动城市化发展，又要反哺和支援农村；既要支持东部继续率先发展，又要加大对中西部地区和东北老工业基地的支持……凡此种种，不一而足。这些问题之所以成为"两难"，就是说不能只顾一方面而不顾另一方面，这些"两难"问题的解决，在长远和本质上是统一的，但在具体发展阶段和过程中又存在矛盾和冲突。发展时空的深刻影响和不同问题之间的相互联系决定了每个具体问题的背后，往往交织着多方面的原因。比如说，关系到国计民生的就业问题，其成因就非常复杂，既和我们这个人口大国的基本国情密切相关，又和目前经济发展阶段的水平、模式、结构、劳动力供需、劳资矛盾、企业负担（主要是税赋负担）等问题都有关联，当然也离不开外部经济环境和全球金融危机的冲击。还有人民群众反映强烈的分配不公和贫富分化问题，既和市场经济自身的"市场失灵"、外部不经济有关，也就是说市场竞争必然会带来收入差距的扩大，也与诸多历史的、现实的原因有关，包括城乡差距、行业差距、区域差距、社会资源的占有不均和利益分配失衡、垄断集团和既得利益群体的存在以及腐败严重等等。而收入分配不公、贫富差距拉大又成了社会不满情绪蔓延、社会诚信缺失、社会道德失范等诸多问题的深层次原因。再比如，和百姓生活息息相关的物价问题，既受到基本供需关系的影响，又和各种生产要素成本上升、大宗商品价格波动、输入性通胀、流通环节成本高企、自然灾害和季节性因素、货币政策和流动性加速以及投机炒作等多种因素都有关联。正是成因的复杂性决定了热点难点问题表现的多样性和解决的艰巨性。

（三）热点难点问题的存在具有阶段性

当前热点难点问题都是社会主义初级阶段和社会转型期出现的，带有明显的阶段性。这种阶段性特征的具体表现可划分为两个层面。其一，在不同的发展阶段，出现不同的社会热点难点问题。比如，改革开放初期的热点难点问题突出表现为以吃不饱、穿不暖为代表的生存型问题。随着打破"大锅饭"、破除平均主义，经济发展效率低下、社会活力不足等问题逐步得到解决，分配不公、收入差距拉大、生态环境、食品药品安全、征地拆迁、社会诚信等发展型、价值尊严型、享受型问题相继凸显。当今社会，弘扬社会公平正义、缩小收入分配差距、共享改革发展成果等问题被提到了迫切需要解决的议事日程。人民群众对这些问题的诉求标准也发生了变化，对教育、医疗、就业等领域的需求和评判标准同过去相比已经不可同日而语。再如，随着城镇化的加速推进，征地拆迁等问题在许多地方变得十分突出，由此引发的种种社会矛盾、群体性事件、极端事件等也不时见诸报纸、网络等媒体，成为全社会关注并引发不满情绪的敏感焦点。其二，同一社会热点难点问题的发生、发展、演化，随着时代的发展、时间的推移呈现不同的特点。比如腐败问题，涉案领域和腐败类型随着时间的推移不断发生变化，改革开放初期，在粮食、供销、石油、煤炭、运输、基建等行业，贪赃枉法、侵吞公产、倒买倒卖、投机诈骗类腐败现象占有较大比重。随着改革的深入推进和经济发展水平的提高，在房地产开发、土地批租、金融证券、国企改革、司法判案、人事任免等领域，贪污渎职、索贿受贿、徇私舞弊等腐败案件明显增多。不仅如此，腐败的规模、表现形式也发生了变化，突出表现在串案、窝案增多，手段更加隐蔽，涉案金额增加，涉案官员级别和年龄等特征也发生了变化。再比如，社会治安方面，随着时代的发展，社会治安矛盾也呈现出不同的特征。比如说，近几年来，由于社会失意群体的出现，其中个别人走向了报复社会的犯罪行径，制造了一些骇人听闻的犯罪事件，不仅严重危害社会治安，并且引发公众的恐慌情绪，成为当前社会治安领域一个非常严重的问题。正确把握热点难点问题的阶段性特征，对于具体地、动态地、发展地看待当前热点难点问题，采取有重点、有针对性的应对措施具有重要意义。

（四）热点难点问题的危害具有综合性

对热点难点问题必须客观、理性地看待，既不能如临大敌、自乱阵脚，更不能麻木不仁、掉以轻心；既不能动摇信心、看不到希望，也不能盲目乐观、任其发展。如果这些问题长期存在，将带来无法估量的危害，主要可以概括为三个方面：

一是影响人民群众的切身利益。这些问题都与人民群众工作生活、切身利益紧密相连，关系着每一个人的生活质量、心理感受和幸福指数。比如说房价问题，如果得不到有效调控，使其回归合理区间，直接的后果是严重侵害群众利益，使改革开放30年来人民群众积贮的财富有很大一部分被房价吞噬，中产阶层不可能快速扩大；会导致房地产业畸形发展，现代化亟需发展的高新技术产业、现代服务业由于生产要素的缺失而得不到发展；全国房价高企阻碍人才的正常流动，影响城市化进程，影响到扩大内需战略的实施。

二是影响国家经济社会发展大局。不可设想一个现代化国家是一个社会问题丛生、贫富分化严重、社会对立加剧、社会冲突不断、社会风险巨大的国家。因此，无论是社会保障、司法公正、反腐倡廉、收入分配、房价调控问题，还是医疗改革、物价调控、治理环境污染、食品安全、教育公平问题，都关系到我国经济社会发展的大局，影响下一步改革的方向和进程，如果解决不好,就会影响到中国社会的顺利转型,影响到现代化建设的长远目标,影响到中华民族崛起的伟大事业。

三是影响社会稳定、国家安全和党的执政地位。从一定意义上说,热点难点问题是公众利益和情绪的集中体现与表达,如果解决不好,或者解决不及时,容易引发对立情绪,形成更多的无直接利益冲突,加剧社会风险。分析中东北非的变局,民众的民主诉求只是表面的原因,而背后的失业率居高不下、物价飞涨、贪腐盛行、贫富分化、社会阶层对立等才是导致这些国家政权变更的深层次原因。突尼斯的一个小贩被打死,直接引发"茉莉花革命",进而演变为中东北非许多国家的社会大变局。这种"蝴蝶效应",在我国近年来发生的一些群体性事件中也可以找到类似的踪迹。近几年,全国群体性事件呈高位运行状态,其中相当一部分就是由于对热点难点问题处理不当而引起的。我国目前已进入一个高风险社会,必须引起足够的警惕和重视。

三、解决群众反映强烈的热点难点问题的对策

群众反映越是强烈的问题,各级党委、政府越需要高度重视,切实加以解决。个别问题解决不好,可能发展为普遍问题;局部问题解决不好,可能发展为全局问题;社会问题解决不好,可能发展为政治问题;非对抗性矛盾处理不当,也有可能转变为对抗性矛盾。在解决具体问题时,要坚持原则性与灵活性的结合,全局和局部统筹,长远目标和眼前措施协调,因地制宜、因事制宜、因时制宜,最大限度地维护广大群众的正当权益。从根本上解决群众反映强烈的热点难点问题,应认真做好以下四个方面的工作。

(一)在指导思想上要牢固树立以人为本、执政为民的理念

总结我们党 60 多年来的执政经验,解决当前群众反映强烈的热点难点问题最根本的一条就是要在指导思想上把以人为本、执政为民的理念紧密结

合起来，牢固树立起来，并贯彻落实到经济社会发展的各项工作中去，这样我们才能获得最广泛、最可靠、最牢固的群众基础和力量源泉。

一要强化各级领导干部以人为本、执政为民的意识。要把以人为本、执政为民作为当前和今后一个时期领导干部思想教育的重要内容，进行持之以恒的学习教育，使以人为本、执政为民的理念真正入脑入心，内化为每一名领导干部的自觉行动，多干打基础、利长远、惠民生的好事实事，不搞哗众取宠、华而不实的政绩工程、形象工程。二要建立科学的决策机制。把群众拥护不拥护、赞成不赞成、高兴不高兴、答应不答应作为决策的根本依据和衡量决策正确与否的根本标准，充分考虑群众利益，充分尊重群众意愿，对违背民意、损害群众利益的决策行为，要坚决制止和及时纠正。三要切实转变政府职能。要按照以人为本、执政为民的要求，以提供公共产品和服务为重点，对政府职能进行科学、清晰的界定，在此基础上深化政府机构改革，合理设置机构、配置职能，使政府真正实现由管理型向服务型的转变。四要切实维护群众合法权益。要进一步健全群众权益维护机制、利益协调机制、诉求表达机制、矛盾调处机制、权益保障机制，实现维护群众权益工作的制度化、规范化和经常化，及时发现、妥善处理征地拆迁、补偿安置、惠民政策落实、涉法涉诉等方面群众反映强烈的热点难点问题，努力为不同群体创造平等发展机会。

（二）在工作重点上要把解决社会问题、推进社会体制改革摆在更加突出的位置

群众反映强烈的热点难点问题千头万绪，在解决的过程中，要抓住重点，以重点突破带动整体推进。适应我国社会主义市场经济体制不断完善，改革重点转向社会体制改革的新形势。一要切实加强和创新社会管理。各级党委、政府要落实党的十七届五中全会精神，找准本地区、本部门社会管理方面的薄弱环节，采取有针对性的措施，把社会管理提高到一个新的水平。二要大力发展社会事业。要把发展教育、卫生、文化、体育、科技等社会事

业放在发展的优先位置，在加大财政投入力度的同时，创新体制机制，带动社会投入，并优化投入结构，促成社会事业的大发展、大繁荣，使人民群众上学难、看病难、文化体育生活贫乏等问题尽快得到妥善解决。三要进一步强化社会保障。要坚持广覆盖、保基本的原则，扩大基本社会保障的覆盖面，使人人享有社会保障。在此基础上，要适应经济社会发展形势，完善社会保障调节机制，使各项社会保障始终维持在一个合理的标准上。四要不断提高社会服务水平。要分地区、分领域、分行业建立健全各类社会化服务体系，大力发展社会服务民间组织，提高群众自我服务和服务社会的意识和能力。五要完善热点难点问题处理机制。要建立健全预警、研判、处置机制，使各类热点难点问题始终处于动态解决之中，由此引发的社会矛盾和群众情绪始终处于可控状态。在具体工作中，要注重统筹兼顾，把社会管理、社会事业、社会保障、社会服务紧密联系起来，把解决社会问题与解决经济问题、文化问题以及生态环境问题结合起来，通盘考虑，整体设计，协调推进，促成各类问题的有效预防、及时解决。

（三）在推进措施上要坚持用改革的办法解决问题

群众反映强烈的热点难点问题是改革过程中出现的问题，必须用改革的办法来解决。改革过程中，要注意抓住三个关键。一要在改革的顶层设计上坚持公平正义的价值取向。公平正义是中国特色社会主义的本质要求，是人类社会的普遍追求，是社会和谐稳定的基础，是化解社会矛盾、解决社会问题应遵循的基本原则。当前的热点难点问题，无论是经济领域的分配问题，还是社会领域的看病、上学、就业问题，无一例外地违反群众公平正义的愿望，都与我们在改革设计中对公平正义重视不够、考虑不周有很大关系。比如说教育、卫生医疗和住房改革就存在着过分注重市场化、产业化，政府职能缺位，弱势群体利益受到侵害的问题，其实质是在改革的设计上过分重视效率问题，没有坚持公平正义的价值取向。继续推进改革，必须在顶层设计上把公平正义作为基本的价值取向，这样才能得到广大群众的支持，保证改革的顺利推进，实现解决问题的目标。二要以收入分配制度改革为核心深化经济体制改革。如果说上世纪八十年代是以农村联产承包责任制改革为核心建立一整套农村经济体制，九十年代是以国有企业改革为重点建立中国社会主义市场经济体制，新世纪头十年是以加入WTO为牵引，我国建立了一整套适应国际惯例和中国国情的对外开放体制，那么进入新的十年，就必须以收入分配体制改革为重点，整体推进国有企业改革、财税体制改革、社会保障体制改革、城乡户籍管理体制改革、行政管理体制改革等一系列改革。收入分配制度不合理、不公平不仅是一个群众反映强烈的具体问题，而且是贫富差距扩大、价值观扭曲、诚信缺失等诸多问题直接而又重要的原因，已经成为各种社会矛盾的主要"孵化器"。要把收入分配制度改革作为推进各项改革的关键环节，按照初次分配兼顾效率与公平、再分配更加注重公平的原则，加大相关各项改革的力度，尽快形成合理的、社会普遍认可的分配制度体系，为各项改革的深化创造条件。三要适时推进政治体制改革。解决腐败问题、基层民主问题、人事制度问题、行政管理体制问题、收入分配问题、司法不公问题，甚至所有经济、社会、文化的热点难点问题都离不开政治体制改革的配合和推进。要坚持积极稳妥的原则，借鉴经济体制改革的成功经验，对政治体制改革进行整体设计，适时、渐次推进。

（四）在思想文化建设上切实增强针对性和实效性

实现经济社会的转型发展和富裕文明和谐的目标，仅靠经济发展是远远不够的，必须在思想文化领域尽快扭转当前信仰危机、诚信缺失、价值观错位、道德滑坡、低俗文化泛滥等局面。这方面，靠一般性的引导、熏陶是远远不够的，要针对当前存在的问题采取切实措施。一要切实加强社会诚信体系建设。要根据政府、企业法人和个人等不同社会主体的特点，分类建立健全诚信制度，形成完整的社会诚信体系，使无形的信仰、价值观、道德建立在可靠的社会诚信基础之上。二要提高思想文化教育的针对性。对党员干部要加强理想信念教育，对人民群众要加强社会公德教育，要把丰富教育内容同创新教育形式结合起来,把教育贯穿于生动的社会实践中。三要旗帜鲜明、坚持不懈地反对拜金主义、享乐主义和极端个人主义。要把反对的重点放在党内,加强对党员干部、特别是领导干部的监督、教育,严肃查处有拜金主义、享乐主义和极端个人主义表现的党员干部。要加强对社会舆论的引导,营造反对拜金主义、享乐主义和极端个人主义的社会氛围。四要坚决整治低俗文化泛滥。加强对广播、电视、报纸、网络、图书出版、演艺演出等文化领域的教育引导、监管监督和惩治,对制黄贩黄、毒害人民群众心理健康、精神卫生、心灵美化的行为和产品要坚决打击,用经济、行政、法律、科技等手段多管齐下、综合治理,为人民群众提供健康、积极、多样、文明的精神文化产品。

(2012年4月《调查与分析》第4期)

关于在我省规模推广实施谷期电集中供热的建议

赵付忠　刘庆忠

谷期电能属电力系统专业术语，泛指每日23时至次日7时，因夜间用电量大幅减少，输送于电网中未及时利用、须人为限时消耗特定时间段的电能。电网在安全运行时，发电容量不能随意增减，巨额电能又不可储存，故人们通常又将谷期电能称之为"垃圾电"。谷期电能一方面表现为巨额电能的损耗，同时给电网安全运行带来严重隐患。为开发利用谷期电能，长期以来，国内外将此作为重大科研项目进行攻关，并取得了显著成效。山西是国家电网重要输出电省份，谷期电能可利用空间巨大。特别是利用建筑物电热蓄能供暖"可中断负荷"特性，发展自限温蓄能地面集中供暖，对谷期电能进行"负荷整形"、"移峰填谷"，就是最有效的方法之一。实践证明，发展自限温蓄能地面集中供暖，既可充分利用谷期电能，又可替代传统的燃煤供暖和集中供热方式，冬季蓄热供暖，夏季蓄冷制冷，给人们工作、生活带来极大便利，且节能环保效果显著，对加快我省转型跨越发展具有重要意义。

一、我省具有巨大的可利用谷期电能资源

通常来讲，根据用户用电情况，电力部门将一天24小时划分为"峰、

平、谷"三个用电阶段：峰期是8时至11时，18时至23时；平期是7时至8时，11时至18时；谷期是23时至次日7时。"平期"供需基本保持平衡；"峰期"需大于供，由于用电量激增，给供电部门造成巨大压力，有时不得已"拉闸限电"以保重点；"谷期"供大于求，由于用电量大幅减少，发电机满负荷运转后又不能随意减负，输送于电网中的电能因不可储存必须限时人为消耗，从而造成极大浪费。据有关资料统计，我国自建国以来，浪费的"谷期电"相当于5个三峡电站的装机容量，直接损失达8000亿—10000亿元。目前，我省火电装机容量约为6000万千瓦，每个采暖期可利用的低谷电能约为216亿千瓦时。如果利用电地暖计算机集中控制技术，将上述谷期电能用于建筑物冬季供暖，可满足3.1亿平米建筑物的冬季供暖需求，年可节约采暖用煤1000万吨和采煤用水720万吨，同时可使电网电力使用效率提高9%以上，其集中供热能力可满足我省未来30年建设发展需求，具有较大的可利用谷期电能资源和广阔的发展空间。

二、利用谷期电蓄能集中供热技术先进科技含量高

采用电能集中供热源于20世纪50年代末，近年来随着科技进步特别是计算机网络的发展，其技术得到广泛推广，且逐渐由供暖延伸到制冷，给人们工作、生活带来极大便利。鉴于该技术具有分户控制、智能运行、节能环保、安全清洁、不占用空间、运行费用低、使用寿命长等优势，因此在欧洲、北美以及日本、韩国等地被广泛应用，是目前世界暖通工程界公认的最理想、最先进、最科学的环保节能采暖方式。

从技术层面讲，利用谷期电蓄能集中供热，就是综合利用计算机网络技术、通信技术、传感技术、自控技术和电热蓄能技术，实现对供暖质量、能耗水平、运行状态、故障报警、收费管理进行全自动远程集中控制和记录，按人们需求达到供暖制冷目的。由于该系统采用直接负荷控制手段，因此可跟踪不同地区电网时段和户外温度变化情况，自动采用不同加温策略，可满

足用户对不同采暖区域的不同温度需求，在降低采暖能耗的基础上为用户提供个性化服务。用通俗的话说，利用谷期电蓄能集中供热，就是将地热电缆铺设在地板下，由电能转换为热能实现供暖需求，根据峰平谷期电网运行情况，按需求进行直接负荷控制，晚上用电工作，储存热能，白天用电高峰时散发热量，其谷期电利用率可达100%。从医学角度讲，利用谷期电蓄能集中供热，由于加热板在地下，所产生的热流经由脚底流向经络使全身变暖，在采暖的同时能有效改善人体血液循环，促进新陈代谢，并放射出对人体有益的远红外线，具有一定的保健作用。

近年来，随着我国科技发展和人们生活水平的提高，采用电能集中供热愈来愈受到人们关注，电地暖开始步入居家生活，全国各地不同程度开始普及推广。如北京市专门制定了《居民住宅清洁能源分户采暖补贴暂行办法》，对采用电清洁能源采暖的居民给予补贴，旨在加快推进清洁能源项目的发展。我省耀华电力节能供热公司在引进国外先进技术和设施的基础上，自主研发的"自控温电地暖集中供热分户控制装置"，经在全国数百个项目2000多万建筑平米中推广应用，受到广大用户一致好评，在省内外引起较大反响。2009年9月，黑龙江省齐齐哈尔市组织专人赴我省考察，并签订了合作意向；同年10月，辽宁省阜新市组织专人来我省考察，提出在该市成立电力供热公司，列入当地"十二五"发展规划，以求更快发展；2010年6月，山东省威海市分管市长亲率9名专家来我省考察，诚邀耀华电力节能供热公司与该市合作，市政府将从财政、土地、城建、税收等方面给予大力支持。

三、采取谷期电蓄能集中供热与传统供暖方式比较

传统的水暖供热方式，是利用热气流上升原理，通过冷、热空气循环流动达到供热目的。电地暖供热方式，则是通过热辐射和对流换热的双重作用，使地面缓慢升温实现供热。与传统供热方式比较，电地暖具有明显的舒

适、保健、节能、安全、卫生、不占用空间、便于控制、使用寿命长等优势。采用电地暖供热，不仅有效解决了锅炉占地、燃煤、堆灰、排污、管网建设、环境污染问题，而且从根本上解决了水暖系统存在的跑、冒、滴、漏、暖气片冻裂、采暖费收缴难等问题，用户以购电方式上缴管理费，温度可随意调整，给人们工作、生活带来极大便利。对电地暖和传统供热方式综合进行比较，如下表所示：

自限温蓄能地面集中供暖系统与传统供热方式综合比较表

方式\项目	热力集中供暖	电锅炉	自限温蓄能地面集中供暖
占用空间	市政施工、管道安装、换热站用房占地。	锅炉房土建用房占地	无
环保	二次换热泵运行产生震动及噪声污染	循环泵、换热站水泵运行产生震动及噪声污染	无
节能	长距离输热外网热损10%以上	存在能量输配能耗、二次换热能耗及外网热损失	节约外网热损及输配能耗17%以上，谷期电利用率达100%
用水	需大量供暖用水，管路的跑、冒、滴、漏造成水资源极大浪费	需大量供暖用水，管路的跑、冒、滴、漏造成水资源极大浪费	无
供暖质量	供暖质量不可控，外网热损大，存在水力失调问题	供暖质量不可控，外网热损大，存在水力失调问题	供暖质量可精确控制，并可实现按需供暖。
工程投资	综合造价：150元/建筑m²	综合造价：110元/建筑m²	综合造价：150元/建筑m²
运行管理及维修	供暖管路存在跑、冒、滴、漏，每年需维修，定期更换管路阀门	每年管路的跑、冒、滴、漏需大量维修费用，须专门部门专业人员维护管理	系统故障状态实现远程自动监控，运行、维修由专业公司提供永久服务
使用寿命	12—15年	8—12年	50年以上
能耗费用	40元/建筑m²	36.28元/建筑m²	20元/建筑m²
安装空间	管路及散热器占用室内空间且不美观	管路及散热器占用室内空间且不美观	无
节煤	±0	4.3kg/m²	5.4kg/m²

四、采取电蓄能集中供暖可有效减少污染改善环境

国家发改委公布的统计数据表明，按照我国2000年的标准，火力发电厂平均每千瓦时供电煤耗为392克，目前降为360克，预计到2020年将降至320克标准煤。工业锅炉每燃烧一吨标准煤，将产生大量的二氧化碳、二氧化硫和氮氧化物，对环境造成严重污染。以太原市为例，目前我省城市冬季集中供热采暖期为150天，如果以电地暖集中供热1000万平米计算，每平米每个采暖期平均耗电70千瓦时，仅此采暖期可利用的谷期电能约为7亿度，相当于采用传统热水供暖方式节约标准煤23.33万吨。据有关部门测算，每燃烧一吨标准煤，可产生8.5公斤二氧化硫和7.4公斤氮氧化物，仅此可减少二氧化硫排放量1983.33吨，减少氮氧化物排放量1726.67吨，这对有效减少城市大气污染，改善环境，将产生重大影响。

五、我省利用谷期电蓄能集中供热情况及建议

中央和国务院对节能减排工作高度重视，在国务院《关于进一步加大工作力度，确保实施"十一五"节能减排国标的通知》中明确提出，要将"建筑供热计量及节能改造"列入"重点领域节能减排"。国家发改委、国家电监会在《关于印发加强电力需求侧管理工作的指导意见的通知》（发改能源〔2004〕939号）中强调，要积极采用高效节能技术和产品，优化用电方式，提高能源效率，减少电消耗，并结合落实各项负荷管理措施，引导用户移峰填谷，合理用电，大力推广蓄冷蓄热等转移负荷类技术措施。近年来，为推广电蓄能集中供热，我省相关部门提出和采取了一些措施，旨在促进我省电地暖产业的发展。

1. 省政协提案委就发展电地暖向省委、省政府提出了《关于发展谷期电热集中供暖的建议》，认为发展谷期电热集中供暖，既可有效利用谷期电

能，又可替代传统的燃煤供暖和集中供热方式，节能环保效果显著，同时对提高电网运行效率、优化城市供暖能源结构、改善城市大气质量、建设节约型社会将产生积极推动作用。建议省政府采取措施，大力推广应用谷期电蓄能集中供热技术。

2. 省发改委对发展谷期电蓄能集中供热研究后认为，该技术符合省政府《关于加强电力需求侧管理工作的实施意见》（晋政发〔2006〕16号）的政策导向，有利于电力企业节能降耗和经济运行，可减少城市集中供热厂建设，改善城市大气环境质量，同时可弥补城市集中供热能力不足的缺口，具有显著的社会、经济和环境效益，提出将对该项目的示范工程给予支持和项目推广。

3. 省建设厅组织专家对该项目进行认真评审后认为，该系统技术成熟可靠，符合国家节能和电力产业管理政策，实现了对供暖质量、能耗计量、运行状态、故障报警的自动化服务与管理，可有效弥补我省城市集中供热能力不足的缺口，应首先在我省没有集中供热或供热能力不足并具有一定建设规模的安居工程或新建居民小区中推广使用，引导扶持该产业的发展。

4. 省物价局为鼓励用户移峰填谷合理用电，促进节约能源和环境保护，同意对"电采暖组群计算机控制系统"电热蓄能集中供暖用电价格试行峰谷分时电价，并适当扩大峰谷分时电价价差，即以一般工商业目录电价为基础，高峰时段用电价格上浮65%，低谷时段下浮60%，即利用谷期电能集中供热，每度电价格仅为0.25元，最大限度降低了用电集中供热成本。

太原高新技术开发区所属耀华电力节能供热公司研发的自限温蓄能地面集中供热分户控制技术，目前已在全国数百个项目2000多万平米建筑中推广应用，但在我省推广面积仅200多万平米，占十分之一左右。对此，耀华公司一位工程师介绍说，这项技术确实不错，效益非常明显，但由于长期以来受传统的水热供暖模式影响，人们的思想观念转变需要一个过程。要尽快推广新型技术，仅靠一个企业的能力远远不够，希望进一步得到政府支持，尽快普及推广。为此，提出以下建议：

关于在我省规模推广实施谷期电集中供热的建议

一是各级领导要从转型发展的高度支持电蓄能集中供热产业的发展。利用谷期电蓄能集中供热，是对传统水暖供热的一次转型变革，实践证明是有益的。我省谷期电能可利用资源巨大，做好这篇大文章，既可节省煤炭资源，又利用了谷期电能，维护了电网安全运行，还减少了环境污染，向用户提供了个性化服务，一举多得，利国利民。因此，各级领导要从推进转型发展的战略高度出发，充分认识在我省推广利用谷期电蓄能集中供热的优势以及对促进山西经济发展的重要意义，关注支持这项产业的发展，积极采取措施，切实抓好这一新型产业的推广应用。

二是加大对利用谷期电蓄能集中供热的扶持力度。首先，建议将推广利用谷期电蓄能集中供热列入我省"十二五"发展规划，明确目标，分阶段有步骤地抓好落实；其次，制定我省《关于推广谷期电蓄能集中供热的实施意见》，在政策上鼓励和支持电蓄能地面集中供暖产业的发展；第三，借鉴北京市对采取清洁能源分户采暖的用户给予补贴的办法，制定优惠政策，对采用谷期电蓄能集中供热的用户给予适当补助，鼓励和支持用户采用谷期电蓄能集中供热；第四，物价部门应根据国家政策规定，结合我省实际，制定实施办法，适当扩大峰谷分时电价价差，继续扶持电蓄能集中供热产业的发展；第五，政府有关部门应严格按照有关规定，切实加大对城市违规锅炉供热的查处力度，从源头上消除有污染供热源，支持利用谷期电蓄能集中供热，大力发展清洁能源可持续发展。

三是成立与市场发展需求相适应的专业机构。据调查，目前太原市承担集中供热的分别有太原热力公司、太原一电厂、太原二电厂以及太钢、东山、西山等若干小火电机组。其中太原热力公司、太原一电厂、太原二电厂的供热面积达 2000 万平米，太钢、东山、西山小火电机组分别承担所在区域 700 余万平米的供热。2009 年以来，太原市规划审批的总建筑面积达 990 万平米。截至 2010 年 7 月，规划审批的新增建筑面积达 683 万平米。随着新增建筑面积的急剧扩张，传统的供热方式已远不能满足省城冬季供暖需求，且产生的大量废气、废料严重污染环境。此外，伴随着近年来城镇化建设的快速推进，11个地级市和各县区也都面临上述问题。为此，建议采取市场化运营方式，成立与市场发展相适应的"电热集中供热公司"，政府在政策上予以扶持，具体由公司用市场化办法运营管理，这样既可以解决启用经费投资困难问题，又可以向用户提供优质个性化服务。

四是加强对电能集中供热各个环节的社会监管。利用谷期电蓄能集中供热，涉及千家万户，直接关系到人们工作、生活的质量，因此对技术性能、材料取舍、服务质量、运行管理等各个环节必须严格规范，强化监管，以确保向用户提供优质服务。比如，质检部门应对蓄热制冷储能材料、分户计量安装的技术规范、市场服务准则与质量要求等，制定相关标准跟踪检查；物价部门应根据有关政策规定，规范收费标准；电力部门应在技术规范、电力输送等方面给予及时指导。此外，要加强社会监督，发现问题，及时解决。只有这样，才能促进新产业健康发展，为实现我省"十二五"的宏伟目标做出积极贡献。

（2012年4月《情况与建议》第2期）

强化目标考核 促进科学发展
——关于临猗县开展年度目标责任制考核情况的调查

加年丰

开展年度目标责任制考核是新时期省委加强干部管理、推动转型跨越发展的一项重大举措。2011年临猗县委、县政府围绕"转型跨越、再创辉煌"这一主题，以年度目标责任考核为抓手，强化领导聚合力，拔高目标激干劲，突出项目促升级，动态预警抓落实，兑现结果营氛围，以严格的目标责任考核推动了全县经济社会又好又快发展。

一、加强组织协调，凝聚发展共识

在2010年度运城市目标责任考核中，临猗县排名全市13个县（市、区）倒数第二，受到市委通报批评。这一严峻形势让县委、县政府一班人辗转反侧、夜不能寐。县委常委会经过研究，成立了县年度目标责任考核领导组，由县委书记任第一组长、县长任组长、4名常委任副组长，全权领导全县考核工作。领导组下设办公室，办公室主任由县委常委、组织部长兼任，肩负着市考核目标任务的督促落实、乡镇和县直单位年度考核、新上项目考核三大职责。

为了保证考核工作科学、合理，临猗县委、县政府对全县所有科级单位的职能、规模等因素进行了认真分析、反复权衡，最后将全县124个单位，按党群部门、政府经济部门、政府非经济部门、垂直管理部门、乡镇五块进行了合理分类；考核领导组出台了《临猗县年度目标责任考核实施办法（试行）》，构建了年度目标责任考核、领导班子和领导干部考核、党风廉政建设考核、项目考核"四位一体"的综合考核机制，用考核工作的开展来统一干部思想，集聚发展合力，推动转型跨越发展。

二、科学设定目标，激发干事活力

合理设定考核目标能激发干部干事创业激情，能增强干部工作干劲。针对考核对象的主体差异，临猗县委、县政府把乡镇按区位、交通、人口、人脉资源等因素进行分类，政府部门按职能、规模进行分类，围绕全县发展目标，确定各单位的目标任务，做到"一定三审一公示"，即班子会议研究决定，分管领导初审、县委办和政府办会审、考核领导组终审，面向社会公示。通过目标设定，使干部人人肩上有担子，个个身上有责任，激励干部跳起来摘桃子，争先进位、争创一流。

紧盯考核目标，楚侯乡党委、政府充分发挥地域优势，依托楚侯物流园、楚侯工业园、阁老文化博览园三大园区，大力开展招商引资活动，机关干部三分之一时间处理常规工作，三分之一时间招商引资，三分之一时间落实项目。如意灵芝、无磁石油钻具等9个项目相继落地，该乡全年招商引资额达1.72亿元。县果业发展中心"精做农业"，大力实施果树间伐阳光工程，先后组织北景、三管、闫家庄等8个果区乡镇5000余名果农代表，分批次赴陕西洛川参观学习，组织专业间伐队深入田间，面对面、手把手指导果农进行间伐作业，全县去冬今春间伐面积达3万亩，省、市果树间伐现场会先后在临猗召开。

紧扣考核内容，全县开展了干部下乡住村、领导干部包村增收活动。县级领导班子成员每人包扶一个村、县直单位每个单位包扶一个村、副科级以上干部每人包扶一个贫困户，做到全县所有行政村包扶全覆盖。2011年干部帮扶活动共为农村提供帮扶资金9593万元，为农民办实事、好事650件。帮扶活动的开展，有力改变了干部工作作风，增强了党同人民群众的血肉联系，为进一步提高农民增收、加快新农村建设注入了活力。

三、突出项目考核，力促转型升级

临猗县委、县政府将考核作为经济发展的"风向标"和"助推器"，紧紧围绕全县工作重心，做到"工作部署到哪里，考核就跟进到哪里"。2011年，临猗县第十二次党代会提出开展"项目大会战、跨越大比赛、发展大评比"活动（简称"三大活动"）战略部署。为了将这一部署落到实处，该县将"三大活动"纳入年度目标责任考核，对考核实行百分制，"三大活动"考核与常规考核各占50%，把项目建设提到了前所未有的高度。目前，大力推进项目建设已成为全县争先发展的内生动力和强大引擎。

项目考核作为临猗考核工作的一大亮点，其突出的权重引发了新一轮的招商引资热潮。孙吉镇党委、政府多次联系临猗在外人士，极力促成仁核山谷农林开发有限公司在该镇薛公村投资5000万元，建设1500亩优质核桃生产基地。这一项目见效后，可为当地农民年人均增收2000余元。2011年全县共争取政策性资金8.5亿元，比上年增长51.3%；先后两次举行项目集中签约仪式，签约项目45个，投资总额达180亿元；项目落地速度进一步加快，帝城国际物流园、金苹果国际会议中心、雷迈铁路弹条扣件、山西富森陶粒砂等项目已开工建设。

四、实行动态管理，督促任务落实

"既要年终拍板子，又要经常拍膀子。要把年终考核与日常考核结合起来，加强过程管理，促进各单位、各部门把功夫下在平时、精力用在日常。"按照省委袁纯清书记加强考核过程的要求，临猗县对年度目标实行实时监控、动态管理，及时预警、定期督办，让考核全程发挥作用，使干部全年保持工作张力，有力地促进了全县年度目标任务的完成。

对运城市考核的 55 项指标，县考核办对照目标把握进度，月月做分析；对县里考核的指标，做到突出项目重点，每季组织中小企业局、招商局、考核办等单位人员对新上项目进行一次督察。加强对重点指标、重点项目完成情况督察，结果及时反馈给被考核单位，发挥好考核的预警作用。凡是重点指标和重点项目完成滞后的单位，认真分析研判，及时向被考核单位发出黄牌警告，提出警示，加压督办，促其引起警惕，及时调整政策措施加以改进。

去年，临晋镇在上半年全县乡镇考核中排名倒数第一，考核领导组及时约谈该镇党委书记和镇长。镇党委、政府对照目标寻找差距，及时召开班子、农村主干会，自行加压，奋力赶队。下半年该镇在加大推动民生工程建设的基础上，积极招商引资、落实项目建设，招商引资 1.53 亿元，畅达药业、华坤生物、丰驰机械等项目顺利落地，各项工作出色完成，在全年考核中，该镇跃升为全县乡镇考核第二名。

五、严格结果兑现，营造赶超氛围

开展年度目标考核工作，结果兑现是关键。考核结果如果得不到兑现，或兑现打了折扣，就会大大挫伤干部的工作热情和干劲，考核就失去了严肃性，也就失去了意义。临猗县委严格按照 2011 年考核方案的要求，不折不扣地兑现考核结果。对每类考核排名前五位的单位在全县经济工作会议上进行了表彰奖励，这些单位的"一把手"年度考核直接确定为优秀等次，并由县上拿出 20 多万元对优秀个人予以奖励。2011 年 3 月，县委调整的 37 名干部中，考核排名前五位的单位就有 22 名干部得到提拔或重用；"倒数第一"的五个单位，"一把手"被免职待岗，属垂直管理的单位，建议其上级主管部门调整"一把手"工作，副职和一般干部一个也不予提拔。

考核结果作为干部选拔任用的重要依据，潜移默化地影响到每一位领导干部的从政行为。在 2011 年度乡镇考核中，东张镇排名倒数第一，吃了项目建设滞后的亏，该镇党委书记被免职后，主动要求到县考核办工作，参与项目跟踪考核，虚心学习先进乡镇招商引资工作经验，积极提高自身工作能力，为今后更好地服务全县经济发展打好基础。

目标责任考核的开展已成为临猗县各单位强化管理的基本手段，成为推动全县经济社会转型跨越发展的重要抓手。各级干部抓发展的危机感、责任感、紧迫感进一步增强，工作作风明显转变，创业激情空前高涨，各项工作实现了历史性突破。在 2011 年度全市目标责任考核中，临猗县跃升为运城市 13 个县（市、区）第二名，受到市委、市政府表彰奖励。今年一季度，全县生产总值完成 13.47 亿元，同比增长 12%；固定资产投资完成 2.41 亿元，同比增长 28.9%，实现了首季开门红。

（2012 年 5 月《调查与分析》第 5 期）

关于我省城乡居民收入分配问题的调研报告

加年丰　马海刚

近几年来,省委、省政府带领全省人民深入贯彻科学发展观,加大转型跨越发展力度,经济持续健康快速发展。尤其是 2011 年,全省 GDP 突破万亿大关,经济再上新台阶,人民生活水平也获得大的提高。但是,我省城乡居民收入分配存在的问题具有鲜明的省域特征,亟须有关部门和领导予以高度重视,并采取措施推动这一问题的逐步解决。

一、我省居民收入分配存在的主要问题

从调研情况看,我省居民收入分配存在的问题可以概括为:两个比重偏低,三大差距突出,资源型地区收入分配特征明显。具体表现在以下几个方面:

(一)劳动者报酬在初次分配中比重偏低。劳动者报酬是国民收入最主要的组成部分,是体现社会进步的一个重要标志,而初次分配则在很大程度上决定了一个社会最终收入分配的基本格局。近十年来,山西总体收入分配格局发生了较大变化,居民收入的比重呈逐年下降,而企业和政府部门的比重则呈逐年上升之势。目前,发达国家劳动者报酬占 GDP 份额在 50% 以上,我国劳动者报酬占 GDP 份额在 43% 以上。2010 年,我省劳动者报酬占 GDP 份

额为39.5%（见图一），与中部省份劳动者报酬占GDP份额最高的湖南省的50%比较，相差10.5个百分点，略低于资源禀赋相同的邻省陕西省的39.8%。在初次分配中，我省劳动者报酬占GDP比重已经落后于全国平均水平。

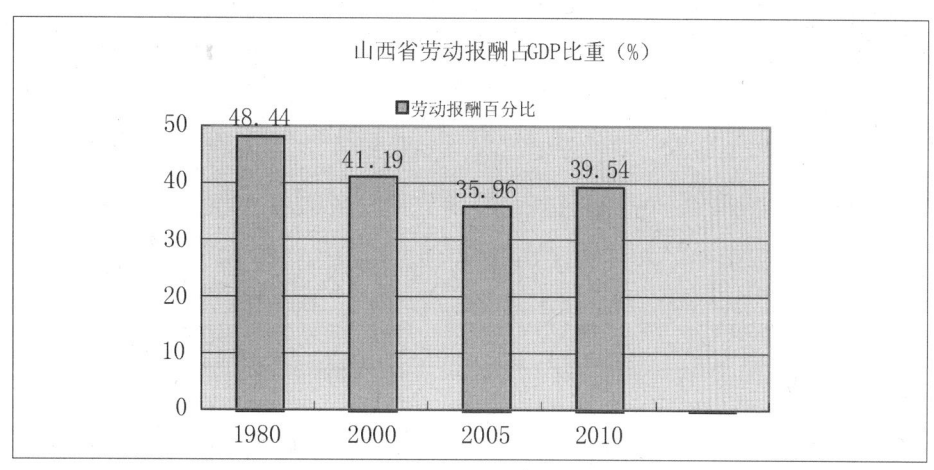

图一　山西省劳动报酬占GDP比重

（二）居民收入占可支配收入比重偏低。居民可支配收入是体现国民收入再分配的一个重要方面，也是衡量人民生活水平的重要指标。十年来，我省居民可支配收入占可支配总收入的比重呈现下降趋势，2010年为51.4%，比2000年的62.1%下降了10.7个百分点，下降幅度是比较大的（见图二）。

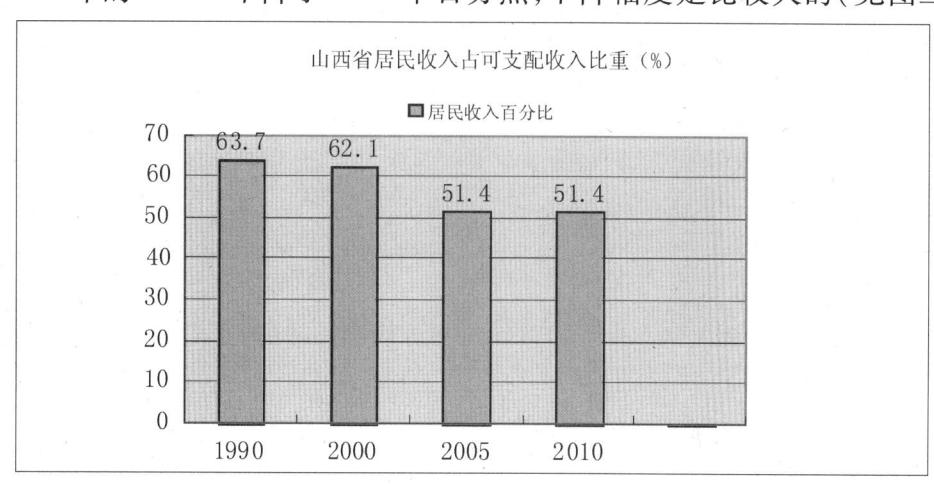

图二　山西省居民收入占可支配收入比重

由此反映出我省城乡居民收入在全社会收入分配格局中比重下降，政府和企业等部门可支配收入增加的趋势。

（三）城乡居民收入差距明显。城乡居民收入差距主要表现在城乡居民之间、城镇居民之间，以及城乡低收入居民之间存在的差距。从城乡居民收入看，其收入差距一直较为突出。2010年，我省城镇居民人均可支配收入与农村居民人均纯收入之比为3.3∶1，2011年，稍有回落，两者之比为3.24∶1，如果加上城镇居民的教育医疗福利等待遇，城乡居民的差距可能更大（见图三）。就城镇居民收入来说，2010年，我省城镇居民最高收入户人均可支配收入为38165元，而城镇居民最低收入户人均可支配收入只有5556元，两者之比为6.9∶1。至于城乡低收入者也存在一定的差距，2011年，我省城镇占调查总户数20%的低收入家庭人均可支配收入7551元，而农村占人口20%的低收入者收入1797元，两者之比为4.2∶1。值得注意的是，按照2300元的脱贫标准，我省农村还有452万贫困人口，占全省农村人口的比例达到18.8%，扶贫任务艰巨。

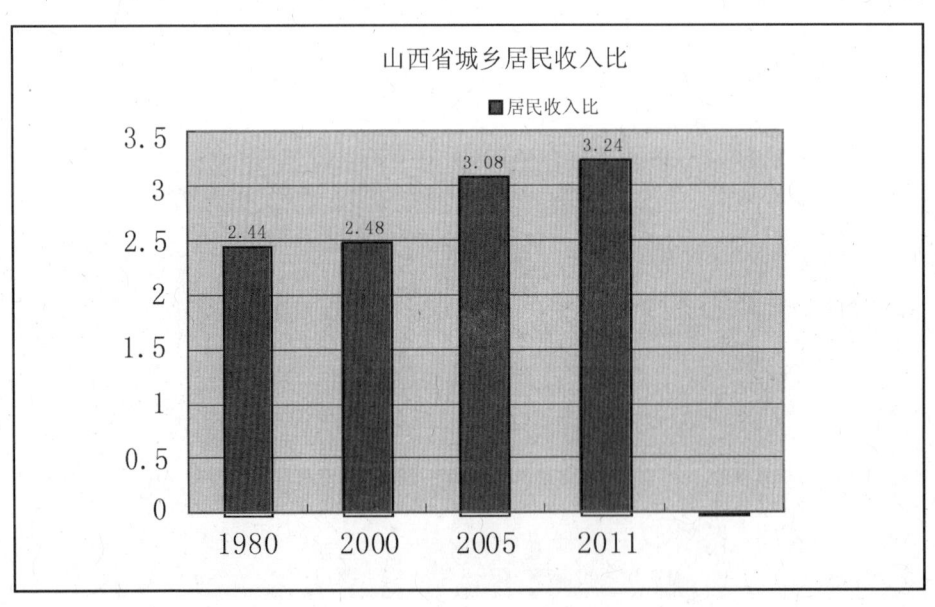

图三　山西省城乡居民收入比

（四）区域间收入差距明显。这些年来，我省居民收入增长较快，但由于基数低，在全国各省市中处于下游位置（见图四），在与中部省份及周边邻省内蒙和河北等比较中也处于靠后位置（见图五、六）。从山西省域看，2011年，各地市居民收入也有很大差距。其中，太原市农民人均纯收入最高，达到8888元，忻州市农民人均纯收入最低，只有4135元，两者相差4735元，相差一倍多。运城、忻州、临汾等市的城镇居民人均可支配收入

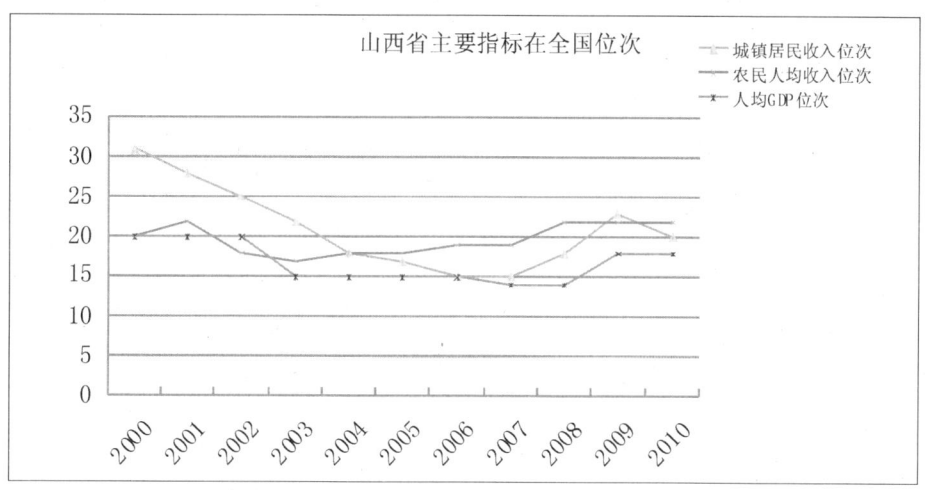

图四　山西省居民收入指标在全国位次

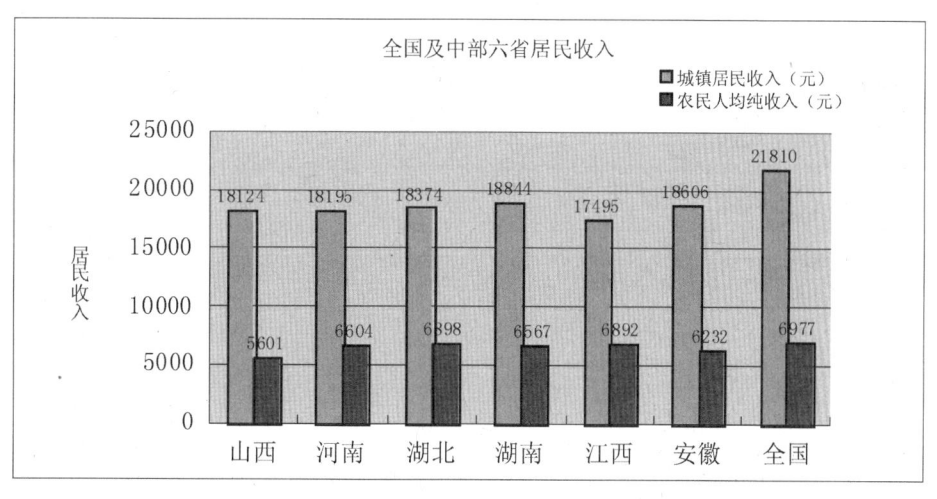

图五　全国及中部六省居民收入

较低，与收入较高的太原、长治、朔州、晋城和阳泉等市相比较，仅占这几个市平均水平的80%左右，差距比较大。（见图七）

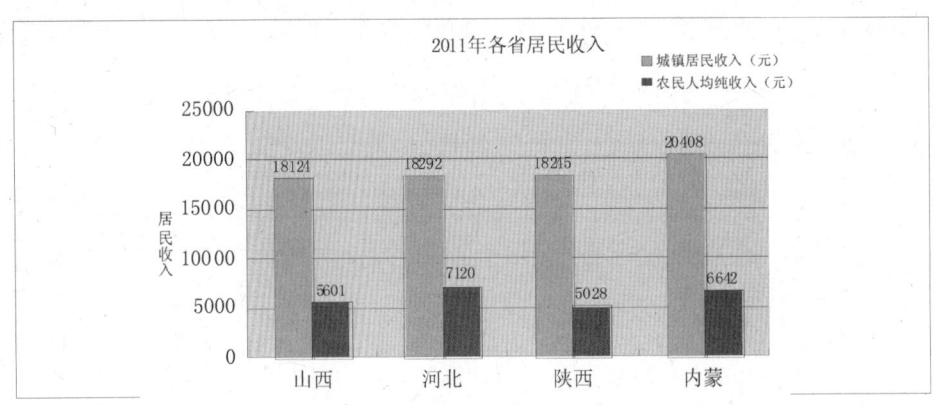

图六　2011年山西周边省份居民收入

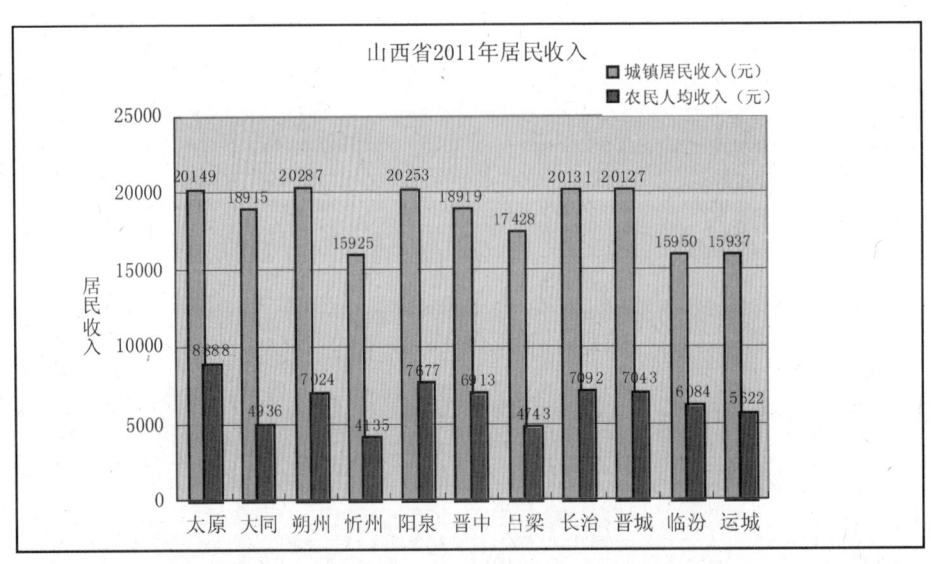

图七　2011年山西省各地市居民收入

（五）行业间收入差距明显。目前，由于社会主义市场机制体系不是十分完善，我省一些垄断行业人员的收入远高于其他行业。如我省电力、电信、金融、保险、石油、石化及烟草等行业职工的平均工资是其他部门平均工资的3倍以上。2010年，我省金融业在岗职工平均工资为52644元，住宿和餐饮业在岗职工平均工资为15157元，两者之比为3.5∶1，高于全国平均水平的3∶1（见图八）。如果加上工资外的隐形收入及各种福利待遇外的因素，两者差距在8倍以上，收入差距非常明显。

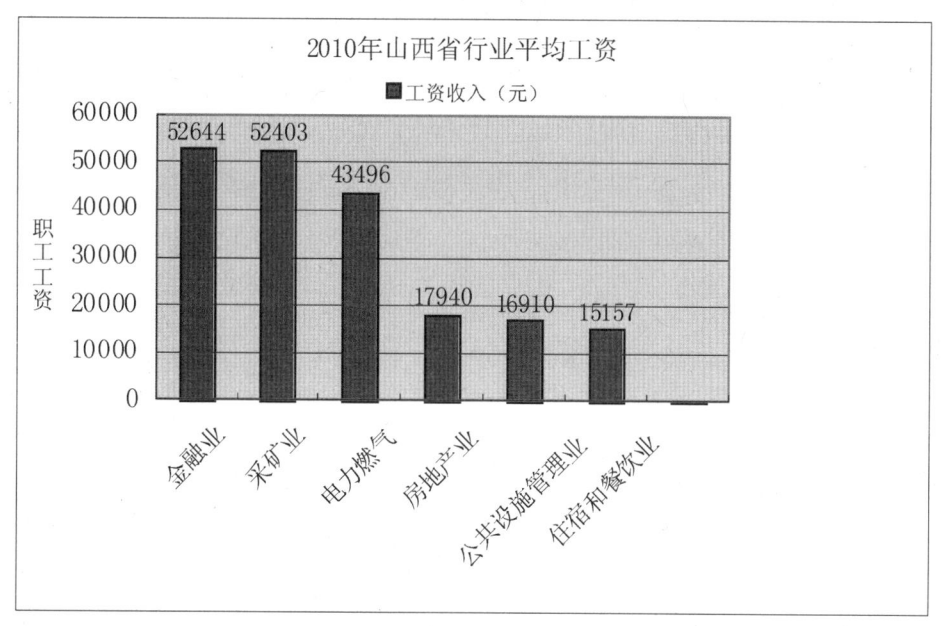

图八　2010年山西省行业平均工资

（六）资源型地区收入分配特征明显。我省是一个典型的资源型经济结构省份，由此在诸多方面形成了明显的资源性收入分配特征，主要表现为，一是县域之间财政收入差距悬殊，2011年，财政收入最高的大同市南郊区达到77亿元，财政收入最低的临汾永和县仅有0.34亿元，相差200倍以上，其他县都程度不同地存在这种情况。二是城乡居民收入差距较大，尤其是山区县更为突出，吕梁市离石区的城镇居民人均可支配收入为17428元，农民人均纯收入仅有3299元，两者之比为5.3∶1。三是财政收入与居民收入不协调，吕梁市中阳县财政收入达到18亿元，城镇居民人均可支配收入仅有13286元，农民人均纯收入仅有3728元，远远低于全国和全省平均水平。四是众多暴富的煤老板与连片贫困地区的贫困户共存，不同收入群体差异很大。五是过度依赖资源特别是煤炭资源的高强度开发使得我省企业创新能力不强，中小微企业发展速度不快，居民收入增长缓慢，整体发展水平难以获得大的提升。

二、我省居民收入分配问题的原因简析

我省居民收入分配之所以形成上述状况，除了与全国大多数省市共有的城乡二元经济结构、资源禀赋和人力资本差异等因素外，其更为深层次的原因在于特殊的资源禀赋结构带来的深层次体制矛盾，使得资源收益在全省范围内难以做到全民共享。具体表现在以下几个方面：

（一）产业结构不合理，就业水平低。山西作为国家能源重化工基地，以资源型为主的重工业一直是我省工业经济发展的主动力。多年来，山西在为国家经济社会发展做出重大贡献的同时，也存在产业结构调整滞后的问题。主要表现在，三产结构比例不合理，第二产业工业比例过高，第三产业服务业比例过低。特别是在第二产业中，又是重工业比例过高，轻工业比重偏低。从2000年到2010年，我省轻重工业增加值结构比例关系由13.3:86.7转变为4.7:95.3。这就是说，我省以煤独大的经济发展模式产生的挤出效应抑制了中小微企业的健康发展，使得能够带动居民创业就业的中小微企业过少，劳动密集程度低，劳动力未得到充分利用。这种不合理的产业结构直接导致山西省就业水平整体较低，居民工资性收入增长缓慢。

（二）宏观税赋较重，"省富民穷"特征突出。宏观税赋较重是山西省居民收入偏低的一个重要因素。在山西经济结构中，煤炭产业占工业的比重超过58%，这种以资源型和初加工产品为主的特殊结构决定了山西必然承担更多的税赋，挤占了劳动者的报酬份额，使山西省多年"省富民穷"特征难以得到改观。2011年，山西省财政总收入达到2261亿元，一般预算收入只有1213亿元。这一现象在诸多资源县（市）表现得尤为突出，如我们所熟知的财政收入强县柳林县，2011年，该县财政收入为72亿元，一般预算收入却只有16.7亿元，农民人均纯收入为6399元，城镇居民人均可支配

收入为17997元，低于全国平均水平。另外，由于国家政策的原因，山西每年在支援外省市的煤炭交易中，提供低于市场价格200元的合同煤2亿吨，造成大约400亿元的收入流失，既影响企业的效益，也影响了居民收入的增加。

（三）资源型地区公共财政特征突出，公共服务支出的比重和结构有待进一步调整。公共服务具有明显的收入再分配作用，随着地区经济发展水平的提升，以教育、医疗和社会保障为主要内容的政府公共服务支出在政府支出中的比重呈现上升态势。按照国际惯例，人均GDP在3000美元至10000美元阶段，居民消费逐步由耐用品消费向服务消费升级，主要包括医疗卫生、教育、社会保障等方面的公共服务支出占政府支出的比重为54%左右，而我省2011年三项支出合计为38.2%，政府公共服务支出总体不足成为我省收入分配不合理的重要原因之一。另外，公共服务支出的城乡差异也很大，如养老、医疗、工伤、失业和生育保险制度以及最低生活保障制度，在城市已经普及并达到了一定的水平，而农村还处于起步阶段。2010年，山西省城镇居民人均转移性收入为4865元，农民人均转移性收入为385元，两者相差11.6倍，客观上也进一步拉大了城乡居民收入差距。

（四）政策导向有待进一步明确，工作落实力度需要进一步提高。收入分配问题是事关我省社会稳定和经济发展的大事。多年来，虽然我省在这方面做了大量工作，也使人民得到了实惠，但也存在一些需要注意的问题。一是我省出台的一些政策不到位，工作力度也不够大，同时诸多政策还缺乏连续性和系统性，致使全省城乡居民所享受到的本省惠民政策比较有限。二是各级政府相关部门对此工作重视不够，主要精力集中于发展经济上，而对收入分配结构调整尚未列入重要议事日程和工作考核重点。三是对调整收入分配的创新意识不够强，基本上是囿于按部就班落实上级有关政策，甚至有时在执行上还有力度打折的情况，没有很好地在认真调查研究的基础上，提出和制定切合区域实际的收入分配政策。四是在解决"省富民穷"和"县富民穷"上举措不力，没有充分利用当地各种优势资源带动农民就业，进而提高农民收入。

三、调整我省居民收入分配的政策建议

收入分配调整是一个复杂的系统过程，同时又是当前十分迫切的重大社会问题。当前，我省除了继续做好加大国家层面居民收入分配政策的执行落实力度以外，主要的要结合区域实际，下大力气解决资源型地区资源收益在全省域、各行业、群体间的公平分配问题。

（一）加快全民创业就业步伐，逐步提高劳动者报酬。解决收入分配问题，首要之点是要通过采取有效措施，加快全民创业就业的步伐。在这方面，一要以创优经济发展环境为切入点，鼓励全民创业，实现大中小微企业竞相发展，尤其是大力促进中小微企业的发展，拓宽居民就业渠道，不断改善收入分配结构。二要以维护劳动者合法权益为着力点，严格落实部门最低工资保障制度，确保我省部门最低工资水平在全国中游水平以上，加强对劳动力市场的监督检查，及时解决劳动用工工资拖欠问题。三要以加大对劳动技能培训的公共投入为支撑点，继续做好"阳光工程"等培训工作，不断提高劳动者整体素质，通过人力资本的价值提升，增加劳动者收入。四要利用好我省丰富的文化旅游资源，加快推进服务业的快速发展，带动当地居民就业，提高居民收入。

（二）加大农民增收的政策支持力度，不断提高农民收入。提高我省农民收入水平，是调整居民收入分配的一个重要方面。对此，一要按照中央和我省有关部署要求，大力提高农业产业化水平，做好"一县一业，一村一品"，稳定提高农民经营性收入；加快转移农村剩余劳动力，不断提高农民工资性收入。二要创新完善"以煤补农，以城带乡"体制机制，扩大农业补贴范围，提高农民转移性收入。三要针对我省农民财产性收入较低的实际，在继续落实好中央一号文件关于增加农民收入的若干精神的同时，因地制宜推进和深化土地流转，提高土地规模效益，增加农民财产性收入。

（三）着力改善政府支出结构，建立健全社会保障体系。结合我省公共服务支出偏低的实际状况，各级政府部门应逐步提高公共服务支出占政府总支出的比重，完善政府间转移支付制度，特别要保证基本公共服务供给能力，加大对落后地区和农村公共服务投入力度。重点围绕以下几方面做好工作，一要全力推进农村新的"五个全覆盖"工作，确保农村基本公共服务全覆盖。二要加快山西大水网、电网改造和高速公路等基础设施建设步伐，不断提高全省各地区基本公共服务的均等化程度。三要积极推行养老保险制度，落实好医疗卫生体制改革，逐步完善大病保障制度，确保全省居民能够真正享受到社会保障带来的实惠。四要严格落实教育经费法定增长要求，进一步加大财政教育投入，提高教育支出占公共财政支出的比重，确保财政教育支出占全省一般预算支出比例达到16%以上，并保持稳定增长。五要进一步加大资金投入和政策支持力度，确保保障性住房建设任务顺利完成，努力解决好困难群众住房问题。

（四）抓住综改试验区机遇，争取国家层面政策支持。面对我省被列入国家资源型经济转型综合配套改革试验区的重要机遇，我们应进一步解放思想，学习和借鉴兄弟省市改革发展试点的做法和经验，在财政税收、经济发展等方面，积极向国家争取优惠和政策支持。一要争取循环经济园区的政策支持，不断调整产业结构，加快经济转型步伐，提高企业经济效益，拓宽居民就业渠道，优化居民收入分配结构。二要争取有利于我省资源综合利用的财政和税收政策，健全促进县域经济发展的财政体制机制，加大市县均衡性转移支付。三要争取城乡统筹和居民收入分配等政策，不断增加城乡居民收入，提高城乡居民生活水平。

（五）创新出台"晋"字牌政策，优化收入分配结构。近年来，省委、省政府高度重视收入分配问题，将其作为改善民生的重要内容加以重视。今后，应着重从以下几方面完善，一要借鉴中央对口帮扶模式，探索我省市域之间、县域之间的对口帮扶模式，创新出台对口帮扶政策，逐步实现资源收益在全省域得到共享。二要继续推广煤炭工业可持续发展的试点政策和实施煤炭资源整合政策，这些政策对山西今后科学发展的意义重大，也对全省社会收入分配公平和社会和谐稳定意义深远。三要继续出台和完善领导包企、干部下乡住村帮扶、以煤补农、以矿带村及农村"暖心煤"等政策，加大第三次收入分配力度，利用好各个层面的惠民政策，确保全省居民收入有较大提高。

（六）建立考核指标体系，加大收入分配考核力度。劳动者报酬偏低的问题是当前我省居民收入分配问题的主要矛盾，劳动者报酬增长率快于人均GDP增长率，居民收入才会提高。这几年，我省建立了严格的目标责任制考核体系，有力地推动了全省各项工作的顺利开展。当前，各级政府应考虑将劳动者报酬增长率快于人均GDP增长率、城乡居民收入比、区域居民收入比、高收入群体与低收入群体收入比等指标纳入考核指标体系中，加大督促检查力度，有助于相关部门高度关注城乡居民收入分配问题并采取切实可行的政策措施，努力提高居民收入和完善收入分配制度，真正将保民生落到实处。

（2012年5月《调查与分析》第6期）

创新求实 服务决策
关于琼黔滇三省政研工作情况的考察报告

霍甫安　成五虎

按照省委杜善学秘书长"政研室要成为社会研究资源的牵头、组织单位,把政府研究室、社科院、党校等机构的资源整合起来,围绕共同的目标形成组合力量,要加强省际交流,开阔我们的眼界和思路"的要求,近日,我们先后到海南省委政研室、贵州省委政研室和云南省委政研室,重点围绕政研室职能配置、内设机构、人员编制和课题经费等方面进行了学习考察。现将考察情况报告如下:

一、三省政研室的基本情况和工作运行机制

海南省、贵州省、云南省委政研室积极适应新形势、新任务提出的新要求,顺应深化改革开放带来的新变化,以创新精神确定职能配置、内设机构和人员编制。

（一）海南省职能配置、内设机构及人员编制

1. 主要职能

一是依据省委总体部署，对全省经济建设、社会发展的全局性、战略性问题和改革开放中的重大问题进行调研和咨询论证，为省委决策提供依据、建议和方案。二是根据工作职能，负责起草有关重要文件和领导讲话文稿。三是组织撰写或参与撰写宣传阐释党的路线、方针、政策的文章。四是组织协调和指导全省党委系统的调研、咨询工作。五是完成省委交办的其他任务。

2. 内设机构及职能配置

根据上述职责，省委政研室设 5 个职能处室：（1）办公室。协助室领导处理机关的日常事务工作；负责机关接待、后勤服务、信访、文电、保卫、机要档案、会务工作和内部规章制度建设；负责资料信息的收集、开发和对外交流与协作工作。（2）调查研究一处。负责全省经济发展动态、形势和趋势的调查研究工作；研究全省经济发展战略与总体改革设想；研究建设国际旅游大岛的改革与发展等方面问题；参与起草省委经济工作方面的有关重要文稿。（3）调查研究二处。负责全省对外开放工作的战略思路、对策措施等方面的调查研究工作；研究财政、税收、金融、分配等省级宏观调控体系和调控手段；研究发展第三产业和非公有制经济以及市场体系建设等方面的重大问题；参与起草省委有关对外开放、第三产业等方面的重要文稿。（4）调查研究三处。负责全省农业和农村工作发展态势与对策的调查研究工作；研究农村经济体制和运行机制等方面的重大问题；研究农业产业化、乡镇企业的发展思路和相关政策；研究小城镇建设及城乡协调发展等重要问题；参与起草省委有关农业和农村工作的重要文稿。（5）调查研究四处。负责全省政治体制、党建、民主法制、科教、文化等方面改革与发展的调查研究工作；研究政权建设、民主法制、社会稳定以及科技、教育、文化、卫生、体育等社会事业、意识形态和精神文明建设方面的重要问题；组

织起草或参与起草省委有关政治、党建、科教和文化等方面的重要文稿。(6)机关党委。负责室机关党群工作。

3. 行政编制和领导职数

省委政研室核定机关行政编制为 25 名。其中：主任职数 1 名，副主任职数 2 名；职能处室处长（主任）职数 5 名，副处长（副主任）职数 5 名；机关党委专职副书记职数 1 名（正处级）。机关工勤人员临时聘任，不在编制。

4. 工作运行机制

海南省委政研室人事、财务管理隶属省委办公厅。其推进工作模式，与省委办公厅分工不分家，实行处室分线负责、组线结合的工作运行机制，但省委领导各种文稿主要由政研室起草。

5. 干部的培养使用

海南省委政研室的干部交流比较快，政研室干部普遍比较年轻，没有任职超过 10 年的正处级干部，40 岁上下任职四、五年的处长就成了"老处长"。原政研室主任被提任为现在的省委常委、省委组织部长，五指山市委书记也是省委政研室干部提拔上任的。同时，政研室还从基层和省直部门抽调年轻干部到政研室临时工作，进行锻炼，胜任工作的则留下并提拔使用。借用时间一般为两年，依次轮替。出路多、进步快、受重用，使一些政治强、业务精、作风好的工作骨干走上了重要领导岗位。有出有进，优化了政研干部队伍的专业结构、知识结构和年龄结构，增强了政研机关干部队伍的朝气和活力。

（二）贵州省职能配置、内设机构及人员编制

1. 主要职能

贵州省委政研室职能配置和内设机构最多。一方面要搞好调查研究，做好省委重要文件、文稿起草工作，同时还担负着六个方面的工作职能：一是承办毕节试验区、安顺试验区的联络、协调、指导服务工作；二是承担全省

建设经济强县工作领导小组办公室工作；三是承担省农村改革试验试点工作领导小组办公室工作；四是承担省委重大问题调查研究领导小组办公室工作；五是承担省农村工作领导小组诚信建设办公室工作；六是根据省委安排，承担省委书记、省委专职副书记党建扶贫联系点的联络服务工作和副书记临时安排的有关工作。

2. 内设机构

根据上述职责，省委政研室设11个职能处室，其中7个业务处，3个公共处室，即：办公室、人事处和机关党办，1个农村改革试验试点办公室。

3. 行政编制和领导职数

机关核定人员编制53名，行政编制48名，参公工勤人员5名；领导职数6名，其中1名主任，5名副主任。

4. 工作运行机制

省委政研室在工作分工方面与海南省基本相同。一在文稿起草方面，政研室承担省委书记、副书记所有文稿起草工作，具体任务分工由室主任统筹安排。二在做好专项服务工作方面，政研室职能处室负责与相关单位或地区联络联系，发挥指导、联络和协调作用。三在重大课题调研方面，政研室创新调研工作机制，形成聚智辅政的整体合力，建立省领导和省核心专家组成的省委重大问题调查研究咨询专家组和省委政研室决策咨询专家库；成立贵州省科学决策学会；定期开展省委决策咨询高端论坛等活动，指导实践，推动发展，上下反映较好。

5. 干部的培养使用

贵州省委政研室注重干部的培养、使用和交流，每年都要安排干部到省外、国外考察学习，并有计划地安排干部到厅局或县区进行挂职。同时，通过省委组织部出面，挑选部分基层干部到政研室挂职学习，或直接与各地区、各单位联系，挑选干部到政研室轮训学习，挂职和轮训学习的人基本与政研室核定编制人数持平，使政研室工作的总人数达到近90人。几年来，在省委政研室挂职、轮训学习的干部达到数百人，并从中遴选调入了10名业务骨干，其中3名已提拔为副处长。

(三) 云南省职能配置、内设机构及人员编制

1. 主要职能

云南省委政研室主要承担两大职能，一是调查研究和领导文稿起草工作，二是农村工作领导小组办公室工作。实际上是政研室和"农工办"两套人马，一块牌子，但不挂"农工办"牌子，只在政研室内设处室。

2. 内设机构

云南省委政研室共有15个处室，其中5个政研业务处，5个农办业务处，5个公共处室，即：办公室、干部处、信息处、机关党委、老干部处。

3. 行政编制和领导职数

现有行政编制78人，领导职数6名，其中1名主任，5名副主任。

4. 工作运行机制

在文稿起草方面，实行处室对口负责，每个处室根据职能承担有关文稿起草任务。由于省委领导文稿起草工作全部放在了政研室，所以他们专门成立了文稿一处和文稿二处，主要负责领导的讲话和文章起草。调查研究则坚持分工协作，统一调配，集中各处室共同参与，共同完成。在课题经费管理方面，实行归口管理。即云南省财政部门每年安排专项经费500万元用于省委重大问题调查研究工作，设立党群口省级部门课题研究专项资金500万元，由省财政厅从年初预算中安排，由省委政研室管理分配使用，实行总量控制，按课题包干使用，超支不补。省委政研室年初提出党群口（包括省委各部门、省人大、省政协、省纪委、各民主党派、人民团体等）年度课题研究方向、研究重点，然后由各部门分别向省委政研室申报调研课题，由省委政研室按年度课题研究项目重点和方向，确定各单位的调研课题，并通报省财政厅办理调研资金拨付手续。调研课题完成后，政研室对调研成果进行评审验收、推介使用。

二、值得借鉴的做法

（一）集中调研力量，统一协调使用

每年的调研任务很多，而且涉及各个部门，很容易形成四处出击，重复调研的问题，而且不少部门处于调研写作人员匮乏、文稿质量难以提高的困境。如果能借鉴云南省委政研室的做法，不但能够统一协调调研工作，集中各地市、各部门的调研力量，做到方向明确、重点突出、有序推进，而且能够避免重复调研造成的资源浪费，减轻"轮番轰炸"给下面带来的接待负担，保证调研工作的效率和质量。

（二）安排调研经费，建立激励机制

调查研究和文稿写作相对来说是一项比较艰苦的工作，耗时费力，加班加点，在市场经济条件下，愿意从事这项工作的人越来越少。针对这个问题，就需要建立激励机制，其中很重要的一点就是必须保证调研经费。从目前情况看，政研室除人头经费外，没有专门的调研经费。应该像云南省那样设立专门的调研经费，并在财政预算中列出专项，供政研室统筹安排。即使政研室不统筹安排使用全省的调研经费，单就政研室本部门所承担的调研课题每年有40多个，也应该有专项经费列支，并做到经费多少与课题轻重挂钩、与课题质量挂钩、与课题成果应用挂钩，不断提高调研工作的效率、质量和效果。

三、促进干部交流，加强队伍建设

加强队伍建设，提高政治素质、政策水平、业务能力无疑是最为重要的，但促进干部队伍的交流也是很重要的一个方面。多少年不动，死水一潭，很容易丧失生机和活力。因此，我们应学习借鉴外省的做法，采取措施加强干部队伍交流,使政研室既出成果,也出人才。在省委的统筹安排下,我们应把政研室工作时间较长、能力强、肯吃苦的干部输送出去,同时把热爱政研工作、有研究写作能力的年轻干部吸收进来。可以借鉴贵州、海南的做法,以"借用"和"挂职"充实政研队伍力量,锻炼干部并发现人才。

(2012 年 5 月《调查与分析》第 7 期)

关于把山西建设成为全国重要的现代制造业基地的调研报告

刘东光　李晓谦　武少权　何　飞

省委书记袁纯清在 2010 年 7 月 29 日全省干部大会上提出，要把山西建设成为国家重要的现代制造业基地。之后，山西省"十二五"规划和省第十次党代会相继重申这一发展目标。大力发展现代制造业，对于推进我省采掘文明向制造文明转变，实现"以煤为基、多元发展"转型跨越目标意义十分重大。

一、现代制造业的基本内涵和主要特征

现代制造业是我国经济结构调整过程中提出的新的产业概念，其实质就是用现代科学技术武装起来的制造业。制造业是一个国家或地区工业的主体，在国民经济中占据重要地位，其发展水平一定程度上直接体现了一个国家和地区的综合实力和核心竞争力。国家统计局 2003 年制定的《三次产业划分规定》把制造业明确划分为 30 个种类，分别是：农副食品加工业，食品制造业，饮料制造业，烟草制品业，纺织业，纺织服装、鞋、帽制造业，皮革、毛皮、羽毛（绒）及其制品业，木材加工及木、竹、藤、棕、草制品业，家具制造业，造纸及纸制品业，印刷业和记录媒介的复制、文教体育

用品制造业，石油加工、炼焦及核燃料加工业，化学原料及化学制品制造业，医药制造业，化学纤维制造业，橡胶制品业，汽车制造业，塑料制品业，非金属矿物制品业，黑色金属冶炼及压延加工业，有色金属冶炼及压延加工业，金属制品业，通用设备制造业，专用设备制造业，交通运输设备制造业，电气机械及器材制造业，通信设备、计算机及其他电子设备制造业，仪器仪表及文化、办公用机械制造业，工艺品及其他制造业，废弃资源和废旧材料回收加工业。由此可见，制造业是指对原材料进行加工以及对零部件进行装配的工业，包括除采掘业、发电业、建筑业、煤气生产之外的所有工业部门。与传统制造业相比，现代制造业应用了现代制造技术、现代生产组织系统和现代管理理念，技术含量高、附加值大、产业链长，其特征主要体现在五个方面：

（一）产业内涵高科技化、信息化

高科技化、信息化是现代制造业的基本特征。现代制造业是科学技术运用和发展的载体，是实现科技创新的舞台。从历史上看，制造业的发展史就是科技发展史的缩影。高新技术的迅速发展，带动了制造业的升级，每一次产业结构的升级都是高新技术转化为生产力的结果，推动了制造业的发展并形成了新的产业。从20世纪80年代开始，信息技术、新能源、新材料、环境科学、生物工程、航天航空和海洋技术的迅猛发展和广泛应用，推动了整个世界范围内制造业的大发展，引起了整个世界制造业的巨大变革，推动了现代制造业的产生。信息化是现代制造业发展的重要趋势。信息技术为制造业发展提供了新的动力，拓展了新的空间，它使信息的采集、加工和传递可以突破空间的阻隔在瞬间完成，为降低成本、提高生产力、提高产品质量、提高生产和管理效率提供了可能。

现代制造业的信息化主要体现在以下四个方面：一是在设计层次上，先进信息技术的应用，从设计开始就产生出一套整合供应商关系、生产过程、经营过程、顾客关系以及产品使用和最终处理的方法。二是在生产层次上，先进信息技术的应用,使得根据顾客需要,任意批量制造产品和提供服务成为可能。三是在营销层次上,信息技术的应用能够适应需求的个性化需要,提供个性化的服务,并且能够得到快速响应,从而提高产品和服务的价值。四是在管理层次上,先进信息技术的应用,促使企业组织结构由垂直型的科层组织,向扁平的网络型组织转变,并且可以从企业内部与外部来整合生产所必需的优质资源(员工的专业技能、设备的有效利用),以形成新的生产能力。

（二）产业延伸服务业化

制造业与生产性服务业的高度融合是现代制造业的又一基本特征。传统制造业的特征是"以产品为中心"的大批量生产模式,而现代制造业是"以顾客为中心"的个性化、多样性生产模式,这一模式使得现代制造业与服务业之间的界限日益模糊,市场营销、产品设计与开发等产前工作,以及仓储、质量控制、贸易、融资等产后工作成为整个生产过程不可分割的重要环节。现代制造业生产的不仅是物质产品,更是服务产品,产品的价值有70%~80%来自于服务,企业的经济活动由以制造为中心逐渐转向以服务为中心。面对生产成本不断上升和市场竞争的压力,发展由制造业延伸形成的生产性服务业,已经成为现代制造业的战略选择。如"三一重工"作为我国最大的工程机械制造商,提出"品质改变世界,服务创造价值"的发展理念,其核心竞争力也在于产品与服务的高度融合,从以往的单纯销售有形产品转向了集电子控制、信息系统和工程软件于一身的销售"解决方案"和开发工艺,通过"增值服务"实现了产品增值。再如海尔提出"星级服务"、联想提出"服务的联想"等,都显示出现代制造业与服务业融合发展的趋势。

（三）资源配置全球化

伴随着经济全球化和现代技术革命,尤其是信息技术革命的发展,现代制造业的全球化趋势不断加强，企业越来越多地在全球各地对采购、生产、销售与研发进行资源优化配置和产业整合。一架波音747飞机有450万个部件，来自几十个国家、1000多家大企业、1.5万多家小企业。美国国会曾对本国企业作过专门调查，比较进行全球化生产的企业和没有进行全球化生产的企业，发现前者比后者存活率高50%、营业额年增长速度高60%、利润率高32%。其根源在于全球化可以使企业知识、资本、技术、市场等生产要素达到最优配置，从而达到经济效益最大化。跨国公司在全球各地到处寻找低成本的投资区，他们不再仅仅考虑某个产品在哪里生产，而是着重考虑某个零件在哪里生产成本最低。

（四）产业过程绿色化

绿色化是现代制造业的最新发展趋势。绿色制造就是综合考虑环境影响和资源效率，采用优质、高效、低耗、无污染或少污染的加工工艺的现代制造模式。绿色制造技术可以对传统的产业进行改造，从而减少资源的闲置和浪费，其目标和宗旨是使所制造的产品从设计、制造、包装、运输、使用、维护直至报废处理和善后处置的整个产品生命周期中，对环境的不利影响最小、而对资源的利用效率最大，并尽可能地使废弃物资源化和无害化，从而使经济效益、生态效益和社会效益达到最优，是实现制造业可持续发展的重要生产方式，其内涵是产品生命周期的全过程绿色化。由此可见，绿色制造正是可持续发展战略在现代制造业中的体现，换言之，绿色制造代表了现代制造业的可持续发展方向。

（五）市场竞争品牌化

实施名牌战略已成为现代制造业企业提高核心竞争力的基本手段。品牌化特征无论在消费品制造业，还是在生产资料制造业，越来越凸显出重要意义。品牌就代表着更高科技含量、更优服务品质、更好环保效果、更强竞争实力。缺乏品牌，企业就丧失了价值链中最有利润的那一部分。现代制造业企业的竞争进入了品牌竞争的高级阶段，它促使现代制造业企业更加积极推进自主创新能力建设、自主核心技术的研发和自主设计，更加积极提升产品的竞争力和增值空间，形成产品从核心部件、设计生产、品牌与营销的整个产业链的全面竞争格局，促进现代制造业层次的提升。

二、部分省、市促进现代制造业发展的情况

党的十六大提出走新型工业化道路以来，现代制造业的发展受到各方面关注，各省、市相继对发展现代制造业（有的提法是先进制造业、优势制造业）作出了部署，提出了各自的发展方向、重点领域和政策措施。其做法对我省建设全国重要的现代制造业基地具有重要启示。

北京市

作为我国最大的科研基地、高等教育基地和科技人才聚集地，北京市的现代制造业主要是电子信息产业、光机电一体化产业、生物工程与新医药产业、汽车产业及新材料产业等。在发展方式上，北京的特色是以园区为主要载体，以产业集群为推进方式。如中关村科技园区的电子信息产业群，北京经济技术开发区星网工业园的移动通信产业群等。在发展重点上，北京确定了重点发展汽车、微电子、光机电一体化、生物工程与新医药等四大产业及与之密切相关的四大基地、十大产品的目标，力求打造多个支柱产业和有竞争力的现代制造业集群。在发展政策上，北京市提出新设立的现代制造业企业，一般不再是国有独资公司；支持产业投资公司和国有资产经营公司投资现代制造业，积极推进现代制造业的投融资模式创新；鼓励和支持现代制造业骨干企业和企业集团通过直接发行、买壳、借壳等上市方式或发行企业债券，不断拓宽投融资渠道；发挥政府采购政策对现代制造业的扶持作用；扩大政府采购规模，为现代制造业发展提供市场空间，不断推进产业发展。

关于把山西建设成为全国重要的现代制造业基地的调研报告

上海市

经过长期发展,上海市已形成了电子信息、钢铁、石化、汽车、装备制造业和生物医药等六大现代制造业支柱产业。上海市发展现代制造业的主要做法:一是集群式发展,园区化承载。生产加工环节逐步向郊区特别是"1+3+9"工业园区集中。这些园区各项主要指标均占全市工业三成以上,成为全市经济的重要支撑点和增长动力源。二是内资和外资并重。国际上一些知名制造企业的参与,带来了资金源、技术源和市场源,带动了上海现代制造业的升级。三是制造业与生产性服务业协调发展。发展"3+5"生产性服务业,即3个重点专业性服务业和5个公共性服务业。它们不仅成为上海发展制造业的新平台,还成为上海产业现代化水平的集中表现,以及上海经济增长的一个新的动力来源。四是财税和金融等政策强有力扶持。上海市自2009年1月1日起至2013年12月31日止,对符合条件的技术先进型服务企业,减按15%的税率征收企业所得税;技术先进型服务企业职工教育经费按不超过企业工资总额8%的比例据实在企业所得税税前扣除;对技术先进型服务企业离岸服务外包业务收入免征营业税。设立政府创业投资引导基金,引导创业投资企业加大对先进制造和先进技术服务领域初创期企业的资本投入。

天津市

2009年,天津市提出到2020年建成全国大城市中现代制造业规模最大的城市,其做法具有鲜明的特点。一是充分发挥滨海新区的带动作用。在滨海新区龙头带动作用下,天津秉承高端化高质化高新化的理念,围绕建设现代制造业基地的目标,全力构筑产业高地。二是大力推进大项目好项目的组织、策划和实施。相继推出五批共100项重大项目,总投资达到5000多亿元。三是集中优势发展支柱产业。航空航天、石油化工、装备制造、电子信息、生物制药、新能源新材料、轻工纺织、国防科技八大优势支柱产业初步形成，天津的现代制造业发展水平和产业竞争力得到全面提升。

重庆市

重庆市的现代制造业发展战略概括为"五大战略，六大产业，六项措施，五大保障"。五大战略包括实施"一圈两翼"开发战略、扩大内陆开放战略、产业优化升级战略、科技兴渝支撑战略、资源环境保障战略；六大产业即汽车摩托车、装备制造、石油天然气化工、材料工业、电子信息和新能源；六项措施包括加快国有企业改革和非公有制经济发展、加快推进产业结构优化升级、积极发展生产性服务业、促进科技进步和自主创新、增强"一圈"的辐射带动作用、大力推进节能减排；五大保障为基础设施保障、土地保障、资源能源保障、资金保障和政策保障。

安徽省

国务院于2010年1月批准了《皖江城市带承接产业转移示范区规划》。这是我国第一个为促进中西部地区承接产业转移而专门制定的战略规划。按照《规划》定位，示范区是"合作发展的先行区、科学发展的试验区、中部地区崛起的重要增长极、全国重要的先进制造业和现代服务业基地"。安徽省为发展先进制造业，采取了一系列措施，主要是：一是支持开展科技金融创新试点；二是加强省、市创业（风险）投资引导基金运作和管理，引导创业投资机构开展创投业务；三是设立面向科技型中小企业的小额贷款公司；四是深化专利权、商标专用权等知识产权和股权质押贷款试点；五是鼓励和支持保险机构开发、销售有助于高新技术企业和创新型企业分散化解创新业务风险的保险产品；六是引导支持担保机构支持科技企业创新创业；七是支持合肥高新区进入全国代办股份转让系统扩大试点；八是支持高新技术企业和创新型企业上市融资，发行企业（公司）债券。

湖北省

为了发展有竞争力的现代制造业,在《湖北省新型工业化规划纲要》中,立足于提升湖北整体竞争优势和发挥区域比较优势,综合考虑区位条件、城市布局、产业基础、发展潜力,着力构建现代制造业密集区。主要做法:一是集中力量发展主导产业。湖北选择了交通运输设备制造业、黑色金属冶炼及压延加工业、电子及通信设备制造业、医药制造业为重点支持的主导产业。二是出台完善的扶持政策。武汉市为鼓励现代制造业企业发展,在优化土地资源配置、完善制造业布局的基础上规定,除征地和土地入股费用外,投资金额在5000万元以上的制造业项目,减半征收城市基础设施配套费;以出让方式使用土地的,财政返投50%的土地出让金;取得出让土地使用权后,不再缴纳场地使用费;以租赁方式使用土地的,第1年至第2年财政全额返投土地租金,第3年至第5年财政返投50%的土地租金;设立建设武汉现代制造业基地专项资金,在5年内,每年统筹各类市级财政专项资金4.5亿元,作为建设武汉现代制造业基地的专项资金,用于制造业发展的重点项目贷款贴息、研究开发资助,对市制造业企业信息化建设的支持、对有突出贡献的制造业企业经营者和创名牌产品(驰名商标)企业的奖励支出,以及经市人民政府批准的其他支出,引导社会资本投资现代制造业。

三、我省现代制造业发展现状及存在的差距

现代制造业中最具代表性的是装备制造业。我省现代制造业发展已涉及电子信息、生物医药、新能源、新材料等多个领域,但目前在全国具有一定影响,且发展潜力较大的仍然是装备制造业。我们以装备制造业作为代表进行相关分析。

(一) 基本情况

经过一个多世纪的发展，装备制造业已经成为我省现代制造业的支柱产业和重点领域，具有基础好、潜力强、分布广、门类全的特点。尤其近年来，在省委、省政府的高度重视下，我省装备制造业取得了较快发展，已形成金属制品业、通用设备制造业、专业设备制造业，交通运输装备制造业、电器装备制造业、电子及通讯装备制造业等门类较全的产业体系。截至2011年，全行业共有规模以上企业585户，资产总额1706亿元，从业人员31.3万人，拥有国家级技术中心6个，省级企业技术中心55个，行业技术中心5个；全行业实现销售收入1336.6亿元，同比增长24.4%，是2005年3.7倍，占全省工业的7.9%；实现利润46.8亿元，同比增长8.3%，是2005年的5.6倍，占全省工业的3.9%；实现利税82.7亿元，同比增长14.1%，是2005年的4.2倍，占全省工业的3.6%。

从地域分布来看，太原市占全省装备制造业比重最大，超过全省装备制造业销售收入的三分之一，占到37.46%，其余运城、晋中、大同、长治、晋城、吕梁、忻州、临汾、阳泉、朔州等10个市所占比例较小，分别大致为9.47%、8.15%、7.49%、7.03%、10.46%、6.95%、5.36%、4.52%、2.61%、0.51%。

从产业分布来看，重型机械、铁路装备、煤机、锻造等一批传统优势装备产业进一步改造提升，在全省装备制造业中的比重分别为12.7%、17.8%、13.7%、20.1%；汽车、新能源装备、新型电子装备、LED等一批新兴潜力装备产业起步迅猛，发展迅速，其中汽车、纺机、液压元器件、新能源装备、电子信息装备分别占到10.3%、3.8%、1.4%、3.8%、12%。此外，铝镁合金、不锈钢、钕铁硼磁材等一批加工制造装备产业已具规模，在国内行业具有较强的影响力。

从优势产品上看，太重集团300吨以上大型冶金起重机国内市场占用率达到80%以上，35立方米以上大型挖掘机垄断了国内市场；太矿的大功率电牵引采煤机国内市场占有率达到60%以上；平阳重工液压支架国内市场占有率达到30%以上，大同电力机车的电力机车国内市场占有率达到30%以上，晋西集团的火车车轴国内市场占有率达到40%以上，经纬纺机的细砂机国内市场占用率达到30%以上。全行业拥有TZ（太重）牌油膜轴承、TZ牌桥门式起重机、TZ牌减速机等3个全国知名品牌，TZ牌、津成牌、双巍山牌、太矿牌、大运牌等5个中国驰名商标。军工特色名品如石油钻具等产品依托军工制造及技术优势，也呈现出较快的发展势头。

从项目推进上看，长治、吕梁围绕LED产业按照产业链一体化以规划布局LED产业园区，引导和招商企业入区发展；潞安集团光伏产业一体化一期240MW工程基本完成，二期工程760MW正在加紧施工；富士康日产5万台苹果手机项目已落户太原，研发出首批机器人已在晋城园区投产；运城大运重卡、太原长安重汽都已实现批量生产，长治成功微型汽车已经生产出部分试制产品，吉利新能源汽车已落户晋中；太重煤机于2011年4月成功收购澳大利亚维利朗沃公司，实现了技术与市场的整合；太重集团研制的1.5MW、2MW风电整机风场试运行效果良好，3MW风电整机业已完成技术储备，正进行样机制造；智奇铁路设备公司作为国内唯一一家动车组轮对生产和检修基地，目前已经具备年产2.5万付动车组轮对精加工的能力。

（二）主要差距

客观上讲，我省装备制造业虽然取得了一定的成绩，但与国内先进省份相比、与打造全国重要的现代制造业基地的目标要求相比，仍有很大的差距，主要表现在：

一是经济总量小，发展速度慢。2011年，我省装备制造业销售收入虽然较上年相比有较大幅度增长，跃上千亿元台阶，但在全省工业中的比重仅为7.9%（上世纪50年代为10.8%，90年代为20.8%，最高时1971年达到27.2%，为第一大产业），远低于30%的全国平均水平；占全国装备制造业总收入的比重仅为1%左右。

二是龙头企业弱，配套能力差。我省装备制造业龙头企业发展能力严重不足，除太重集团外，企业规模普遍偏小；太重集团的销售收入、利润总额也仅仅是三一集团五分之一。装备制造业专业化园区少，产业集群小，园区、企业间有效整合不够。产业链不长，上下游产品链衔接度不高，专业化分工和社会化协作水平还需进一步提升。配套能力差，长安重汽进入山西前原以为山西作为老工业基地，来山西投资很容易配套，结果发现配套能力严重不足，所需的零部件只有10%左右可以在山西配套，其余的都要去湖北、安徽、山东等地去配套。

三是科技含量不高，附加价值低。主要行业中落后的技术、工艺、设备还较多，初级产品多，高端产品少，成套设备、整机、母机少，产品结构层次低、产品附加值不高，在全国影响力、市场占有率高的名牌产品不多。企业研发体系不健全，对技术的引进消化再创新不够，更缺乏自主创新能力和具有自主知识产权，产品和管理的信息化水平不高，与产品配套的生产性服务业严重不足，大部分产品普遍处于低端化、同质化竞争层面。

四是政策扶持不力，发展重点不突出。近年来，我省装备制造业的发展引起了各方面的关注，多次组织了相关调研，但至今没有出台促进装备制造业发展的针对性强、含金量高的政策，即使有也由于种种原因大都落实不了，导致装备制造企业的发展长期处于各自为政、自谋生路的阶段。我省具有广阔的煤机市场，煤机理应成为我省装备制造业龙头产业，但煤机行业也只是以太重煤机为首成立了以订货为目的的、松散的煤机联合体，在市场上协调统一能力较差，本省产品仅占全省煤机市场的六分之一左右。铁路装备制造属我省强势产业，但是配套能力和协作共赢能力较弱。

四、推进我省现代制造业又好又快发展的建议

按照把山西建设成为全国重要的现代制造业基地这一目标，我省必须对现代制造业的发展进行科学规划，采取切实措施大力推进。为此，建议立足

山西实际，借鉴外省经验，尽快制定出台《山西省加快现代制造业转型跨越发展的意见》，重点从以下四个方面进行部署并抓好落实。

（一）进一步明确我省现代制造业发展的工作思路和基本原则

现代制造业具有产业关联度大，带动能力强等特征，是一个地区经济发展和技术进步水平的重要体现。目前，省委、省政府已经把打造国家重要的现代制造业基地作为我省经济转型跨越发展的主攻方向之一，我们很有必要进一步明确发展现代制造业的工作思路，即深入贯彻落实科学发展观，借力综改试验区先行先试的机遇，以市场需求为导向，以自主创新为动力，龙头企业带动，产业集群推进，全力进行产业整合和政策创新，全力实施自主创新和品牌战略，全力推进技术改造和重大项目建设，全力推动信息化和工业化融合，培育壮大煤机制造、汽车工业、轨道交通装备、新型电子信息装备、新能源和节能环保装备等五大新兴产业，改造提升重型机械、特色军工民品、纺织机械、液压元器件、农业机械等五大传统产业，着力发展锻造、铸造、钕铁硼深加工、不锈钢深加工、铝镁合金加工等五大特色产业集群，推动我省现代制造业的跨越式发展，建设全国重要的现代制造业基地。

基本原则为：

——发挥优势，转型发展。着眼提高产业的市场竞争力，发挥既有优势产业和骨干企业的引领带动作用，壮大产业规模，打造国内领先、具有国际竞争力的优势企业、产业。着力发挥市场优势，培育壮大高成长性的先导产业，形成新的经济增长点。

——重点突破，集群发展。选择优势领域，立足自主发展，培育壮大优势产业集群，提高本地化配套水平，完善产业链；着眼于为全国、世界现代制造业配套，打造一批具有国际领先地位的产品；不放弃为整机企业配套，积极发展一般零部件配套企业。

——外引内育，开放发展。加强引导、培育省内现有装备制造企业发展壮大的同时，大力引进国内外大企业大集团，着力加强与省外、国外企业多种形式的联合,形成开放式发展新格局。

——技术先行,创新发展。把技术进步作为推进产业升级和提升竞争力的关键环节,着力加强企业技术改造和研发投入。引导企业加大技术创新投入,重点抓好集成创新和消化吸收再创新,加强产学研联合,加快构建产业联盟,研发一批具有自主知识产权的技术和产品。

——服务增值,融合发展。把服务增值作为产业升级转型的重要方向,引导企业重视产业链的前端设计研发和产业链的后端现代服务,提升产业价值链中的服务业比重。加快重大产业基地和集聚区公共服务平台建设,为产业发展提供必要的服务支撑。

——政策支撑,跨越发展。把营造人力资源优势作为现代制造业加快发展的关键,积极探索和完善体制机制,制定强有力的政策体系推动全省现代制造业转型跨越发展。

(二)科学定位我省现代制造业发展的重点领域和发展目标

1. 培育壮大五大新兴产业

发展新兴产业是产业结构调整的客观需要,也是增强经济发展后劲的战略选择。煤机制造、汽车工业、轨道交通装备、新型电子信息装备、新能源和节能环保装备是我省的优势产业,正处于爆发式增长的前期,有巨大发展潜力。五大新兴产业、特别是煤机制造业是我省现代制造业发展战略的重要突破口和龙头产业,必须积极引进国内外先进技术和战略合作者,实施一批对转型发展有引领作用的重大项目,着力提升市场占有率和科技贡献率,推动五大新兴产业规模化、产业化,有重点地发展新能源汽车及零部件产业,打造全国最大、世界知名的煤机制造基地,创建轨道交通装备生产知名品牌。

煤机制造方面,一方面,加大我省煤机企业及各大煤炭集团所属的煤机修理企业联合重组力度,成立各大煤炭集团和煤机集团紧密型合作的山西煤机集团;另一方面,积极引进国内外龙头企业,在我省设立研发中心和生产基地，双管齐下，迅速提升我省煤机产业的系统集成能力和核心竞争力，构建井下、露天、洗选、深加工服务煤炭全产业链，打造全国最大、世界知名的煤机装备研发和制造基地。汽车工业方面，支持长安重汽、运城大运、长治成功淮海、吉利汽车等企业，建立汽车产业战略联盟，形成产、学、研长效合作机制；引导扶持整车生产企业和汽车零部件生产企业进行合作，实现整车及配套产业的共同发展；积极推进煤炭基醇醚燃料汽车、煤层气燃料汽车和电动汽车、混合动力汽车等新型能源汽车整车及关键零部件的研发和创新及市场化运作。轨道交通装备方面，支持大同电力机车、太原轨道交通、永济电机做大做强，提高与地方企业协作配套；推动太钢、太重、晋西、智奇等企业加强合作，一致争取铁道部对高速列车车轴、车轮、齿轮箱、轮对及材料的认证，共同推进高速轮对总成国产化的实现，打造中国高铁轮对总成产业化基地。新型电子信息装备方面，以太原富士康、中电二所、中电三十三所等为龙头，重点发展民用电子类产品，硅基薄膜电池和非晶硅基薄膜电池、全息光盘技术的研发和产业化。依托长治高科华上、山西飞鸿、山西光宇电源、乐百利特等企业，重点加强 LED 外延片、芯片的研发和生产，扩大封装产品和照明、背光源为主的终端产品产业规模。依托中电二所等重点发展液晶显示器件生产设备、微电子组装设备、真空设备、电子电镀设备。依托太原理工天成、罗克佳华等企业加快发展嵌入式软件、电子政府、电子商务、物联网等应用软件。新能源和节能环保装备方面，依托太重集团、永济电机、汾西重工、潞安集团、晋西集团等企业，引进技术和自主创新相结合，发展风电、核电、燃气发电、垃圾焚烧发电、太阳能发电等新能源装备制造业；围绕重点节能工程、污染治理工程，发展节水节能工业锅炉、余热余能利用、污水处理、固体废弃物循环利用、污染源自动监控等节能环保装备制造业。

2. 改造提升五大传统产业

改造提升传统产业，是转变发展方式、优化产业结构的关键环节。历史上，我省装备制造业在全国地位显赫，特别是在新中国成立后国家更把山西作为全国装备制造业建设发展的重点地区，重型机械、军工产品、纺机机械、液压元器件、农用机械等产业在当时具有较大的优势，为山西省、国家经济建设作出了积极的贡献。我们要在政策创新上先行先试，采取有效措施，支持这些企业加强技术改造步伐，进一步改革体制机制，创新发展模式，在提高产业集中度的基础上，构建循环技术体系，提升传统产业循环率和节能减排率，在新形势下实现跨越式发展。

重型机械制造方面，依托太重集团等企业，以工程成套为方向，整合产业资源，重点发展起重设备、挖掘设备、管轧成套设备、高速线材轧机、带钢冷轧设备、锻压成套设备、煤化工压力容器等。特色军工民品方面，支持驻晋军工企业发展军民共用技术和建设军民两用装备制造业项目，加快军工融合、军地融合。重点推进柴油机、石油钻具、涡轮增压器、压力容器、径向柱塞泵、咪表、逆变电源、臭氧发生器、压力传感器、弹性敏感元件等特色军工民品规模化、产业化。纺织机械方面，以晋中经纬纺机为龙头，做强成套主机，做精配套产品，重点发展国内先进水平的转杯纺纱机、精梳机、倍捻机、剑杆纺机、喷气织机等棉纺、化纤纺、特种纤维纺等。液压元器件方面，以太重榆液为重点，全力推进榆次液压工业园建设，重点发展高端和智能化液压系统，做强做大榆液品牌，建成国内高性能液压元器件及液压系统国家示范基地。农业机械方面，以运城卓里、太原信联、运城天海泵业等企业为主体，重点发展玉米薯类收获机、水泵及灌溉机械、设施农业机械、保护性耕作机械、农用运输及垃圾清运车等机具，重点扶持太原、运城、晋中等农机工业园区建设。

3. 大力发展五大特色产业集群

我省具有丰富的资源和悠久的冶铸历史，特别是冶金产业是支柱产业，为现代制造业发展提供了良好的条件。依托大企业大集团，加快淘汰落后产能，加快优势资源转化步伐，提升资源就地转化率，在资源原材料深度加工中催生新产业，促进经济结构调整，为大型装备制造企业配套，使我省的特色产业有更大的发展，真正在全国立得住、叫得响。

打造铸造产业集群。在晋城、临汾、吕梁、运城、长治等地，整合铸造资源，做优重型机械等大型配套铸件、做大汽车铸件、做强铸管产业、做精基础机械、液压等配套铸件。打造锻造产业集群。依托太重集团、山西锻造厂和定襄锻造产业集群，提高产品质量和技术含量，率先突破大型和精密锻件瓶颈，重点发展大型不锈钢锻件、耐高压锻件、扎辊等大型优质自由锻件、大马力发动机曲轴等模锻件和不锈钢法兰、精密环件等法兰锻件。打造钕铁硼磁材深加工集群。依托金山磁材、运城恒磁、京宇磁材、汇锢磁材、长治易通环能等企业，突出产品的后续加工和产业链的衍生，建设太原、运城、阳泉、长治四大产业基地，重点发展牵引电机、风力电机、变频电机、核磁共振、电动车、磁悬浮及高场强锰、钛选矿设备等领域的高性能钕铁硼磁钢。打造不锈钢深加工产业集群。依托太原不锈钢生态园，积极整合现有基础和资源，重点发展铁路货车用不锈钢，铁路客车及动车组车厢及厢体用不锈钢。不锈钢汽车零配件，不锈钢煤机设备及配件，不锈钢重型装备配套零部件等。打造铝镁合金深加工产业集群。依托太原、运城、晋城、长治等地资源优势，加大产学研开发和技术创新力度，重点发展汽车零部件、航空航天、电子、通讯、医学、军工等产品所需的铝镁合金压铸件及其深加工产品。

（三）大力创新扶持现代制造业发展的政策措施

现代制造业的快速发展，是实现我省产业转型跨越发展的重大任务，事关经济社会大局。"十二五"期间，要按照省委、省政府的统一部署，抓住关键环节，精选重点产业，落实政策措施，全力为现代制造业跨越式发展创造良好的条件。

1. 推进项目建设

抓好现代制造业结构调整和升级，关键在项目，重点在项目，落实在项目。加强与国家对接，力争一批重大现代制造业项目落户我省；引进几家国内外龙头企业，特别是世界500强企业；筛选和确立一批省级重点项目，加大政策与资金支持力度,力争早日成为产业发展的有力支撑;充分发挥企业作为项目策划与建设主体的作用,围绕大企业、大集团,跟踪国家产业政策,积极谋划、培育一大批项目,全面提升我省现代制造业的发展水平。

2. 提高创新能力

积极推进原始创新、集成创新和引进消化吸收创新,全面加强以企业为主体、市场为向导、产学研相结合的技术创新体系建设,推进先进现代制造企业与高校重点学科联动对接,建立和完善有利于自主创新的组织体系和运行机制。加强共性关键技术攻关,提高重大技术装备和高技术装备的设计、制造和系统成套水平。充分发挥我省军工企业的技术优势,全力推进军民融合技术的发展。积极构建层次分明、结构合理的制造业技术人才队伍,加强人才培养,为产业发展提供智力支持,依托重点项目、重点学科和重点实验室,加快培养和造就一批具有较强创新能力的技术领军人物,不断壮大高端人才队伍。

3. 拓宽资金渠道

加强与国家部委的沟通联系,积极争取国家专项资金;充分利用产业转型发展资金、煤炭可持续发展资金、省财政扶持资金、新能源专项资金等各级各类技术改造资金,在资金安排上进一步向主导产业、重点园区、重点企业倾斜;省财政设立扶持重点产业的专项资金,加大对现代制造业的扶持;支持企业通过发行股票、发行企业债券等方式,提高融资能力。

4. 优化发展环境

加大招商引资的力度,有效承接产业转移,吸引国际国内大型优秀企业投资我省现代制造业。出台扶持引导民营资本投资现代制造业的优惠政策,推广长治、晋城"一矿办一企、百矿兴百业"的成功经验,引导山西煤炭资源整合所置换出来的大量民间资本投资现代制造业,从土地、工商、税收等方面,为民营资本投资现代制造业开设绿色通道。

5. 完善扶持政策

充分利用我省综改实验区先行先试的政策,在税收、用人、用地政策方面先行先试。充分借鉴兄弟省市相关政策。加大科技投入力度，推进国家和省级企业技术中心建设，对企业申报建设国家级企业技术中心给予补贴；用好用足国家有关技术创新的支持政策；完善采购补贴和扶持政策，对使用本省的先进产品要给予补贴或奖励；对企业试制和生产重点领域首台（套）产品进行补贴，对订购和使用首台（套）设备的重点工程作为技术进步示范工程，给予专项资金优先扶持；对符合产业政策和规划的装备制造业项目，纳入土地规划和年度工地计划，优先配置土地。

（四）切实加强对现代制造业发展的组织领导

借鉴北京等兄弟省市做法，成立山西省推进现代制造业发展领导组，由省长任组长，分管工业的副省长任常务副组长，明确发改、财政、经信、国土、环保、科技、商务、国资、金融、建设、煤炭等部门和行业协会参加，定期研究发展状况、跟踪制定政策、解决困难和问题；落实工作责任，形成合力，统筹推进；加强规划指导，优化区域布局，发挥比较优势，形成各具特色、优势互补、结构合理的协调发展格局，避免盲目发展和重复建设；建立和完善规划实施机制，抓好监测分析、监督检查，确保取得实效，建立和完善行业应对机制，努力维护企业合法权益。

(2012 年 5 月《调查与分析》第 8 期)

关于把山西建设成为中西部生产性服务业大省和现代物流中心的调研报告

任晓华　成五虎　薛安廷　陈丽萍

大力发展生产性服务业和现代物流业，是我国顺应全球产业转型新潮流的内在要求，是推进经济结构优化升级的重要举措，也是发展实体经济的强大动力。省委书记袁纯清在省第十次党代表大会《报告》中提出："今后五年要努力建设中西部生产性服务业大省和现代物流中心的奋斗目标。"加快建设"大省"和"中心"，是我省"转型跨越发展、再造一个新山西"总体战略的重要组成部分，是实现经济发展方式由粗放高耗增长向集约绿色转变的具体实践，也是推动转型综改、办好"两件大事"的重要途径。近期，我们对生产性服务业和现代物流业进行了专题调研，提出了工作思路、发展导向、目标任务、基本路径和保障措施。

一、生产性服务业和现代物流业的基本概念、主要特征及发展趋势

服务业按服务对象类别一般可分为生产性（包括现代物流业、交通运输业、金融业、高技术服务业、商务服务业、工程咨询服务业、人力资源服务业、节能环保服务业等）服务业和生活性服务业，其发展水平是衡量一

关于把山西建设成为中西部生产性服务业大省和现代物流中心的调研报告

个国家(地区)现代化程度、经济市场化和生产社会化水平的重要标志。由此看出,生产性服务业和现代物流业同属于服务业范畴,是有机统一、互为关联的整体。

(一)概念演变

生产性服务业最早于1966年由美国经济学家格林菲尔德提出,1975年美国学者布朗宁和辛格曼在对服务业分类研究时又进一步完善,认为"生产性服务业是包括金融、保险、法律、工商服务等具有知识密集和为客户提供专门性服务的行业"。我国生产性服务业发展起步较晚,相关"服务业"概念最早出现在1985年,当时国家统计局提出将其纳入国民经济核算序列,之后到党的十六大又明确提出"要加快发展现代服务业"的战略思想。而生产性服务业是在国家"十一五"规划中才首次提出,着重强调"要拓展发展生产性服务业,大力发展现代物流业,建设大型物流枢纽,发展区域性物流中心",并把交通运输业、现代物流业、金融服务业、信息服务业、商务服务业等行业归类到生产性服务业范畴。至此,从国家层面将生产性服务业与物流业相提并重、同步规划。

近半个世纪来,生产性服务业和现代物流业在我国处于深入探讨和发展推进阶段,其概念界定和行业分类尚没有统一定论。综合各方面研究成果,着眼于实践操作,比较趋于一致的认识是:生产性服务业主要指围绕企业生产进行的保障服务,旨在维持产前、产中、产后过程的连续性、配套性和稳定性,促进技术进步、产业升级和效率倍增,又因其介于二、三产业之间,也被称作"二点五"产业。现代物流业主要指运用前沿信息技术、先进管理手段、科学组织方式,将原本分离的商流、物流、信息流和采购、运输、仓储、配送等环节紧密衔接起来,构成一条完整供应配送链。按照《国民经济分类》,现代物流业通常包括铁路货运业、公路货运业、水上货运业、航空货运业、管道运输业、装卸搬运及运输辅助业、仓储业、邮政业、批发零售业和商务服务业中的包装服务业。这些行业是社会化大生产和专业分工日益加深的产物，是基于传统物流方式的新发展、新提升。

（二）主要特征

与生活性服务业相比，生产性服务业与生产者息息相关、是多个服务门类的集合体，除内涵着服务业的共性表现外，还具有以下显著特征：一是中间投入性。这是其最基本特征，也是与一般服务业的本质区别。生产者对生产性服务的消费不是最终消费，而是为扩大生产并创造更大价值进行的中间性消费，发挥着增加价值、实现价值的高成长撬动作用。二是产业关联性。与制造业"唇齿相依"，贯穿于企业生产的上游、中游和下游诸环节中，发挥着配套服务的链条作用。三是要素集成性。以信息技术、知识资本和人力资源等生产要素作为主要投入品，注重依靠高技术、高智力、高集聚的融合互动来提升服务品质，发挥着"软实力"的支撑作用。四是创新创造性。它是整个企业生产过程中最为活跃、创新能量最为强劲的一环，发挥着促进企业流程再造、技术革新和产品研发的引导作用。这些特征决定了发展生产性服务业将加速经济增长的内生性要素积累，对整个经济的结构、效益和质量产生巨大带动作用。

现代物流业是经济发展的动脉产业和企业的"第三利润源泉"，是一个跨行业、跨部门的综合性产业。作为后工业时代迅猛崛起的新兴产业，其特征也日趋凸显：一是过程链条化。"供应链"把原料采购、生产加工和货物配送等生产过程连为一体、环环相扣、链条作业。二是技术现代化。在运输、装卸、仓储等作业中，广泛采用条形码、EDI、物联网等专业化、标准化、智能化技术及设备。三是管理信息化。对物流数据及信息的采集、分析和处理更为快捷准确、及时有效，以此经营和支撑着全球化、区域化物流市场。四是服务社会化。企业把物流推向社会，让专业公司和第三方物流企业承担，一批节点、枢纽和中心构成了全覆盖的物流网。

（三）发展趋势

自 20 世纪 80 年代伊始，全球产业结构呈现出"工业经济"向"服务经济"转型的新走向。特别是在经受国际金融危机影响和冲击后，国内外都在积极寻求经济转型新途径，重构经济发展新模式，以信息集成、对接服务和科技创新为引领，在生产性服务业和现代物流业领域展开了新一轮竞争。从国外看：以美国、英国、日本、德国等为代表的发达国家继续把发展生产性服务业和现代物流业作为刺激经济复苏、调整产业结构的重要通道，使之成为新的经济增长极、发展最快的新兴支柱产业。发展规模日益壮大，制造企业生产与服务功能高度融合，服务外包及第三方物流成为"第一推力"，信息服务、数据处理等行业协会发挥重要作用，多层次、跨专业、高技能的服务业人力资源开发培训体系逐渐形成，整体进入了链条式服务、集聚化发展、创新型驱动的新阶段。目前，生产性服务业及物流业对整个服务业贡献率已接近 70%、占 GDP 比重超过三分之一。从国内看：生产性服务业及现代物流业有巨大的潜在需要，近年来发展势头良好、活力后劲十足，无论是经济发达地区的"腾笼换鸟"，还是中西部地区的承接转移和"弯道超车"，都把加快发展生产性服务业及现代物流业作为现实途径。北京、上海、广东等发达省市已初步形成了以生产性服务业和现代物流业为主体的服务经济，其对服务业贡献率已超过 50%；四川、湖北、湖南、陕西等中西部地区也都将大力发展生产性服务业和现代物流业作为"十二五"期间转变经济发展方式的关键之举，科学规划、大力推动。纵观国内外生产性服务业及现代物流业发展的新趋势、新实践，结合其表现出的新特征、新要求，我们认为：大力发展生产性服务业及现代物流业，对山西这样一个欠发达省份、资源型地区来讲，可以有效提高经济运行的稳定性、融合性和持续性，是转型跨越的"新引擎"、产业升级的"助推器"、科技创新的"催化剂"。

二、我省生产性服务业和现代物流业发展的现状、差距及优势

"十一五"期间,我省生产性服务业和现代物流业发展态势总体向好,特别是2010年6月省委提出努力建设中西部生产性服务业大省和现代物流业中心的奋斗目标之后,又迎来了一个放量发展黄金期,其规模、速度和水平都上了一个新台阶。

(一)发展现状

从纵向比较看:近三年生产性服务业占全省服务业总量的比重基本稳定在46%左右,物流业已成为生产性服务业发展的重要支撑。反映到生产性服务业:一方面,规模不断扩大。2011年生产性服务业增加值由2009年的1313.3亿元增长到1835亿元,绝对量增长521.7亿元,占GDP的比重约为16.5%。另一方面,比重稳中有升。2009年生产性服务业增加值占服务业总量的比重为45.4%,之后保持稳步上升势头,到2010年达到47.1%,2011年约为47.3%(详见表一)。

表一:2009—2011年全省生产性服务业发展情况表

年 份	生产性服务业增加值(亿元)	占服务业总量比重(%)
2009	1313.3	45.4
2010	1605.8	47.1
2011	1835.0	47.3

注:2011年生产性服务业各行业的数据尚未完全公布,表中数字为大体测算,仅供参考。

反映到物流业:发展规模不断壮大,2011年物流业增加值由2009年的624.6亿元增长到905亿元,绝对量增长280.4亿元,占生产性服务业总量的比重近一半,占GDP的8.2%,有力支撑和带动了生产性服务业的快速发展;增长速度高位运行,2009—2011年我省物流业年均增长20.4%,快于

全国平均增速8个百分点左右（详见表二）。

表二：2009—2011年全国及我省物流业发展情况表

年份	全国		全省	
	增加值（亿元）	增速（%）	增加值（亿元）	增速（%）
2009	23078	7.3	624.6	-4.3
2010	27310	18.3	789.0	26.4
2011	32000	12.0	905.0	15.0

注：（1）全国物流业增加值来源于国家有关出版资料；（2）全省物流业增加值根据有关资料劈分测算；（3）表中增速为现价增速。

从横向比较看：生产性服务业中三大行业占服务业总量的比重高于全国平均水平，在中部地区排第一位。2010年，全省生产性服务业中交通运输仓储邮政业、批发零售业和金融业的增加值为1241.5亿元、占服务业总量比重为36.4%，高于全国各省份平均水平7.4个百分点，分别高于河南、江西、安徽、湖北、湖南平均水平8.7个百分点、10.1个百分点、10.1个百分点、10.4个百分点、11.6个百分点，在中部地区排第一位（详见表三）。

表三：2010年中部六省部分生产性服务业发展情况表

名称	交通运输仓储邮政业、批发零售业和金融业增加值（亿元）	占服务业总量比重（%）
山西	1241.5	36.4
河南	1829.7	27.7
湖南	1582.4	24.8
湖北	1573.2	26.0
安徽	1100.7	26.3
江西	821.1	26.3

注：（1）目前生产性服务业尚未有统一的测算标准，且中部地区各省行业划分不一，但交通运输仓储邮政业、批发零售业、金融业是最基本的三个行业；（2）为与我省作同口径比较，中部其他省份批发零售业都以20%测算为生产性服务业。

从内向比较来看：交通运输仓储邮政业及金融业形成"两翼带动"。

2010年，全省生产性服务业各行业中，交通运输仓储邮政业及金融业增加值分别为654.1亿元、448.3亿元，总量达到1102.4亿元、占生产性服务业总量的68.7%。而其他信息传输、计算机服务和软件业，租赁和商务服务业，科学研究、技术服务和地质勘探业，水利、环境和公共设施管理业仅有203.8亿元、85.8亿元、50.5亿元、24.2亿元，总量364.3亿元、占22.7%。相对照，交通运输仓储邮政业及金融业增加值相当于其他行业的3.03倍。可见，这两个行业成为目前山西生产性服务业发展的主体力量，也是建设中西部生产性服务业大省的重点领域。

（二）主要差距

尽管我省生产性服务业和现代物流业发展取得了很大成效，但与产业内在特征相比，同国内发达省市相比，跟建设"大省"和"中心"目标相比，还存在一定差距和不足。主要表现为：

从产业整体水平看：主要是总体规模还不够大、结构层次还不够高。建设生产性服务业大省，第一要义是要有足够的发展规模。虽然我省生产性服务业发展较快，但规模还偏小、不具有绝对竞争优势，与河南、湖南、湖北等中部省份相比，还存在一定差距，产值赶超任务也十分艰巨。同时，还处于低层次结构水平，具有高科技含量、高附加值、高人力资本、高产业带动力的行业发展严重不足。此外，物流业仍处于传统物流方式占据主导的发展阶段，供应链物流、静脉物流、物流功能综合集成等现代物流方式还没形成大气候。

从产业融合带动看：主要是制造业与生产性服务业的渗透和关联度较低。生产性服务业与第二产业紧密关联，尤其与制造业相伴相随。一般来讲，每一元制造业增加值，需要一元以上的生产性服务业为其提供服务。2011年，全省装备制造业增加值321.2亿元、增长22.2%，而生产性服务业增加值为1835亿元、增长14.3%。相比较，两者正向作用力不均衡，装备制造业对生产性服务业的带动力还有限，生产性服务业主动为制造业提供

关于把山西建设成为中西部生产性服务业大省和现代物流中心的调研报告

核心配套服务的能力还不充分。

从产业发展方式看：主要是集聚不足、粗放低效。就我省而言，生产性服务业和现代物流业尚处于"传统"到"现代"的转型入轨期，尽快实现由粗放低效向集约高效、由内部单循环向社会全循环转变的任务还很重，这一点体现到现代物流业发展上更为突出。一方面，物流企业"小、散、弱"，零散企业和个体运输户是物流主体，"旗舰型"企业缺乏，联手发展的组织化程度偏低。中国物流与采购联合会在全国共评出5A级企业55家、4A级企业240家，而我省仅有太铁、钢运、盛唐、同元、宝特等6家企业入围4A级，5A级为空白。另一方面，物流企业"小而全"、"大而全"，物流多以企业辅业来自办，大宗商品物流、服务外包、物流链服务体系、第三方物流等发展缓慢，专业化、社会化物流供给能力不足。受此多重制约和影响，全省物流的流向、流时、流量过于偏集，空箱率、空驶率较高，输入输出不对称，致使物流成本居高不下。2010年我省物流总成本占GDP比重约为28%，高于全国平均水平10个百分点左右，更高于欧美等发展国家近20个百分点，仅此每年在物流环节GDP流失700多亿元。

从产业要素支撑看：主要是信息集成度较低、公共服务滞后。生产性服务业和现代物流业属知识技术密集型行业，离不开诸多生产要素的支撑，其中信息和服务是核心，这也是目前我省最为缺失的要素支撑。一方面，信息集成与发展需要不同步。不少物流企业还只局限在通过电话、传真等手工操作方式开展业务，停留在"电算化"水平，而互联网、物联网、全球卫星定位等现代信息技术的应用推广还处于起步阶段，信息集成与集聚成为"软肋"。另一方面，公共服务与发展需求不适应。产品设计中心、技术研发中心、标准检测中心等平台建设乏力，物流、会展、商务等领域专业人才不足、领军型人才更少。

通过比较和分析表明：虽然我省生产性服务业规模还不够大，但整体仍处在快速增长的区间，落下的步子正在逐步追赶，总量不断扩大的趋势十分明显；虽然内部行业发展的结构和层次还不尽合理，但发展的活力正在增强，逐步优化的势头正在形成。山西生产性服务业和现代物流业进入了增长趋快、结构趋优、动力趋强的发展轨道。

（三）比较优势

综合近年来我省在推动转型跨越发展中挖掘的新潜力、培育的新环境、创造的新机制、获取的新支持，结合生产性服务业和现代物流业发展的内在要求，我们感到：山西建设中西部生产性服务业大省和现代物流中心具备充足明显的比较优势。一是政策优势。这是最有力的支撑，也是最为突出的优势。我省政策存量较为雄厚，目前享有中部地区崛起战略、老工业基地和西部开发政策比照、循环经济试点、生态建设试点等政策，再加上全国唯一的全省域、全方位、系统性的综改试验区，全国没有几个省能够如此。同时，这些政策与生产性服务业和现代物流业紧密相关、针对性强，其效应也逐步进入深度显现和集中释放期，只要研究足、结合好、灵活用，就能广泛吸纳、调动、整合各方面力量，产生加速赶超的发展能量。二是时空优势。我省既有地域之便，也有交通之利。这是最具核心的带动力，也最有发展的增值空间。"十二五"期间，随着"三纵十一横十一环"高速公路网和大西铁路客运专线、中南部出海通道等铁路大动脉以及一批支线机场的建成，我省将形成东连京冀、西达秦蜀、南通中原、北出长城的立体化、多功能交通体系，使交通枢纽的连接、辐射和带动作用在中西部地区更加凸显，时空优势将进一步转化为发展市场、服务能力、物流经济。2010年，我省货运量12.4亿吨，在全国排第12位、在中西部地区排第8位。其中：铁路6.4亿吨、占51.6%，居全国首位；公路6.1亿吨、占49.2%，在全国排第17位、在中西部地区排第11位。可以看出，我省货运量在全国特别是中西部地区优势相对突出，而大交通、大枢纽必将进一步推动形成大市场、大货运、大物流。三是产业优势。制造业是我省的优势产业，也是生产性服务业的发展之源。这是最根本的带动，也是最现实的基础。我省把装备制造业作为新兴产业予以重点扶持，提出建设国家重要的现代制造业基地的目标，从战略构建上奠定了生产性服务业发展的坚实基础。2011年，装备制造业增加值由2009年的175.3亿元增长到321.2亿元、年均增长22.4%，如果保持这一发展惯性，庞大并不断提升的制造业将对生产性服务业产生巨大需求，推动生产性服务业实现高位增长。此外，以煤为基、多元发展的工业新型化搭建了广阔平台，利于从更宽领域提升工业对生产性服务业和现代物流业的带动力、从更深层次强化生产性服务业和现代物流业对工业的跟进力。

四是项目优势。大项目、好项目是建设"大省"和"中心"最直接、最有效的载体。目前，我省围绕生产性服务业和现代物流业共储备、签约、落地、建设了100多个具有复合功能、创新优势和市场前景的重点项目，涉及10多个行业。特别是，2011年现代物流业掀起项目建设新高潮，中国（太原）煤炭交易中心建成运营，山西（太原）国际陆港方略保税中心和太原地区货运（物流）中心项目开工建设，太原武宿综合保税区项目正式启动，太原罗克佳华物联网建设项目进展顺利等等，一些具有现代煤炭商品交易、保税物流、千万吨级货物吞吐能力、公共信息集成服务功能的项目落地生根或加快推进。

这些优势与生产性服务业和现代物流业发展紧密结合，是我省在中西部地区竞先发展中"人无我有、人有我优、人有我先"的领跑优势。只要放大优势、发挥优势、叠加优势，我省就能够提升生产性服务业和现代物流业的赶超能力、发展速度。

三、建设中西部生产性服务业大省和现代物流中心的工作思路、发展导向、目标任务及基本路径

根据省第十次党代表大会精神，综合近年来国家和我省出台的发展服务业及物流业的实施意见、总体规划，借鉴国内发达省市的先进经验，结合专题调研情况，提出以下工作思路、发展导向、目标任务和基本路径。

（一）工作思路

概括起来讲就是紧紧围绕"转型跨越发展、再造一个新山西"的总体战略，牢牢抓住综改试验区建设的重大机遇，努力做到"三个坚持"，即：坚持以一体推进为主线，在统筹联动中建设"大省"和"中心"；坚持以产值翻番为关键，在提速增质中实现规模明显扩大、结构明显优化、实力明显增强；坚持以煤为基、多元物流，在交通网络化、信息集成化、服务外包化、项目梯队化中，加快建设中西部生产性服务业和现代物流业发展的新高地，奋力推动"追赶型"发展。

（二）发展导向

按照上述思路，在工作中要准确把握、科学推进，努力做到"三个突出"。一要突出整体关联性。这是省情所致，是第一位的发展导向。"中心"是"大省"的基础和依托，现代物流中心建成了，生产性服务业总量也就同步壮大，距离"大省"也就越来越近；"大省"是"中心"的目标和结果，为现代物流业提供要素支撑、打开发展空间。各地各部门在实际工作中不能"单打一两张皮"，要用有机联系和互动发展的理念加快"大省"和"中心"建设进程。二要突出量质统一性。规模是"大省"的重要标志。发展提速，意味着要将 GDP 翻番与生产性服务业增加值翻番紧密衔接起来，将二产三产协同带动紧密互动起来，将招商引资及项目建设更多地倾斜到生产性服务业和现代物流业，这样才有条件、有能力实现生产性服务业的总量扩张。发展增质，意味着既要着力于"长项更长、好上加好"，做新做强交通运输仓储邮政业、批发零售业及金融业等传统生产性服务业，又要着眼于"短项变长、能快则快"，做大做实高科技、高附加值、高产业带动等现代高端型服务业，使其成为新的支撑点和增长极，从而实现速度和效益统一、规模和质量并举。三要突出现代引领性。当前最为紧迫的是将物流的"现代"特征凸显出来，以功能集聚、信息集成、服务集中为引领，走出一条物流业发展新路。首先,要将交通网络化与物流枢纽化结合起来。铁路公路与物流基地、物流中心、城市配送中心和货运站等要同步规划、同步建设、同步运营,做到"无缝对接"。今年,我省将再建1000公里高速公路,涉及11个市30多个县,要同步建设物流通道和节点,实现交通兴物流兴。其次,要加大物联网技术运用与公共信息服务平台的建设力度,深度发挥物联网"物物相连的互联网"作用,实现"指间地球"向"指间物流"转变。要以物联网项目为重要承载,以多式联运、多业联运为核心服务,搭建全省性物流公共信息服务平台,彻底解决物流信息"一盘散沙",或集而不新、集而不通、集而不快、集而不成的问题。第三,要大力发展第三方物流、第四方物流企业,加快企业物流向物流企业转型步伐。企业物流由社会承担,既利于企业低成本、高效益发展,又可以变企业上缴增值税为营业税,增加地方财政收入,更能够有效解决社会物流需求不足问题,极大提升物流专业化水平。这是降低我省物流成本,实现运输经济向物流经济转型的"釜底抽薪"之举。据测算,物联网技术与公共服务平台的融合应用及专业物流发展,能够降低我省20%的货运车辆空驶率,减少50%的企业库存,可使我省物流成本由目前的28%下降到20%左右,接近全国平均水平,仅此一项即相当于增加近1000亿元的GDP。

(三)目标任务

今年是"十二五"承上启下的重要一年,今后三年是我省生产性服务业和现代物流业向深度推进、广度延伸的关键时期。要通过一年一年的奋斗,力争到"十二五"末,生产性服务业增加值占服务业总量的比重达到50%以上,占GDP的比重达到20%以上。其中:现代物流业,要确保年均增长15%左右,力争到2015年达到1600亿元、占GDP的比重10%左右,物流成本占GDP的比重由2010年的28%下降到23%;交通运输业,要力争到2015年全省综合交通运输网络里程达15万公里;金融服务业,要确保全省银行业机构各项贷款余额年均增长15%,力争到2015年上市公司数量达到80家，资本市场直接融资6500亿元，保险金额与责任限额达到8万亿元；节能环保服务业，力争到2015年合同能源管理在高耗能行业项目实施的比重达到40%以上，工业污染治理设施的专业化运营比例和城市环境基础设施社会化运营比例大幅度提高；高技术服务业，要确保服务业营业收入年均增长18%；电子商务，力争到2015年全省50%以上的企业开展电子商务应用，30%以上的中小企业经常性应用第三方电子商务服务；商务服务业，力争到2015年服务水平得到新提升、内部结构得到新优化；人力资源服务业，力争到2015年全省人才资源总量达到400万人，专业技术人才170万人，高技能人才70万人；工程咨询服务业，力争到2015年工程咨询范围进一步扩大、水平进一步提高；农业社会化服务业，力争到2015年农业社会化服务体系健全、机制完善、实效增强。

（四）基本路径

路径之一：要着力把传统煤炭运输业拓展为现代物流业，在依强做大中建设"大省"和"中心"。山西既是煤炭生产大省，也是煤炭物流大省。长期以来全省煤炭产量占全国的四分之一多，占全国省际间调出量的70%以上，近年来年均外调煤炭5亿多吨，省内流转3亿多吨，连同焦炭、钢铁等资源型产品调出和日用消费品调入，每年形成12亿吨左右的物流量，总物流量居全国前列。其中，煤炭物流占全省总物流量的比重超过三分之二，物流增加值年均增速保持在20%以上，是全省物流业中贡献最大、增速最快、发展最稳健的行业。可以看出，煤炭物流是我省物流发展的强势行业，也是建设"大省"和"中心"的主渠道。由此切入，依强做大，方能形成依托煤炭物流建设现代物流中心、进而支撑和实现生产性服务业大省目标的良性循环。要以规模化、信息化、标准化、集群化为方向，以大企业和大集团为主体，以中国（太原）煤炭交易中心为纽带，以"煤炭物流公共云"为平台，以物流园区为承载，以配煤储煤基地及中心为补充，以矿、路、港、航联合运输为保障，努力构建煤炭综合物流产业体系。同时，还要坚持以煤为

关于把山西建设成为中西部生产性服务业大省和现代物流中心的调研报告

基、多元物流,把煤炭、焦炭、钢铁等资源型产品调出与日用消费品调入统筹衔接起来,用足铁路潜力,深挖公路运力,大幅减少空驶率,达到降低物流成本与做大物流总量的双赢效果。目前,全省已规划布局了省煤炭运销集团战略储备基地、省煤炭进出口集团煤炭洗选物流和晋煤、中煤集团现代煤炭物流等大型项目,奠定了构建煤炭综合物流产业体系的坚实基础。

路径之二:要着力将装备制造业与生产性服务业紧密耦合起来,在扩优补缺中建设"大省"和"中心"。装备制造业既是我省的优势产业,也是"十二五"期间重点扶持的新兴产业,这为补齐生产性服务业发展不足打开了广阔空间。一要大力推动"两业融合"。借力转型综改,在"一市两县"、"一市两园"、"一县一企"和11户省属国有重点企业组织实施装备制造业与生产性服务业"两业融合"发展示范区、示范园和示范企业培育工程。深化科技、软件和信息的集成应用,加快制造模式向数字化、网络化、智能化、服务化转型。二要大力创建"服务品牌"。以品牌创建引领发展需求,提高生产性服务业对重型机械、铁路装备、煤机制造、锻造铸造、汽车工业、电子信息、新能源装备等行业的跟进服务、配套服务、链条服务,形成以服务引领制造、以制造促进服务的发展格局。三要大力提升发展水平。我省装备制造业规模、技术、生产能力在中西部地区优势较为突出,关键就在于通过生产性服务业使产品卖出好价钱,通过完善服务提升装备制造业产品的附加值和竞争力。

路径之三:要着力抓好园区集聚、通道节点、项目建设,在做实载体中建设"大省"和"中心"。要加快形成"一核(太原都市圈)、三区(晋北经济区、晋南经济区、晋东南经济区)、多节点(太原—晋中为核心,区域中心城市为节点,县城为支撑,中心集镇为网点,城市间、城乡间对接有序)"的生产性服务业和现代物流业发展布局。坚持现代服务业集聚区与开发园区配套建设,促进生产性服务业集聚化;完善配套服务功能,打造研发设计、信息服务、金融服务、专业技术服务、会展服务、中介服务等六大公共服务平台,增强生产性服务业的要素吸附能力、产业支撑能力和辐射带动能力；大力引进行业龙头企业和"旗舰"项目，重点培育三晋综合保税物流港、太原武宿综合保税区、中国（太原）煤炭交易中心、太原罗克佳华物联网建设项目、美特好物流配送中心建设项目以及黄河金三角区域性物流中心等技术领先、模式创新、产业集聚、效应突出、辐射带动作用大的示范区和项目；推动集聚区共建共享，全力促动物流企业上档升级，鼓励支持物产集团、煤运集团、太铁物流、钢运物流、方略保税、盛唐物流、同元物流等重点物流企业，发展成为5A级现代化大型物流旗舰企业。

路径之四：着力提升信息、创新、开放的带动力和贡献度，在内外结合中建设"大省"和"中心"。内生增长和外力助推是建设"大省"和"中心"的必由之路。当前，要狠抓"软肋"，在信息牵动、创新驱动、开放带动上做足文章。在信息牵动上，要建立全省域、全方位、系统性的物流数据库和公共信息平台，促进信息服务与其他产业融合互动发展，在信息的集合、集成和集聚中放大"引领效应"；在创新驱动上，要摆脱固有发展模式，持续推动业态创新、服务创新、管理创新，既鼓励和支持企业通过参股、控股、兼并、联合等形式做大主业、盘活存量，又引导和扶持企业转型转制，积极发展高技术服务、电子商务、节能环保、商务服务、人力资源服务等新兴服务业；在开放带动上，要更加注重引进丹麦马士基、瑞士名门、美国UPS等世界级大型物流企业，更加注重承接服务外包，培育一批具备国际资质的服务供应商，更加注重发展总部经济，做强总部企业，更加注重支持服务企业"走出去"，参与国际市场的分工协作，从而全方位撬动和激发生产性服务业和现代物流业的发展活力。

四、建设中西部生产性服务业大省和现代物流中心的保障措施

好规划、细服务、活机制和强政策，是发展生产性服务业和现代物流业重要保障。我省要在现有基础上，进一步加大优化和整合力度，努力构建强

关于把山西建设成为中西部生产性服务业大省和现代物流中心的调研报告

有力的支撑体系。

1. 要完善规划支撑体系。目前，我省已经编制完成了服务业和现代物流业发展规划。下一步，要在此基础上组织力量编制单独的生产性服务业发展规划，并全力组织实施"生产性服务业五年倍增计划"，确保生产性服务业增加值翻番。同时，还要强化"规划立法、执法如山"理念，做到一张蓝图管到底，细化分解任务，明确责任主体，一级抓一级，层层抓落实，确保既定规划见到实效。

2. 要建立服务支撑体系。强化集群服务。面向产业、面向企业、面向市场，建设一批软件公共服务平台和信息服务业集聚区，形成完整产业链集群服务体系。强化人才服务。加快实施生产性服务业和现代物流业人才培训工程，引导高等院校和职业学校增设生产性服务业和现代物流业学科和专业，支持院校与企业共建实习培训基地，全面提高从业人员素质。强化中介服务。加快建立生产性服务业和现代物流业行业协会、产业商会等中介服务组织，重点引进具有高知识、高科技含量的中介服务机构，发挥其在企业和产业之间的横向联合作用。

3. 要健全机制支撑体系。放宽市场准入。坚持分类对待、一业一策，在国家政策框架内，对科技研发、信息软件、标准检测、品牌营销等"短腿"服务行业，要放手支持，放胆鼓励。明确指标考评。建立生产性服务业与现代物流业考核评价指标体系，并纳入全省年度目标责任考评范围，加大权重，严格考评，奖优罚劣。强化统计监测。建议由省统计局牵头，会同发改委、经信委、商务厅等相关部门及行业协会，尽快研究制定我省生产性服务业分类标准，并联合建立指标收集、数据整理、研判预警制度，为科学决策服务。

4. 要优化政策支撑体系。各地各部门要深入贯彻落实国家和我省促进生产性服务业与现代物流业的各项政策措施，提高政策的执行力，充分发挥现有政策的发展效应。同时，要进一步出台优惠政策，强化政策的激励作用。一是创新财政支持政策。要借鉴江苏、安徽、重庆等省市经验，设立

"生产性服务业资助项目"、"现代物流基地建设引导资金",专门用于生产性服务业园区、物联网信息系统、仓储设施及重点项目的贴息和担保;广泛吸纳各类社会资金,尽快设立省级生产性服务业与现代物流业产业发展基金,以引导银行信贷资金、各类股权投资基金、信用担保机构等各类资金向生产性服务业与现代物流业企业倾斜,支持生产性服务业与现代物流业做大做强。二是创新税收支持政策。省财政、税务等部门要认真研究生产性服务业与现代物流业企业营业税差额征税政策,针对性解决企业反映强烈的营业税优惠等问题,切实减轻企业税收负担。三是创新土地支持政策。要修订和完善符合生产性服务业与现代物流业发展需求的用地标准,逐步增加建设用地比重,搞好土地供应。特别是对列入全省生产性服务业和物流业发展规划的重点园区、项目和企业,在建设用地上优先审批、优先供应。四是创新支持民企发展政策。对从事生产性服务和现代物流的民营企业要像国有企业一样同等看待,营造公平发展、平等竞争的良好氛围。认真落实好国务院近期出台的民间投资"新36条"实施细则,进一步打造民营企业投资兴办生产性服务业和现代物流业的宽松环境。

(2012年7月《调查与分析》第9期)

采用 CO_2 煤层预裂增透解吸技术抽采瓦斯有利于煤矿安全生产

赵付忠　成五虎

确保煤矿生产安全,预防和减少安全事故,特别是防控、杜绝瓦斯爆炸等重特大事故发生,是历届省委、省政府始终关注的焦点之一。在煤矿安全事故中,因瓦斯爆炸危害大、破坏性强,始终被列为重点加以防控。近年来,一种旨在高效科学抽采瓦斯的 CO_2 煤层预裂增透解吸技术,经在潞安集团高河煤矿、沁源新源煤矿等6家不同类型的煤矿实际应用取得成功,证明经济效益大,安全效果好。若能在我省煤炭系统规模推广,则既可有效防控、杜绝瓦斯爆炸等重特大事故发生,又可降低生产成本,提高经济效益。对此,我们进行了深入调研。

一、预防和减少安全事故,特别是杜绝瓦斯爆炸等重特大事故发生,始终是我省煤炭系统的防控重点

瓦斯（CH_4）是一种无色、无味、无臭的气体,主要成分是烷烃,其中甲烷占绝大部分,另有少量的乙烷、丙烷和丁烷。它是古代植物在堆积成煤初期,纤维素和有机质经厌氧菌作用分解而成的特殊气体。因煤层经受高温、高压作用,瓦斯长久被压缩在煤层或岩层的孔隙和裂隙内,通常以游离

和吸着状态存在于煤体或围岩中。当地下开采时，瓦斯便由煤层或岩层内涌出。每吨煤、岩的瓦斯含量，主要取决于煤的变质程度、煤层赋存条件、围岩性质、地质构造和水文地质因素等。甲烷易燃易爆，当瓦斯浓度达到或超过临界值5%～16%时遇火便会爆炸，其爆炸产生的高温高压，促使爆源附近扬起大量煤尘，以极快速度向外冲击，生成大量有害气体参与爆炸，产生更大的破坏力。因瓦斯爆炸时间短、速度快、杀伤力大、破坏性强，故国内外把防止瓦斯爆炸作为煤矿安全事故的重中之重，采取有效措施予以防控。我国在煤矿安全生产瓦斯治理体系中明确要求，煤矿生产必须达到"通风可靠、抽采达标、监控有效、管理到位"的标准，旨在加大瓦斯防治力度，提高煤矿生产安全系数。

实施瓦斯抽采是目前国内外大多煤矿为防止瓦斯爆炸普遍采用的基本方法。所谓瓦斯抽采，是指利用瓦斯泵或其他抽采设备抽取煤层中赋存的瓦斯，并通过管网把抽出的瓦斯排至地面储存利用的过程。通过瓦斯抽采，既可有效降低矿井瓦斯涌出量和风排瓦斯量，防止瓦斯爆炸，又可降低煤层中的瓦斯压力和瓦斯含量，防治煤与瓦斯突出，减少重大事故发生。同时，通过瓦斯抽采和瓦斯利用，还可有效减少瓦斯对大气的污染。据有关研究资料表明，CH_4对臭氧层的破坏比CO_2高16倍，造成的温度效应是CO_2的21倍，因此瓦斯抽采不仅对环境保护具有重要作用，而且是重要资源，可作为煤炭的共伴生资源加以综合开发利用。

我国煤炭资源的赋存条件普遍具有渗透率低、吸附性强、开采浅层煤层气原始压力不高、解吸速度慢、瓦斯解吸及在煤层中的运移困难，而且低渗透煤层瓦斯的吸附、解吸、扩散、渗流运移过程表现出相互制约和非达西渗流以及煤层瓦斯运移受排采降压引起的流固耦合作用比较明显等突出特点。现阶段，我国大部分矿井在瓦斯抽采过程中主要采用增加钻孔密度、射孔增透、深孔预裂爆破、水力压裂、水力割缝等方式提高矿井瓦斯的抽采率。鉴于我省各地大部分煤层属于低透气性煤层，瓦斯抽放较为困难，抽放率达不到国家规定指标，所采取的应对措施主要靠加大钻孔工程量来解决，其效率低、成本高。即使透气性较好的煤矿煤层抽采也存在同样问题。因此，提高低透气性煤层瓦斯抽采技术，已成为亟待解决的难题。此外，瓦斯透气性较好的煤矿（井田），增加抽采量和提高瓦斯浓度也需要采取成本低、效率高的新技术新工艺。特别是随着矿井开采深度的增加，地应力增高，煤层及围岩透气性变差，瓦斯含量增加，危险性增大，高瓦斯、高瓦斯突出矿井数量增多，瓦斯治理与控制技术研究相对滞后，瓦斯抽采难以达标，瓦斯利用率低等问题，已严重影响到煤矿企业的安全生产。

山西作为全国煤炭大省，煤炭资源储量大、分布广，全省15.6万平方公里国土面积，含煤面积达6.2万平方公里，占到全省国土面积的40%以上，其中119个县（市、区）有94个县（市）地下赋有煤炭资源。据不完全统计，新中国成立以来，我省累计生产原煤近130亿吨，外调煤炭近100亿吨，占全国煤炭产量的25%和外运煤的70%以上，焦炭市场交易量更是超过全国交易量的2/3，为支援国家建设作出了巨大贡献。煤炭工业作为山西国民经济的重要支柱产业，在支援全国经济建设的同时，煤炭安全形势也面临较大压力，特别是煤矿安全投入不足、一度安全事故频发的现实，成为困扰山西经济社会全面发展的"短板"，在一定程度上严重影响到山西经济社会的健康发展。为了从根本上改变煤矿安全事故为全省经济社会发展带来的负面影响，同时全面提升煤炭资源整体开发水平、煤炭企业产业集中度和安全防范能力，实现煤炭产业优化升级，推进山西新型能源和工业基地建设，自2008年以来，省委、省政府全面推进煤炭资源整合和煤矿兼并重组，目前全省矿井由原来的2598处整合为1053处，办矿主体由2200多个减少到130余个，形成了国有、民营、混合所有制企业比例为2：3：5的多元办矿格局，促使山西煤炭工业彻底告别了小煤矿时代，进入了现代化大矿时期。有关资料显示，在我省煤炭资源整合保留矿井中，属高瓦斯矿井192座，按突出矿井管理矿井15座，煤与瓦斯突出矿井25座，高瓦斯矿井和瓦斯突出矿井占到矿井总数的23%以上。如果按照新的国家瓦斯矿井标准核定，瓦斯矿井数量占矿井总数的比例更大，约为400座左右。从安全事故统计数据分析，2011年全省煤炭百万吨死亡率由2008年的0.47降至0.085，相当于全国水平的15%，居国际先进、国内领先水平，连续2年未发生特别重大事故。2012年1至5月，各类安全生产事故数同比再下降30.41%，安全形势得到明显好转。但鉴于煤炭安全事故发生的特殊性和不确定性，对此我们决不可盲目乐观，不论在任何时候任何情况下，都必须坚持把安全生产放在突出位置，把遏制煤矿安全事故特别是防控瓦斯爆炸等重特大事故作为重中之重，采取切实有效措施，真正下大工夫、花大气力，把各项防控措施做深做细、做透做实，使之真正落在实处，确保安全生产不出事故。只要安全工作做好了，就是对山西转型跨越和发展大局作出的巨大贡献。

二、CO_2煤层预裂增透解吸技术可有效提高瓦斯抽采率，降低煤层中瓦斯浓度，杜绝瓦斯爆炸等重特大事故发生

实施瓦斯抽采是当今煤矿瓦斯治理的根本途径，也是最重要的手段之一。如何实现瓦斯抽采最大化和瓦斯利用最大化，关键技术在于提高煤层透气性和解除煤体对瓦斯的吸附以增加瓦斯抽采流量。山西锦浩诚科技有限公司研发的CO_2煤层预裂增透解吸技术，充分利用CO_2气体本身没有爆炸性，具有抑制爆炸和燃烧作用；当温度超过31℃时，液态CO_2将在100~300毫秒内气化，达设定压力时其产生的高压波，可在30~60毫秒内排出以相对长时间作用于煤层；煤体对CO_2的吸附性远高于对瓦斯的吸附性，爆破后CO_2能够滞留，并驱替出大量煤体吸附的瓦斯；煤体对CO_2的渗透率高于对瓦斯气体的渗透率2个数量级以上，由于CO_2气体的渗流运移，可减小煤体吸附瓦斯分压使其持续解吸，提高瓦斯产量和矿井瓦斯抽采率等特性和原理，在充分实践的基础上，经反复试验而成。该技术具有独立知识产权，并申报国家专利，处于国内首创、国际领先水平。

为了验证该技术的实际效果，近年来，由相关部门组织，先后在潞安集团高河煤矿、武乡县东庄煤矿、沁源县新源煤矿、长治市郊区小常煤矿、襄

矿集团晋平煤业、襄矿集团上良煤业等不同区域不同煤层进行了反复试验和应用。河南理工大学专家及科技人员对试验应用全程进行了跟踪检测，太原煤矿设计研究院专家进行了指导和应用分析，证明效果非常显著。

潞安集团高河煤矿 3 号煤层为高瓦斯低渗透性煤层，瓦斯含量和瓦斯压力均较大，属于较难抽采煤层。在 E1305 预抽工作面实施 CO_2 煤层预裂增透解吸技术，通过每 5m 施工一个预裂钻孔，孔深 90m 以上，平均单孔瓦斯抽采纯量达 $0.321m^3/min$，60 天后平均单孔瓦斯抽采纯量仍可达 $0.2572m^3/min$，分别是未预裂单孔瓦斯抽采纯量的 36.47 倍和 31.0123 倍，抽采瓦斯浓度较长时间（60 天以上）保持在 50%～80%。其中河南理工大学测试的万米预裂钻孔每分钟抽出瓦斯纯量为 $33.7m^2/min/万米$，是未预裂万米钻孔的 45 倍。

武乡县东庄煤矿 3 号煤层为低渗透较难抽采煤层，应用过程中在距回采工作面 50-80m 的巷道内进行钻孔和 CO_2 预裂，经预裂后瓦斯抽采浓度由 90%、80%、70% 缓慢衰减，抽采持续 100 天后瓦斯浓度仍达 36%。试验数据显示，采用 CO_2 煤层预裂增透解吸技术，单孔瓦斯抽采浓度为未预裂孔的 4～18 倍；流量是未预裂孔的 1.94～3.75 倍；抽采纯瓦斯量是未预裂单孔的 10～45 倍。

沁源县新源煤矿采用 CO_2 煤层预裂增透解吸技术，预裂半径可达 30～50m，抽采钻孔数量较未预裂工艺减少半数以上，能够有效减少抽采钻孔工程量，降低投入成本，提高瓦斯抽采效率。

襄矿集团上良煤业 3305 工作面是具有煤与瓦斯突出危险工作面，在巷道掘进和瓦斯预抽过程中，常有瓦斯动力和喷孔现象。采用 CO_2 煤层预裂增透解吸技术后，在一周时间内，瓦斯抽采浓度由 14.93%、22.3% 逐步上升至 95.97%，随后基本稳定在 55%～89% 范围内，抽采 100 天后单孔浓度仍达 45% 左右，较之未进行预裂钻孔抽采时瓦斯抽采浓度明显增大，且持续时间长，抽采纯量大，证明采用该技术后钻孔周边煤体的透气性得到极大提高，经 CO_2 驱替作用煤体中解吸瓦斯量得到显著提高，单孔瓦斯抽采浓度可较长时间稳定在45%以上。由于CO_2预裂煤层具有驱替瓦斯作用，可使煤体渗透性得到极大改善，从而在抽采过程中达到降低煤层瓦斯压力、提高瓦斯抽采率的效果。

在上述实践应用的基础上，经太原煤矿设计研究院专家进行应用分析和论证，在四个方面给予了充分肯定：

首先，该技术拓宽了可抽采煤层瓦斯含量的下限，在煤层瓦斯含量仅为3.18~9.86m^3/t时仍可进行瓦斯抽采利用，因此煤层瓦斯可以抽采利用的范围增大，改变了瓦斯含量相对较低煤层无法或难以抽采利用的现状，扩大了煤层气可抽采利用的储量。

其次，该技术具有安全、高效的特点，可完全替代炸药用于矿山的开采，尤其特别适用于高瓦斯和具有煤与瓦斯突出危险性矿井使用；可有效减少矿用炸药的社会用量，有利于社会安定；用于低透气性煤层的预裂效果十分明显，预裂范围可达数十米，可减少瓦斯抽采钻孔工程量60%~90%，大大缩短抽采周期和采掘衔接周期，从而降低抽采成本达50%以上，在降低生产成本的同时，节省了人力和能耗。

第三，同水力压裂、水力割缝相比，CO_2煤层预裂增透解吸技术的作用范围更大、效果更好、系统更简单、操作更灵活。在增加煤层渗透性的同时，通过CO_2和瓦斯竞争吸附驱替出更多游离态瓦斯，使高效抽采瓦斯成为可能，尤其是在高瓦斯和具有煤与瓦斯突出危险性的矿井，通过采用该技术，可有效降低煤层瓦斯含量和瓦斯压力，达到消除煤与瓦斯突出危险性之目的。

第四，该技术单孔预裂有效半径在30m以上，影响半径可达60~100m，在较难抽采煤层中瓦斯抽出浓度可由原来的2%~3%骤升至30%~90%，瓦斯抽采纯量相应增加，瓦斯抽采浓度和抽采率可提高15~30倍，从而大幅度减少钻孔工程量、简化抽采系统、降低抽采成本，极大地提高抽采效率。

综上所述，CO_2煤层预裂增透解吸技术目前处于国内外先进水平，经过长期试验和实践应用，证明安全可靠，成本低廉，操作简便，易于推广，效果明显，尤其适合于在高瓦斯矿井和煤与瓦斯突出矿井推广应用，为煤矿安全生产提供了重要保障。据此，在我省煤炭系统规模推广 CO_2 煤层预裂增透解吸技术，除可有效预防、减少和杜绝瓦斯爆炸等重特大安全事故外，同时还具有以下特点：

一是属于国家政策大力扶持推广的应用项目。为鼓励煤矿企业加大瓦斯抽采力度，综合利用煤矿瓦斯，我国相继制定出台了相关扶持政策，其中包括为瓦斯抽采项目提供资金补助和贷款贴息、加大瓦斯抽采利用的科技投入等。推广应用该项技术，属于国家政策倡导扶持推广的应用项目，既利国利民，又有利于企业安全生产，应予积极推广。

二是可有效提高资源综合利用水平。煤矿瓦斯既是煤矿安全的元凶，但也是清洁、高效的能源，其热值与常规天然气相当。国家支持和鼓励煤炭资源与煤层气（瓦斯）资源的综合开发利用。推广应用该技术，可大幅提高瓦斯抽出浓度，拓宽可抽采煤层瓦斯含量的下限，使煤层瓦斯可抽采利用的煤矿增加，改变了低瓦斯含量的煤层瓦斯无法或难以抽采利用的现状，扩大了瓦斯可利用储量，极大提高了抽采效率和煤炭资源的综合利用水平。

三是有利于促进环境保护。煤矿瓦斯温室效应是 CO_2 的 21 倍，过去由于受抽采和利用技术限制，瓦斯抽采浓度低，无法直接利用，大多煤矿在开采过程中只能将瓦斯排入大气，对环境造成严重破坏。推广应用该技术，可使煤层瓦斯抽采浓度达到30%以上，最高可达到90%，抽采出的瓦斯可以直接利用，既做到了变废为宝，又有利于环境保护。

四是可有效提升企业经济效益。因该技术的预裂范围可达数十米，能够替代和减少大量钻孔工程量，缩短抽采周期和采掘衔接周期，从而降低抽采和生产成本，节省人力和能耗，同时由于新能源的高效抽采利用，还为企业带来了新能源效益，而且煤炭开采中的块炭率可提高30%～60%，实现了企业利益最大化。

三、积极采取措施，在全省煤炭系统推广 CO_2 煤层预裂增透解吸技术

为了从根本上防控、减少煤矿安全事故，特别是杜绝瓦斯爆炸等重特大事故发生，结合我省实际，可在我省煤炭系统规模推广 CO_2 煤层预裂增透解吸技术。

1. 从确保全省煤炭安全，促进转型跨越发展大局出发，深化对推广应用 CO_2 煤层预裂增透解吸技术重要性的认识。山西是煤炭大省，煤炭是山西的支柱产业，煤炭稳则大局稳，煤炭乱则人心慌，安全生产大如天，因为它不仅直接关乎山西经济社会的全面发展，而且事关人民群众的生命财产安全。因此，一定要紧紧抓住煤炭安全生产这个关键环节，为全省转型跨越发展提供强有力的支撑。推广应用 CO_2 煤层预裂增透解吸技术，对防控瓦斯爆炸促进企业安全生产具有重要意义，各级领导特别是煤炭系统等职能部门，一定要从确保全省煤炭生产安全大局出发，深化对推广应用 CO_2 煤层预裂增透解吸技术重要性的认识，真正把推广应用先进技术作为实现安全生产的重要抓手，作为一件大事抓紧抓好，通过扎实工作，使之真正落在实处。

2. 深入基层，调查研究，认真总结经验，及时跟踪指导。据有关统计资料表明，目前我省已有1183家露天矿山推广了中深孔爆破技术，635家露天矿山推广了非电起爆技术，而在尾矿库推广了在线监测技术和尾矿干排技术，取得了明显的安全效益和经济效益。鉴于 CO_2 煤层预裂增透解吸技术2009年已经省煤炭工业厅立项批复，并列入我省第一批推荐采用的新技术、新工艺目录，并且近年来已先后在多家煤矿进行了大量反复试验应用，实践证明效果更为显著。为此，建议由省煤炭厅、省煤监局等职能部门为主体，及时组织人员深入基层，认真调查研究，总结经验，抓好跟踪服务和指导工作，在全省煤炭系统规模推广应用，使之尽快发挥作用。

3. 坚持从山西煤炭安全实际出发，采取积极措施，鼓励和支持煤炭企业推广应用 CO_2 煤层预裂增透解吸技术。煤矿作为特殊行业，国家对其生产、管理、技术等都有严格规范。对煤炭企业而言，在确保安全生产的同时，又须遵循利益最大化原则。包括对先进技术的推广应用，企业有一个逐渐认识、熟悉到引进使用的发展过程。作为政府，对已经证明确有实际效果的先进技术，负有引导和推广责任。CO_2 煤层预裂增透解吸技术作为一项创新性发明，在其发展初期同样需要政府的宏观引导和扶持，需要主管部门的鼓励与推动。因此，省煤炭厅、省煤监局作为主管部门，要积极协调，采取试点示范、观摩指导、教育培训等一系列办法，充分发挥职能作用，制定推广应用方案，通过"政府引导、企业负责、行业补助"和市场手段，加大管理扶持力度，真正在补齐安全"短板"、打通致命关节上给力，使先进技术尽快转化为实际成果。

4. 对 CO_2 煤层预裂增透解吸技术实行跟踪问效，使之在煤矿系统防控瓦斯爆炸确保安全生产中发挥更大作用。近年来，在加强安全生产方面，我省各级已初步形成了各级党委、政府"一把手"为安全生产第一责任人，对安全生产负总责，分管安全领导专门抓，其他领导按照分工抓的安全生产领导格局。对此，人民日报2012年7月13日在头版头条显著位置进行了特别报道。因煤炭安全事关山西经济社会发展大局，而 CO_2 煤层预裂增透解吸技术可有效预防、减少和杜绝瓦斯爆炸等重特大事故发生，因此，对该技术的推广应用，要坚持从加快促进全省经济社会发展的大局出发，实行跟踪问效，力争通过大家的共同努力，为实现省委、省政府提出的转型跨越、再造一个新山西的宏伟目标作出更大贡献。

(2012年7月《调查与分析》第10期)

山西提高煤炭资源就地转化率的调研报告

李文恩

袁纯清同志在省第十次党代会报告中,提出了推进工业新型化,加快转变发展方式的"五率",并把提升资源就地转化率作为"五率"之首,指出要"在资源原材料深度加工中催生新产业,追求高效益"。这是山西转型跨越发展的战略选择,也是一个非常现实的重大课题。

一、我省煤炭资源就地转化的现状和条件

近年来,我省煤炭资源就地转化水平逐年提升。据估算,2011年,我省煤炭资源转化总量约为21900万吨,占全省煤炭产量的25%左右,占本省煤炭消耗量的80%左右,煤炭加工转化产业已成为十分重要的产业。当前,对我省煤炭资源转化总体判断是:基础扎实、问题不少、前景看好。

(一)我省煤炭资源转化的基础扎实

山西是全国重要的能源重化工基地。作为电力大省,截止2010年,全省发电装机容量突破4700万千瓦,其中燃煤(含煤矸石)机组占到93%,2011年,全省发电量2344.3亿千瓦时,其中火电机组发电量达2180千瓦

时，按照行业每千瓦时耗煤 400 克平均水平计，年转化煤炭达 8720 万吨，是转化煤炭资源十分重要的产业。作为焦炭生产大省，2011 年全省焦炭产量达 9047.9 万吨，占全国总产量的 21.15%，按出焦率 75% 测算，大约相当于就地转化原煤 12063 万吨。山西作为全国最大的煤焦生产基地，目前山西焦炉煤气综合利用量为 140 亿立方米，每年有 40 亿立方米焦炉煤气排空，如果将这些高热值焦炉煤气全部利用，可年产甲醇 280 万吨，利用煤化工转化资源的前景十分可观。煤化工产业是我省重点培育发展的产业之一，作为主要行业的化肥生产 2011 我省煤基化肥产量 363.75 万吨，以目前化肥生产的平均水平来计算，生产 1 吨化肥耗煤 1.5 至 1.8 吨，化肥行业煤炭转化量约为 545.6 万至 654.75 万吨；甲醇行业 2011 年产量达 128.61 万吨，以 1 吨甲醇约需要 2.5 吨煤计算，实际转化煤炭约 321.5 万吨。现代煤化工作为新兴起的产业，在煤炭资源转化中也开始发挥重要作用，目前，潞安、晋城 2 座煤基合成油示范项目建成投产，形成油品产能 26 万吨/年；同煤集团 10 万吨煤基活性炭项目的奠基，标志着我省煤化工产业取得新突破，填补了我国活性炭等高端产品的生产空白，为我省煤炭资源转化又提供了新的路径。粗略统计，现代煤化工可直接转化煤炭资源约 200 万吨。资源综合利用扎实推进，全省建成煤矸石、中煤和煤层气（瓦斯）电厂 67 座，装机规模 587 万千瓦，分别比"十五"期间增加 56 座和 497 万千瓦，增长 5 倍和 6.5 倍，年消耗煤矸石等低热值燃料 1061 万吨，发电利用瓦斯 4.15 亿 m^3；建成煤矸石、粉煤灰水泥厂 7 座，形成产能 350 万吨/年，年利用煤矸石、粉煤灰 88 万吨；建成煤矸石砖厂 48 座，全年产砖 35.5 亿标块，年利用煤矸石 900 万吨；粉煤灰砌块厂 11 座，全年产砖 12 亿标块，年利用粉煤灰 236 万吨；高岭土、铝矾土等与煤伴生资源的开发利用初具规模，如果市场环境改善，产能能够充分发挥，我省煤炭资源的就地转化率将上升到一个新水平。

（二）我省煤炭资源转化还存在问题

我省煤炭资源转化虽然有了一定的基础，达到了一定的规模。但加工利用和转化的程度还比较低,深加工、高附加值的产品少,依然是一种粗放型和资源初级化利用的模式。主要表现为"三低一高":一是资源转化的新型产业比重偏低,转化还处于初级加工、简单转换水平,发电、炼焦和传统煤化工还是资源转化的主要途径,占我省煤炭资源转化量的比例达到95%以上,产品附加值、企业效益、产业水平相对较低,成为制约我省提高煤炭资源转化率的市场"瓶颈"。二是传统产业的循环率偏低,园区承载力差,已上项目中有相当部分尚处于产业发展、技术发展的低端,有的还存在"循环不经济"的现象;目前建设的20个煤炭循环经济园区,循环链上的项目基本都是由煤炭企业自身投资建立,形成了煤炭企业"大而全"的格局,加重了企业负担,影响了企业专业化生产。三是资源转化中科技贡献率偏低,煤气净化和焦化产品回收工艺落后,绝大多数炼焦和焦化企业仍采用50年代以前的旧工艺,有的企业干脆没有净化装置;焦油加工工艺落后,致使焦油加工能耗高、分离困难、产出率低、污染严重,经济效益较差;在洗煤方面高硫煤脱硫的工艺不过关,目前尚未找到一条技术成熟、投资较少、成本较低、脱硫效果较好的途径。四是煤炭资源加工转换能耗总量偏高,重型化产业所占比重大。2011年前三季度全省万元工业产值能耗,煤炭洗选业、炼焦业和发电及供热的生产和供应行业(按现价计算)分别为0.88、1.14和6.85吨标准煤,产值能耗相对较高,给节能降耗工作带来巨大压力,不利于全省工业经济转型。

(三)我省煤炭资源转化的前景看好

我省煤炭资源转化产业发展优势很明显。最独特的优势是:同时具有丰富的"一次资源、二次资源",主导产业相近且易耦合,上下游衔接相对紧密,实施资源综合利用的比较优势突出。一是就地转化有一定的自然条件。煤炭就地转化和利用在很大程度上还取决于当地水资源和生态环境承载能力。从水资源供应看,我省水资源总量142亿立方米,人均占有水资源是全国的平均水平的1/5,这是我省的现实状况。面对现实,我省在开发利用水资源的同时，采取了积极有效的水资源保护和供应措施，从去年开始，着力打造山西大水网，逐步形成了"两纵十横"的供水体系，水资源配置更加合理，水资源供应水平将有很大改观。如果我们能够合理规划布局，把资源转化产业布局与水资源供应布局统一起来，不仅能够有效缓解水资源供应紧张的状态，而且可以使产业布局更加优化合理。从生态环境容量看，近年来，我省大力推进"蓝天碧水工程"和污染减排，改善区域环境，全省空气质量大幅上升，污染排放明显下降，生态环境有了明显在改善；从去年开始，省政府又积极推动焦化行业整合，加大兼并重组力度，淘汰落后产能，企业的规模和技术水平都得到较大提升，焦炉煤气和煤焦油等化产品的回收利用更加彻底，不仅减少了排放，而且能为我省新型资源转化产业腾出更多的环境容量，提供更大的发展空间。二是就地转化有明显的技术优势。煤炭资源转化是资金、技术、人才密集度均很高的产业。山西在煤炭资源转化的技术上具有先天优势，我省5个"两院"院士就有3个出自化工行业，驻我省的中科院煤炭化学研究所和中国日用化学工业研究所都是科研实力较强的国家级化工研究机构，太原理工大煤化所、化工第二设计院、山西省化工设计院的研究都具国家领先水平；近年来我省先后开发了电厂脱硫脱硝、焦化废水处理、焦炉煤气化工合成和工业窑炉利用、煤炭地下气化和煤制油等一批循环经济的先进技术；重点推广了余热余压发电、蓄热式加热炉、干法熄焦等循环经济的适用技术，在煤炭循环发展的基础研究及工业开发方面积累了一大批拥有自主知识产权的专利技术，在煤气化、煤液化及下游煤化工产品的研发等方面都具备了很好的发展条件。三是就地转化有很好的市场基础。从国家层面看，对于煤炭转化相关产业，国家政策大力支持，不少实力强大的能源企业也在相关政策的支持下大规模进入；受国际原油、天然气价格上涨以及国内油气资源不足、石油进口日益增加的影响，煤炭转化产业已成为煤炭和化工行业关注的热点；煤化工主要产品油品燃料，煤基甲醇、二甲醚进一步加工生产乙烯、丙烯等，市场需求有保障，产业化前景乐观。分行业看，火力发电作为国民经济不可或缺的基础产业，始终受到国家和各级政府的高度关注，2011年底，国家发改委实行电价调整和电煤价格临时干预政策，煤炭价格不仅没有出现往年电价调整后煤价跟涨的局面，而且从2012年初起煤炭价格还有所下降，火电行业虽然形势依然严峻，但已出现向好的前兆。随着国家政策的调整，各种关系的理顺和企业内部管理措施的强化，全行业形势必得到根本改观。煤化工产业发展对我省产业结构调整意义重大。传统煤化工产品广泛用于农业、钢铁、轻工和建材等相关产业，随着淘汰落后产能政策的实施和产业向中西部资源地转移，市场总量会保持稳定增长，但产业结构会有较大改善。现代煤化工产业具有装置规模大、技术集成高、资源利用好等基本特征，在石油价格波动起伏、总体攀升的情况下，那些替代石油或石油化工的新型煤化工产品，尤其煤制烯烃、煤制油、煤制天然气以及煤制乙二醇等项目受到国家政策扶持，市场容量大，发展前景看好。煤炭资源综合利用是建设资源节约型、环境友好型社会，加快转变经济发展方式的重要着力点。我省获批资源型经济转型综改试验区，为推进资源综合利用提供了土壤；经济快速增长带来的环保压力，为煤炭资源综合利用提供了动力；关键的技术瓶颈不断突破，促进了煤炭资源综合利用产业的发展。毫无疑问，煤炭资源综合利用将会有良好的市场前景和广泛的社会效益。

二、我省煤炭资源就地转化的总体思路

作为煤炭大省，实现可持续发展，不仅要把煤炭作为基础能源开发、重要原料利用，更要作为优势资本转化。通过对煤炭资源的开发、利用和资本转化，改变相对粗放和低效的资源利用方式，提高煤炭资源利用效率和产业的附加值，促进产业链延伸和技术进步，这是我省必然的选择。

（一）基本思路和原则

提高我省煤炭资源就地转化率的基本思路是：坚持以煤为基、多元发

展,以科技创新为突破口,以基地化、园区化为载体,围绕"化、电、焦、肥、综"五条主要转化路径,实现煤炭资源增值最大化,建设高端化、全循环的煤炭资源就地转化的产业体系,把我省建设成为全国最重要的煤炭转化基地。

这个基本思路,包涵四层含义:"以煤为基、多元发展"是实现转型跨越发展必须坚持的基本原则;"科技创新"是提高煤炭资源转化质量和水平的动力源泉;"基地化、园区化"是现代产业发展的现实要求,"化、电、焦、肥、综"是立足山西实际的主要路径;"全国最重要的煤炭转化基地"是提高煤炭资源就地转化率的最终目标。

按照这个基本思路,提高煤炭资源就地转化率还应坚持以下原则:

坚持政府推动。政府要站产业结构升级调整和经济转型的战略高度,发挥宏观调控作用,完善政策,积极引导、推动煤炭资源就地转化率的提高。

坚持以市场为导向。围绕市场需求,选择转型产业,进行产业定位,培育优势企业,提升发展质量,实现煤炭资源转化的比较效益最大化。

坚持创新驱动。把重点领域、关键技术的突破作为煤炭资源转化的基本着眼点,完善创新机制、调动创新活力,推动科技成果产业化,培育和保持产业核心竞争优势。

坚持大企业引领、大项目带动。充分发挥大企业、大项目的引领、示范作用,辐射和带动新生力量的不断发展壮大,为煤炭资源就地转化提供有力支撑。

坚持全循环、抓高端。按照全循环、多联产的思路,瞄准行业高端,把建设循环经济与发展高端产业相结合,寻找煤炭资源转化新项目,加快打造我省转型模式的步伐。

坚持可持续发展。注重经济结构调整,集约高效利用煤炭资源,不断提高资源承载能力,促进产业结构优化升级,减轻资源环境压力,建成资源可持续利用的保障体系。

（二）目标和评价体系

经过未来五年煤炭资源转化战略的实施，到"十二五"末，我省要建成国家重要的煤炭资源转化产业基地、科技研发中心和技术输出高地，形成煤炭生产、电力、煤化工、炭基材料四大产业集群，全省煤炭资源就地转化率达到40%以上，新增煤炭就地加工转化达到50%以上，七大煤炭集团转化总量到达到70%以上。具体指标有四个方面：

产业结构占比率。电力产业转化煤炭资源占比达到10%，煤化工达到10%，焦炭产业稳定在15%左右，煤炭综合利用占比达到5%左右。

主要产品产能。煤制烯烃达到240万吨/年，煤制天然气达到120亿立方米/年，煤制乙二醇达到100万吨/年；焦油深加工能力达到350万吨/年，焦化粗苯产量保持在100万吨/年水平。

产业园区、集聚区和产业基地。通过行业整合、空间集聚，园区和产业集中发展区煤炭转化总量占到全省资源转化的70%以上，产业循环率达到90%以上，高端化率达到30%以上。

科技贡献率。转化过程中力争达到45%，真正使山西煤炭资源优势变成强省富民的经济优势和可持续发展的长远优势。

（三）重大布局

根据我省主体功能区的划分和"三大基地、十三矿区"的空间分布，综合煤种分布特点，以及水资源、土地资源和环境容量等条件，统筹考虑煤炭资源就地转化的布局。

在电力转化的布局上，围绕促进我省煤转电产业结构调整，进一步推动产业优化升级，"上大压小"，建设以特高压输电为主的外电通道和大型煤电基地；以晋北、晋中和晋东三大煤炭基地为依托，在富煤地区筹建若干大型电厂，改变产业规划集中度不高、电源布局总体分散零乱的状况，减少资源的消耗和浪费。

在焦炭产业布局上，充分考虑原料、水资源、污染物减排及交通运力等影响因素，通过淘汰落后企业和产能置换的方式将焦炭产能向十个焦化循环经济工业园转移；在吕梁、临汾、晋中、长治、运城现有的焦化园区内或焦化集中区内布局置换建设的新型大型焦化重点项目，减少污染源；围绕新型千万吨级和500万吨级的新型焦化项目、结合原料资源和运输能力布局，建设一批大型焦炉煤气综合利用项目、大型焦油加工和粗苯精制项目，逐步在煤焦油深加工、粗苯深加工及焦炉煤气化工合成等精细化工产品形成规模优势。

在煤化工产业布局上，以精品园区和大型企业为基点，依托晋城、阳泉无烟煤生产基地的资源优势，巩固提升晋东化肥及清洁能源特色煤化工基地；依托太化，联合省内煤炭企业，整合相关资源，建设集煤、电、化于一体的现代大型煤化工企业；依托阳煤集团，实施跨地区并购，形成尿素、乙炔化工特色大型煤化工企业；依托晋煤集团对天泽化工等晋城尿素企业进行整合，组建特大型尿素和清洁能源特色煤化工企业。新型煤化工，综合考虑煤种适应性、水资源、土地资源和环境等条件，规划建设晋东南、晋中、晋北各具特色的三大现代煤化工产业基地；以现有产业为基础，做大做强吕梁交城、晋中灵石、临汾洪洞、运城临猗、太原清徐五大特色化工园区，走出高端化、全循环的转化路子。

在煤炭资源综合利用布局上，围绕全省煤炭基地和煤化工园区的整体布局，培育一批具有较高技术装备水平和市场竞争力的煤炭资源综合利用企业，建设一批资源综合利用示范基地，打造以煤炭资源综合利用为重点的循环经济产业链，构建起适合我省省情的资源综合利用体系。

三、我省煤炭资源就地转化的任务和主要路径

围绕"化、电、焦、肥、综"五条路径，加快推进煤炭资源转化，提升产业化水平、改善产品结构，提高科技水平。

（一）重点发展现代煤化工产业

现代煤化工产业是山西新兴产业培育、经济结构优化的重要产业，是国家重点支持和最具发展潜力的产业。要充分发挥山西煤炭产业的资源优势，以技术进步为支撑，以产业聚集为重点，以重大项目为抓手，较大范围地进行煤炭深度转化。加紧建设煤制合成油项目，以潞安集团21万吨间接法煤制油示范工程为基础，进一步优化技术和产品方案，加快以浆态床合成油技术为核心的540万吨/年合成油综合性多联产商业装置的建设；总结晋煤集团10万吨/年煤基甲醇合成油示范项目工程经验，加快建设百万吨级甲醇合成油工业化装置。加速推进煤制烯烃项目，依托洪洞、寿阳、晋城、大同筹建的60万吨/年的大型煤制烯烃工程，结合我省焦化粗苯加氢精制产业优势，延伸产业链，发展以苯、乙烯、丙烯为原料的精细化工产品，延伸产业链，提高产品附加值。加快发展煤制天然气产业，扩大用户市场，实现与国家天然气管网并网，拓宽煤基能源成长空间。加大煤制乙二醇项目建设力度，充分利用资源优势，与国内外煤化工巨头开展技术合作，建设100万吨/年乙二醇生产装置，占领技术和产品市场。

（二）积极发展煤转电产业

煤电产业作为山西四大传统支柱产业之一，既是国民经济发展重要的基础产业，也是重要的煤炭资源转化产业。要结合火电产业特点、市场状况、节能减排要求和我省实际，合理配置动力煤资源和环境容量，延长煤炭产业链，实施煤电一体化战略，在满足省内用电的同时，积极扩大外送，以符合全国能源布局和我省经济发展需求。调整电源结构，重点发展坑口电站和大型清洁、风冷、超临界机组火电项目；在建设大容量、高参数和低热值燃料大型坑口火力发电机组和热电联产机组的同时，发展大型水电和小水电、风电、生物质、太阳能等新能源发电项目。优化电源资源，推进大煤电基地和煤电一体化建设，建设北部大同、神头、河保偏，中部阳泉、吕梁，南部临汾、东南部长治、晋城 8 大煤电基地，满足大型煤电基地建设的需求。拓展晋电外送市场，加强省（市）际间的沟通、交流和合作，实现优势互补、互利互惠，扩大晋电外送市场，进一步提高向京津唐和河北电网送电的能力，开拓向山东、湖南、湖北和江苏送电的市场。延长煤电产业链，积极发展燃用煤矸石的资源综合利用电厂，增大煤矸石使用比例；拓展粉煤灰利用途径，推进粉煤灰利废建材生产应用，有序推进高铝粉煤灰提取氧化铝、白炭黑及其配套项目建设，大幅提高利用量和利用比例。

（三）深化发展焦炭产业

焦炭是山西最大的煤炭资源转化产业，同时也是后续深加工潜力巨大的产业。要以提高产业集中度和提升产业技术水平为核心，加快推进焦化行业兼并重组，淘汰落后产能，控制焦炭总量，发展副产品回收、焦化产品精加工，走规模化、集约化、清洁化的循环经济之路。淘汰落后产能，实际产能动态控制在 1.2 亿吨左右，通过产能置换，建设一批符合国家产业政策、技术装备先进、能源消耗低、环境污染小、资源综合利用高、适应未来资源禀赋和市场需求的焦化项目，推动产业升级。实施联合重组，支持有实力的焦化企业（或其他行业企业）通过产能置换兼并其他焦化企业；支持符合国家焦化产业政策的焦化企业进行重组；鼓励有实力的煤炭、钢铁、化工企业等上下游相关企业与焦化企业间进行兼并重组，提升焦化企业的核心竞争力。通过兼并重组，到 2015 年底独立焦化企业保留 60 户左右，产能均在 200 万吨以上，形成 1000 万吨级特大型企业 2 户左右，500 万吨级特大型企业 5 户左右，200 万吨级大型企业 10 户左右。延伸推进精深加工，逐步实现以焦为主到焦化并举、化产引领。积极发展苯酐、高档炭黑等焦油精深加工产品，提高煤焦油加工深度；重点发展己内酰胺、苯胺、己二酸等高端苯系深加工产品，延伸发展尼龙系列产品、聚氨酯等新材料产业，实现苯下游精细化工快速发展；发展焦炉煤气制甲醇、制合成氨尿素、制天然气等产业，提高资源利用水平。建设循环经济园区，对于位于中心城市、环境敏感区或不具备区位优势的零星焦化企业，通过产能置换，进入焦化集中区（或园区）；位于同一焦化产业集中区（或园区）的焦化企业间将以资本、产权、市场等为纽带进行重组，逐步形成完善的焦化循环经济园区，延伸产业链，降低投资和运行成本，减少环境污染，提高装备水平，推动产业升级。

（四）稳步发展以肥为主的传统煤化工产业

传统煤化工产业涉及面广，产业关联度大，对促进工业结构优化升级发挥着重要作用，是近期需要稳定发展的产业。要把采用高新技术，开发技术含量高、附加值高的产品作为主攻方向，立足资源优势、成本优势和区域优势，调整技术路线，优化产品结构，提升企业规模、装备和技术水平，加快产业升级。煤制化肥，加大原料路线改造和动力结构调整，推广采用先进的煤气化技术，实现能源梯级利用，提升化肥行业整体水平；大力发展复合肥、复混肥、微量元素肥料、缓控释肥和生物化肥等高端产品和专用肥料，提高市场竞争力。甲醇行业，采用先进煤气化技术和甲醇合成技术建设百万吨以上大型甲醇合成装置，并积极推动甲醇衍生物项目建设，延伸甲醇深加工产业链。乙炔化工，积极开发、推广新技术，发展大型密闭式电石炉，开发高附加值的乙炔化工下游产品，发展循环经济产业链，提高资源综合利用水平，提升行业核心竞争力。

（五）协调发展煤炭资源综合利用产业

煤炭资源综合利用和产业结构调整，是关系到能否实现经济、社会和生态环境的可持续发展的大问题。要以提高煤炭资源利用效率为核心，加快产业结构调整和技术创新步伐，提高资源利用意识，完善相关政策机制，推进煤炭资源的综合利用和循环发展，形成符合省情的高效、低耗、低污染型产业体系。重视煤系伴生资源利用，引导煤系共伴生资源开发利用向高技术层次转移，产品向高档次转移。推广煤系高岭土超细、增白、改性技术，发展造纸涂料级高岭土、煅烧超细高岭土及纳米级高纯细粉产品；加快煤系铝矾土、耐火粘土、膨润土、硅藻土、硫铁矿和石墨等资源开发利用的技术开发，提高科技含量高、产品附加值高的精加工和深加工产品，不断扩大应用领域。提高大宗废物利用水平。优先发展煤矸石建材及制品等项目，推广煤矸石制备化工产品、生产复合肥料、提取稀有元素等高科技含量、高附加值的综合利用技术和产品。促进脱硫石膏资源化利用，提高建材行业脱硫石膏制品应用比例，推进脱硫石膏生产水泥缓凝剂、高强石膏粉、纸面石膏板等附加值利用，以及生产石膏砌块、干混砂浆等大规模利用。发展煤炭循环经济，重点发展煤电循环产业链、煤焦化循环产业链、煤气化循环产业链和煤液化循环产业链，最大限度地利用煤炭的伴生资源，实现煤炭资源的综合利用，提高煤炭资源综合利用度。

四、提高我省煤炭资源就地转化率的保障措施

提高煤炭资源就地转化率是十分复杂的系统工程，但同时又是我省当前调整经济结构、实现转型跨越的十分迫切的重大问题。因此，必须加大推进力度，从人财物、资源、政策等各方面予以充分保障，不断推动煤炭资源就地转化率的提高。

（一）抓住关键，努力突破资源就地转化的技术瓶颈

我省提高煤炭资源就地转化率，其最重要的制约因素，是一些核心的转化技术尚有难以突破的瓶颈。因此，只有在重点领域、关键技术的重大突破上下工夫，才能取得煤炭资源就地转化率的根本性提高。一是认真梳理制约和影响我省煤炭资源就地转化的核心技术，特别是煤制油、煤制天然气以及煤化工关键技术，集全省科研力量进行攻关，突破制约、创新发展。二是发挥企业、院校和科研部门各自优势，加快建立以企业为主体、市场为导向、产学研相结合的技术创新体系，为企业发展提供支撑。三是针对项目具体实

施过程的关键技术，采取企业投入、政府补贴的方式，鼓励企业和科研人员进行技术攻关和技术革新，提高企业的创新能力和自我发展能力。

（二）突出重点，加紧建设资源就地转化的标杆项目

煤炭资源转化是通过项目来实现的，项目发展的水平决定着资源转化的成败。目前，我省最重要的就是要在较短的时间内，遴选出一批具有示范作用的标杆项目，抓紧启动实施，以带动全省煤炭资源就地转化。一方面，要针对市场需求和我省煤炭资源就地转化的实际，积极发展市场竞争力强、潜力大的产业、产品，提高煤炭就地转化的经济效益，提高企业转化煤炭资源的积极性和主动性。另一方面，要加紧建设就地转化、全循环的几个示范园区，建设一批示范工程，确定几个示范企业，引进和培育一批规模大、起点高、辐射能力强的产业化程度高的大企业、大项目，以此促进和带动煤炭资源就地转化率的提高。

（三）完善政策，积极推动资源就地转化的不断发展

根据我省实际，强化财税、投融资及用地倾斜等支持政策，形成有利于合理开发、就地转化及产业链延长的产业导向，推动煤炭资源就地转化率的提高。一是税费征收适当倾斜，在资源税征收上体现出级差，对于省内就地转化的煤炭资源，资源税征收适当减免；适度降低这部分煤炭的煤炭可持续发展基金的征收标准，鼓励和刺激煤炭企业进行资源就地转化的积极性。二是对于新型煤化工、煤炭资源综合利用重大项目，特别是高端化、全循环的环保项目，在建设用地上优先供应，以最大限度满足产业发展需求。三是构建良好的投融资平台，设立一定数额的资源就地转化的产业发展资金，专项用于贷款贴息、担保和重大先进设备购置补贴，构建以政府投入为引导、企业投入为主体、社会投入为补充的多元投融资体系。

（四）开拓创新，健全促进资源就地转化的体制机制

加大创新力度，进一步健全和完善煤炭资源就地转化的体制机制。一是建立产业发展的促进机制。进一步健全工作机制，设置产业发展的专职机构；建立健全产业统计机制，客观反映资源转化的发展状况；提高煤炭资源转化产业的准入门槛，确保产业发展的高质量、高起点。二是建立健全人才成长的发展机制。牢固树立人才是第一资源的观念，围绕煤炭资源转化的产业链上的各个环节，大量培养研发设计、技术开发、项目推进等各方面的专业人才；加大管理和技术人才引进的力度，建立和完善人才激励机制。三是建立健全煤炭伴生资源的综合利用机制。加强对大型煤炭基地伴生资源的合理开发利用，强化重点产煤基地的伴生资源勘查，制定资源综合利用的总体发展规划，建立健全转化、利用的完善机制，保障各种资源合理的开发利用。

（五）明确责任，着力强化资源就地转化的评估考核

把煤炭资源就地转化的责任、措施和各项目标任务转化为具体的管理指标，增强各级、各部门、各企业贯彻落实省委、省政府决策的积极性、主动性，不断促进工作水平的提升。一是组织架构先行。设立我省煤炭资源就地转化的领导领导机构和专家咨询委员会；建立部门联席会议制度，定期审核煤炭资源就地转化的实现程度，建立激励约束机制和重大项目、示范试点全程管理制度，以全方位推进煤炭资源就地转化。二是建立煤炭资源转化利用评价体系。建立资源开发综合利用评价体系是衡量资源开发综合利用水平的依据，但作为煤炭转化的程度来讲，全国还没有统一的标准。要在国家已有的一些资源综合利用评价指标的基础上，根据我省煤炭资源转化型工业企业的状况，建立煤炭资源转化和综合利用评价体系。三是努力建立有利于资源就地转化及产业链延长的保障体系。建立重大项目协调推进体制机制，搭建省内外的交流合作平台，定期由省相关部门组织煤炭、化工等相关行业和企

业举办项目洽谈会和产品推介会;将提高煤炭资源就地转化率,列为企业绩效及企业领导业绩的考核指标,促进各项目标任务的具体落实。

(六)扩大开放,形成有利资源就地转化的环境条件

以大胸襟、大视野,从更广的领域、更深的层次,扩大开放,为资源就地转化创造良好的条件。一方面要积极引进。充分利用中博会、能博会及各类展会等各种契机,有效发挥我省煤炭资源富集这一优势,放胆招商、放手招商;对条件好的优势行业、企业或优势项目,要从土地划拨、资金扶持、政府服务等方面给予最大的支持,使更多资源转化的高端项目在我省落地。另一方面要主动输出。鼓励和支持煤炭资源转化方面不断成熟的新技术、新装备向外输出,改变我省单一资源依赖的困局,提升山西对外形象。同时,刺激依靠科技进步的内生动力,逐步走出由资源、能源输出向科技输出的新路,使我省真正成为煤炭资源转化产业基地、科技研发中心和技术输出高地。

(2012年8月《调查与分析》第12期)

"一村一品"的朱村之路

马文革　刘东光　武少权　何　飞

朱村，是三晋大地上一个普通小山村。

驱车从省城出发，经榆次往东南，地势逐级抬高，远远望去，沟壑纵横的丘陵山脊上一排排温室大棚鳞次栉比、错落有致，十分耀眼，成为朱村一道独特风景。短短几年里，这个资源不富、交通不便、区位不优，只有206户、719口人的穷山村通过发展温室大棚，实现了由穷到富的巨变，2011年人均纯收入实现9240元，是2005年的五倍多，铸就了"不畏艰险、吃苦耐劳、团结互助、勇于创新"的"朱村精神"。这些天来，我们越走近它，越了解它，就越被它所打动。今年"七一"前夕，省委书记袁纯清以普通党员身份参加朱村党支部专题组织生活会时，高度评价了朱村"两委"班子团结带领全村党员群众，克服困难，奋发有为，在丘陵旱垣山区发展设施蔬菜，快速脱贫致富的感人事迹，并指出"你们不仅仅自己走上了富裕道路，更重要的是为全省创造了一个范本，提供了一个启示，给出了一种信心"。

一、选准产业发展突破口

农民要致富，很难；无资源的山区农民要致富，更难。任何一个经济单元，要在短时间内实现经济收入快速增长，必须有各类生产要素的快速集聚和高密度投入。朱村没有地下资源可挖，没有城市快速扩张后增值的土地可出让，这样一个生产要素几乎样样都缺的小山村，是怎样实现快速致富的呢？关键在于他们把"一村一品"变为了现实。

（一）不甘贫穷求出路，发展大棚成共识。

改革开放以来，朱村人在致富道路上艰苦探索，收获过成功，也经历过弯路。朱村由穷到富的巨变始于2005年。这一年，村"两委"班子换届，以赵丽琴为村支书的新一届"两委"班子把带领群众脱贫致富作为"头号工程"，党员群众也纷纷献计献策，在榆次、太谷等地打过工的村民说，平川地区搞大棚蔬菜，一个大棚一年能收入三四万元。朱村能不能也搞大棚？"两委"班子成员外出考察发现，大棚蔬菜确实挺赚钱，但投资很大，水肥标准和种植管理技术要求也高，这些条件朱村都不具备。一是缺水。全村只有一口水井，仅能维持村民生活用水，没有一亩水浇地，即使老天下雨，雨水也很难留住。二是缺钱。建一个大棚少说也得投资三四万元，村民手里不多的存款要应付孩子上学、老人生病等急需，村里账上也没有几个钱，别说建大棚，就连买水管、电线、电机都是问题。三是缺经验和技术。这些祖祖辈辈以传统方法种植传统作物的村民，对于无限生长品种、剪枝再生栽培、高温闷棚消毒等大棚种植技术闻所未闻，一窍不通，无不心里发怵。四是交通不便。朱村离榆次城区几十里，山路崎岖，东西拉不出去就得烂在地里。但是为了村民脱贫致富，决不能被困难吓倒。赵丽琴和村"两委"班子多次讨论、动员，决定由积极性高的几名党员干部出资，先建5个试验棚，统一种植需水量少、销售看好的西红柿试一试。这一试不要紧，当年每个棚就收入三四万元，不但收回了投资，还有盈余。由此，全村干部群众认定搞大棚蔬菜是发家致富门路，一场在丘陵旱垣山区攻坚克难建大棚的战斗在朱村打响。

（二）五户联保获贷款，闯过资金大难关。

建大棚投资大，在丘陵山区建大棚投资更大。面对资金难题，朱村人想到了从信用社贷款。但经济基础太差，缺乏抵押资产，靠什么撬动信用社的贷款呢？一方面，靠朴实勤劳的品质和摆脱贫困的决心，被赵丽琴请到村里的信用社干部，看到朱村老少齐上、车推人铲建大棚的感人场景，当即同意为50户村民每户提供2万元贷款；另一方面，靠科学创新的方法和团结互助的精神，村"两委"班子向信用社提出"五户联保＋再担保"办法，即由建棚村民相互联合，一户贷款，五户担保，村党支部书记、村委会主任再为每户村民担保，并督促村民按时还本付息。这样，100万元贷款很快到位，再加上建棚户的"压箱底"钱，朱村人闯过了建大棚最大的资金关。"五户联保＋再担保"的办法优越性很多：一是解决了农户无资产可担保问题，发展设施农业急需资金，而贷款又需要担保，这种"两难"被"五户联保＋再担保"解决了，同时也保证了信用社资金安全。二是分散了贷款农户的风险，一户损失，五户共担，风险系数大大降低。三是发挥了村"两委"班子的骨干作用，村党支部书记、村委会主任为村民担保，也使干群关系更加密切。再担保是现代市场经济高层次的金融手段，对于分散风险、提高金融服务水平可以发挥很好的作用，在这里被农民创新并用活了。

（三）创新思路调土地，破解用地老难题。

近年来，农业的规模化、产业化与土地分散承包的矛盾逐渐突出，土地流转已经成为一个全国性课题。建大棚需要统一规划，集中连片推进，但土地已经分到各家各户。朱村"两委"班子清楚，土地问题解决不好，建大棚就会半途而废。经过充分协商，一种灵活有效的土地流转方式应运而生。由村民共同推举威信高、信用好的老党员李海德出面，统一以每亩每年200元的价格承租（2006年以前，朱村一亩地平均收益170元左右），集中后重新划分为50个大棚建设区块，并以相同价格转租给建棚户。不同于龙头企业和大户牵头集中流转，这种办法虽"土"，但颇具创新性，好处很多。一是容易起步。当时村里没钱，村民信不过，合作社没成立，无人牵头，由村民推选出的老党员承包转租，有利于快速推进土地集中流转。二是保证了土地的统一规划,避免了土地流转过程中易出现的矛盾和纠纷。三是控制了租赁价格,避免了哄抬价格,降低了建棚成本,有利于把有限资本集中在生产领域。

(四)团结互助聚合力,不畏艰险驱穷魔。

只有苦干才能甩掉贫穷。朱村人用常人难以想象的拼劲,以数倍于平川地区的辛苦,换来了生活和命运的改变。为了节省建棚费用,全村老少齐上阵,山上风大,一天下来,人都成了"土地佬"。2008年,朱村新发展大棚60套,棚区离村4公里,为赶工期,村民们每天带着干粮,天不亮就往工地跑,中午饭就是凉开水、冷馒头,一直干到天黑才回家,有的干脆搭起简易棚,吃住在工地。大棚刚建成,水电还没有通,为了早见效益,朱村向邻村太谷县东贾村求助,利用东贾村晚上不灌溉的空闲,打着手电,抢抓时间,摸黑灌溉植苗。建棚期间,村干部舍小家顾大家,顾不了家人的埋怨,顾不上自己地里的农活,为村里的事情东奔西跑,甚至把家里的钱拿出来垫交建棚的紧要开支。赵丽琴多次晕倒在工地上,还放弃了经营多年的小卖部,并为发展大棚背上几万元债务。为了提高大棚经营科学化水平,村"两委"班子及时组织村民成立合作社,为农户提供品种引进、技术服务、产品销售等一条龙服务,有效提高了农民搞生产、学技术、闯市场的组织化程度。朱村把团结互助的传统美德、党支部的战斗堡垒作用和互利共赢的市场经济原则有机结合起来,形成了强大的发展力。

(五)苦学技术成专家,实现农业新跨越。

设施农业,是农业发展史上一场革命,使传统农业彻底摆脱了靠天吃饭、春种秋收、四季轮回的宿命,成为技术、资金、管理、经营、信息等要素有机聚合的工业化生产模式和高效产业。但在这场变革中,农民缺乏生产要素,尤其缺乏技术。朱村人发展西红柿大棚的方向确定后,村"两委"请来山西农大的专家,对土壤、气候等条件进行考察论证,教会村民科学选择建棚地址、棚架高低等技术,并把适合丘陵山区的成熟技术组合配套,确保大棚建设的科学性、合理性;多次组织大伙到太原、榆次、太谷学习育苗、防病虫害、嫁接、滴灌、施肥、采摘等一系列技术,几十个环节从头学起,村民们在小本本上记得密密麻麻。经过几年的学习、探索和实践,朱村人个个成为大棚技术和管理的行家里手,附近村庄都来朱村学习,有几位村民还成为远近闻名的技术专家,常年在外搞技术辅导。科学技术和现代化管理真正成为农民发展设施农业、增加收入的强大武器。

(六)支持配套水电路,产业园区成规模。

朱村大棚蔬菜从无到有、形成规模并连片发展为园区,离不开各级党委、政府的大力支持。2005年,得益于"解决人畜吃水困难"政策支持,朱村相继打了两眼深井,建起了水塔,用上了自来水。2006年,在帮助实现村内道路硬化的同时,又修了10公里园区水泥路。近几年,受惠于两轮农村"五个全覆盖"工程,村容村貌和生产生活条件更是发生了显著变化。水通了、电有了、路平了……农村基础设施这些最基本的生产要素一旦解决,资金、技术、信息等其他生产要素就有可能快速聚集,农业产业化就能得到有力推进。

二、在转型中实现全面进步

发展大棚蔬菜、培育主导产业、增加农民收入不是偶然而来,也不可能一蹴而就,是朱村上下艰辛努力的结果,并且带动了全村的全面进步。

(一)选班子、建队伍,提升富民惠民新境界。

搞好"两委"换届,建设一个干事创业的班子,是农村经济社会发展的"总发动机"。2005年朱村"两委"班子换届时,榆次区、北田镇两级党委针对朱村经济落后,青壮年农民普遍外出打工,"选人难、人难选"的实际，多次深入朱村走访党员群众，在做到"底子清、情况明"的基础上，按照"有知识、有能力、敢负责、敢担当"的标准，选出以赵丽琴为党支部书记的新一届"两委"班子。在带领群众脱贫致富的实践中，村"两委"提出"新、和、勤、廉、实、优"六字班子建设目标。"新"，就是坚持以新的理念、新的方法统领各项工作；"和"，就是团结合作，同心同德，和衷共济促发展；"勤"，就是勤思考、勤深入，勤勤恳恳干工作；"廉"，就是廉洁自律，廉洁做事，廉洁做人，不为私利所动；"实"，就是说实话，办实事，求实效；"优"，就是创先争优，工作争排头、争一流。"两委"班子以促进农民增收致富、建设美好家园为己任，凝聚了党员、凝聚了群众、凝聚了人心。在开展创先争优和保持党的纯洁性学习教育活动中，朱村党支部始终把提升致富水平和服务能力作为一项重要内容来抓，通过发挥党员干部"领头雁"作用、全体党员"先锋队"作用，全面提升党员素质，结合实际开展党建活动。目前，全村2/3的党员建起了温室大棚，带动全村形成"家家有致富产业，户户有致富门路"的新格局。村党支部书记赵丽琴光荣当选为党的十八大代表。

（二）聚合力、美家园，焕发村容村貌新景象。

一个村要有大的发展，必须把全村群众的力量凝聚起来。朱村"两委"班子凝聚群众的第一件事，就是改善村容村貌。2006年以前，朱村没有一条像样的路，"晴天一身土，雨天一身泥"。新一届"两委"班子为解决行路难，决定硬化村内街道。按当时有关政策，国家补助部分修路资金，但要路修好了才能下拨。朱村集体没有钱，村干部就一个砖厂一个砖厂跑，向砖厂赊砖，赵丽琴和村委会老主任张耕牛更是跑得腿直不起来，胳膊被晒得脱了几层皮。最终，以村党支部书记和村委会主任个人名义给砖厂打下十几万元的欠条，"借"来70万块砖。砖有了，但请不起工程队，就组织村民义务铺路，短短1个多月时间，一条条红砖路铺到了每家每户，也铺到了群众心里，让群众信任了村"两委"，愿意跟着村"两委"干。几年来，朱村投资60多万元,建设水泥硬化街道和砖砌巷道、户道2.6公里;建成占地面积300㎡的街心公园,并安装了健身器材;建成一个标准篮球场和有1000余册藏书的农家书屋,丰富了群众文化生活。

(三)不畏惧、敢登攀,树起"朱村精神"新旗帜。

大到一个国家、一个省,小到一个乡、一个村,要实现快速发展,必须有强大的精神力量作支撑。朱村在自然条件恶劣的情况下,实现农民纯收入增长近五倍的发展奇迹,靠的就是在实践中创造的"不畏艰险、吃苦耐劳、团结互助、勇于创新"的"朱村精神"。不畏艰险,就是不被困难吓倒,不甘贫穷落后,敢于求富裕、求发展,这是朱村干部群众脱贫致富的内在动力,是实现农村大发展的基础力量;吃苦耐劳,就是不讲条件、不要报酬,吃得苦中苦、耐得劳中劳,艰苦奋斗,顽强拼搏,这是朱村干部群众脱贫致富的核心元素,是中国农民的优秀品格;团结互助,就是同舟共济,万众一心,心往一块想,劲往一处使,这是朱村干部群众脱贫致富的可靠保障,也是贫困山区农民群众赖以生存和发展的必然选择;勇于创新,就是面对新情况、新问题、新困难,以新的思维、新的视野、新的办法,千方百计解难题,与时俱进闯新路,这是朱村干部群众脱贫致富的有力法宝,也是农村实现跨越式发展的时代精神体现。

(四)立章程、强管理,营造文明和谐新风尚。

"村风文明"是新农村建设的重要内容,是农村经济社会持续发展的内在动力。朱村"两委"班子在带领群众发展经济、建设美好家园的同时,通过健全各项规章制度,有效提升了农村文明程度。一是实行党员干部入户制度。村党支部要求党员干部转变工作作风,变"等群众上门"为"主动到群众家中",利用晚上时间逐家逐户深入群众,坐在炕头上与群众谈心交流,密切了与群众的感情。二是建立"两级决策、三层服务"网格化管理制度。"两级决策",即由党员、村民代表议事会和村民大会决策。根据工作需要，随时召开党员、村民代表议事会，共同决策村里重要事务、重点工程，保证党务、村务、财务公开透明；每年召开一次村民大会，向全体村民报告工作，民主决策涉及村街长远发展、全体村民根本利益的大事。"三层服务"，即按"镇干部包村、村干部包片、党员包户"三个层面，实行立体化、全覆盖的网格化管理。按照居住地点，将全村划分为4个片，包片村干部和党员，负责片内环境治理、明白卡填写、群众事务办理、矛盾调处、意见反馈等工作。通过"两级决策、三层服务"，形成了村"两委"成员身先士卒，全体党员和群众代表密切配合，村民广泛参与，合力推进发展的良好局面。三是制定《设施蔬菜生产园区公约》。号召全村群众真心爱护好、建设好、发展好自己的"希望家园"，从园区建设到生产经营等方面提出11条具体要求，成为园区健康发展的有力保障。四是完善村内环境卫生管理制度。从干部包片、党员包巷、群众包户、主干道专人负责、清运保洁人员管理等方面建章立制，确保环境卫生不打折、不反弹。在加强制度建设的同时，村"两委"班子成员注重宣传党的强农惠农富民政策，教育引导村民遵纪守法，提高道德修养，村内风气更加文明和谐。

（五）再创业、再提升，开创未来发展新局面。

朱村人并没有满足于现有成就，在全省推进转型跨越发展、再造一个新山西的新形势下，赵丽琴和村委会主任张永太及"两委"班子研究提出了"二次创业"的奋斗目标。袁纯清书记到朱村调研时，对朱村的发展成就给予充分肯定，并要求晋中市委、榆次区委帮助朱村搞好"二次创业"。晋中市委书记张璞亲自协调市财政、交通、农业、水利等部门，指导朱村制定"二次创业"规划并启动实施。榆次区委书记、区长贡琦与朱村人一起推动"二次创业"的落实。按照规划，"十二五"期间，朱村将重点实施"五大工程"。一是种植业提升工程。提升现有温室大棚、果树科技含量和种植水平，新发展温室400亩，果树500亩，实现"户均一个高效棚，人均亩半优质果"。二是养殖业示范工程。与金粮农科公司合作建设占地100亩的高标准养殖示范园区,年出栏肉鸡120万只,吸收20-30户农民加入,形成"公司+农户"经营模式,走循环农业路子,实现种植养殖优势互补,拓宽农民增收渠道。三是基础设施改善工程。按照增水与节水并重的原则,新打水井2眼,通过荒山荒坡改造新增耕地500亩,绿化荒山1000亩。四是村镇建设推进工程。健全农村环境卫生长效机制,完善村庄绿化、美化、亮化工程,有计划、分阶段推进旧村改造,不断改善人居环境。五是强基固本提升工程。充分发挥"两委"班子战斗堡垒作用和党员"双带"作用,加强农村基层党风廉政建设,加强新型农民培训和精神文明建设,培育100个产业示范户和200个文明户,全面提升农民素质。届时,朱村将形成蔬菜、养殖、干果三个产业园区和一个现代化的村民生活小区,人均纯收入将突破25000元,成为经济强村、生态绿村、和谐新村。

三、"朱村现象"的价值所在

推进转型跨越发展、再造一个新山西,必须破解农村经济如何实现大发展、贫困农村如何快速脱贫致富这个难题,必须抓住农民收入翻番这个"牛鼻子"。从"朱村现象"中,我们可以得到多方面的启示。

启示一:农村经济实现大发展,必须坚持"一村一品"发展模式。农村实现脱贫致富,缺资源、缺资金、缺技术……但最缺的还是思路。朱村的大棚从5套起步,发展到50套、150套,西红柿这个主导品种一直没有变,而且没有随着产量快速增长而卖不出去,相反由于品质好、无公害,有规模、成批量,在太原、晋中的主要批发市场小有名气,不但卖得快,而且价格还高一些,这就是"一村一品"发展模式的效果。发展"一村一品",有利于有效集中农村人力、土地、水利、信息等生产要素,有利于农产品的规模扩张、成本控制、技术推广、品牌建设、市场开拓,有利于政府在资金、政策、交通、电力等方面的扶持,最终有利于一家一户的农民通过集群式发展、工厂化管理、合作化经营,实现商品价值的大幅跳跃,实现收入快速增长。袁纯清书记指出:"山西70%的农村处于类似朱村的自然条件,朱村的发展告诉我们,山西的农村是可以走'一村一品'路子的,山西的农民是可以富裕起来的。"坚定走"一村一品"道路,以工业化理念经营农业,推进农业规模化、专业化、特色化、品牌化,就一定能摆脱"提篮小卖",大幅度提高农业生产经营效益,实现农民富裕、农村繁荣。

启示二:农村经济实现大发展,必须造就一支过硬的带头人队伍。农村脱贫致富,这也难,那也难,但最难的是选择一个好支部、好带头人。朱村还是那个朱村,朱村人还是那些人,换了"两委"班子,换了支部书记,短短几年就发生了翻天覆地的变化。朱村的变化体现了村"两委"班子和支部书记在发展农村经济、实现农民增收致富中的重要作用。一个过硬的基层组织是我省农村实现大发展不可缺少的重要保证。相对而言,农民组织化程度低,观念陈旧、视野不宽,在经济上分散经营、效率较低,要形成强大的凝聚力、战斗力,必须有一个强有力的带头人。这个带头人的作用是,摆脱贫困出思路,组织群众聚力量,困难面前找办法,关键时刻顶得上。这个带头人就是党员队伍,就是"两委"班子,就是党支部书记。"十二五"期间,我省要实现"再造一个新山西"的宏伟目标,农民收入翻番是一块"硬骨头"。啃下这块"硬骨头",选好配强农村"两委"班子特别是党支部书记显得尤为关键。

启示三:农村经济实现大发展,必须有一种良好的精神状态。事在人为,人靠精神。山西人民是有精神的,从明清时期的"晋商精神",到战争年代的"太行精神"、"吕梁精神",从新中国成立后的"纪兰精神"、"大寨精神"、"双良精神",到今天的"右玉精神",都是支撑山西人民奋发进取的"魂"与"魄"。一个村也能创造一种精神,拥有一股独特的精气神。"朱村精神",可以说是太行精神、吕梁精神、右玉精神等在山区农村脱贫致富历程中的传承和发扬,是山西人民艰苦奋斗、改造自然的又一笔宝贵精神财富。"朱村精神",实质就是一个"干"字,敢干、苦干、真干、实干、硬干、大干、巧干、可持续干,干中出思路、干中长本领,干中找办法、干中谋发展，更加凸显出中华民族传统美德和市场经济条件下时代精神的有机统一，这也是全省广大农村转型跨越发展的不竭动力。只要全省广大党员干部紧密结合创先争优活动和保持党的纯洁性学习教育活动，继承和发扬好山西各个时期的宝贵精神财富，带领群众不怕吃苦、敢闯敢干，善于围绕当地资源，策划致富项目，找到增收路子，就一定能实现又好又快发展。

启示四：农村经济实现大发展，必须发挥好各级党委、政府的引领和推动作用。农民脱贫致富，农村产业发展，必须依靠党委政府推动力、农民内生力和市场拉动力的共同作用。党委政府的推动力，首先体现在加快推进"一村一井"等工程，帮助农村解决水、电、路等"硬约束"；其次，帮助农民解决资金、技术、信息等"软约束"；再次，帮助农民解决带头人不强、组织化程度不高、闯市场能力不足等"机制约束"。各级党委、政府和相关部门必须围绕破解这"三大约束"，改进工作方法，抓好关键环节，找准问题症结，夯实基础工作，达到纲举目张、事半功倍的效果。在具体操作上，涉农部门要帮助农民做好产前规划设计、施工组织，产中品种选择、技术指导，产后包装运输、产品销售等环节的服务引导；金融部门要创新资金帮扶模式，把农户小额信用贷款发放、使用与扶持农民脱贫致富紧密结合起来，积极帮助贫困户实现自我脱贫、致富发展；各级帮扶机构特别是住村包村干部，要进一步明确帮扶责任，落实帮扶措施，帮助贫困乡村加快脱贫致富步伐。同时，积极引导社会力量参与扶贫开发，形成多方力量、多种举措、有机结合、互为支撑的帮扶新格局。我们相信，在全省各级党委、政府和有关部门的有力支持下，在广大农民群众的共同努力下，会有更多的"朱村"涌现出来，农民收入翻番目标一定会早日实现，再造一个新山西的美好图景中一定会有农民更加灿烂的笑颜。

(2012年8月《山西日报》A1版)

转型跨越的"朔州实践"
——关于朔州市"四化一同推进"的调查和思考

加年丰　李文恩

袁纯清同志在考察朔州期间，充分肯定了朔州市"四化一同推进"的做法和成效，指出"四化"是有机统一、互促互动的系统工程，必须以新型工业化为引领，市域城镇化为承载，农业现代化为基础，城乡生态化为底色，加快转型跨越发展。近日，我们对朔州市"四化一同推进"以及"东部新区"建设进行了专题调研。1万多平方公里的土地上，6县区173万人民加快转型跨越的干劲让人感动、成效令人振奋，无数鲜活案例汇成了转型跨越的"朔州实践"。

在调研中深切感到，朔州市领导班子坚持用转型的观念认识朔州、用跨越的思路谋划朔州，立足区域基础条件，坚定不移地按照省委、省政府"推进转型跨越发展、五年再造一个新山西"总体要求，确立了"打造新基地新优势新朔州、建设自然生态现代宜居幸福新城"的战略定位。可以说，"三新一城"是转型跨越战略的"朔州化"，是创造性地贯彻落实省委、省政府战略部署，紧扣"朔州如何转型跨越"这个命题交上的一份满意答卷。

一、"朔州实践"的最大特点是"四化一同推进",实现了全市经济社会良性互动

工业新型化、农业现代化、市域城镇化、城乡生态化是一个统筹兼顾、互促互动的发展过程。提出和践行"四化一同推进"理念,体现了朔州上下推动"四化"的自觉和自信。袁纯清同志指出,朔州"四化"统筹、一同推进,工作理念新、眼界宽、标准高,在全省起到了率先和引领作用。王君同志一连用了五个"又上了一个新台阶"来评价朔州工作。

(一)坚持以煤为基、多元发展,新型工业化的"引领"更加强劲

2010年朔州市人均GDP达到6075美元,处于全省第二,仅次于太原。通过"以煤为基、多元发展",工业新型化成为朔州发展的"主引擎"。

立足煤、超越煤。朔州煤炭生产能力、洗选能力、发运能力达到2亿吨/年,均位居全省第一;电力装机达到619万千瓦,位居全省前列。目前正全力打造平朔亿吨级、朔南煤田和金海洋两个三千万吨级大型煤炭生产销售基地,煤炭安全生产形势稳定好转。同时,不断培育新的"增长极",积极鼓励中煤等国企、教场坪能源集团等民企,将大量资金投向陶瓷、煤化工、机械装备、新材料、新能源、医药、节能环保、物流、文化旅游等领域,形成了不少亮点。中煤平鲁煤化工和装备制造基地、右玉LED项目、朔城区20万吨粉煤灰综合利用、山阴130万吨新型干法水泥、怀仁陶瓷和医药、应县光伏照明产业,都在全省占据重要地位。

全循环、抓高端。"7·29"讲话专门谈到了朔州高铝粉煤灰的循环利用问题。朔州认真规划了四条循环经济产业链,即煤—煤矸石—电、粉煤灰—氧化铝—铝及铝制品、矸石(粉煤灰和脱硫石膏)—新墙材、煤—现代煤化工(煤制气、煤制醇醚燃料、煤基合成油等),在循环经济方面走到了全省前列。四个链条都有工业园区、重点项目、科研团队、政策体系做支

撑，目前正有条不紊地推进。

强园区、育集群。全市建设了朔州固废综合利用、富甲循环工业园区、平鲁东露天循环经济、山阴北周庄低碳循环经济、怀仁金沙滩陶瓷、应县新兴产业、右玉梁威等八大工业循环园区，成为工业转型的八个极核。总规划占地33万亩，规划入园项目261个，总投资3246.1亿元，所有项目达产后，可实现产值2687.3亿元，利税585.5亿元，将使朔州成为华北最大、最集中的循环经济发展基地。

招项目、重落地。朔州提出"今天的投资结构就是明天的产业结构，今天的投资强度就是明天的发展速度"，并要求各县（区）书记、县（区）长亲自抓项目，带头跑项目。专门制定了管理办法，实行一月一通报、一季一考核，通过项目观摩、现场办公等，有力地推动了招商引资和项目落地工作。1到7月份，项目落地率达到68.4%。

引人才、促转化。为加快发展循环经济，朔州高度重视引进核心技术和高级人才。固废综合利用工业园区是工信部确定的全国十二个示范基地之一。立足这个平台，朔州市和北大建立了产学研基地，由北大博士生导师引领粉煤灰综合利用项目建设。

（二）坚持农业增效、农民增收，农业现代化的"基础"更加牢固

朔州位于北纬38度黄金养殖带，近年来通过农牧结合、龙头带动，农业现代化飞速发展。2011年，全市农民人均纯收入达到了7024元，比全省平均水平高28%。

"一村一品一县一业"有声有色。2011年全市人均粮食占有量超千斤，居全省第一；千亩以上种植业大户和"职业农民"达到63户，居全省第一；奶牛存栏量17.5万头，鲜奶产量45万吨，占全省60%，稳居全省第一。"一县一业"特色鲜明，山阴奶牛、怀仁肉羊、应县蔬菜、城区玉米、右玉小杂粮、平鲁马铃薯知名度越来越高。"一村一品"成效显著，主导产业收入占农民人均收入50%以上的专业村达到485个，占70%以上的村达

到100个。平鲁红山荞麦、应县大蒜等获得原产地保护标识。朔州已成为华北地区重要的奶牛和肉羊畜、设施蔬菜产品基地。

农产品转化率节节升高。近年来,中粮集团、蒙牛、伊利、雅士利、中大科技等著名企业先后落户朔州,一批"煤老板"转型投资现代农业。在龙头企业带动下,形成了比较完整的特色农产品加工业体系。古城、天鹏、嘉利科技三家企业获得国家龙头企业称号。2011年全市农产品加工转化率达到了41%。

为农服务体系不断健全。农技推广、疫病防控、质量监管发展迅猛,农业科技成果转化步伐加快,良种使用率达到96%以上,玉米种植"一增四改"技术得到普及,地膜覆盖面积达到140多万亩,实现测土配方科学施肥。应县建设了联系寿光、辐射北方的蔬菜产地市场12个,带动全县蔬菜种植20多万亩。怀仁建成了华北最大的皮革城,形成了"南有海宁、北有怀仁"的格局。

强农惠农的"自选动作"层出不穷。在认真落实省50项惠农政策"规定动作"的同时,不断出台"自选动作"。2008至2010年先后投入数亿元扶持奶牛和肉羊养殖、设施农业和农产品加工。2011年全市财政"三农"支出达到40亿元,增长26.6%。建立了吨煤收取5元以煤补农资金的制度。各县区"自选动作"也不少,山阴对新建日光温室每亩补助1万元,新建拱棚每亩补助6000元,应县对百亩以上设施农业园由政府负责通电、通水、通路和协调贷款。

(三)坚持以人为本、高点规划,市域城镇化的"承载"更加有力

"十二五"期间,朔州提出每年城镇化率提高2个百分点,到2015年追上全省平均水平。朔城区作为龙头,借鉴大同、台儿庄等地做法,在城建上力度大、速度快、亮度高。平鲁区提出"两个70%"战略令很多专家震撼,到2015年城镇化率将达到76%左右。怀仁通过县城周边生态水系建设,成为北方地区少有的亮丽县城。山阴通过桑干河治理,把县城面积拉大

23 平方公里。应县也以木塔申遗为契机加快了县城改造。

"核、圈、群、点、体"协调化发展。近年来，实施"中心城市、县城、小城镇、新农村"四位一体发展战略，重点建设好1个中心城市、5个大县城，50个特色集镇、500个中心村。在"东部新区"中，突出了核、圈、群、点、体五个方面："核"就是以"核心区"为重点，推进中心城区提质扩容，培育晋北中部区域性中心城市。"圈"就是增强怀仁、山阴、应县三个县城承担的二级分区中心职能，形成"大县城圈"。"群"就积极推进怀仁金沙滩镇、山阴北周庄镇、应县南河种镇现有3个省级重点镇建设，培育一批新型重点镇群。"点"就是农村居民点，通过移民并村，科学合理地整合优化现有行政村和自然村，形成"共享共建的新农村社区"。"体"就是实施产业化和城镇化整体推进战略，培育新型城乡综合体。

"路、水、热、绿、亮、净"高标准提升。围绕"提升中心区、改造老城区、拓展新市区、打造生态区"的思路，实施了道路、水源、供热、绿化、亮化、净化六大市政基础设施建设工程。路，重点建设"四路六街"和恢河大桥，设计标准比较高，一下子就拉开了城镇主框架，展现了塞北城市的平坦广袤。水，通过东南西北四环和中心七里河综合治理等水源工程建设，市区周边将形成20平方公里的水面，把水的灵动引入城市。热，采用了世界上最先进的吸收式热泵电联产集中供热新技术，设计供热能力2000万平方米。亮，对每个街道、景区、建筑、树木都制定了富有特色的局部规划，努力做到点、线、面结合，一街一路一特色。绿，多数县城步行五分钟都能进入公园，远眺右玉县城就像绿海中的一艘船，平鲁更是投资16亿元建设70平方公里的环城生态新区。净，完善了垃圾、污水处理设施都按照省级宜居城市标准进行了设计。

"医、教、住、保、行、娱"普惠性服务。"城市让生活更美好"。在朔州，最好的建筑一般都是医院和中学。加强了保障性住房建设，农村危房改造进展较快，今年开工率位居全省第一。各县区不断提高对养老、医疗、救助等社会保障上的补助标准，人均财政筹资能力在全省领先。怀仁县财政补助2000万元，实现了县城公交车免费。朔城区的体育场、平鲁的中心公园等，都很好满足了市民休闲娱乐的需要。商业中心和星级酒店等快速发展，提升了城市品位。

（四）坚持生态立市、绿色发展，城乡生态化的"底色"更加鲜亮

右玉在朔州，"右玉精神"也率先在朔州开花结果。近年来，朔州凸显"北欧风光、塞北风情"，实现了天更蓝、水更清、山更绿、气更爽。朔州"今人栽树、今人乘凉"的生态建设模式，得到了回良玉副总理的赞赏。

绿化成为朔州最亮的品牌。朔州提出要建设雁门关外第一森林城市和生态绿色屏障，每年林木绿化率增加两个百分点。依托"三北"工程，每年营造林33万亩，累计达到458万亩，占全市国土面积的28.6%。朔城区西山环城绿化等"六大重点规模造林工程"，洪涛山脉、新区通道、平朔煤矿复垦区等三条绿化带，沙植物园区、广武边塞文化旅游区、木塔旅游景区、金沙滩生态旅游区等四个生态景观提升工程进展顺利。国家和省林业部门对朔州造林绿化工作给予了高度肯定，全国"三北"防护林建设现场会8月26日在朔州召开。

碧水成为最新的灵气。水是朔州最稀缺的资源，新一届领导班子特别重视水的问题。在"山西大水网"框架内，投资25亿元规划建设神头泉水源保护、西山引黄灌区建设、七里河市区段综合整治、桑干河灌区扩建等"六大水系工程"。每个县区也结合实际规划了各自的水系工程。2012年，全市投资50亿元，开展水系整治长度61公里，水面面积将达到42平方公里。到2015年，水面面积将扩展到100平方公里，为朔州增添更多的灵动。

蓝天成为最大的资源。近年来，朔州以创建省级环保模范城市为目标，积极推进城镇热电联供和集中供热，加强重点排污企业的监管和治理，抓好电厂燃煤机组脱硫脱硝，关停了天诚电冶等污染企业。推广煤制天然气和过境天然气等清洁能源，加快农村沼气推广应用。加大淘汰落后产能，从严控制"两高一资"项目。近年来，朔州空气质量一直位居全省前列。

二、"朔州实践"的主要抓手是"东部新区",带动了全市"一体两翼"的整体腾飞

为落实"三新一城"战略,朔州市按照"四化一同推进"的总要求,运用"增长极理论",选择面积占全市44%,人口占74%的朔城区、山阴县、怀仁县、应县、经济开发区以及中煤矿区建设"四化一体东部新区",打造朔州转型跨越的突破口和领先区。按照"一年打基础、两年大变样、三年创一流"的"三步走"路线图,目前正处于实现"大变样"的关键时期。袁纯清同志指出,朔州"四化一体东部新区"发展规划有新意,展现出良好发展态势和精神风貌。

(一)"东部新区"关键是"抓一体"。东部各县(区)发展水平迥异,经过一年多磨合,实现了"五个一体"

管理上一体。成立了"四化一体东部新区"领导组及办公室,市委书记、市长任组长,市委副书记担任常务副组长,市政府副秘书长兼任办公室主任,并经省编办批准,专门设立了"东部区域发展服务局",由领导组办公室主任担任局长,加强对东部新区的统筹协调和服务。各县区也都成立了相应的工作机构。

规划上一体。邀请省内外知名机构编制了《朔州市四化一体东部新区发展规划》,对各县区、乡镇进行了"全域统筹",形成了一个目标一张蓝图。这从源头上弱化了单打独斗、互抢项目、重复投资的问题。

路径上一体。一是打造循环经济一体新链条,努力构建煤炭、电力、新能源、新材料、陶瓷、医药、固废利用、节能环保等产业板块,提高资源就地转化率、节能减排率、科技进步率。二是构建东部城乡一体新格局,形成了"四城十镇150个新农村圈"塔式结构为主的城镇化发展体系。三是再造生态田园一体新形象,以河流水网生态修复、矿区和雁门生态修复、平川

绿核及慢行绿道系统为主体，逐步形成"一脉五廊三核八园"的生态总体布局。四是建设特色农业一体新品牌，以农业专业合作社为主要组织形式，培育设施农业、畜牧业、特色农业、都市休闲农业四大产业体系。

政策上一体。出台了《朔州市四化一体东部新区建设优惠政策》，一些部门还出台了专项政策，如《朔州市银行业支持四化一体东部新区建设"三进"活动实施方案》。同时要求创新政策机制，努力在优化配置资源、促进城镇居民户籍管理制度改革、探索推进煤炭工业可持续发展、强化金融保障体制改革、用足用好土地政策、健全生态环保补偿机制等方面先行先试。

资金上一体。在计划、预算安排中充分考虑"东部新区"一体发展的内在要求，对各类建设资金、转移支付等进行统筹和捆绑使用。同时加强了与银行等金融机构的战略合作，扩展了"东部新区"建设的资金渠道。

（二）"东部新区"充分体现了"新"。短短一年半，东部新区发展已经有了很多新变化

发展格局新。结构决定功能。"核心区"的规划建设，盘活了朔州发展的区域格局，增强了东部整体活力。目前核心区与六县区、开发区"行政统筹、整体推进、组团发展"的八区管理格局已经初步形成，核心区与中心城市、朔城区、开发区、平朔生活区、西山生态区"互促互动、相得益彰、融合发展"的六区联动模式呼之欲出。

建设成效新。在各类支持政策的作用下，东部新区在"四化一同推进"上步子迈得更大。2011年，工业新型化方面共开工项目143个，入园项目共76个，24个续建项目完成投资175亿元；52个新建项目完成投资32.76亿元。市域城镇化方面，共铺开城建重点项目143项，总投资378.38亿元。城乡生态化方面总投资达83.69亿元，累计完成造林面积32.8万亩，完成通道绿化367公里，铺开水系项目建设16个。农业现代化方面新铺开设施农业面积2.47万亩，已完成9760亩。

发展态势新。2011年东部新区生产总值完成725.8亿元，增长17%，高于全市1.8个百分点，比重占到84.9%；财政总收入完成139.7亿元，增长26.9%，比重占到79.8%。农民人均纯收入完成7989元，增长19.5%，高出全市平均水平965元。今年1到7月份，各项主要指标也都高于全市平均水平，成为朔州发展的"高地"。

（三）"东部新区"突破口在"核心区"。"四化一体东部新区核心区"是"四化一同推进"的"精华"，是转型跨越发展的"精品"

在战略定位上突出了"生态新城"。"核心区"总体发展目标是建设"神泉生态新城"。规划以神头泉域水系保护开发为立足点，打造国家级特色高效转型生态经济领先区、国家级水源地生态保护示范区、山西省一流度假休闲旅游目的地。围绕这个定位，参考了国内外许多成功案例，在总体规划和专项规划中突出"山、水、路、岛、园"特色，在北方地区独树一帜。

在产业发展上强调了"就地提升"。"核心区"要形成"极核效应"，既要"腾笼换鸟"更要"就地提升"。在工业方面，将搬迁或改造现有的电力、建材等资源型产业，加快资源循环利用、现代装备制造业、食品加工等产业发展。在文化旅游方面，立足神头泉自然景观、马邑古城以及神头泉传说、门神尉迟恭等民俗民间文化资源，大力发展休闲度假、工业观光和创意产业。在现代物流方面，规划建设辐射晋陕蒙地区通用航空枢纽基地。在现代农业方面，大力发展城郊设施农业、观光农业，扩大虹鳟鱼养殖规模。

在发展劲头上代表了"朔州速度"。一年多来，"核心区"建设是市领导调研考察最多、现场办公最多的地区。朔神大道东延工程，从决策到目前基本建成，只用了短短半年时间，领导们现场办公解决包括征地、筹资、建设中的各种难题。"核心区"建设措施之硬、进度之快，代表了转型跨越的"朔州速度"。

（四）"东部新区"催生了"两翼竞飞"的格局。"东部新区"的率先发展，对西部平鲁、右玉也产生了巨大的激励和带动作用

朔州自比为一只腾飞的巨鸟，明确了"一体两翼、板块化推进"的空间格局。朔州坚持一手抓"东部新区"建设，一手抓"一市两县"转型综改试点，做到了"突出重点、兼顾东西"，在统筹区域发展上找到了一个很好的平衡点。

三、"朔州实践"的内在支撑是"右玉精神"，上下同欲凝成了强大的执行力和战斗力

孙子兵法说"上下同欲者胜"，朔州干部群众在转型跨越中"上下同欲"正是执行力和战斗力的源泉。朔州开展了"全省学右玉，右玉在朔州，朔州怎么办"大讨论，各级牢固树立正确的事业观和政绩观，把"右玉精神"贯穿到思想建设、班子建设、作风建设的方方面面，形成了强大的执行力和战斗力。

（一）班子强，打造了一支能担当转型跨越的干部队伍。通过换届，朔州换出了更好的班子、换出了更好的队伍，换出了更好的作风

一是市领导班子决策和执行力强、有魄力。朔州市领导班子有思路、有激情、有干劲，工作强硬，立说力行，决策力、执行力强，想干事、能干事、干成事，是一个团结战斗、奋发有为的领导集体。在工作中，领导们按分工带头冲在一线，身子能沉下来、心思能钻进去。在工作节奏上，市县党政主要领导双休日基本上不休息，"五加二白加黑"，只争朝夕、事不过夜。对"四化一体"、"新区建设"等要求进度快、标准高、质量好，有时到了苛刻的地步。关键节点更是抓得紧、抓得实，甚至一竿子插到底。

二是县乡领导班子年富力强、敢于担当。县乡既是基层行政单元，更是

一片广阔天地。朔州换届后县乡两级党委班子分别有59名和519名成员,平均年龄分别是45.1岁、39.8岁,分别比换届前下降了3.8岁、1.6岁,大专以上学历的占到91%,实绩突出,7个乡镇"公推直选"的做法受到省委领导高度评价。目前县乡班子精神状态饱满,已经成为朔州工作的骨干和转型跨越的脊梁。

三是市直机关抖擞精神、强化服务。市委、市政府要求市直机关向县区学习、为县区服务。各部门围绕"四化一体"和"东部新区"建设,积极为区县提供规划、政策、项目、资金等全方位服务,做到了"门对门、人盯人",开辟了"绿色通道"。对普遍关注的"八大工业园区"建立了党工委体制,设立了正科级或副处级管理机构。市直单位创造力的释放,提高了工作效率,优化了投资环境。

(二)作风硬,增强了干事创业的压力。朔州的作风不是抽象出来的,是硬干出来的

一是目标硬。朔州的口号是,"干就干一流、争就争第一"。这个理念已经深入到各级各部门。"东部新区"每年都有严格的进度表,每项任务要落实到责任人,每个责任人都立了"军令状"。领导干部包项目一包到底,责任到人,有效地促进了工作落实。

二是考核硬。朔州市近年来不断完善"四位一体"执行机制,近期又把"核心区"建设纳入年度目标责任考核体系。2011年对考核成绩优秀的5名同志直接进入考察环节并提拔重用。对存在损害发展环境,懒政怠政、不负责任的4个部门和单位进行了责任追究。这"一奖一罚"形成了明确的指挥棒和风向标,强化了一心一意干事业的氛围。

三是纪律硬。朔州市严于吏治,并把2011年确定为环境整治年和狠抓落实年,抓常规促深化、抓重点求突破、抓创新显特色。采取明察暗访等形式进行作风纪律整顿。对无故缺席全市干部大会的4名副处级以上干部进行了诫勉谈话,对一名领导干部擅离会场的行为进行了通报批评。

四是环境硬。朔州干部群众形成了这样的共识，就是"谁也不能为发展挡路"。"核心区"建设中，河滩地上的38户居民深明大义、积极支持，拆迁工作在三天内就完成了，没有形成任何形式的非正常和越级上访。

（三）理念新，不断增强推动转型跨越的本领。朔州干部近年来思想解放力度大，能够用新理念、新办法破解发展难题，推转型促跨越的本领越来越高

一是勇于继续发展"右玉精神"。右玉精神产于朔州，也率先在朔州开花结果。许多县区继承了"执政为民、尊重科学、百折不挠、艰苦奋斗"的右玉精神，持之以恒，久久为功，大力发展了右玉精神。目前朔州的植树造绿，初步形成了"右玉精神+以煤补绿+先进科技+专业队伍"的模式。

二是善于在"结合"中创新发展模式和路径。"结合"的本领，就是把科学发展观和转型跨越战略与朔州实际紧密结合起来，形成更加具体的发展模式和路径。朔州"三新一城"战略定位体现了"结合"的力量，各县区也展示了"结合"的本领。比如，平鲁区在"四化一同推进"中，创造性地提出了"两个70%"战略，成为极具震撼力的县域发展思路。怀仁的"十成"思路，山阴的"三色经济"理论，把转型跨越的深刻内涵变成了老百姓能理解和感受的思路。市发改委、农业、国土等部门在盐碱地上开展城乡建设用地"增减挂钩"试点的思路，也体现了先行先试与本地实际的"结合"。

三是敏于用世界眼光和战略思维谋划大发展。最突出的就是超越了"朔州第一"的局限，涌现出一批全省第一、华北第一、中国第一。通过在先进地区挂职锻炼，县区领导班子开了眼、换了脑，也多了一份冷静。应县蔬菜市场有12个，县领导却认为，现有的市场还是低功能的，只有按照现代产地市场的模式去做大做强，才能拥有话语权和定价权，才能拥有更大的收益。

四是敢于"拿来"好的经验和作法。朔州不少干部善于发挥后发优势，

用别人的智慧完善自己的思路，用别人的做法启发自己的思维。朔城区领导说，看了郑东新区、大同和台儿庄，我们更有信心了，肯定会做的更好。

（四）氛围好，形成了争强好胜、你追我赶的生动局面。朔州在转型跨越实践中，就形成了各县区之间的良性竞争，在抢帽子、比增长、赛亮点中激活了创造力

一是东部四县争抢龙头。在"东部新区"建设中，各区县无论是在战略定位上、发展速度上、推进政策上都是互相较劲、不甘落后。对自身的定位，朔城区是"领头雁"、"示范区"、"先导区"；山阴是"全省循环经济第一县"；怀仁是"龙头"、"转型跨越先行者"；应县是"农业示范区"、"新能源领先区"、"文化旅游核心区"。各地比县城建设、比绿化面积、比工业项目、比民生改善，实现了竞相发展。这种格局可以概括为"有龙头，也没有龙头，全是龙头"。

二是西部两县相互较劲。传统上，平鲁之长在于工业，右玉之长在于生态。这两年两县竞争的结果是，长短不再截然分明，形成"长项更长、短项补长"的双赢局面。通过百万亩樟子松、5万亩苗圃基地等重大项目建设，平鲁的绿化水平快速提升，并争取全国"三北"防护林建设现场会开在了平鲁。与此同时，右玉提出了"双翻两番"战略，年均增速在30%以上，经济发展的态势咄咄逼人。到2015年，右玉很可能摆脱经济总量和财政倒数第一的帽子。

三是东西之间各领风骚。当前，朔州东西两翼的竞争的制高点，是省市的倾斜政策。东部的优势在于"东部新区"，西部的优势在于"综改试验"，各有一手好牌，都有争取政策、资金、项目的空间。目前竞争态势难分伯仲，但有一点是肯定的，朔州"一体两翼、板块化推进"的方法是成功了。

四、"朔州实践"的根本动力是"综改试验",先行先试进一步巩固了朔州的体制优势

朔州正处于资源型城市的青年期,血气方刚、没有包袱。朔州紧紧抓住转型综改机遇,积极推进"一市两县"、"一市两园"等工作,放大了体制优势,通过先行先试,建立了务实有效的产业转型、要素供应、生态保障、民生改善四大体制机制。

(一)完善了资源型产业转型促进机制。综改区建设四大任务之首就是全面推进产业转型升级。朔州结合实际,做了卓有成效的探索

最深刻的变化是建立了循环发展机制。近年来朔州无论是"八大工业园区",还是各县区的农业园区,都把循环经济作为发展的基本模式。高铝粉煤灰提取氧化铝、天鹏农业循环经济园区充分验证了袁纯清同志的判断,朔州真正的前途是循环化。

最重大的突破是建立了非煤产业发展机制。朔州积极鼓励资源型企业新建非煤产业项目,明确要求产能500万吨以上煤炭企业必须建设产值过5亿元的非煤项目,产能200至500万吨煤炭企业必须建设产值过亿元的非煤项目,产值200万吨以下煤矿企业必须合资、合作、参股或兼并非煤企业。平鲁区24座保留矿井与50多个地面转产项目对接,签订了《一矿一企项目对接协议书》,投资150多亿元。

最显著的特点是建立了与"央企"的双赢共荣机制。朔州市因央企建市,靠央企兴市。目前朔州已经与中煤集团和各大电力集团共建了一系列合作共赢机制。朔城区着力打造"中字头"企业总部经济,推动中煤集团"物流公司"和中国电力公司落户。平鲁区与中煤集团联合制定了《企地产业融合战略规划》,加强企地合作,共谋产业转型。

（二）完善了转型跨越的要素保障机制。朔州充分转型综改政策，大胆开展先行先试，形成了阶段性突破

突破"土地瓶颈"，在建设用地改革上走到了全省前列。朔州以盐碱地整理置换为突破，初步走出了一条缓解建设用地紧张局面的有效路径。各县区认真落实露天采矿用地改革、矿业存量土地整合利用、城乡建设用地增减挂钩和工矿废弃地复垦调整利用等试点政策，加大了土地复垦力度。六县区城乡建设用地增减挂钩试点顺利推进。

突破"资金瓶颈"，逐渐搭建起新型投融资平台。为加快"四化一体"和东部新区建设，朔州从各个方面筹措建设资金。在财政支出方面，安排转型综改和"东部新区"建设投资预算1亿元。在金融方面，与省建行、开发行建立了战略合作关系，筹建市中小企业融资服务中心，银行业机构达到14家，小贷公司79家。在资本市场方面，与省证监局建立了战略合作关系，三元碳素、诺成制药上市进入辅导阶段。在地方融资体系上，市政府投资4亿元搭建融资平台，采用BT、BOT、TOT等融资方式，解决重大基础设施建设资金困难。

突破"人才瓶颈"，在招才引智方面迈出了更大的步伐。实施每年50名转型干部境外培训、300名转型干部国内名牌大学培训计划。通过实施"三个一百"工程，构建起强有力的人才支撑体系。目前，已聘请20多名国家和省级金融、规划等领域的专家为综改把脉，引进北大3名高层次人才挂职朔州，聘用72名研究生充实到市直事业单位。

（三）完善了"四化一体"生态保障机制。朔州在推进"三北"防护林和森林城市建设中，形成了比较成熟的生态建设长效保障机制

在资金筹措上，财政支出成为主体。朔州市本级和县区公共财政中，生态建设支出是优先项，并形成了稳定增长机制。每年筹措资金总计在10亿元以上，各县区都在1亿元以上，最多的平鲁区在3亿元以上。出台了苗圃

补助政策，规定市县每株种苗分别补助0.2和0.1元。广泛吸纳社会资金、鼓励社会各界以股份制、股份合作制、个人承包等形式筹集造林资金。今年在煤炭价格下跌的情况下，煤炭企业仍不折不扣履行社会责任，投资2亿元完成矿区绿化任务。

在管理管护上，强化职能机构作用。先后成立了朔州市西山引黄灌溉管理局、市苗圃等机构，改制原有林场、苗圃，明确责权利。整合资源成立三级森林防火专业队伍，建设视频监控网络体系。建立起了森林防火指挥系统，实行围网管护，封山禁牧围网面积达240万亩，围网1000多公里。

在工程建设上，全面推广专业队造林。树木成活有3年检验期。朔州总结各县区经验，全面推行专业队造林，严格按照"四制"进行规范，采用专业队垫资，合同管理、监理验收等灵活多样的管理办法。为了约束造林队，采用三年按4:4:2比例分期付款。

（四）完善了民生改善长效机制。朔州市逐步建立和完善了城乡居民共享发展成果的保障机制

教育资源不断整合。以城区、山阴为首批试点，加快了中小学布局调整，推动了学校标准化建设。职业教育"短板"拉长，怀仁积极筹备与景德镇的联合办学。中北大学朔州电力学院开始招生。城区通过组建教育集团，实现了校长、教师的合理流动。平鲁区明确乡镇中心校校长由乡镇党委书记兼任，并在全省率先为山区教师发放岗位津贴。一些县区保障了农村学校燃煤。

医疗卫生改革加快。新农合不断完善巩固，全市参合率达到99.25%，山阴、右玉率先推进新农合支付方式改革，实现了按人头付费、按病种付费和总额预付。人均基本公共卫生服务经费由15元提高到25元（平鲁30元），国家基本公共服务项目在城乡广泛开展。整体托管给省人民医院的平鲁区人民医院，实现了患者、职工、群众、政府"四满意"。坚持基层医疗卫生机构的公益性质，将83个基层医疗机构全部明确为公益性事业单位。

社会保障标准提高。投资 20 多亿元全面完成了农村"五个全覆盖工程",积极实施了新的"五个全覆盖工程"。在城镇建成了四级公共服务就业服务平台。在全省率先开展 65 岁以上老人享受每天 1 元的生活补贴,新型农村养老保险人数达到 22.3 万人,城乡低保对象实现了应保尽保。城镇居民基本医疗保险财政补助标准提高到每人每年 200 元。农民工全部纳入工伤保险。

社会管理不断创新。构建了"三大中心",即将 73 个乡镇综治中心更名为乡镇综治信访维稳中心,在市区和五个县城建设 120 个社会管理服务中心,在 217 个企业建起了企业综治维稳中心。朔城区数字化动态式全时空社区管理模式,怀仁县城乡网格化管理模式等都很有推广价值。

总之,"朔州实践"使我们坚信,基层的创造力是推进转型跨越、办好两件大事的关键。只要坚持不懈、不断完善,朔州一定能进入转型跨越的更高境界,"朔州实践"也一定能提升为全省乃至全国资源型城市转型跨越的"朔州模式"。

(2012 年 10 月《调查与分析》第 13 期)

山西县域经济研究

刘东光　李晓谦　武少权　何　飞

一、引言

　　县域经济是以县域为地理空间、以县级为调控主体的区域经济。县域经济既是城市经济与农村经济的结合部，又是工业经济和农村经济的交汇点，也是宏观经济与微观经济的衔接处。其区位特征、产业特征和功能特征决定了县域经济既是国民经济的重要基础，也是统筹城乡经济社会发展的基本单元。县域处于"城尾乡头"，相对来说，整合资源有限、面临束缚更多、发展难度较大，发展县域经济，是一项长期性、基础性工作。

　　我省属于县域范围的有96个县（市），国土面积占全省的90%、人口占73%。近些年来，县域经济对全省的贡献率在不断提升，在全省发展格局中具有举足轻重的作用。随着我省转型跨越总体战略的制定实施，县域经济的基础性、全局性、根本性作用也日益凸显。发展县域经济是加快转型跨越、再造一个新山西的重要支撑。"十二五"时期我省要实现主要经济指标翻番，其六项主要经济指标中，四项以县域经济为主，其中，农民收入翻番是最艰巨的任务。发展县域经济是破解"三农"问题的根本途径。全省农业人口超过1800万，占总人口的一半还多，发展县域经济是解决"三农"问题的切入点和根本途径，县域经济发展的过程就是逐步地全面地解决

"三农"问题的过程。发展县域经济是推进城镇化建设的重要抓手。在城镇化发展过程中,县城和重点建制镇都是重要基础和节点。发展县域经济是推动综改试验区建设、全面建设小康社会的重要举措。我省是典型的资源型省份,而绝大多数县(市)的经济是典型的资源型经济。推动综改试验区建设,县域是主战场,县域经济更是先行先试的关键领域。全面建设小康社会重点和难点都在农村。没有农村的全面小康,实现全省全面小康就是空谈。发展县域经济也是全面实现民生改善、促进社会和谐的重要途径。只有县域经济发展壮大,才能不断提高县域城乡居民的收入水平,进一步推动社会事业发展,有效缩小城乡、区域差距,减少社会矛盾,促进社会和谐。

二、山西县域经济发展的现状

经过多年发展和积累,我省县域经济已取得一定成绩,突出表现在以下方面:县域经济综合实力有所增强。2011年,全省县域地区生产总值占全省的59.58%、财政总收入占全省的50.71%、全部工业增加值占全省的67.83%。孝义、襄垣、柳林、河津、高平、泽州等20个县(市)生产总值超过百亿元;柳林、孝义、长治、高平、襄垣等19个县(市)财政总收入超过20亿元。县域经济特色初步显现。各地从实际出发,有的是农业立县,有的是工业强县,有的是服务兴县,形成了一批特色主导产业,打造了一批在国内外具有一定影响力和竞争力的产业、企业、产品和品牌,走出了一条各具特色的发展路子。县域基础设施显著改善。随着全省两轮"五个全覆盖"的推进,建制村都通了水泥(油)路,所有乡(镇)通了等级公路,88个县(市、区)通了高速公路;农村安全饮水问题得到有效解决,自来水普及率超过70%;农村电网改造取得明显成效,基本实现了城乡用电同网同价。县域社会事业取得进步。义务教育成果不断巩固和扩大,中等职业教育农村家庭贫困学生和涉农专业学生全部免除学费,农村中小学校舍安全改造全面完成,农村师资力量、办学条件和教育水平进一步提高;医药卫生体制改革进一步深化，63%的县（市、区）基层医疗卫生机构实行国家基本药物制度，县乡村三级医疗卫生服务体系逐步完善；文化惠民工程扎实推进，县乡村文化基础设施明显改善；科技事业、体育事业不断进步，公共服务能力明显增强；基层组织和民主法制建设进一步加强，社会保持和谐稳定。县域经济发展氛围日益浓厚。省委、省政府高度重视县域经济发展，特别是去年以来省委、省政府把加快县域经济发展作为实现转型跨越目标的基础性、全局性和根本性重大战略举措加以推进，对加快县域经济发展起到积极的推动作用。县域之间、地区之间的竞争态势也愈发明显，形成了县域经济竞相发展的浓厚氛围。

必须要看到，与发达地区相比，我省县域经济还处于落后地位，突出表现为县域经济规模不大，实力不强。从全省的经济格局来看，县域经济这一板块也相对较弱。2011年，全省县域平均地区生产总值69亿元，只相当于中部百强县（市）200亿元的34.5%；我省10强县（市）平均地区生产总值为207亿元，只相当于全国百强县（市）的平均水平476亿元的43.5%，

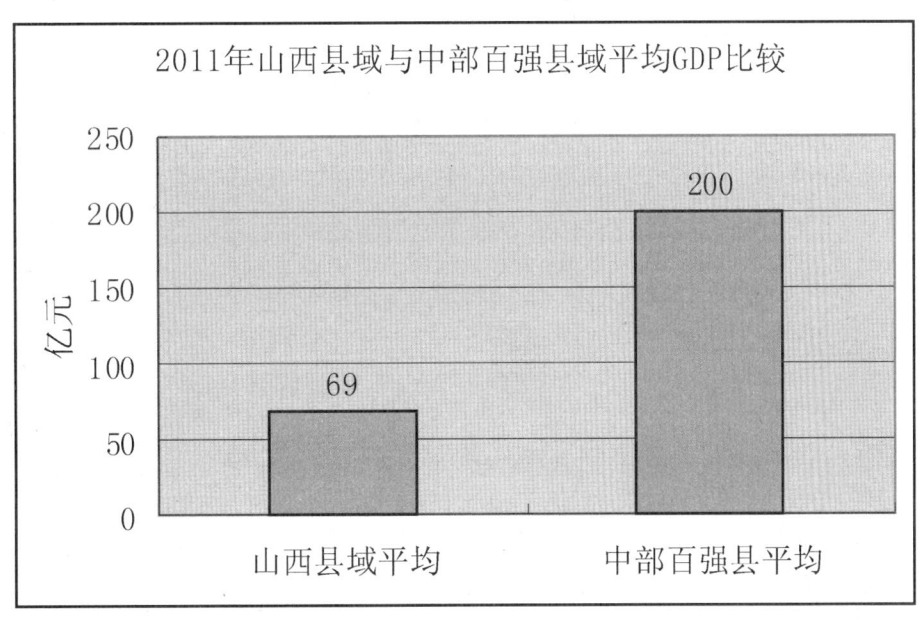

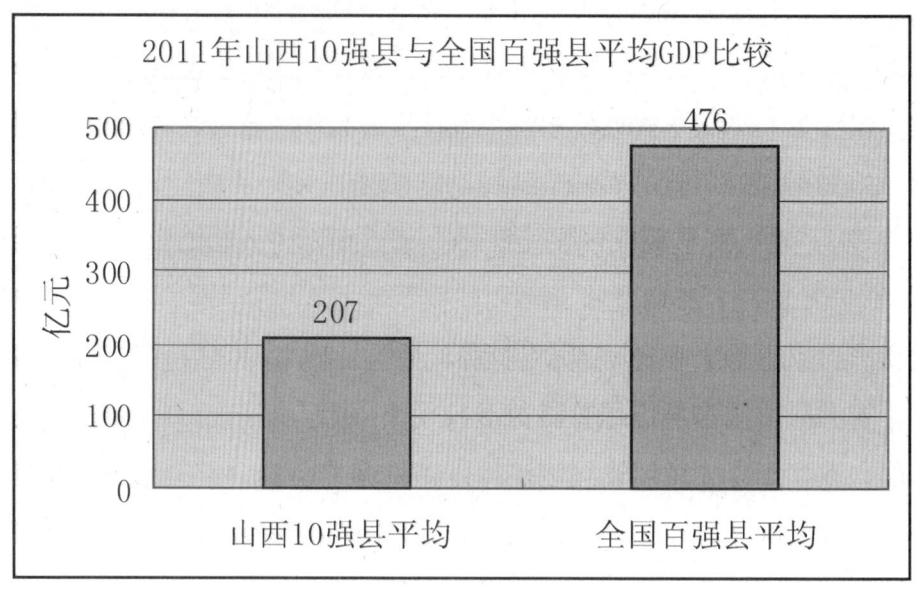

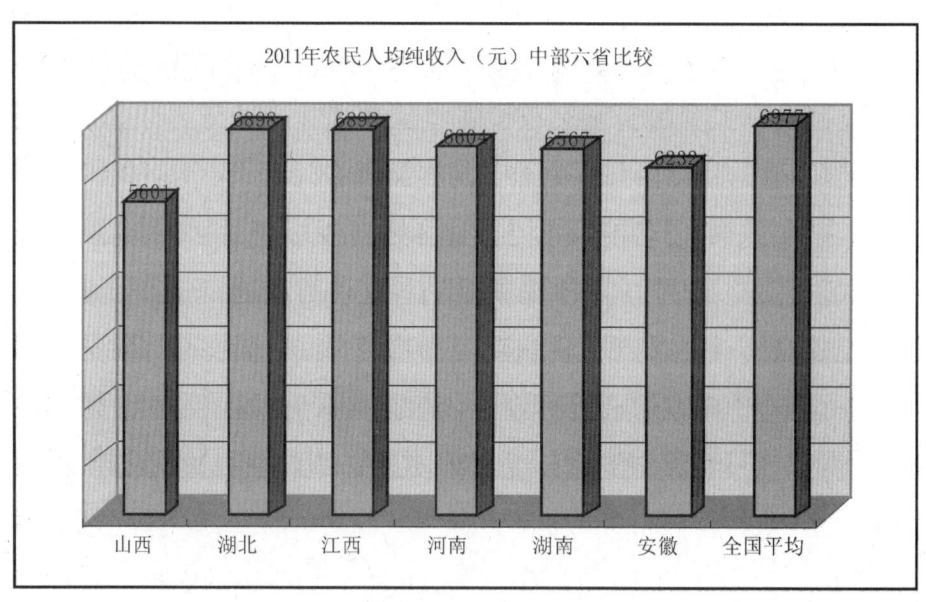

全省目前只有孝义市入围全国县域经济百强县（江苏29个、浙江24个、山东26个、辽宁10个、福建8个）。2011年，我省农民人均纯收入仅为全国平均水平的80%，在全国31个省（市、自治区）中排第22位，在中部六省排末位，相比发达地区更是差距明显。全省城乡收入差距为3.23∶1，高于全国（3.13∶1）。按照2300元的扶贫标准，全省各县农村还有452万贫困人口，还有6000多个村的农民纯收入在2500元以下。

三、山西县域经济发展的主要问题

（一）对县域经济发展的定位、思路、模式认识不清

各级各部门对县域经济发展的认识和重视程度有待提升，没有站在经济社会发展全局的高度来谋划和推进县域经济发展。对县域经济发展研究得不深，定位不准、思路不清、特色不明、办法不多、推进不力，特别是对地区差异性的深层次研究不够，盲目地照抄照搬别人的发展模式和发展举措，跟不上经济形势、市场形势的不断变化。囿于固有观念和传统思维方式，多数局限在完全依赖第二产业特别是煤炭等矿产资源的开发上，停留在挖煤、卖煤的低级阶段。对产业选择和工作着力点的把握不足，盲目追求"大而全"、"小而全"，县域经济发展特色不突出，产业优势拉动作用发挥不明显。对县域经济发展缺乏长远规划，容易受到政绩冲动的影响，盲目铺摊子，缺乏连贯性。

（二）产业层次不高、趋同明显，发展方式粗放，缺乏新的增长点

农业产业化发展慢、层次低。主要表现为传统农业占优势地位，现代农业比例较小，农业生产仍然没有从根本上摆脱靠天吃饭的局面。农业产业链短，加工层次不高，产品加工转化率低，"特色农业"总体上仍然停留在"小打小闹"、"提篮小卖"阶段，零星生产、零散经营，规模化、标准化、商品化、市场化程度偏低。农民增收缓慢。二产畸重，工业中能源原材料产业占到70%以上，产业趋同性强。企业主要以高耗能、高污染企业为主，企业规模小、产品单一，产业链短、附加值低，高端产品少、市场竞争力较弱，受经济周期的冲击明显。服务业比重仅为30%左右，且多为传统低端

业态。县域经济增长还停留在主要依靠资源产业产品规模扩张的阶段，许多县每年的研究与开发经费的投入为0，科技创新的支撑作用严重不足，缺乏新的经济增长点。

（三）发展后劲不足

县域固定资产投资不活跃，大项目、好项目不多，新开工项目和在建项目相对较少，高新技术项目尤为稀缺。招商引资取得一定效果，但总体来说合同履约率、资金到位率、项目开工率偏低，且招商引资成本巨大。县域固定资产投资增速缓慢，在中部地区排名最末一位（2011年）。工业增加值占国内生产总值的比重逐年下降，发展后劲严重不足。近几年来，许多市县兴建了一批工业园区，聚集了一些企业，但总体来说发展较慢、规模不大、产业链短，空间聚集多、内部关联少。以晋中市为例，该市六县（区、市）的七大园区（晋中开发区、榆次工业园、安泰工业园、榆社化工园、中煤九鑫工业园、平遥工业新区、祁县经济开发区）共有326户企业，2011年实现销售收入416.7亿元，不及全市102户煤炭企业销售收入（563.2亿元）的74%。进园企业存在同质性和竞争性，产业配套的关联性和协作性不足，这一现象在我省县域工业园区中并非少数。还有一些地方园区建设滞后，基础设施、配套设施不够完备，进驻企业不多，发展乏力。

（四）区域发展的平衡性、协调性较差

2011年，全省还有57个贫困县，包括35个国定贫困县和22个省定贫困县，贫困县数量占到县（市）总数的59%，有4个县生产总值不到10亿元，3个县财政总收入不到亿元，还有15个县一般预算收入在1亿元以下。最低的县生产总值仅3.4亿元（大宁县），财政收入3423万元（永和县），一般预算收入1663万元（永和县）。即使是经济强县，也普遍存在"县富民穷"现象。比如，2011年柳林县财政总收入达到72亿元，位列全省第一，但农民人均纯收入只有6399元，低于全国农民人均纯收入（6977元）。

这种情况在许多县存在,加剧了贫富差距、两极分化情况。

(五) 县域城镇化发展缓慢

"十一五"时期,我省城镇化率年均增加仅为1.01个百分点,低于同期全国平均增长水平。2011年全省城镇化率只有49.68%,低于全国平均1.59个百分点,与发达省份比较差距更为明显。城镇化与工业化之比为0.93,低于国际公认的1.4—1.5的合理区间,城镇化水平滞后于工业化水平(2009年我省县域城镇化率只有33%,比县域工业化率少26个百分点)。城乡发展规划相互脱节,主要表现在城镇建设规划、新农村建设规划、产业发展规划、建设用地规划、移民搬迁规划等各自为战,缺乏统筹协调。基础设施、公共事业和社会保障不到位,道路、教育、医疗、住房、社会保障等领域的发展不快、欠账较多。户籍制度改革滞后,社会保障制度造成新的城乡分割。城镇化发展的产业支撑严重不足,主导产业、配套产业发展没有形成规模,产业没有形成集群发展的良好态势。一些县城或中心辖区的经济总量较小,教育、就业等机会不足,缺乏聚集、辐射和带动能力。

四、制约我省县域经济发展的主要难题

造成我省县域经济发展落后的原因有方方面面,既有宏观的,也有微观的;既有外部的,也有内部的;既有历史的,也有现实的。现阶段,一些体制机制和政策性因素成为阻碍县域经济发展的掣肘,突出表现为以下方面:

(一) 管理体制落后

主要表现为县级政府对经济调控的空间很小、手段不足、权力受限。投资决策、项目审批、建设用地等审批权限都在上级管理部门,报批程序复杂、费时费力。尤其是国家加强宏观调控出台一系列政策举措后,县域经济面临的融资困难、土地供给矛盾、发展空间狭小等制约更为突出。晋办发

【2011】35号文对扩权强县试点工作进行了布置，但由于停留在试点阶段，只有22个试点县享受政策，普惠性不够；即使在试点县推行部分权限下放，但由于长期形成的"潜规则"，县级政府不敢得罪市级政府，许多审批事项仍绕不开市级政府。在调查中有一些县反映，县里看准引进的项目，由于审批时间过长而导致客商改变主意，错失了发展良机。此外，首批公布的85项经济社会管理权限多数还是一些框架性、原则性的规定，杯水车薪、给力不够，很多县反映"干货少"、"没感觉"。

（二）财税体制不合理

突出表现为县级政府的责、权、利不统一，财权与事权不对等。省以下分税制管理体制不完善，新旧体制并存，上级财力过于集中，县级可用财力过少。2011年，全省还有15个县的一般预算收入不到1亿元，其中最低的（永和县）仅为1663万元。转移支付机制不合理，大部分县属于"吃饭财政"，发展县域经济缺乏必要的财力支撑；各级财政对县域经济和"三农"投入较少，并且分散在各个部门，各自为战，不能捆绑使用，资金整合困难重重，难以形成合力；对农业产业化、园区经济和城镇化发展支持的财政政策没有落实到位；央企、省属企业在财税体制上与县级财政存在矛盾，税源流失严重。

（三）金融服务缺失

近年来，受各种因素的影响，县域"贷款难、难贷款"问题愈演愈烈，银行存贷比严重失衡，资金外流严重，造成县域经济失血过多。以我们调研跟踪的静乐、山阴、文水三县为例，从2005年至2009年，三县的存贷比分别下降了21.3%、15.1%、21.3%，与此相伴，县域资金外流严重，2009年三县的存贷差分别达到16.2亿元、80.2亿元、36.4亿元。根据我们从权威部门（人行太原中心支行）了解的信息，上述问题并非个案，在我省县域金融运行中相当普遍。此外，县乡金融机构和业务也普遍面临萎缩，布点缺失、业务权限上收。农村信用社改革包袱沉重，信用担保体系建设滞后，农业保险等政策性保险发展缓慢。县域金融信用环境建设有待加强。

（四）以煤补农机制不健全

煤炭资源整合重组后，煤炭可持续发展基金县级留成比例下降，地方以煤补农政策面临新的问题。一些原有的以煤补农措施无法继续执行，农村集体经济失去资金来源，公共事业发展受到严重制约。原来在当地煤矿务工的农民工大部分失业。煤炭领域退出资金大量闲置或外流，而县域经济发展所需资金严重不足。

（五）土地紧张成为瓶颈

工业项目、小城镇建设、新农村建设、农民住宅建设等用地难的问题突出；许多县面临用地指标紧张，严重制约经济发展。农业产业化、规模化、组织化经营进展缓慢，主要是农村土地流转政策不到位、机制不健全、途径不畅通。

（六）各个层次人才短缺

一是农民工素质偏低，就业面临较大困难，企业急需的熟练工人、高级技工严重短缺；二是企业家特别是中小民营企业经营管理者素质不高，企业做大做强受到很大制约；三是各类科技人才、职业经理人队伍缺乏；四是基层领导的政策水平、创新意识、决策能力、执行能力、现代经济科技知识水平有待进一步提高。

（七）政务环境不佳

考核机制、竞争机制、激励机制不健全、不到位。县域经济发展的好坏、快慢、强弱，与县级领导班子和领导干部的奖惩、升降不挂钩，干好干坏一个样，慵懒散漫现象突出，干部的主动性、积极性、创造性没有发挥出来。一些政府部门的服务环境、服务意识存在较大问题，脸难看、事难办、吃拿卡要等现象比较普遍。投资、信用环境较差，办事效率低下，"潜规则"、"暗箱操作"、"中梗阻"等现象时有发生，在很大程度上制约了县域经济的发展。

五、促进我省县域经济发展的对策建议

（一）高点谋划、明确思路，加快推进县域经济发展步伐

发展壮大县域经济，对于推动全省四化联动，办好两件大事，实现转型跨越、再造一个新山西的宏伟目标，都具有重要意义。在新起点上谋划县域经济发展，必须突出加快发展方式转变这个主题，坚持统筹城乡发展这个基本方略，围绕全省实现跨越翻番的宏伟目标，把握方向、谋划思路、确立重点、强化措施。要进一步明确全省县域经济发展的基本思路，以科学发展观为统领，坚持统筹城乡发展方略，围绕富民强县这一根本目标，推进农业产业化、夯实县域发展基础，着力推进新型工业化、壮大县域发展实力，推进特色城镇化、拓展县域发展空间，推进扶贫纵深化、强化县域发展短板，推进城乡一体化、提升县域发展层次，推动我省县域经济形成各具特色、竞相发展新格局。

（二）解放思想、先行先试，激发干部群众干事创业的热情

我省的县域经济发展，面临着前所未有的历史机遇，转型跨越发展战略、综改试验区建设提供了最大的政策机遇和发展空间，各级党委、政府必须进一步解放思想、瞄准先进，以慢不起、等不起的心态，勇于打破条条框框、破除体制机制障碍，抢抓历史机遇，顺应发展潮流，遵循市场规律，创造性地开展工作。坚持党政、社会、市场良性互动，正确处理"有为"与"无为"的关系、尺度和节奏，既在"无为而治"中放手发展，激发和保护

人民群众干事创业的热情；又在"有为而治"中引导规范、铺平道路、优化环境。要处理好发展思路、发展规划和具体工作的延续性和创新性之间的关系，坚持一张蓝图绘到底，一届一届打基础、添后劲。要充分发挥民营经济、中小微企业的县域经济发展当中的主体作用，调动发挥企业家的创新创业精神，构建密切互动、共谋发展的政企关系，营造先行先试、力争上游、和谐共融的干事创业氛围。

（三）发展特色产业，抓好产业提升和园区建设

特色化是县域经济的生命，必须培育特色鲜明、竞争力强的主导产业。为此，要立足自身优势，瞄准市场定位，坚持从实际出发，摒弃"大而全"、"小而全"的发展模式，坚持错位发展，推进县域产业规模化、差异化、专业化发展，找准适宜发展的路子，将自身优势、特色与市场需求相结合，把资源优势转化为产业、竞争优势。提升产业素质。针对我省传统产业主要分布在县域的特点，要进一步把改造提升传统产业的着力点放在县域，出台具体政策帮扶优惠措施，鼓励县域传统产业沿主导产品大力发展深加工精加工，不断延伸产品产业链条。培育接续产业、发展新兴产业，加快培育形成多元化的县域支柱产业体系。拉长产业链条、提高附加值。改进招商引资模式，变让利招商为服务招商。加大产业链招商力度，引进与当地产业关联度高的上下游企业，发展"配角经济"，促进产业配套发展。以项目为抓手，集聚各项政策优惠和生产要素，集中布局，引导县域经济主动融入国际国内产业发展和新增长区域，积极承接产业转移，加快培植与龙头产业相对接的配套产业。发展产业集群。培育打造一批产品加工度深、企业依存度高、产业关联度大，富有市场竞争力的特色产业集群，优先扶持集群内骨干龙头企业，引导推动中小企业发展专业化分工协作的配套生产和服务体系。搞好园区建设。做好新设园区的布局、规划和建设，以及现有园区的规范、完善和提升。改善园区基础设施，提升综合服务功能，狠抓项目策划和招商引资工作，通过政策优惠、资金支持、土地置换等多种途径，吸引推动各方

企业入园发展。依托产业集群和企业园区，每年重点扶持 1—2 个公共技术服务平台建设。

（四）大力提升农业现代化水平

落实中央各项强农惠农富农政策，结合我省实际，制定出台一批直接增加农民收入的新的补贴政策。加大以煤补农、以城带乡力度，财政支出、煤炭可持续发展基金使用、土地出让收益等重点向农业农村倾斜。用工业化理念谋划农业发展，继续调整农业结构，加快"一县一业"、"一村一品"发展。加快推动农业科技创新创业、农业新技术推广应用，构建现代农业产业体系。加强农田水利设施、稳产高产基本农田建设和中低产田改造，大力发展高效农业、设施农业、循环农业、特色农业、外向型农业，抓好现代农业示范区、示范县建设。培育扶持龙头企业发展，着力发挥龙头企业的带动作用，建设特色农产品产业基地，培育特色农产品品牌。扶持农民专业合作社发展，围绕优势特色产业组建农民专业合作社，引导合作社开展标准化生产、品牌化经营，建立与农副产品批发市场或流通企业的产销关系，开展农超对接，提高市场竞争力。

（五）加大对农村土地流转及劳动力转移的支持

坚持"依法、自愿、有偿、有序"原则，充分尊重农民意愿，保护农民利益，发挥农民在土地流转中的主体作用。创新土体流转模式，鼓励农户通过转包、转让、互换、出租、入股等方式进行土地流转，支持农民将土地承包经营权量化入股组建土地股份合作社，由合作社统一经营或招租，农户按股分红。建立健全县乡两级农业服务机构、土地承包经营权交易市场等平台，做好农地分等定级和价格评估工作。加快农村劳动力转移，完善农村社会保障制度，解决进城务工人员的失业、住房、工伤、教育、医疗、生育保险等社会保障问题。

（六）做好扶贫工作

抓住国家新一轮扶贫开发和我省建设国家综改试验区的重大机遇，推动扶贫开发工作取得实效。紧紧围绕农民收入翻番，整合攻坚力量、创新体制机制、强化政策扶持、明确工作责任，抓好与全国整体扶贫规划以及我省相关区域经济发展规划的有效对接。要加强对扶贫开发工作的分类指导和工作协调，根据每个贫困县的不同情况，研究针对性强的推进措施，发挥好省、市、县以及各相关部门的工作积极性，努力形成推进扶贫开发工作的强大合力，做好扶贫开发整村推进、扶持产业化经营、劳动力转移培训、教育扶贫、移民搬迁、连片开发、连片贫困地区集中攻坚等各项工作。强化对集中连片贫困地区的财政、金融支持，探索建立协调区域发展的合作帮扶机制。

（七）统筹城乡发展，加快城镇化进程

要搞好城镇的规划、引导和建设。围绕全省城镇化"一核一圈三群"的布局，坚持大县城带动、重点镇跟进、中心村完善、小村庄撤并，以科学的规划引领，以鲜明的特色定位，以完善的功能支撑，以良好的生态吸引，积极推动人口向城镇集聚，产业向园区集中，基础设施和公共服务向农村延伸，形成县域城镇化与工业化相互依托、相互促进，县域城镇化与新农村建设"双轮驱动"、共同繁荣的良好局面。整合资源，加强基础设施和社会服务设施建设，提高城市管理水平，创造良好的城镇环境和形象，增强集聚力和发展后劲。要强化城镇发展的资金支持和产业支撑。运用市场机制，拓宽融资渠道，引导集体、个人、私营企业等投资主体，以多种形式参与城镇建设和开发，吸引农业产业化龙头企业、乡镇企业、中小工商企业向县城和中心镇集中，促进主导产业发展，尽快建立起支撑县城和中心镇发展的产业群体；大力发展为城市化、农业产业化服务的城镇服务业，提高服务业在县域经济发展中的比重。要加强政策引导，打破城乡体制、政策等障碍。积极探索户籍制度改革，创新土地使用权流转机制等，促进农村人口、生产要素等

向县城、中心镇集聚，形成产业支撑和人口支撑，充分发展县城和中心镇对县域经济发展的辐射带动作用。

（八）鼓励民营经济和中小微企业发展，培育企业家群体

放手发展民营经济，促进总量迅速做大、素质明显提升。认真贯彻落实国家和省里关于扶持民营经济和中小企业发展的一系列政策措施，降低准入门槛，放宽发展领域，加大支持力度，着力促进民营经济又好又快发展。深入开展"送政策进企业"活动，让企业了解政策，用好用足政策。创优民营经济发展的市场环境、法制环境、人文环境，以软环境的改善促进民营经济的繁荣发展。继续清理取消不合理的涉企收费项目，落实规费减免和税收优惠，减少不必要的评比检查，切实减轻企业负担。深入实施中小企业成长工程，鼓励全民创业特别是农民发展农村二三产业，支持城市职工到县域创业。鼓励引导民营企业积极发展资源深加工型、劳动密集型、农副产品加工型、科技应用型等新兴产业，努力抢占未来发展制高点。教育引导民营企业家进一步解放思想，从家族经济、伙伴经济走向现代企业制度，加快传统中小企业向现代企业转变。加强公共服务体系建设。围绕基层和企业需求，扎实推进县乡中小企业公共服务机构建设，进一步完善创业辅导、融资担保、信息网络、人才培训、管理咨询、技术创新等公共服务体系。建议省市两级设立专项资金，对于企业家培训、企业创建名牌、技术改造、人才引进等予以直接帮扶和奖励。

（九）简政放权，推进扩权强县强镇改革

继续削减省市两级行政审批项目。采取依法委托、授权等方式下放权限，放权于县（市）、简化办事程序。建议扩权强县由试点向全部县（市）覆盖，并在扩权事项上向更宽领域、更具体上推行。凡省授予设区市的经济管理权限，除国家另有明确规定外，一律授予县（市）。省级行政审批权，如项目审批、建设工程、财政预决算、土地指标、社会保障、城镇规划建设

等，县级能够办理的，除国家另有明确规定的涉及环境、资源保护等项目外，原则上直接授权或委托给县级。省政府各职能部门和各设区市政府抓紧研究简政放权的具体事项，各县（市）切实做好省、市行政审批权限下放的衔接工作。扩大扩权强镇试点范围。在全省100个重点小城镇开展扩权强镇试点，赋予试点镇部分县级经济社会管理权限，在年度计划指标上对试点镇建设用地优先保障，土地出让金收益应在所在乡镇按一定比例分成，用于基础设施和公共设施建设。小城镇收缴的城市维护建设税全额留在小城镇使用。

（十）加强财税激励保障

深化省直管县财政管理方式改革，完善县级基本财力保障机制，加大对县特别是贫困县的转移支付力度。结合年度目标责任考核，制定省对县级财政收入增长考核奖励办法，对财政收入增长较快、经济发展质量较高、财政收入贡献较大的县（市、区）给予直接奖励，调动县（市、区）增收积极性。总结试点县经验，在全省推行县财政省直管。进一步调整提高省煤炭可持续发展基金的县级留成比例。整合各类资金，设立山西省县域产业发展专项资金，重点扶持县域产业项目。规范财政收支管理。全面推进部门预算、集中收付以及非税收入收缴改革，加快财政转移支付管理监控系统建设，将所有财政性资金纳入监控管理，跟踪资金运行，提高资金使用效率。进一步规范税收属地管理体制，实现税收收入县级征收管理，保留一定数量的共享税，实行同源课税、分率计征方式，使共享税成为地方各级财政的主体税种。

（十一）实施"晋资回归"工程

依托产业引导、政策优惠、直接奖励、优化环境等措施吸引流向省外的民间资金回流。充分发挥统战、政协、工商联、商会等机构的作用，以亲情、乡情、友情为纽带，联络、鼓励各方晋籍企业家在本土投资创业、再创业，对于回归资金和项目、企业等给以最大限度的保护、支持和便利，以资金回归带动产能回归、项目回归、技术回归、税源回归、总部回归、人才回归。有序引导民间资本进入金融服务市场，促进民间资本阳光化。

（十二）加大金融支持力度

加快推进以农村信用社为龙头的多层次县域地方金融体系建设，大力发展商业银行、合作银行、村镇银行、小额贷款公司和农民资金互助组织。推动各银行业金融机构信贷资金向中小微企业倾斜，每个县（市、区）及以上银行金融机构设立中小微企业金融服务专营机构或专柜；对中小微企业贷款申请优先受理、简化流程、加快审批，合理确定贷款利率，确保银行对中小微企业贷款增速高于全部贷款增速。健全中小企业信用担保体系，落实农村金融机构定向补贴和税收优惠政策，加快县域企业土地确权和产权办理，提高贷款申请能力。充分发挥企业、行业协会的推介、担保作用，通过企业行业协会建立银行与企业之间联系沟通的桥梁，促进银行放贷和企业还贷。扩大县域直接融资规模。鼓励各级政府设立扶持企业上市专项资金。开展"资本下乡"活动，举办多种形式的上市辅导培训，推动县域经济与资本市场对接，鼓励县域龙头企业、支柱企业、标杆项目企业优先列入省级重点上市后备企业。支持企业利用企业债券、中期票据、短期融资券、中小企业集合债、集合票据等债券融资工具，拓宽直接融资渠道。加快发展创业投资、股权投资企业，推动投资企业与县域企业的交流合作，推进资本与项目的对接。

（十三）保障用地需求

充分发挥土地规划的引导、调控、管制和保障功能，加快规划编制，规范规划修改，强化规划管理，改进征地指标年度计划管理办法，掌握好指标使用的节奏和时序。引导、鼓励、支持企业和项目单位进一步提高单位面积投资强度，增大容积率，坚决避免违法违规用地和浪费土地现象。全省年度土地指标和土地周转指标要进一步向县倾斜。盘活土地存量，通过整合矿山企业用地、城乡土地置换、农村土地整理等办法增加增量。对各县（市）通过盘活闲置建设用地、整治废弃工矿地和劣质地以及开展城乡建设用地增减挂钩试点、矿业用地改革试点、推进农村土地流转等途径增加的土地资源，要全部留县使用。探索建立跨县域、跨地区的用地指标交易制度。在全省范围建立区域耕地占补平衡机制，实现耕地总量动态平衡。

（十四）强化人才保障

牢固树立人才兴县、科教兴县观念，引进高端人才、用好本地人才，积极营造各类人才干事创业的浓厚氛围。推动科研院所、高等院校与县（市）建立长期稳定的经济技术协作机制，支持省市科技、文化、教育等部门引深对口支援服务，建立健全县域经济发展的智力支撑体系。通过健全政策体系，加大调控力度，引导人才、资金、技术、管理等生产要素进一步流向县域、投向县域，更好支撑县域经济社会又好又快发展。

（十五）加强组织协调，配强领导班子，强化考核激励

建议由省级领导牵头，联合相关部门、各市及96个县（市）参加，定期/不定期召开会议，推进省委、省政府有关加快县域经济发展的目标、任务、政策措施的落实情况，对各部门、各市县县域经济发展工作进行监督指导，协调解决县域经济发展当中遇到的突出问题和重大事项，形成省市县三级及部门之间上下联动、横向协作、推进全省县域经济发展的强大合力。配强配好县、乡领导班子，重点是选好班长，把思想解放、敢闯敢干、业务能力和责任心强、作风过硬的干部选配到领导岗位。推进上级机关与县（市）领导干部交流、县级党政正职跨市交流、市县机关干部与乡镇领导干部交流、乡镇之间干部交流，特别是经济发达县和落后县之间的领导干部互派交流。深化县乡机构改革，加强基层组织建设。鼓励县（市）政府对职能相近部门进行整合，形成职能有机统一、精简高效的大部门体制。强化考核激

励。结合全省年度目标责任考核,建立完善县域经济社会发展和"三农"工作的考核评价体系,建立比学赶超的激励机制,把考评结果同干部的奖惩、使用相结合,不断强化县级党委、政府的主体责任。进一步完善省市职能部门服务、支持县域经济发展的工作推进机制和考核评价体系。

(十六)抓好行政效能建设、提高执行力

各级政府及其部门要加强行政服务中心建设,切实发挥其作用。大力推行"一线工作法",变后台处理为前台办结,提高行政审批事项的一次办结率,不能当场办结的允许容缺预审、限时补报。对涉及多部门的审批事项,积极推行并联审批,实行主办单位负责制。加快推行网上审批,实现省、市、县、乡互联互通。开辟"企业直通车"和"项目绿色通道",推广项目代办制。实施"阳光作业",对审批事项实施全程公开、实时监控。坚决整治"中梗阻",落实岗位责任制、同岗替代制、服务承诺制、首问负责制、一次性告知制、限时办结制、否定报备制和责任追究制。加强行政效能问责,对审批权集中的部门实行重点监控。建议各市、县根据晋发【2011】16号文出台具体实施方案,明确目标任务、分工责任、推进措施、考核督查等,将工作做细做实。

(2012年10月《山西省政府重大决策咨询课题》)

关于发挥我省电力资源优势争取国家专项奖励资金推进节能减排工作的建议

赵付忠　张振中

国家财政部和发改委最近联合发出《通知》（财建〔2012〕367号），强调中央财政已安排专项资金，将按实施效果对以城市为单位开展电力需求侧管理综合试点工作给予适当奖励，要求各省、自治区、直辖市、计划单列市财政厅（局）和电力运行主管部门，要加强财政资金管理，提高资金使用效益。如何充分发挥我省电力资源优势，积极争取国家专项奖励资金，加快推进节能减排工作，对此我们进行了深入调研。

一、中央财政安排专项奖励资金，旨在加强电力需求侧管理和推动节能减排，其力度之大前所未有

中央财政此次安排专项奖励资金，对以城市为单位开展电力需求侧管理综合试点工作予以强力扶持，旨在加强我国电力需求侧管理工作，保障电力供需总体平衡，促进发展方式转变，推动"十二五"节能减排目标实现。为确保该专项奖励资金真正发挥效益，国家财政部和发改委专门制定了《电力需求侧管理城市综合试点工作中央财政奖励资金管理暂行办法》，对专项资金的支持范围和奖励标准、试点方案申报和资金下达、绩效考核和监

督管理等均作了明确规定。其支持范围，重点是建设电能服务管理平台；实施能效电厂；推广移峰填谷技术，开展电力需求响应；相关科学研究、宣传培训、审核评估等。奖励标准，分两种类型，一是对通过实施能效电厂和移峰填谷技术等实现的永久性节约电力负荷和转移高峰电力负荷，东部地区每千瓦奖励440元，中西部地区每千瓦奖励550元；二是对通过需求响应临时性减少的高峰电力负荷，每千瓦奖励100元。实施方法，首先由试点城市根据相关要求，将电力需求侧管理城市综合试点工作《实施方案》及相关材料报送省级财政部门和电力运行主管部门审定；其次经省级政府同意后，由省财政部门和电力运行主管部门将上述材料报送国家财政部和发改委；最后经国家财政部和发改委组织评审后作出批复，并与试点城市和其所在省份签署协议，明确试点工作目标、投资安排、地方配套资金、年度工作计划和奖励资金需求等，按照"分年预拨、事后清算"的方式下达奖励资金。为确保奖励资金专款专用并真正发挥效益，国家财政部和发改委将对奖励资金使用情况实施有效监督，如果实际完成的节约、转移和减少电力负荷低于试点方案任务值的80%，中央财政将全额扣回已预拨的奖励资金。

中央财政此次安排的专项资金，以奖励形式对电力需求侧管理工作予以扶持，凸现四个特点：一是党中央、国务院对节能减排高度重视，已将加强电力需求侧管理工作，保障电力供需总体平衡，促进发展方式转变上升为国家战略，并采取有效措施加以推进；二是专项奖励资金数额巨大，而且以奖励形式予以扶持，起到了"四两拨千斤"的作用；三是对奖励资金采取以市为单位自下而上逐级申报、财政和电力主管部门负责承办、审定的办法，既充分调动了基层积极性，又发挥了财政和电力主管部门职能作用，提高了资金使用效益；四是对奖励资金使用情况实施有效监督，对不能按协议完成节能减排目标任务的将扣回奖励资金，从根本上堵塞了资金流失渠道，保证了实际效果，折射出党中央、国务院对节能减排和电力需求侧管理工作的重视和务实作风。此为我省充分发挥优势，强力推进节能减排创造了新的机遇，各级应高度重视，坚持从当地实际出发，采取切实有效措施，积极参与

关于发挥我省电力资源优势争取国家专项奖励资金推进节能减排工作的建议

和争取。

二、我省实施"煤转电"后可利用移峰填谷资源丰富，应充分发挥优势，积极争取国家专项奖励资金

我省是煤炭资源大省，近年来随着"煤转电"战略决策的实施，电力工业得到长足发展。据统计，截至 2011 年底，我省发电装机容量已达到 5300 万千瓦。省第十次党代会提出，"十二五"期间，我省将建设大型坑口电厂和资源综合利用电厂，努力建设 1 亿千瓦级电力强省，外送电装机力争达到 5000 万千瓦。如果按照中央财政此次对中西部地区移峰填谷每千瓦奖励 550 元的标准，我省作为国家资源型经济转型综合配套改革试验区，即使按目前发电装机容量的 60% 计，能够利用的移峰填谷电力资源丰富，可争取的奖励资金达 175 亿元。如若建成 1 亿千瓦级电力强省，即使按 60% 计，则争取的奖励资金可以实现翻番达 330 亿元。如若"负荷整形"、"移峰填谷"形成规模效应，还可通过国家电网充分利用外部资源，则可争取的奖励资金会更多。因此，对任何一个省区来讲，此乃一次千载难逢的良好机遇，谁善于抓住机遇，谁就能够发展。所以，充分发挥自身优势，积极争取国家专项奖励资金，这对加快推进我省节能减排工作，促进经济发展，具有重要意义。

从我省实际情况出发，加强电力需求侧管理，争取国家专项奖励资金，至少具有以下优势：

1. 符合未来产业的发展方向。社会愈发展，对能源的需求和依赖性就愈大。鉴于能源的不可再生性，各国都将节能减排上升为国家战略予以强力扶持。如俄罗斯为了鼓励终端用户移峰填谷，对谷期电能实行免费，旨在用政策措施加以规范，大范围推进节能减排。美国、西欧等一些发达国家，也都大幅降低谷期电价格，不同程度采取了一系列优惠政策。近年来我国在加强电力需求侧管理方面也进行了大胆探索，这次中央财政安排专项奖励资

金，对电力需求侧管理予以强力扶持，就是最有效的方法之一。温家宝总理在今年初《政府工作报告》中强调指出，要抓紧制定出台合理控制能源消费总量工作方案，综合运用经济、法律和必要的行政手段，突出抓好工业、交通、建筑、公共机构、居民生活等重点领域和千家重点耗能企业节能减排工作。我省第十次党代会也突出强调，要完善和促进节能减排的产业、财政、价格、金融政策，抑制高耗能、高排放行业过快增长，淘汰落后产能，推广节能减排技术，实施重点行业和领域节能减排工程，加强对重点排污耗能企业的监测监管。随着社会发展、科技进步和人们生活水平的不断提高，节能、环保、低碳、绿色，已成为人们的共识。淘汰落后产能，节能减排，发展清洁高效能源，已成为社会发展的必然趋势和未来产业的发展方向。目前我省转型跨越已进入关键期，要实现"十二五"转型跨越再造一个新山西的宏伟目标，要在未来发展中站稳脚跟，要改变我省粗放型经济现状，必须紧紧抓住机遇寻求新的经济增长点，必须依靠先进的科学技术谋求发展，必须善于充分利用国家政策强力扶持的有利时机，采取切实有效措施，积极争取国家专项奖励资金，这对做好我省节能减排工作，促进经济发展，意义深远。

2. 国家鼓励支持的争取方式。此次中央财政安排的专项奖励资金，在争取方式上与其他资金不同，国家鼓励和支持各地以市为单位申请，并且渠道非常明确，由省财政厅和电力主管部门负责审定与上报，既充分体现了中央对节能减排工作的重视，又坚持了权力下放，有利于充分调动基层各级的积极性。从行政作为讲，对中央政策我们必须积极响应，采取切实有效措施认真抓好落实；从争取方式讲，此为国家鼓励支持的争取方式，哪个地市积极主动，争取的专项奖励资金就越多，对国家的贡献就越大；从实际效果讲，争取的奖励资金越多，则证明节能减排工作越务实，发展潜力越大，政绩越突出，对当地经济社会发展的推动作用就越明显。近年来我省实施转型跨越发展战略，各地把项目引进、资金引进作为重中之重，取得了明显成效。这次中央对以城市为单位开展电力需求侧管理工作给予强力扶持，并对

关于发挥我省电力资源优势争取国家专项奖励资金推进节能减排工作的建议

奖励标准、实施范围都作了明确要求，此乃国家倡导、扶持的节能减排项目，我们应积极鼓励和支持各地采取有效措施予以争取，用积极的态度、务实的作风，切实把争取专项奖励资金工作做实做好，做出成效。

3. 具有移峰填谷的丰富资源。根据国家有关规定，对电力需求侧管理"负荷整形"、"移峰填谷"有着严格规范。比如谷期电能，是电力部门根据终端用户用电情况，特指每日晚23时至次日7时的电能。因人们工作、生活遵循一定规律，终端用户用电需求也同样呈现出规律性的变化，谷期阶段电力需求总体上呈现为"供大于求"，由于用电量大幅减少，发电机满负荷运转后又不能随意减负，输送于电网中的电能因不可储存必须限时人为消耗，从而造成极大浪费。为确保电力供需总体平衡，国家倡导和扶持对电力需求进行"负荷整形"、"移峰填谷"，以确保电力供需总体平衡。从我省情况讲，近年来随着"煤转电"战略决策的实施，用于移峰填谷的电力资源丰富。据统计，目前我省发电装机容量达5300万千瓦，2011年发电总量达到2344.3亿千瓦时，如按"峰、平、谷"三个用电阶段划分，可计算出目前我省每年可利用的谷期电能至少达700亿千瓦时以上，表明我省移峰填谷的电力资源非常丰富。如若"十二五"期间我省发电装机容量实现翻番达到1亿千瓦级，则移峰填谷可用电力资源更大。此外，如若能够实现规模推广应用谷期电能，则还可以通过国家电网适时调节外省资源，关键取决于能否抢占先机并尽快形成规模效应。

4. 拥有国内外先进技术优势。据市场调查，目前国内移峰填谷利用谷期电能集中供热正逐步形成规模，前景非常看好。从技术层面进行分析比较，可以认定，在此领域具有核心技术并形成规模效应的主要集中在我省，如全谷期电远程集中控制技术、太阳能自动切换谷期电技术等，且技术成熟，安全可靠，处于国内领先水平。又如，光伏发电是国家扶持发展的高新技术产业，"十一五"期间我国光伏产业发展迅速，但由于受欧美市场疲软及反倾销影响，致使我国光伏产业发展受阻。为扶持该产业发展，国家采取特殊扶持政策，旨在扶持光伏产业的健康发展。之前光伏产品大多用在发电和太阳能热水方面，弊端是蓄电池寿命短只有5年，而且对环境污染大。由我省太原高新技术开发区研发的光伏电热转换技术，可直接将光伏发电应用于大容量供热，并实现储能可控缓释，从根本上解决了蓄电池寿命和环境污染问题。在实际应用中，将上述技术并联运用，白天用光伏发电供暖，晚上自动切换为谷期电供热，其核心技术彰显三大特点：一是科技含量高，技术先进，智能运行，安全可靠；二是不受时间、区域、空间制约，投资少，见效快；三是节能、低碳、环保、绿色，处于国内外领先水平，符合未来产业发展方向，具有广阔的发展空间。

5. 初步形成规范的示范小区。在实际应用中，如我省利用建筑物电热蓄能"可中断负荷"特性研发的"谷期电地面集中供热技术"，可以对谷期电能进行"负荷整形"、"移峰填谷"，既有效解决了城市集中供热，又充分利用了谷期电能，是目前世界暖通工程界公认的最理想、最先进、最科学的环保节能采暖方式。如若运用该技术，再配以光电与谷期电互补供热，则无须增加额外投入，即可从根本上解决城市集中供热难题。近年来，该技术已先后在上海、沈阳、济南、安徽、石家庄、威海等地得到大力推广，在我省也有西华苑安居工程、国际能源中心、千禧集团、太原供电局宿舍区、清徐胜地等成熟的示范小区，其运行平稳，用户满意，实践证明效果非常明显。如西华苑安居工程，供热面积达35万㎡，热负荷达24500kW，自2007年实施谷期电蓄能供热以来，运行状态良好，温度可自行调节，节能环保、方便舒适，深受广大用户好评。

上述五大优势，前两项对全国各地属于共有，后三项是我们的优势，但事物处在不断变化中，如果我们抢抓机遇，五大优势皆可为我所用，如果丧失机遇，我们的优势就可能一跃而成为兄弟省市的优势，我省"黑色资源，粗放经济"的现状就很难得到改观，对此必须引起我们各级领导高度关注。

关于发挥我省电力资源优势争取国家专项奖励资金推进节能减排工作的建议

三、建议由相关职能部门负责，以争取国家专项奖励资金为契机，强力推进我省节能减排工作

为充分发挥我省电力资源优势，积极争取国家专项奖励资金，加快推进我省节能减排工作，特提出如下建议：

1. 从加快推进我省节能减排工作大局出发，提高对争取国家专项奖励资金重要性的认识。领导重视程度如何，是争取国家专项奖励资金的关键所在。因为此项奖励资金不是平均分配，而是按特定方式争取，哪个地市积极主动申请，符合条件，哪个地市可能争取的专项奖励资金就越多。中央财政安排专项奖励资金对电力需求侧管理给予强力扶持，体现了中央对节能减排工作的高度重视。我省是资源大省，传统产业占主导地位，要实现省委提出的"十二五"转型跨越再造一个新山西的战略目标，需要举全省之力、集全民之智，同心协力拼搏和奋斗。争取国家专项奖励资金，不仅仅是寻求资金上的支持，更重要的是体现了产业未来的发展方向和空间。我们要紧紧抓住国家扶持电力需求侧管理工作这一机遇，从加快推进全省节能减排工作大局出发，切实提高对争取国家专项奖励资金重要性的认识，坚持从当地实际出发，积极鼓励和支持各地市采取有效措施予以争取，这对加快推进我省节能减排工作，促进经济发展，是非常重要的。

2. 坚持把解决实际问题与争取专项奖励资金结合起来，以市为单位制定好《实施方案》。按照国家财政部和发改委关于《电力需求侧管理城市综合试点工作中央财政奖励资金管理暂行办法》有关规定，对专项奖励资金的申请，须以试点城市为单位，首先形成《实施方案》，经逐级上报审批后实施。据此，制定好《实施方案》至关重要，我们不是仅仅为争取国家专项奖励资金而制定《实施方案》，而是为了解决实际问题，因此，要坚持从当地实际出发，把节能减排、解决实际问题与争取专项奖励资金有机结合起来，加以稳步推进。从目前我省各地情况分析，呈现出两大特点：一是近年

来随着"煤转电"的实施，可利用移峰填谷资源丰富，各市具备争取国家专项奖励资金的优势和条件。二是近年来随着城市建设的快速发展，集中供热已成为制约城市建设发展的"瓶颈"，而利用建筑物可中断特性和"移峰填谷"发展电地暖集中供热，投资少、见效快、效果好，经济、社会效益非常可观。为此，建议由各地相关职能部门负责，聘请有关专家和权威人士，坚持从当地实际出发，有针对性地进行座谈讨论，并组织到现场考察，进行科学论证，广泛听取用户意见，在此基础上，制定出当地具有可行性的《实施方案》，为党委、政府科学决策提供有效依据。

3. 运用市场化运营方式，发挥城建、热力、电力等部门职能作用，建立相应的运营机构实施规范运作。鉴于城市集中供热在我国实行市场准入制度，主要由当地城建、热力等部门负责，而且必须持有当地城建部门颁发的特殊行业许可证方可运营的情况，为支持各地以市为单位申报国家专项奖励资金，同时有效解决目前制约城市建设快速发展的集中供热难题，可以考虑从体制、机制入手，政府不投资或少投资，重点把握方向，进行宏观调控，运用市场手段，采取市场化运营方式，以当地城建部门为主体，热力、电力等部门参与，采取股份制形式或其他方式，成立与市场发展相适应的"供热公司"，政府在政策上予以扶持，具体由公司按市场化方法运营管理，这样一是可以有效解决城市集中供热难题，二是可以创造一定数量的就业岗位，三是可以增加当地财税收入，四是可以争取国家专项奖励资金，而且还可引进资金，引进技术，引进人才，对加快促进当地经济发展将产生重要影响。

4. 发挥优势，着力打造具有山西特色的节能、环保、低碳"供热之都"，并逐步形成规模效应。随着社会发展和科技进步，产业化发展是必然之路，也是未来产业的发展方向。温州桥关镇之所以能够将纽扣做大，将拉链做强，进而成为"中国纽扣之都"和"中国拉链之乡"，关键就是形成规模，走上了产业化发展道路，在同行业形成了竞争优势。如果充分利用我省现有技术和资源优势，紧紧抓住国家扶持节能减排并对移峰填谷给予专项资

关于发挥我省电力资源优势争取国家专项奖励资金推进节能减排工作的建议

金奖励的有利时机，充分调动和发挥各方积极因素，全力打造具有山西特色和全国一流水平的节能、环保、低碳"采暖之都"，白天将太阳能光伏发电通过智能转换接入蓄热电暖器或自限温发热电缆直接供暖，晚上智能转换装置自动切换为谷期电供热，逐步形成规模和具有强大竞争力的优势产业，进而发展为上市公司，并以此为中心辐射全国，完全可以像温州那样，打造成为具有全国一流水平的知名品牌，形成具有强大竞争力和山西特色的"采暖之都"，这对加快推进我省节能减排，促进经济发展，将产生深远而重要的影响。

(2012年10月《情况与建议》第3期)

考核工作接地气

——对县（市、区）推行年度目标责任考核制度的调查

裴根长

在全省实行年度目标责任考核两周年之际，由省考核办、省委政研室组成联合调研组，对全省各县（市、区）年度目标责任考核工作的开展情况进行了专题调研。调研组采取召开座谈会、个别访谈、实地考察等方式，着重从完善指标体系、细化过程管理、加强结果使用等方面，对各市推荐的12个县（市、区）（名单见下表）进行了典型调研。通过梳理分析，调研组系统了解了全省县（市、区）年度目标责任考核制度的整体推进情况。现将调研情况报告如下：

一、做法与成效

2010年9月，我省正式实行年度目标责任考核。这既是贯彻落实中央"一个意见、三个办法"的重要举措，也是推动我省实现转型跨越发展、再造一个新山西的迫切需要。以此为契机，通过两年来的实践和探索，我省省、市、县（市、区）三级党委和政府，在对过去各类考核进行综合、提升的基础上，相继建立并实行了"三合一"年度目标责任考核制度，使我

省提前实现了《2010—2020年深化干部人事制度改革规划纲要》明确提出的目标要求,即干部考核评价机制要"2012年前在省、市、县全面实施",为全国的干部考核工作进行了积极有效的实践与探索。

开展年度目标责任考核,县(市、区)是基础。按照新形势、新任务的要求,各县(市、区)在省、市两级党委、政府的统一部署下,结合实际,广泛实践,深入探索,积极建立并实行年度目标责任考核制度,充分发挥了考核工作的"风向标"、"助推器"、"测量仪"作用,并取得了明显成效。

(一)考核理念深入人心,考核已经成为各县(市、区)抓工作、促发展的主要手段

调研组在各县(市、区)调研的过程,实际上是一个感受浓厚考核氛围、提高对考核工作重要性认识的过程。大家普遍感到,实行年度目标责任考核两年来的最大成果,不仅仅体现在经济社会的快速发展上,同时也体现在考核理念的全面确立上。无论是集体座谈还是个别交流,也无论是领导干部还是普通群众,是考核的组织实施者还是被考核者,基层干部群众的一个共同看法就是,年度目标责任考核制度受到广泛认同,得到普遍拥护。考核工作不仅激发了全省人民的发展热情,营造了"人人有责任、人人压担子、人人做贡献"的干事创业氛围,而且形成了广大干部群众的目标共识,凝聚了转型跨越发展、再造一个新山西的强大合力。在考核工作实践中,各县(市、区)坚持以考核确定责任,把目标任务层层分解、下达到各乡镇、农村、街办和县直各部门,使各个层面、各个环节的目标任务都得到量化和明确;坚持以考核强化导向,通过设置考核指标及权重强化发展重点和方向,通过兑现考核结果强化干部使用政策和导向;坚持以考核促进发展,对考核对象的工作实施全程跟踪,及时发现问题,及时采取整改措施,全力促进经济社会发展。

考核理念的全面确立,考核作用的充分发挥,使各县(市、区)大大

增强了争先进位的动力,实现了加快发展的目标。从2010、2011年的综合考评结果可以看出,在调研的12个县(市、区)中,有1个县连续两年保持了优秀等次,有6个县则分别由上年度的一般和良好等次上升到了优秀等次。

(二)考核体系不断完善,考核逐步走上制度化轨道

借鉴和学习省、市的做法,各县(市、区)年度目标责任考核体系也是由考核指标体系、考核对象确定和分类、考核过程管理及考核结果运用等四个方面组成。从考核指标体系来看,各县(市、区)围绕省、市中心工作,结合本县(市、区)重点工作,将考核指标分为省、市下达指标和地方特色指标两大部分,并设置了相应的指标权重。省、市下达指标突出了省、市的全局战略与方向,地方特色指标突出了县(市、区)的发展特色与重点。从考核对象确定和分类来看,各县(市、区)基本做到了考核对象全覆盖,将县直行政事业单位、各乡镇、条管部门全部纳入考核范围,有的县甚至将对当地经济发展、产业发展有重要影响的工商企业纳入考核范围,在此基础上,对考核对象采取分类考核。从考核办法来看,各县(市、区)普遍实行了定性考核与定量考核、过程考核与结果考核相结合的办法,使考核由只注重定性向定性与定量并重、只单纯看结果向结果与过程并重转变。为了保证考核工作的真实、客观、公平,各县(市、区)制定了细致严谨、程序规范的考核工作流程,并对考核组及考核人员作出了明确、严格的纪律规定;为了实现民意最大化,各县(市、区)坚持群众公认原则,普遍扩大了参加测评的干部群众范围,使各阶层、各领域、各方面都能全面集中的反映自己的意见和看法。从考核结果的使用来看,各县(市、区)通过建立考核档案、反馈考核情况、公告考核结果、进行物质奖励及干部升降奖惩,进一步扩大了考核结果的使用范围、加强了考核结果的使用力度。

在不断完善考核体系的基础上,各县(市、区)着眼于规范化、常态化,从指标任务制定下达、考核办法修改完善,到考核结果分析研判,都建

立了一系列具体操作流程及规章制度，从而使考核工作有章可循、有规可依，逐步走上了制度化的轨道。

（三）考核创新普遍增强，考核越来越具有地方化特点

在保持与省、市之间有效对接的前提下，增强考核创新，加大考核工作的地方化色彩，是各县（市、区）的共同特点。一是区分指标设置。临汾市浮山县将考核指标分为基础性指标和针对性重点指标，建立了"6＋X"考核指标体系模式。基础性指标属于应该完成的基础工作，即"6＋X"模式中的"6"，其分值为基本分值（60分）；针对性重点指标是特色亮点指标，即"6＋X"模式中的"X"，为事关全县经济转型、社会稳定、民生改善等方面的重大项目和重点工作。通过这一指标体系模式，浮山县统筹考虑全面推进与重点突破的关系，既从共性指标上反映工作成绩，又从特色指标上反映发展成效。二是创新评价项目。吕梁市临县为解决干部测评和谈话中不愿指出缺点或者对问题轻描淡写的难题，创造性地使用了"逆向选择"考核评价办法，即在年度考核民主测评表中，将领导干部德、能、勤、绩、廉等方面可能存在的缺点和不足一一列举出来，让干部群众进行有针对性地选择测评，实现了准确、客观地评价领导干部的目的，增强了考核的准确性和公信度。三是创立署名评议评分环节。朔州市怀仁县在考核中创立了领导干部集体署名评议评分环节。该环节采取现场观摩、听取汇报、署名评议评分、现场统计并公布结果等方法，由县四大班子领导、各乡镇党委书记、政府各职能局局长共同完成。现场观摩是一种对考核对象进行面对面检验的有效手段，能帮助考核对象及时找出缺点、发现不足，并加以整改、促进工作。四是有效整合考核资源。晋城市城区将区自行设立的"经济发展腾飞杯、重点工程功勋杯、优质服务红旗杯"竞赛纳入了年度目标责任考核体系，使综合考核与单项考核相结合、上级考核与地方考核相结合，有效整合了考核资源，形成了资源共享，增强了考核工作的权威性与针对性。五是引入现代信息技术。晋中市灵石县在服务中心设立了电子监察室和电子监控

室,运用现代信息技术手段开发了集电子监察平台、视频监控系统、电子评价器为一体的电子监察软件,实现了时限监察、收费监察、预警纠错、督查催办,强化了对行政审批的日常考核,促进了政务环境的改善。六是大胆使用考核结果。运城市临猗县对排名末位的乡镇、县直部门主要负责人进行末位淘汰、免职处理;太原市小店区连续五年对年度考核综合排名最后的领导干部实行免职处理和组织正式提醒谈话;长治市沁县对年度考核排在末位的干部进行召退回处理;阳泉市矿区在对考核靠前单位进行奖励的同时,还按争取到上级荣誉的级别另行给予奖励。

考核创新体现在考核工作的各个方面,涌现在各个县(市、区)考核实践的各个层面。阳泉市矿区建立了"一委一居一站一办"社会管理新模式考核机制;运城市盐湖区实行了村级干部承诺制;忻州市定襄县实行了一、三季度进行日常督查,半年、全年进行目标考核,年终进行统一总评相结合的办法;大同市南郊区按照"项目化考评、记账式问责、调研式督查"加强对考核指标监测;吕梁市临县打破普惠制奖励办法,只对优秀工作者给予奖励……各县(市、区)的创新实践与探索,为进一步提高全省考核工作整体水平奠定了坚实的基础,提供了有益的借鉴。

二、问题与不足

考核工作是一个世界性课题,也是一个世纪性难题,各个国家、各个地区、各个部门都在探索。探索需要攻坚克难的决心,也需要正视问题的勇气,更需要弥补不足的措施。从这次调研情况看,各县(市、区)考核工作在取得明显成效的同时,也存在一些亟待解决的问题与不足。

(一)在考核规律的认识上存在偏差

实践上的欠缺和理论上的不足,导致了一些干部群众对考核规律把握不准,理解不透,应用不当。一是认为考核要包治百病。片面扩大考核作用,认为所有的问题都要通过考核来解决，简单地将一般性的工作、常规办的事情都纳入了考核体系。对考核工作的"依赖症"，客观上造成了考核目标主次不分、考核对象被动应付、考核导向不够明显的状况。二是认为考核要至善至美。简—繁—简是推进考核工作的一般规律。从当前的情况看，各县（市、区）的考核工作正处在"繁"的阶段。但是，过于强调考核指标设置面面俱到、考核过程实施没有纰漏、考核结果使用全面周延，就会使考核工作繁琐重复、考核精力过于分散、考核作用难以发挥。三是认为考核要极力量化。简单地追求量化，是目前考核工作中出现的一个普遍现象。一味用"量"的规定来衡量经济社会的发展水平、检验干部的德、能、勤、绩、廉，会导致弄虚作假、虚报浮夸现象的发生，会使考核工作陷入"数字化陷阱"。因此，坚持"定性考核"与"定量考核"相结合，适度把握定性与定量的标准和尺度，是考核工作全面客观、真实有效的关键。

（二）在考核体系的设计上存在缺陷

科学的制度体系是推进年度目标责任考核的基本"工具"。只有"工具"先进合理，"工程"才会在保证质量的前提下加快进度。从各县（市、区）的考核体系来看，目前仍不同程度地存在着以下情况：考核指标及权重设置只是简单地与上级画等号、求对应，甚至有些只是简单地分解上级下达的任务指标，而真正体现本地、本部门特点，反映当地经济社会长远发展、体现发展导向的指标却未纳入考核指标体系；考核对象分类不够合理，同类部门之间的同一性、可比性没有得到充分体现，考核结果的公平公正难以实现；考核过程过细过繁，采用的方式多是督查调研、上报进度材料等方法，真正针对性强、简便实用、容易操作的措施还相对较少；考核结果使用力度不大，多数县（市、区）只是采用了精神鼓励与物质鼓励的办法，没有真正触及干部的升降任免问题，使考核工作的公信力下降。以上这些问题制约了各县（市、区）考核工作的健康发展，影响了考核作用的有效发挥。

（三）在考核机构队伍的建设上存在差距

考核组织、考核机构、考核队伍是保障考核工作科学、有效推进的重要条件。各县（市、区）普遍成立了考核领导组及办公室，明确规定由组织部门牵头负责并具体实施。组织部门责任上肩，是抓好考核工作的"天然"优势，也符合考人、考事、考绩相结合的特点和要求。但在机构设置和队伍建设上，各县（市、区）却明显不同。在机构设置上，除个别县（市、区）是临时机构外，多数县（市、区）将考核工作机构设置为行政与事业两种类型、科级与副科级两种建制。各地考核办的同志普遍认为，要有效发挥考核工作的实际作用，就必须进一步明确责任主体和实施主体，建立一个与之相对应、并具有法定化职能的考核机构。在队伍建设上，多数县（市、区）的考核队伍都是由临时抽调人员组成。抽调人员在从事考核任务的同时，还承担着原部门一定的工作。繁重的工作任务、多方面的工作压力，使考核人员精力分散、责任不明、疲于应付，进而造成考核队伍信心不足、情绪不稳、业务不精，在一定程度上影响了考核工作的整体效果。随着考核范围的拓展、考核类型的增多、考核难度的加大，建立一支业务熟悉、能力过硬、专兼结合、相对稳定的考核队伍，就成为目前提升考核工作科学化水平的当务之急。

思考与启示

考核工作任重道远。在当前我省转型综改试验区建设全面实施、"两件大事"稳步推进、转型跨越取得实效的关键时期，充分发挥考核工作的底层推动作用，逐步建立符合全省不同区域、不同层次、不同类型的考核评价体系及机制，坚持用好的制度去管理人、用好的制度去激励人、用好的制度去推动全省的科学发展，应成为强化目标责任考核工作的重点。因此，在肯定成绩、分析问题的基础上，要进一步提高全省考核工作的科学化水平，就必须不断增强对考核规律的认识,加强对考核信念的坚守,完善对考核体系的探索,实现对考核创新的突破。

一是要继续坚定不移地抓好考核工作。当前,我省的考核工作正处在难题破解期。与一切事物的发展规律一样,在考核工作中可能会出现一些差强人意、或者事与愿违的问题。这些问题的出现,可能有理论探索不够的原因,也可能有实践不足的原因,但更可能有作风不实、责任心不强的原因。面对这些问题和难题,我们既不能因噎废食使考核工作固步不前,也不能因枝节问题而否定考核工作的大局。在这一方面,各县(市、区)对考核工作的实践与探索,为提高全省考核工作的整体水平奠定了基础;各县(市、区)在考核工作上取得的成效,为搞好全省的考核工作提供了信心。全省各级干部,要进一步认真总结考核实践过程中的经验,以积极负责、勇于探索的态度,着重解决好考核过于繁琐、抓不住重点的问题,处理好"考人"与"考事"、"官评"与"民评"、"能上"与"能下"、"内律"与"外律"的关系,真正建立正确的导向机制、客观的评价机制、有效的激励机制和严格的约束机制。

二是要继续坚定不移地扩大考核民主。民主是时代的主题,人民是执政的基础。要在考核工作中充分体现"权为民所赋"的理念,真正做到绩为民所考,让民声决定政声。扩大考核民主,使考核真正体现民情、凸显民意,就必须不断扩大群众参与面,将群众满意不满意、赞成不赞成、拥护不拥护、答应不答应作为衡量干部政绩的标准。实现考核民主,时时、处处、事事树立尊重民意导向,就必须改进民主推荐、民主测评、民意调查的方法,真正把扩大民主与提高民意表达真实性相结合,防止简单以票定档、以票取人。要通过探索公开、公示、公议等做法,主动接受群众的评判和监督。只有坚持不懈地在考核工作中扩大民主,才能使考核工作具有广泛而深厚的群众基础,保持考核工作旺盛的生命力。

三是要继续坚定不移地推进考核创新。创新是考核工作的生命。作为一个相对独立的制度体系,考核工作要在坚持制度框架的前提下,结合当地实际和新形势、新任务不断创新，以保持制度的活力。特别要与我省转型综改试验区建设、落实省十次党代会提出的"两件大事"和推进"四化"战略相结合，与解决机关考核中目标责任"自编、自导"等突出问题相结合，通过考核创新，建立起一个全过程、全方位、全领域的工作新机制，进一步实现考核对工作的推动作用、对发展的促进作用。

四是要继续坚定不移地加强日常考核。考核是全过程、全方位的综合评价，考的准不准、实不实，影响着考核的公平、公正，也制约着考核的实际效能。要增强考核的科学性，避免年终一考定优劣等现象，就要加强日常考核，使考核由过去的一次考核向多次考核转变、静态考核向动态考核转变、事后考核向事中考核转变、结果考核向过程考核转变。各县（市、区）在考核实践中普遍探索建立的月自查、季汇总、定期检查制度、重点工作联合督察制度、重大项目观摩评价制度、建立台账制度等，都是加强日常考核的有益探索。只有不断探索加强日常考核的制度和办法，才能进一步增强考核工作的公信力，提高考核工作的科学化水平。

（2012年11月《调查与分析》第14期）

对贫困乡村农民增收的调研与思考

李润林　邓晓辉　马海刚

全面建设小康社会，重点在农村，难点在贫困乡村。近日，我们对吉县的壶口镇、文城乡和大宁县的太古乡、曲峨镇四个特困乡镇的10多个村进行了调研。情况表明，实现这些乡村农民的稳定增收，需要采取一些特殊的政策措施。

一、基本情况

吉县和大宁县都是国家扶贫开发重点县，两县总人口分别为11万人和6.9万人。其中，农业人口分别为8.5万人和5万多人，农业人口占总人口的比重都接近80%；国土面积分别为1777平方公里和967平方公里。其中，耕地面积只有30万亩和24.5万亩。这就是说，虽然两县国土面积不小，但可利用耕地很少，是典型的山区农业县，实现农民增产增收较其他地方更为艰难。2011年，全省农民人均纯收入为5600余元，吉县和大宁县分别为2428元和1666元，均不达全省平均水平的一半，而我们调查的吉县壶口镇、文城乡，最高村分别为1121元和1172元，最低村只有950元和1092元，大宁的两乡也是这种状况。应当说，经过多年各级党委、政府的支持帮助，以及全县上下的积极努力，农民收入有了较大增长，县容村貌也有了很大变化，但从未来发展看，仍面临诸多困难和挑战，择其主要点有以下几个方面：

(一) 生产生活条件差

主要表现在，一是自然环境和立地条件差。两县境内都是山大谷深，塬岭相连，峰峦重叠，沟壑纵横，农业立地条件非常差；气候属暖温带大陆性气候，春季干旱多风，十年九春旱；夏季气温较高，降雨集中，多有伏旱；秋季多连阴雨，冬季寒冷干燥，平均年降雨量500mm以下。二是水资源及利用还不能完全满足人民生产生活需求。多年来，通过建设一些水利工程，基本解决了人畜吃水问题，但存在的问题是，遇到旱年，水位下降，水提不上来，自来水工程就成了个蓄水池。更为主要的是，现有水利工程还没有能够解决生产用水问题，如吉县现有粮果业的灌溉面积不达3000余亩，只占全县耕地面积的1%左右。三是居住条件差。在我们所接触的村舍中，大多数还是土坯房和土窑洞，尽管政府大力支持乡村危房改造，但由于上级政府投入少、县级和村民个人配套能力差，以及宅基地难落实，使这项工作还难以实现快速进展。四是村级道路状况差。我们所去的乡村，多数道路等级低，加之年久失修，不仅直接影响到农民增收，而且给人们出行和孩子上学带来很大困难。去吉县的文城乡，开车要走近2小时的山路；吉县壶口镇的中市村，离县城30多公里，全是危险山路，农民进一次城来回要花费50元，每天也仅有一趟。到了冬天，常遇雪天路滑，几乎中断与外界的联系。同时，因交通不便，这些地方的苹果每斤要少卖0.8/斤元左右。

(二) 增收门路窄

我们所调查的乡村，其经济结构和收入来源基本上是都是以传统农业为主，增收门路单一。一是粮食、果树等种植业比重大，养殖业比重小。在粮食种植方面，主要以玉米、马铃薯、小麦、豆类等小杂粮为主，靠种粮基本能解决吃饭问题。至于果树种植，吉县已经起到了很好的示范作用，也得到了吉县和大宁两县上下的普遍认可，但在我们所调查的乡村，因多种因素制约,多数农户在种植业上还未培育起能够支撑稳定增收的主导产业。二是养殖业只在个别农户起步。近年来,在吉县、大宁都提出要发展养殖业,大宁县还提出发展"一畜一沼二亩园"。对此,广大农民有养猪、养羊的习惯和积极性,但由于受封山禁牧的约束,养羊难以发展;至于养猪,因资金、技术等条件制约,只是个别户进行传统式饲养,多数农民还没有发展起来。三是二、三产业发展缓慢。除少数农户从事小型加工粮食、小型运输、小门市,以及农闲期间就近打些零工外,其他工资性收入,只有少数年青人进入城市打工,但因素质不高,只能从事一些低级的、简单的、收入很低的劳动。如壶口镇中市村有几位年轻人在太原富士康打工,从事的是又苦又累和对身体有害的工作,其收入只有1000多元,不得已只好返回农村。四是农户所能得到的财产性收入和补贴性收入,主要是享受政策给的种粮补贴、退耕还林补贴、农机具购置补贴等,其中,一些补贴在逐步减少并将停止发放。如退耕还林补贴,2004年吉县首轮到期的退耕还林面积为3000多亩,剩余部分也将在2015年到期,每亩补贴收入也由过去的170元变为90元。

(三)致穷因素多

就整体情况而言,作为支撑农户收入的农业生产,绝大多数经营的是坡耕地,立地条件很差,加之他们从事的都是以传统经验性的种植业为主,因而没有摆脱对"老天"的依赖。就是说,风调雨顺,收益就好些;一遇灾年,就可能返贫。正如农民群众所言,病的问题还有保险帮助,而遇到灾年,除了政府给一点救济外,没有别的办法。就具体情况看,由于贫困村民长期收入有限,自身积累很少,造成其致穷和近贫因素也很多。有的是因病致贫,如壶口镇中四村的张虎明,全家4口人,靠一亩多果园和退耕还林补贴,即可收入近万元,再加上其本人每月到壶口镇做些小本生意,日子过得还算可以。但前两年不幸妻子得了脑梗塞,花费5万多元,其中,住院治疗费2万多元,新医保报销1万多元,目前还有2%/月的2万元贷款,家庭生活非常困难。有的是因房致贫,如壶口镇中四村的张水龙,盖了五间新房,因此欠了信用社贷款8万元。除上而外，还有因学致穷、因婚致贫等多种情况。第三，值得一提的是，我们所调查的村，绝大多数集体经济都是空白，甚至有些村还负债累累。由此形成村级组织不仅难以在脱贫致富上发挥作用，就是在帮助农民解决一些燃眉之困都力不从心。

(四) 干部群众致富能力欠缺

主要是农民整体素质不高，增收能力差，大多数农户的文化水平在初中及以下。从干部方面看，近年来，由于外出务工成了农民挣钱的快捷途径，贫困地区农村党员特别是年青党员迫于经济压力，纷纷加入外出务工的行列，这中间不乏党员、干部和党员骨干，致使基层干部难培养、培养难，甚至出现了"断档"现象。我们所见到基层干部都是憨厚老实、品端行正、群众信得过的带头人，但这些人存在的普遍缺陷是，文化知识水平低，开拓见识少，工作能力有限，带头致富和带领群众致富的能力不强。多数干部不仅对如何发展村级经济，带领群众共同致富更显得力不从心，就是自己都难以实现致富，他们每天能做的就是按部就班完成好乡党委、政府布置的一些日常性工作。另外，这些年政府为提高乡村组织的文化科技水平，大力鼓励和引导大学生到农村任职，但对于贫困村来说，因其生产生活条件太差，很难留住这些人，更多的是挂个名，"镀上一点金"，然后想法走出去，在我们调研过程中，还没有遇见一个大学生村官，也没有听到群众对大学生村官的评价。基于上述，如何提高农民整体素质尤其是村级干部的素质，培养能够带领群众致富的干部队伍，也是我们需要引起高度重视的一个问题。

二、增收建议

实现贫困乡村的稳定增收，是一项涉及因素多，就目前来看，应把工作重点放在以下几个方面：

（一）强化主导产业的培育

要实现农民增收，首先要有主导产业为支撑。从吉县、大宁的实际情况看，要重视抓好粮食、林果等种植业的发展。传统的以小麦、玉米、杂粮为主粮食种植业既是解决农民吃饭问题的保障机制，也是实现农村稳定的基础。林果业尤其是苹果的种植，是农户实现增收的重要产业，如我们调查的吉县，全县苹果种植面积达28万亩，农民人均3.5亩，苹果总产量为16万吨，产值达到4亿元以上。苹果产业实现了"五"个80%：84.8%的耕地栽植了苹果，82.3%的行政村成为苹果专业村，80%以上的农民从事果业生产，农业总收入的80%以上和农民人均纯收入的80%以上来自于苹果，苹果业已成为吉县农民增收、农业增效的第一大特色主导产业。大宁县也提出了"生态立县、林果富民"的发展战略，力争五年内新增苹果栽植面积10万亩，实现"人均二亩园、家家奔小康"的目标。其次，蔬菜业也有很好的种植条件和发展前景。大宁把立地条件好、水资源丰富的东、西、南三川确定为发展蔬菜大棚，力争用3至5年时间，实现沿川万亩水浇地大棚全覆盖，打造临汾西山绿色高效设施蔬菜基地，这项工作已经起步并初见成效，如大宁曲峨镇曲风村村民师民生用2.5亩地种植蔬菜，上半年收入为1.5万元，下半年收入也在万元以上，加上西瓜、粮食等种植业收入，今年的总收入可达6万元左右，人均收入在2万余元。因此，今后要按照省里"一村一品"的部署要求，围绕解决基层干部群众实施力差等问题，切实帮助村、户理清思路，选准产业发展的突破口，其主要工作重点放在帮助村级制订发展规划，抓好产品项目落实等方面。

（二）制定切合实际的扶持政策

盘点我省近年来的强农惠农政策，除种粮补贴、新造干果经济林补贴外，其他如龙头企业、生猪养殖、蔬菜补贴等，贫困乡村都享受不上或享受很少。所以，推动贫困乡村发展，要制定和调整一些扶持政策。在指导思想上，要把过去面上的"扶大、扶优、扶强"与贫困乡村急需的"扶小、扶弱、扶贫"结合起来。一要降低惠农项目扶持标准门槛。如大宁的诸多农户具有养猪的传统习惯和强烈的愿望，如果发展前述的猪—沼气—果树模式，一家饲养5—10头猪，加上其他收入，就可以基本实现稳定脱贫。问题是这样的小规模饲养都达不到省里的扶持标准，农户难以获得政策支持。二是取消项目的县级财政配套。吉县、大宁反映，从2009年以来，贫困村进行危房改造，要求县级财政支付配套资金。而这些主要以农业为主的贫困县，解决"吃饭"和公务问题都难以应付，再让县财政配套项目资金更无力承担，由此形成移民搬迁工程难以快速推进。所以，基层干部反映，应考虑取消贫困县项目的县级财政配套。三要考虑一些特殊惠农政策。吉县、大宁都是退耕还林重点县，实施退耕还林结果是，生态改善了，但耕地少了，牧业不能发展了，更为主要的是，就是每亩90元的补贴在三年后将要停止发放，农户面临无地、无补贴收入的困惑。四要解决贫困乡村"五保户"供养等民生问题。现在面临的问题是，供养标准大幅提高，集中供养和分散供养标准分别由2010年的1800元、1200元提高到2011年的3600元、2000元，但集中供养缺乏经费保障。如吉县在上级支持下，建起了一个县级中心敬老院和两个乡镇敬老院，但由于县级财政财力有限、乡镇没有独立财政收入，敬老院难以正常运转，"五保户"集中供养问题难以得到解决。

（三）加大支持和服务的工作力度

发展农村经济，实现农民增收，需要各级政府提供多方面的支持和服务。一要搞好金融创新及服务。面对贫困乡村金融组织不足，发展和建设资金非常短缺的实际，要在加大财政投入力度及充分发挥其引导作用的同时，更为主要的是建立适合贫困区域特点的金融组织机构，加强诚信体系和担保体系建设，加快小额贷款公司的培育，通过采用农户联保等方式，允许农民以房屋、土地、林地承包权等有效证件作抵押，以解决农户农户贷款难、融资难的问题。二要是大力引导和鼓励贫困乡村专业合作社的发展。近年来，我省农民专业合作社获得了很大发展，但贫困县的农民专业合作社覆盖面还很有限，就我们所调查的乡村，还未遇到一个服务功能强、农户认可度高的合作社。今后要重视搞好培训指导，重点扶持，促进农民专业合作社的发展，使其在农民脱贫致富中发挥作用。三要加强农田水利基本建设。农田建设方面，主要是着眼于发展现代农业，大力推进中、低产田改造特别是缓坡地的改造，夯实农业发展基础。在水利建设方面，主要根据这些地方紧靠黄河，水资源丰富，但同时又存在旱地多、水地少的实际，大力发展水利事业。对此，省水利厅已经确定了包括吉县、大宁在内的在西山沿黄中小型提黄泵站灌区，要加快建设进度。项目建成后，可有效解决这些地区大面积的红枣、果树、核桃等经济林提供灌溉问题，改变农业靠天吃饭的局面。四要抓好民生改善和扶助。主要抓好群众最关心、最迫切的村级道路建设、危房改造和灾年救助体系建设，让他们过上"出行顺畅、安居乐业"的生活。

（四）强化项目资金的集中使用

多年来，各级政府投入了大量资金以推动视贫困地区的发展，但存在的问题是，各涉农项目资金来源和管理多以"条条"为主，而这些主管部门又各有各的政策，各有各的规划、标准和要求，如农户危房改造，住建部门有自己的规划方案，扶贫部门有自己的移民搬迁方案。还有财政扶贫和以工代赈两部分资金分别由各级财政、扶贫和计划部门管理的模式，很不利于贫困地区各级政府统一规划和实施扶贫开发项目。同时，由于项目资金的多头管理，既难以避免项目实施的交叉、重复，也使原本就不充裕的资金难以集中起来办大事。所以，基层同志们反映，要按照"渠道不乱、用途不变、统筹安排、各负其责"的原则，强化项目资金整合，以项目来安排资金的作用，充分发挥县级的统筹作用，即在资金到县后，实行一套班子负责、一个部门管理、有关部门按职责分类实施的工作制度。以新农村试点建设为例，按照集中安排建设项目、集中投入建设资金的要求，将各单位实施的涉农项目，根据规划部署和各项支农投资管理规定，进行调整、优化、整合，提高资金的使用效益。

（五）抓好班子建设和干部群众素质的提高

一要针对农村基层组织存在的党员干部文化层次较低、先进性不突出，科技素质低、致富能力弱等问题，着力配强配好村级班子，既要重视选好配好能够带领群众致富的支部书记，又要重视每村配备素质较高、懂科技的村委干部和大学生"村官"，同时还要积极鼓励和引导大中专学生和企业到贫困乡村去搞经营、搞开发，以带领、引导和示范群众尽快实现脱贫致富。二要针对农民群众整体素质低下的问题，通过采用电视、广播、座谈，以及外出观摩等多种形式，大力开展对农民群众的思想教育，让他们充分了解和掌握党的方针政策，以充分调动他们的积极性。要广泛开展科技兴农活动，加强实用技术的培训，加大专业技术人才培养力度，加快新品种、新技术、新农机的推广步伐，切实提升农民群众的致富能力和水平。

（2012年11月《调查与分析》第15期）

建设全产业链是转型跨越的战略选择

李文恩

全产业链是一种全新的产业发展模式，日益受到政府与企业的重视。山西作为典型资源型经济省份，延伸产业链条，构建全产业链，实现资源增值、企业增效、产业提质、多元发展，是现阶段我省转型跨越的重大战略选择。

一、全产业链是产业经济的新命题

全产业链最早是中粮集团提出的企业发展模式。这个概念一经提出，就引起了学界和社会广泛关注。从本质上讲，全产业链是产业价值链贯通、扩展、衔接、延伸，而形成的产业链式生态结构，是一个从源头到中端再到终端相互衔接、相互贯通的循环链，上游为中游提供原料，下游为中游提供市场，形成内部供求关系，从而抵御风险、提高资源利用率和市场话语权。全产业链的基本形态是通过全产业链模式使上下游形成一个利益共同体，产业的上下游贯通和相关产业聚合是其表现形式，资本的融合是最重要黏合剂、催化剂，技术的创新是产业发展的内在动力。

全产业链是发展理念和方式的创新。建设全产业链不仅是对生产函数中资本、技术等重要生产要素以及相互之间关系的重新认识和运用，更是对产业或行业建设甚至于一个地区经济发展方式的重新选择。其内容包括了产业上下游的纵向延伸和横向扩展、整体资源配置平衡、技术进步与品牌建设等，创新在全产业链建设中贯穿始终。建设全产业链还是在对产业行业、经济环境和发展趋势深刻认识基础上的主动调整的过程，是从市场需求出发，满足需求、创造需求，在一定产业和行业内以某种适应市场的商业模式进行积累成长，创造新的产业模式和产品，不仅在战略层面具有前瞻性和长远性，更是经济社会发展中最具实践性的具体内容。全产业链建设以客户需求为导向，推进技术进步，有利于产业整体提升，特别是在目前全球市场竞争格局下，能够推动从最初的"大规模竞争、核心技术竞争、大品牌竞争"向"全产业链一体化的平台竞争"，上升至"创造刺激需求下的产业生态链体系竞争"的持续转型，从而促进产业集约化发展，增强产业行业抗风险能力，这对于资源型产业的意义尤其重大。

全产业链是产业发展的布局方式。作为一种新的增长模式，全产业链是在对产业发展趋势把握的基础上，根据产业发展需要，把产业链上下游产业和相关产业进行取舍和重新布局的过程，通过"看得见的手"和"看不见的手"对资源进行配置，提升对现有资源和未来资源的掌控能力，并促使企业资产在产业链不同环节更有效地配置，从而减少交易成本和风险，使产业布局更加优化、合理，产业发展更加迅捷、安全。从表现形式上讲，全产业链本身是一个开放的系统，打通全产业链，就意味着打破行业分工，同时介入产业链上下游多个环节，把握产业链的衔接和边界，也是对内部产业的布局问题，如果把内部关系不大的上下游产业强行放在一起也起不到提升效率作用。全产业链同时还是循环产业建设，全产业链的循环，可以是大循环，也可以是小循环，而每个循环都会对整体产业链有刺激促进的作用，所以全产业链作为一种独特的增长模式，也是产业循环布局模式，如果能够很好地把握，对以新的方式实现产业转型具有非常关键的作用。

全产业链是产业发展的重要方向。通过对优势产业进行上下游的整合，建立全产业链，以产业链的竞争优势取得市场竞争优势，是很多地区和企业的战略选择，中粮集团是这个战略的首创者和实践者，其以构建农业产业的全产业链来提升综合竞争力，逐步成为领军农业产业的"旗舰"企业。全产业链的最重要的作用，是保证稳定的原材料供应和合理的价格，避免价格波动对企业造成的影响，不能掌握资源、原材料供应，竞争就会处于下风，我国的钢铁行业曾受制于世界三大铁矿石供应商，就是比较典型的例子，只有打通上下游产业链，这些问题才能得到有效解决。全产业链具有的最大的优势，是分散风险，保证利益均衡和最大化，比如煤炭与电力两个紧密关联的上下游产业，产业割裂造成利益此消彼长，势必增大产业风险，打通产业链条，走出煤电一体化的路子，则成为解决矛盾的最佳选择，这也是全产业链模式发展的最终之意。

二、全产业链对山西产业发展意义重大

山西是煤炭产业门类比较齐全的省份，但是长期以来，"一煤独大"始终是制约我省转型跨越发展的瓶颈。构建全产业链，建成以煤为基、多元发展的产业格局，对山西实现转型跨越具有十分重大的现实意义。

建设全产业链是资源型经济的本质要求。山西作为一个典型的资源型经济为主的省份，处于产业最前端，"沿海一发烧，山西就感冒"，这是山西经济发展的长期窘态。1999和2009年两次金融危机造成的困难局面，最根本的原因，是产业链条短、经济结构单一，造成的抗风险能力不足，煤炭能源原材料市场一旦疲软，对我省整个经济发展的冲击比沿海地区更加猛烈。从这个层面上讲，建设完全意义上的全产业链，通过核心竞争力跨行业传递形成竞争优势，控制上下游产业确保本行业地位，打通上下游产业创造更多商机，对于实现我省经济结构战略性调整具有重要意义。因此，不仅要把建设全产业链看作企业发展的一种模式，更要上升为省经济发展的整体战略，以此保证我省经济又好又快发展。

建设全产业链是产业发展状况的实际需要。我省煤炭一枝独秀的特点极为强化，2011年，煤炭工业占GDP的比重超过31%，煤炭、焦炭、冶金、

电力还是最主要的支柱产业,这些产业基本都集中在产业链的初端和价值链的低端,产品附加值、企业效益、产业水平相对较低,是以传统产业为主导的重型化、初级化的产业结构,总体上产业链条短、深度浅,产业链条上高附加值产业比较少。最典型的问题是煤炭生产的两端上游的设计和建设、下游的加工和销售环节相对发展不足;科技创新领域不宽,科技成果转化率不高,在科技引领下发展和创新的新产业缺乏;产业链环衔接上不紧密。无论是从促进我省产业结构调整出发,还是从产业发展壮大的需要出发,都必须建设对产业发展具有刺激、孕育、生成作用的全产业链,实现产能大型化、生产集约化、产品高端化、发展多元化,为山西产业转型提供新的推动力。

建设全产业链是现阶段经济发展的必然选择。省第十次党代会提出要抓好"两件大事",今年我省经济工作会议又确立了推动更多企业进入全国百强、进入世界 500 强的任务,实现这个目标,必将对我省经济发展产生重大影响。从我省的现实状况来看,经过煤炭资源整合、焦化行业整合,虽然企业"块头"变大,省属七大煤企煤炭产量占到了全省产量的 60% 以上,但总体上运行机制、发展机制和创新机制还不完善,金融人才缺乏、资本运作能力不强,科技自主创新能力有限,与真正意义的企业"航母"还有相当距离。从西方发达国家的经验看,打通全产业链,实现上下游贯通的优势,这是优势企业发展的最终结果。对于全省来讲,实施全产业链战略不仅是优势企业发展的内在要求,也是我省经济发展到现阶段的必然选择。

三、以煤炭为核心的全产业链是主攻方向

煤炭是山西的"工业食粮",对于山西来说,围绕煤炭产业纵向延伸、横向扩展,围绕煤炭资源,发展相关产业,发挥产业集聚和工业生态效应,形成资源高效利用的全产业链,通过产业链式发展来促进我省经济的可持续发展,这是顺理成章的选择。

(一)构建煤炭全产业链的主要模式。建设我省煤炭全产业链最基本的

作用是通过打通产业链条，挖掘资源充分利用的潜力和寻找新的经济增长点，实现产业结构优化升级，提高抵御市场风险的能力。因此，煤炭全产业链要把握煤炭市场的实际需求，构建起符合实际的、产业链上各产业相互协调的全产业链模式。从纵向来讲，是以煤炭和煤炭精深加工为主的产业链，以煤炭开采为起点，形成煤—化、煤—电、煤—电—铝等产业链；从横向来讲，对煤炭伴生资源，以及煤副产品、煤炭开采中的次级资源加以综合利用，形成矸石—电力、矸石—建材、天然气—燃料、化工原料等产业链；从产业链延伸来讲，是在纵向主导产业链基础上对各种副产品、次级资源进行耦合，形成焦炭、甲醇、炭黑、化肥等多种产品结构和以电能、热能为基础的产业链体系；再进一步，把煤、电、煤层气、不锈钢、铝、镁等我省的传统优势结合起来，开发、延伸新产业、新产品。这个以煤炭为基础的全产业链一旦在我省完全打通，必将对我省经济结构实现战略性调整、促进经济协调发展产生不可估量的作用。

（二）构建煤炭全产业链的实现路径。构建煤炭全产业链，是从宏观到微观涉及经济发展战略的系统工程，同时也是一个具体操作的实施过程，必须进行全面把握和设计，形成以现有产业为依托的产业、资本和技术贯通，上下游各个环节衔接紧密，链条上各产业规模、产业结构相互协调的有机整体。以资本融合为纽带。产业融合是经济发展的必然趋势，是产业结构高级化的重要表现。要充分发挥龙头企业的核心组织作用，进行全产业模式兼并、合并，通过资本运作形成资本融合，扩大全产业链模式规模，强化上下游产业的内在联系，形成完整稳定、运作灵活产业链条，实现以资本融合为纽带的产业融合。以技术创新为动力。加大科技投入，强化具有市场竞争能力的新产品科技研发，持续优化产品结构，通过科技创新，补足全产业链环结构，提升全产业链核心竞争力，促进创新产品尽快形成有竞争力的新产业。以产业联盟为基础。以满足当前市场需求为出发点，发挥市场牵引作用，通过企业间合作建立产业链联盟，以共赢的合作模式，来协调、整合产业联盟内成员单位相对资源优势，形成产业链合力，提升产业在国内、国外两个市场的整体竞争力，促进联盟成员单位自身发展及相关产业繁荣。

（三）构建煤炭全产业链的组织体系支撑。以政府为主导，其基本作用是"顶层设计、规划引导、重点布局"。具体来讲，就是从国家能源发展的宏观环境和我省煤炭及相关产业发展的实际出发，以产业发展、产业协调和产业衔接为根本，搞好煤炭全产业链的顶层设计，根据产业链上各相关产业的发展状况，制定产业发展的具体规划，以规划引导产业发展目标的实现；根据产业主体功能区的划分和"三大基地、十三矿区"的分布，综合煤种分布特点，以及水资源、土地资源和环境容量等条件，统筹煤炭、电力、煤化工、高耗能产业，以及资源综合利用等产业的空间布局；有效发挥职能作用，制定支持政策、监督规划和项目建设的执行。以行业协会为支撑，其基本作用是"综合协调、咨询服务、利益维护"。具体来讲，就是根据政府宏观决策，制定并执行行规行约和各类标准，协调本行业企业之间的经营行为，对本行业产品和服务质量、竞争手段、经营作风进行严格监督，维护行业信誉；研究本行业面临的问题，为会员单位，政府等机构提供各种市场信息，提供法律方面的咨询与服务，供企业和政府参考；充分发挥桥梁纽带和支持作用，协助企业解决争端、应对诉讼等，维护本行业经贸利益。以企业为主体，其基本作用是"创新理念、技术研发、优化产业、提升效益"。具体来讲，就是要加强企业的宣传培训，使企业逐步树立全产业链发展的思想理念，自觉主动地融入全产业链建设实践；加强理论研究和技术研发，通过交流合作，了解国内外产业发展状况，学习相关经验，特别是推进煤炭高效利用和共生、伴生资源开发和利用的技术成果，以及产业链耦合、延伸产品开发的新技术，为全产业链建设提供技术支撑；根据产业分工和产品生产内在联系，建立关联度高的产业网络，提高资源效率，减少废弃物，延长资源使用周期，实现企业间共享资源和互换副产品，为推进全产业链建设奠定良好的微观基础。

四、全产业链建设的关键是政策机制保障

构建煤炭全产业链是我省调整经济结构、实现转型跨越的十分迫切的重大战略。因此，必须加大推进力度，从人、财物、资源、政策等各方面予以充分保障，不断推动全产业链建设的发展。从目前来看，我省全产业链建设最主要的问题来自于政策保障方面。比如，煤矿企业办电的审批难与煤矿企业办电需求的矛盾，国家产业政策对高耗能产业的限制与我省产业需求的矛盾，采矿权与采气权权属分离的问题，等等。如果这些问题不能得到有效解决，对我省的局限可能不仅限于全产业链建设，甚至对全省整个经济结构战略性调整都会造成影响。因此，必须建立相对完善的政策机制保障，切实解决全产业链建设的制约问题。

（一）用足用好现有法规政策，积极推动煤炭全产链建设。一是要充分发挥我省综改试验区的政策优势，把自主性和创造性发挥到最大，只要政策法律没有明文禁止，都可以大胆尝试，把政策用足用好，对于涉及国家层面的政策，要积极做工作，力争国家给予最大程度的理解和支持。二是要把握全产业链发展的方向和重点，在我们事权范围内，搞好顶层设计，在规划编制、产业政策、物力财力等方面给予倾斜和支持，从产业机制上探索产业相互之间匹配的培育、促进、扶持的机制，形成积极的政策导向。三是要从管理机制上，推行"链条式"审批，打通上下游产业配置的通道，解决产业政策、环境容量等方面的制约，以最有力的支持、最宽松的环境、最优惠的政策、最宽容的心态，把建设全产业链这件事情办好；对"增环补链"的限制类项目，要放宽审批条件。

（二）修订完善有关制度，为发展煤炭全产业链创造良好的政策环境。一是修订产业政策，制定严格的煤炭资源消耗、污染排放等标准，促进新技术、新工艺、新材料的应用，推动煤炭产业升级，依法规范煤炭市场秩序，为全产业链发展创造良好基础环境。二是研究建立煤炭产业积累衰老

期转产资金制度，积聚专项资金用于发展新产业；重视合理开发和协调发展，促进矿业城镇产业结构调整和经济发展，支持资源枯竭矿区经济转型。三是对于新型煤化工、煤炭资源综合利用重大项目，特别是高端化、全循环的环保项目，在建设用地上优先供应，以最大限度满足产业发展需求。四是根据我省产业实际，加强高耗能产业项目的申请、申报，确保产业链条的完整。

（三）充分利用经济杠杆，大力发展煤炭全产业链。一是制定优惠的财税政策，对煤炭企业发展延伸产业给予财政贴息、税前还贷等政策；对产业链上采用先进技术、工艺与设备的企业，减免增值税、所得税等，或实行消费型增值税、加速折旧等政策，调动企业发展新产业、新技术、新装备的积极性和可能性。二是规范排污费管理，提高现行排污收费标准，协调国家免收矿井水排污费，并鼓励或奖励企业对矿井水进行综合利用，以缓解水资源缺乏问题。三是税费征收适当倾斜，在资源税征收上体现出级差，对于省内就地转化的煤炭资源，资源税征收适当减免；适度降低这部分煤炭的煤炭可持续发展基金的征收标准，鼓励和刺激煤炭企业进行资源就地转化的积极性。四是构建良好的投融资平台，设立一定数额的产业发展资金，专项用于贷款贴息、担保和重大先进设备购置补贴，构建以政府投入为引导、企业投入为主体、社会投入为补充的多元投融资体系。

（四）积极采取行政手段，提高企业发展全产业链的积极性。一是鼓励企业开发循环经济项目，尤其是对煤炭企业申报的燃用低热值煤炭资源的坑口电厂项目，要优先发展，加快审批，确保尽快建设投运。二是出台奖励政策，逐步建立资源回收、开发新项目奖励制度，对煤炭矿井水的循环利用、塌陷地复垦、粉煤灰、煤矸石综合利用等方面给予优惠政策，提高煤炭企业综合利用资源的积极性。三是努力建立有利于资源就地转化及产业链延长的保障体系，建立重大项目协调推进体制机制，搭建省内外的交流合作平台，定期由省相关部门组织煤炭、化工等相关行业和企业举办项目洽谈会和产品推介会，促进各项目标任务的具体落实。四是把煤炭全产业链建设的责任、措施和各项目标任务转化为具体的管理指标，增强各级、各部门、各企业贯彻落实省委、省政府决策的积极性、主动性，不断促进工作水平的提升。

(2013年2月《调查与分析》第2期)

以黑补绿促转型 建设美丽新山西
——山西转型跨越综改试验之我见

梁若皓

省委、省政府确立的"转型跨越"发展战略，高瞻远瞩、深谋远虑，确实切中了山西时弊，抓住了发展之要害，指明了科学发展的方向。我省作为全国能源重化工老基地，能够积极争取到中央给予的"资源型经济转型综改试验区"，这是一个十分难得的历史大机遇。今年是全省"转型综改试验"启幕之年，起好步、开好局意义深远！因此，各地在积极实践探索的同时，科学论证必须及时跟进，特别是在"为什么转？往哪里转？如何转？"的一些关键认知上，应尽量避免出现盲目大于清醒、冲动掩盖理性，甚至以跨越取代转型的不良倾向。

一、认识上需再提高

去冬今春，北京及北方其他城市大面积的极端雾霾天气的出现和呼吸道疾病的群体性爆发，再次敲响了环境的警钟！许多地方采取企业限产、停产，甚至采取汽车限行的严厉措施来缓解环境压力，传统产业带来的重污染问题已经严重影响到了人们的正常生活，这与当初的发展愿望是完全相悖的，我们不得不对传统产业结构和发展方式再次进行深度反思。看过中央电视台连续大篇幅"空气焦虑"的报道之后，更加体会到我省实施"转型跨越"战略的重大意义。

我们需要明白一个事实：世界各国资源枯竭城市转型发展都是一大难题，而山西恰恰是典型的资源型经济结构。因此省委、省政府高瞻远瞩，积极争取国家特批我省搞"转型综改"试验。老实说，现在我们山西多数人还没有真正感觉到这种危机的存在，对山西可持续发展所面临的困难和挑战仍认识不清、估计不足，因此对"转型跨越"的战略意义及其必要性、紧迫性自然也就认识不高、决心不大。

必须深刻理解国家确定我省为"转型综改试验区"的特殊战略意义。战略意义就在于我们所依赖的煤炭资源还未完全进入衰退期，真正的价值正是我们尚处在可以通过"以黑补绿"、实现自主转型的"时点"上，具有"缓坡刹车"、未雨绸缪的特殊意义。假如当资源已经枯竭或者环境已经难以为继了，我们再想"转"可就真的是"回天无力"、后悔莫及了。山西长期作为"能源重化工基地"，曾经为国家建设做出过巨大贡献，但在资源开发过程中对自然的破坏和对环境污染的代价也是十分沉重的，现在中央给了我们"先行先试"的特殊政策，这正是千载难逢的大好机遇，必须牢牢抓住不放，一抓到底，抓出成效。

党的十八大已将生态文明建设作为重大战略任务，把建设"美丽中国"作为战略目标。且不说我们自己的环境承受能力是否已临极限，当环境问题越来越严峻、甚至影响到国家发展战略的时候，当全国各地都在被迫重新调整能源结构的时候，我们的煤炭产业还能维持多久？这一天迟早要来，可能很快就会到来。当新型清洁能源可以替代传统煤炭能源的时候，山西经济将面临"灭顶之灾"，这绝非是危言耸听！可见"转型综改"已经不是想不想转和改的问题，而是已经进入了倒计时，真的是时不我待了。

二、思路上需再明确

我省的"转型跨越"发展思路与党的十八大精神完全相符，应该借助贯彻落实十八大精神，对我省的转型跨越方案再行精细化、具体化，总体目标、分项目标、实现路径、政策措施、任务分解、考核评价等等，都需要进一步梳理明确。十八大对中国特色社会主义，细化为道路、理论、制度三个层面，这对我省"转型跨越"有很大启示，我们的"转型跨越"战略的道路探索、理论研究、制度设计都还尚未完成。尤其是制度设计，山西人总是只习惯于要钱，不善于要政策，殊不知政策就是钱，是数不完的钱。我们需要认真借鉴当初沿海改革开放试点地区的成功经验。

先说总体目标，"再造一个新山西"的提法已经很久了，是一个偏重于"翻番"的速度型目标。如果结合十八大精神变成"建设美丽新山西"，走出一条"山西模式"来，这个目标定位既体现了与时俱进，又符合山西的实际发展需要，更反映了"转型"的真正内涵。

关于山西未来产业布局仍没有实现大的突破。袁纯清书记讲的思路很清晰，但各地在具体实施中却又有所"复旧"。要正确认识和全面理解袁书记提出的"以煤为基、多元发展"的丰富内涵，我认为仅从经济学角度讲至少有两层含义：一层含义是指工业体系内部，要立足煤炭资源走深度加工转化之路，延伸产业链条，发展循环经济，实现清洁生产。另一层含义是指社会产业发展不能单纯依赖煤及煤系列一条产业链，而要立足我省广义资源优势，多元开发，多向拓展，全面发展。如果再从社会学角度讲，则有着更加广泛的含义，包括经济、文化、社会、生态、民生等等。

再如在设计未来主导产业特别是支柱产业的时候，一定要首先吃透山西的"大省情"，然后再研究当地的"小区情"，不能各自为政，更不能丢掉优势另找优势。

关于山西优势资源问题：过去人们常说"山西之长在于煤、山西之短在于水"，这是山西资源现状最显著的一个特点，非常正确但并不全面。其实还应该有一句"山西之优在于史，山西之缺在于绿"。这样，我们就能清楚地看到山西的资源特点是"两长两短"。这四大资源，"长"的要充分利用，"短"的不补又不行，无论长短都是山西未来以人为本、全面协调可持续发展所不可或缺的重要基础和支撑。

先说两块"长板"：一是煤炭矿产资源，二是文物旅游资源，两个都是全国70%。煤炭资源不用多说，现在就是我们的支柱产业，问题在于过度开采和粗放经营，初级产品占比过大，深度加工转化不足，产品单一、技术含量少、附加值低，循环利用和清洁生产差距明显。

其实，解决环境问题的路径应该有两条：一是减排量，二是扩容量。两者是分子和分母的关系。减排是中央下达的目标任务，与节能降耗、技术进步、产业升级密切相关，必须持久抓下去。但我们绝不能忽略另一条路径，即增绿扩容、增加森林碳汇、涵养水源、调节气候、强化自净功能的根本途径。据最新资料显示：投资自然水资源基础设施的成本要比用于修建大坝、水处理厂和供水管道等投资要小得多，大概为1∶4。山西要实现"转型跨越"必须坚持"两条腿走路"。

关于文物旅游资源，山西是华夏文明发祥地之一，素有"中国古代艺术博物馆"的美称，"地上文物看山西、五千年文明看山西"。现在，山西文物古迹已有世界文化遗产3处，国家历史文化名城6座，现存地面文物古迹达31 401处，其中古建筑18 118处。属全国重点文物保护单位271处，名列全国第一；古代壁画24 000平方米，古代彩塑12 700尊，均居全国第一；宋辽金以前的地上木结构建筑106处，占全国70%以上。山西是抗战时期八路军的主战场，是全国抗战的核心区，红色旅游景点有120多处，其中有六大系列景区已被列入国家"红色旅游经典景区"。山西现有国家级风景名胜区6处，国家级森林公园18个，国家级自然保护区5处。

山西地处黄河中游，复杂多变的地质地貌、水文气象，造就了丰富多彩的自然旅游资源。据不完全统计，全省已知自然类旅游资源有历史名山、峡谷径道、森林、高山草甸、溶洞、泉水、瀑布、温泉、河流、避暑胜地、珍稀自然景观等12大类；人文旅游资源有寺观祠庙、石窟造像、长城遗址、历史名城、古代民居、古代墓陵、古人类遗址、文化纪念地、名人故居和遗迹、古战场遗址、博物馆、现代建筑工程及重大成就、名优特产市场及作坊、地方戏曲曲艺、珍稀人文景观、非物质文化遗产等十几类。

山西的文化旅游资源不仅众多，而且有许多"全国之最"。比如：中国最早的古人类文化遗址——西侯度遗址，中国最早的文明诞生地——陶寺遗址，夏商周断代工程最有力的科学证据——晋侯墓地，盛唐时期最大的桥梁工程——黄河蒲津渡遗址，中国现存最早的殿堂型建筑实例——五台山佛光寺东大殿，中国仅存的辽代建筑模型——大同华严寺天宫楼阁，世界现存最古老最高大的木塔——应县佛宫寺释迦塔，中国元代最杰出的壁画作品——芮城永乐宫壁画，东西方文化交流最珍贵的资料——太原隋代虞弘墓，填补我国美术史北齐绘画空白的代表作——太原娄睿墓壁画，中国现存最早最大的琉璃照壁——大同九龙壁，中国最具古城风貌的世界级历史文化名城——平遥古城，中国现存最完整的琉璃古塔——洪洞广胜寺飞虹塔，中国最大的武庙——解州关帝庙等。

山西地上文化旅游资源极其丰富，发展文化旅游业具有得天独厚的优势，且旅游是"朝阳产业"，前景广阔、无可限量。

三、视野上需再开阔

说到山西的旅游业发展状况总让人很尴尬，这不是少数人的感觉。山西是文物和旅游资源大省，但旅游业却是最差的省份之一。山西的文物旅游资源特点是：数量多、规模小、分布散。客观上受到一定局限，但这还不是问题的关键。我认为山西旅游之限与山西明显的两块"短板"直接相关。山西资源的两块"短板"：一是水，二是绿。绿少则水缺，水从根本上还要靠绿来解决。一句话，山西环境污染严重，生态条件在恶化，人均水资源仅为全国1/5，森林覆盖率仅为18%，荒山秃岭随处可见。

山西的旅游产业之所以兴不起来的原因，除了各级重视不够、宣传不够、投资不够外，最大的制约因素，就是超负荷采煤、过度依赖煤产业带来的大气环境和卫生环境污染、自然生态环境破坏和水资源越来越枯竭！旅游业最重要的功能"游山玩水、陶冶心情"的乐趣丧失了,那剩下的就只有"上车睡觉、下车看庙"了!

尽管许多外地游客也知道山西是文化大省,但出行旅游的首选一定是环境优美、空气清新的地方。一提到山西,人们首先想到的是煤,接着联想到的是漫天粉尘和满目疮痍。山西纵有"金銮宝殿"也吸引不来游客!我们"腰缠万贯"的煤老板为什么不是移民海外,就是移居海边呢?这很值得我们深思。

山西的文化旅游产业现在不热,不等于将来不热,更不等于就没办法热起来。"转型跨越"必须要下决心解决制约山西又好又快发展的"瓶颈"问题。"瓶颈"就是生态资源和水资源的短缺,它不仅严重制约着文化旅游业的兴起,而且将直接限制着煤炭资源产业的可持续发展。而要解决水资源问题,要实现煤炭资源的可持续发展,要想让旅游业兴旺起来,要实现生态文明,要建设"美丽山西",一切的一切,根本出路都落在了一个"绿"字上。一绿能让百业兴,一绿可使百事成!

现在我们还有一大战略任务,就是实现城镇化。山西的城镇化路子应该怎么走?在水资源严重短缺的情况下,不能搞单打——"孤军深入",而要与"转型跨越"深度结合,综合研究,统筹安排,协调推进。如果我们坚持走大城市化道路,那旅游还是"热"不起来,甚至会更"冷";但如果我们走一条人文与自然相结合和中小城镇化的道路,那么全省"星罗棋布"的景点分布状况,正好适应了城乡互动和区域统筹的需要,这种均衡分布的特点恰恰会变成优势。

山西的资源特点,既是劣势也是优势,既是包袱也是财富,既是负担也是资源。我们需要金山银山,更要绿水青山,白云蓝天、绿水青山就是金山银山。

但,真要"绿起来"绝非一日之功!所以,许多急功近利、只顾眼前的人并不愿意去做。可是,若等到 10 年、20 年资源枯竭之后再去做,恐怕就已经没有条件了!

要真"绿起来"可绝非小事一桩!所以,必须拿出"十年磨一剑"的胆略和气魄来,"以煤为基、多元发展,绿字当先、转型跟进",综改试验的重大意义也正在于此!

旅游被称为"眼球经济"和"杠杆产业",是越开发越多的产业,旅游资源是不动资源,人们必须进来才能消费,它能大量吸引游客和投资进入,可以拉动其他相关产业发展,活跃整个经济!旅游的功能在于"吃、住、行、游、购、娱"综合配套。山西的文化源远、文明流长、景点丰富多彩,如果再加上生态优美、环境宜人、服务优良,不仅山西的老板们不想出去,外地、外国的老板们也想进来。我们的任务就是要让人们"进得来、游得开、留得住、有看头"。

可以说,当山西"绿起来"、游起来之日,就是综改试验、转型跨越真正成功之时!"人说山西好风光""汾河流水哗啦啦"将不再只是对美好过去的回放,也不只是对美好未来的憧憬,而是对美好现实的歌唱!

四、路径上需再清晰

山西持续发展需要绿,小康生活需要绿,宜居环境需要绿,旅游兴省需要绿,生态文明需要绿,美丽山西需要绿。"绿"既是生存需要,更是发展需要。"转型跨越"的现实路径只能是"以黑补绿",舍此我们别无选择!

植树造林我们已经搞了几十年,但真正的成效和付出很不成比例。因此,要认真借鉴右玉经验和安泽经验,必须坚持科学规划、科学论证、运用科技、科学发展、埋头实干;必须"咬定青山不放松",换班子不换主义、调干部不调思路,一任接着一任干!

那么,全省大规模的生态绿化建设资金从哪儿来呢?

"转型综改试验"的最大利好就是我们可以向中央争取政策。具体要什么政策,需要向沿海地区虚心学习,结合山西实际认真进行研究和设计,这是当前"转型综改"最急切需要解决但还没有认真做好的事情。任何改革都是需要成本的,"转型综改"尤其如此。笔者认为,国家批准我们搞试验,不仅仅是为了给全国探路,更重要的是对山西过去的"牺牲"和生态历史欠账给予一定的补偿和机会。因此,我们要积极争取中央给予山西"转型发展"的资金扶助和政策支持。资金扶助主要是两方面的需要,一是自然生态环境建设和修复投资,比如国家在大的河道综合治理、大型水利设施、水源地建设、地质灾害治理、山林草地生态建设、农田水利基本建设、土地改良等等方面给予倾斜或实行"报账制";二是煤炭转化所需新技术、新工艺、新材料的研发、试验、引进以及人才技术引进所必要的投资和奖励配套等。总之,起步阶段要多提困难,多铺摊子,多哭穷,多要钱。一般来说,这些扶助资金的争取,对已经现成的项目比较好争取,但后续项目的资金争取会随着时间的推移而越来越有难度。

因此,我们要借鉴前些年(上世纪80年代至2000年)国家曾给过我们的政策——"通过煤炭运销环节收取煤炭生态补偿基金"的办法,用政策换资金。那个时候(80年代),吨煤价格只有几十元,所以仅收取吨煤水资源补偿费2.5元、育林基金3~4元,还有排污费1.5元,每年省里能集中30多亿元,太旧公路建设、"引黄入晋"工程都派上了用场。现在吨煤价格已涨到上千元了(成本只需不到一半),完全可以多收一些。为什么过去"以煤为基、多元发展"的路子一直走得不快?原因是大家单纯挖煤很赚钱,没有压力和紧迫感。如果现在开始收缴"煤炭资源生态成本"(只是一部分),就可以促使企业积极走深度加工、延伸产业链、循环经济、清洁生产之路。这是"一举两得"之举。如果按每吨原煤提取200元生态环境补偿基金(林地破坏及恢复基金50元、水资源补偿及涵养基金50元、地质灾害和土地治理基金50元、污染补偿及村镇建设基金——含村镇基础设施建设50元),那么年产10亿吨煤就可集中2000亿元!我们如能争取十年的政策就是两万亿,能干很多大事情!

这每年2000亿、十年两万亿元通过地方税务部门收取回来之后,中央不参与分成,全部留给山西用作"转型发展、以黑补绿",一半用于生态修复、山水土地治理和历史文化村镇建设,一半用于产业、技术创新研发、人才技术引进和环保科技项目配套奖励。

同时,新规划建设100个"自然生态保护小区",每个生态保护小区初期规模不小于50平方千米;再规划建设100个"千年历史文化名镇"(不含县城所在地),每个文化镇的初期规划面积不小于5平方千米(与城镇化建设同步推进)。

以上两种"小区"尽量与自然和人文知名旅游景点统筹规划、同步建设、综合配套。通过精心打造,使山西的旅游业一举提升为叫响全国、支撑全省的主导产业之一!

现在不愁没项目、没资金,愁的是没有好环境。这种政府投资导向,会吸引和拉动几倍、十几倍的社会投资和融资跟进,山西将会形成一场"新兴产业投资大革命"!

五、措施上需再加力

有了总体规划、目标定位和实现路径之后,各产业门类、各行业分类、各市县分解仍需继续细化量化,设定阶段目标,严格进行考核。

"磨刀不误砍柴工",路线方向问题、道路问题则是关系生死成败的大问题,必须首先要选准、选对、选好。其次是理论研究要跟上,制度(政策)设计要精细。切忌几个"千万不能":千万不能把安排部署的事情当成已取得成效的事情,千万不能把正在做的事情当成已经完成的事情,千万不能把想要做的事情当成已经做成的事情,千万不能把理论上完成的事情当成实际工作完成的事情。"转型跨越"尚任重道远,要有"五年打好基础,五年显现成效,五年巩固提高"的思想准备。

综上所述,我省"转型跨越"综改试验,必须在"建、要、试、转"上狠下工夫、多做文章。"建"是目标定位——建美丽中国山西模式;"要"是试验价值——要生态建设资金政策;"试"是有益探索——征资源开发生态成本;"转"是跨越之基——走多元创新发展之路。目标模式中应包含:未来产业定位(如精细化工、文化旅游、现代服务、生物制药、装备制造、环保产业、特色农业等)、生态环境定位、科技创新定位、城镇化发展定位、民生改善定位、社会进步定位等(转型目标应该是个"五位一体"的综合转型定位)。

我理解山西"转型综改试验区"建设,不应该只是煤炭工业上的事,而是全社会的事。从长远战略上看,"转型综改"内涵丰富,不仅要求资源利用要转型、主要产品要转型,主导产业也要转型,经济发展模式、社会发展方式以及这里人们的生活质量和生活方式都需要转型。这是由山西发展目前所面临的自然、经济、社会客观现实的特殊性和十八大所确定的整个国家未来"五位一体"战略走向所决定的。这个试验,不能只是"头痛医头、脚痛医脚"的试验,更不能是"此路不通再回头"的试验。必须认真研究和借鉴国际、国内所有地区先进经验,高瞻远瞩,立足当前,着眼长远,充分调研多方论证,科学规划,精心实施,真抓实干。

山西位于东部、西部结合处,北京、西安两大古都之间。是东西结合部、南北交汇处。作为尧、舜、禹的故乡,五千年文明的发祥地,如何立足资源(境内境外、地上地下、物质文化、煤炭旅游、区位优势、市场趋势),着力转型,明确定位,选准路径,很值得认真研究和全面科学规划。

山西转型跨越、创新发展路径问题,创新是个关键课题!分析山西落后的主观因素——主要是观念落后、体制落后、技术落后。因此思想观念创新、体制机制创新、科学技术创新是重中之重。创新就是要敢于走别人没有走过的路,观念创新则是一切的源头。

必须清醒地看到:煤炭是基础产业、是不可再生资源、是重污染产业、是可替代能源、是夕阳产业。——挖煤不可持续,靠煤不会长久。——总会有被替代的时候。

必须清楚地看到:文化旅游是终端消费产业、是新兴朝阳产业、是不冒烟的绿色工厂、是"眼球"经济和杠杆产业,是越开发越多的产业。——

路子越走会越宽阔！

刚刚富裕起来的13亿中国人一旦"游"起来，已经成为拉动世界经济的巨大引擎。现在全世界都知道"中国人不差钱"，我们为什么只知道"出游"送钱、却不想法"拉客"挣钱呢。

深埋在地下的煤炭资源能被我们冒着生命危险挖出来运出去卖，明摆在地面上的丰富的文化历史旅游资源却怎么就没人重视、不去投资开发利用而白白浪费甚至废弃呢。

山西"转型跨越"需要打"总体战"、出"组合拳"。当生态文明建设已经成为全面建成小康和实现现代化重要任务的今天，我们是向这个目标越走越近，还是越走越远呢？在生态培育修复上，我们已经背负着沉重的历史欠账，我们绝不能再欠历史的账！"转型跨越"必须把"生态兴省"作为基本战略，做大叫响！黑转绿是大方向，以黑补绿是实现途径，以黑带绿、以黑建绿是辅助工程。早转才能早主动，早改将会早受益。

（2013年4月《山西内参》增刊）

关于太原西山生态修复与晋阳湖区建设的调研报告

郝光荣　赵付忠

太原市西山地区生态治理修复和晋阳湖地区改造建设，是太原市转型跨越发展示范区和建设综改先导区标杆项目。研究、关注、促进此项目的有效实施，对推动全省转型跨越发展和综改试验区建设具有积极的引领作用和示范意义。

一、西山生态修复与晋阳湖区建设取得阶段性成果

总规划面积210平方公里的西山生态治理修复工程（165平方公里）和晋阳湖区改造建设工程（45平方公里），在短时间内取得了突破性进展。在2012年全省观摩检查组太原汇报点评会上得到省领导和省直部门领导的较高评价，也受到省内外媒体的高度关注。

太原市西山地区作为老煤矿基地，经过80多年的连续开采，水土流失、植被破坏、环境污染，生态环境受到致命性毁坏。2011年以来，太原市委、市政府加大了西山采煤沉降区的生态改造力度，通过机制创新，动员社会力量，吸引12家国有、民营企业在西山前山地区开工建设了12个城郊森林公园。不到两年的时间，完成高标准绿化6万亩，栽植林木700多万株，治理

山体破坏面 51 万平方米；治理一电厂粉煤灰池 1000 亩，清运垃圾 280 万立方米；引水上山铺设输水管线 51 公里；建成 88 公里西山旅游与森林防火公路。

长达 88 公里旅游防火公路，将西山规划的 17 个城郊森林公园全部连接起来，并串联起了西山上 38 处国家、省、市级文物保护单位，是一条集观光旅游、森林防火、融山于城、山湖相连、贯通西山南北的大通道。长达 30 公里分布全市南北的 8 条通往西山的道路，将全市各城区与西山 12 个城郊森林公园和旅游与森林防火公路连接起来，使太原市民可从西山脚下任何一处径达西山各景点。目前，西山上还建起了 6 座高山湖泊，"高峡出平湖"的意境令人油然而生。

晋阳湖是中国北方地区最大的人工湖。按照市委、市政府将晋阳湖建成太原市未来经济重要增长点和高品位新兴城区的思路，在晋阳湖区高标准规划的基础上，2012 年以来，晋阳湖除险加固改造工程顺利推进，湖区基础设施建设全面启动。蒙山大道等四条道路建设和风峪河等四条河渠治理都已开工；湖区周边 13 个城中村的拆迁工作全面启动；区域内企业关停搬迁工作全面展开，目前已关停 2 家、破产 4 家。太化集团已经开始停产搬迁，煤气化集团已经停产，一电厂的搬迁改造也正在研究中。结合西山的生态修复和企业搬迁改造，晋阳湖及周边地区将成为美丽太原的重要展示区。

二、西山生态修复与晋阳湖区建设的重大意义

西山生态修复与晋阳湖区建设是太原市加快转型跨越发展和建设一流省会城市重大战略举措。210 平方公里的生态文明建设规划面积对于市区规划面积 370 平方公里（建成市区面积 310 平方公里）的影响带动作用，将是根本性的和颠覆性的。加快西山地区生态治理修复与晋阳湖地区改造建设，着力打造西山、晋阳湖区风光带，塑造新的城市品牌，在追求经济、社会、生态三大效益动态平衡的基础上，使旅游与自然、文化与人类生存环境浑然一

体，确保发展的可持续性和资源的永续利用，对加快太原市转型跨越发展、建设综改先导区和生态宜居城市、太原率先践行综改区先行先试将产生重大而深远的影响。

1. 有利于集中治理西山污染企业，加快生态修复建设。西山地区是太原市煤矿采空带和工业污染带。山体裸露和生态植被破坏现象严重，采空区和塌陷区土地荒芜明显。西山地区分布着煤矿、水泥、采石、洗煤等300多家重污染工业企业，占全市污染总量的50%。治理重污染企业，加快生态修复，形成人与自然和谐相处，经济与社会共同进步，是省城科学发展的客观需要，是广大人民群众的共同愿望。

2. 有利于推动老工业基地改造，加快资源型经济转型。西山和晋阳湖地区分布着太化、西山煤电、一电厂、煤气化集团等一大批资源型、化工类工业企业。多数企业亏损，发展举步维艰。加快老工业基地改造，关停并转水泥、焦化、化工等"三高一资"行业，加快资源型经济转型发展迫在眉睫。

3. 有利于整合西山旅游资源，加大文物资源保护力度。西山和晋阳湖地区有晋祠、天龙山石窟、晋阳古城等38处国家、省、市级文物古迹，承载着深厚的晋阳文化积淀。挖掘文化历史资源价值，整合西山旅游资源，大力发展文化旅游产业潜力巨大。

4. 有利于依托独特山水环境，发展现代服务业。落实省对太原市要求，发挥西山和晋阳湖生态环境优势，建设集山水湖泊生态环境的产城一体化新区，构建以现代服务业为核心的现代产业集群，是贯彻省委、省政府建设省会服务业名城，提升太原在全省第三产业、特别是现代服务业的地位和水平的重大战略举措。

5. 有利于改善民生，推动城乡统筹发展。加快西山生态修复和晋阳湖区建设，可以有力地推进西山和晋阳湖地区城中村和棚户区改造，构筑生态宜居新区，实现开发与保护双赢，改善老工业区人民群众居住生活条件，提高山上村民的收入水平，进一步提升统筹城乡经济社会发展水平。

6. 有利于探索推进政府管理方式的转变。西山地区生态恢复和晋阳湖区建设是由太原市西山地区综合整治办公室（简称"西山办"）负责建设的。"西山办"采用"政府主导、市场运作、园区承载、公司打造"的生态治理修复模式，用市场经济办法，调动企业、民间各方面力量，推动西山和晋阳湖区的超常规发展。其工作力度、推进速度和工作效率都取得了突出成绩，富有创新意义，对不断提高政府管理科学化、高效率、服务型水平大有裨益。

总之，建设生态西山和晋阳湖区，是市委、市政府做出的重大战略决策，是省委、省政府的期待，也是省城人民的殷切期盼，是功在当代、利在千秋的伟大事业。

三、目前存在的主要问题

1. 西山生态修复政策措施缺乏法律确认，影响企业投资建设积极性。政府鼓励企业投资西山城郊森林公园建设，允许在完成植被绿化的前提下，企业可在20%的范围内进行整体规划下的商业性开发。这一规定涉及集体土地流转、林地转让收购、土地指标等重要问题，虽然市政府已经作出承诺，但企业担心绿化后拿不到土地合法手续，影响今后企业资金投入和生态修复治理工作力度。

2. "西山办"体制创新不到位，影响整体工作进一步加速推进。一是作为政府临时性管理机构，企业投资和深化合作有顾虑。"西山办"作为临时性机构的局限性，影响建设工作的有效推进。无论西山绿化还是晋阳湖区建设，都需要土地作为支撑，需要资金科学运用，而"西山办"没有建设项目审批、财政、环保、工商、税务等方面权力，导致审批环节多、效率低，特别是在解决突出困难资金紧缺问题上缺乏多样化手段。同时，在招商引资、商务合同等方面，"西山办"的准政府性质，也给企业以不太踏实的感觉，影响了与金融机构、大企业的深入合作。二是法律授权不充分，运作不规范,协调能力较弱。"西山办"工作人员大都是借调人员,工资和各项费用主要由太原市国有投资控股有限公司垫付或原单位支付。建设范围涉及尖草坪、万柏林和晋源三个行政区划主体,协调事务多。虽然"西山办"当前的工作效率是比较高的,但作为临时机构容易受到现有体制的阻碍和法律上的限制,长此以往,对规范管理、调动工作人员积极性和国投公司正常运营都将产生不利影响。现行管理体制机制已经不能适应加快西山和晋阳湖地区建设改造的需要。

四、加快推进西山生态修复与晋阳湖区建设的思路与建议

1. 完善提升规划,使西山生态修复、晋阳湖区建设更具科学性、前瞻性和可行性。要突出体现生态文明建设,紧扣美丽太原新目标,明确为太原市转型跨越发展、综改试验的重点区域和标杆项目。要把省城的高度、深度、厚度体现出来,使"大太原"理念融入规划的每一个环节,充分优化城市功能,基础设施合理、齐全、配套,生态环境优美宜人,管理服务更加人性化、精细化、现代化,建成科学、完善、优美的新型旅游景观和宜居宜业的现代化新城。

2. 构建以生产性服务业为主导的产业体系,打造产城一体化的现代新城

——构建以现代服务业为核心的省城总部经济中心。太原作为省会城市和全省的交通枢纽,具有显著的区位、信息、金融、交通、科研、文化、商务等优势。大力发展第三产业,特别是现代服务业应当是太原发展的重中之重,这既是省委、省政府的发展战略要求,也是太原发挥自身独特优势,为全省经济社会发展服务的内在要求。目前,太原各城区和开发区都提出发展总部经济的目标,发展思路趋同,存在无序竞争现象。鉴于西山地区和晋阳湖未来发展的独特环境,建议应当在这一片区大力发展以现代服务业为主导、产城一体化的现代化新兴经济区,建设面向全省的技术研发(环保中

心、节能中心、模具中心等)、金融租赁、现代物流、法律服务、服务外包、产权交易、品牌设计、企业信息数据等中心,成为大企业地区总部、中小企业总部和基于现代技术的物流总部,实现各行业的专业化、信息化、网络化和规模化,成为引领太原工业发展的引擎和促进全省第二产业发展的核心区,成为充满生机和活力的知名现代服务业新城。

——构建以历史文化资源为核心、面向全省的大旅游产业。组织各方面力量,进一步充分挖掘西山极其丰厚的历史文化资源,将晋阳文化品牌打造成中国知名品牌。进一步做好集文化、山水、文物古迹和休闲为一体的体验式经典旅游线路规划,打造面向全省的全方位、高品位的西山旅游集散中心,推动山西旅游产业的大发展。

——构建以山水森林资源为特色的休闲度假会展产业。充分发挥西山森林公园和晋阳湖的山水自然景观优势,科学规划和布局不同主题和各具特色的山水森林公园,建设国际会议中心、会展大厦、精品酒店、艺术家村等休闲度假会展产业思路非常好,还需进一步提升档次,形成更为紧密的休闲文化产业链。发展农家乐、花卉园等农业主题公园。

——构建集文化创意、教育科研、高端酒店、娱乐餐饮等为主体的产城一体化美丽新区。发挥西山和晋阳湖山水配套、环境优美的独特优势,发展高档酒店、文化体育、创意中心、精品商业街、特色餐饮等休闲娱乐为主的传统服务业。构建现代商务中心、高端商务酒店、生态高档住宅集中区,形成现代服务业相配套的商务集中服务区,成为吸引优秀人才的高地和良好创新环境的基地。

3. 创新管理体制机制,成立西山开发建设管理委员会西山地区和晋阳湖区建设在短时间内取得初步成效,依靠的是体制创新和艰苦创业精神,但由于"西山办"是一个临时性机构,今后还将面临体制机制等方面的掣肘。为保证西山生态修复和晋阳湖区建设的顺利推进,建议将西山生态修复区和晋阳湖区作为特殊省级开发区对待,可将太原市西山地区综合整治办公室更名为太原市西山地区综合整治开发建设管理委员会。管委会是太原市政府派出机构，行使部分省级和市级经济管理职能，统筹所辖区域内经济发展，区域内政治、文化、社会职能仍由尖草坪区、万柏林区和晋源区三城区负责。大胆先行先试，最大程度地将综改区政策直接用于该区，精简审批事项，优化审批流程，简政放权，将省级、市级的多数审批权直接下放到该区，通过有限放权和提高效率将税收等让利于区内的三个城区，形成科学合理的制度安排，实现体制上的突破。

（2013年5月《调查与分析》第4期）

发挥好流通业的先导作用是加快我省转型跨越发展的重大战略

加年丰　李文恩

在现代市场经济条件下,流通业已成为引导生产、消费和产业发展的先导产业。流通业的改革与发展,对于综改试验区建设、促进产业转型、优化经济结构、扩大消费需求、创造劳动就业、增强城市功能等都具有十分重要的意义。当前,迫切需要深化对流通业地位与作用的认识,创新体制,完善政策,增加投入,创优环境,推进流通业发展壮大、功能提升,充分发挥好对我省转型跨越发展的引领作用。

一、我省流通业地位与作用的实证分析

改革开放以来,特别是"十一五"以来,我省流通业快速发展,流通体制不断完善,流通体系不断健全,经营业态不断拓展,经营规模不断扩大,在全省经济社会发展中的地位越来越突出、作用越来越重要。

(一)流通业在全省经济社会发展中的地位不断提高

"十一五"以来,我省流通业增加值增势强劲、比重明显提升。仅以批发零售业、餐饮住宿业为例,据统计,2011年,二者增加值合计分别占全

省第三产业和 GDP 的 27.97% 和 9.86%，与全国比较，同年全国的比重分别为 25.31% 和 2.13%，由此可见，流通业在我省的地位和作用更为突出。其中，批发零售业增加值增速达 16.0%，比 GDP 增速快 3 个百分点，所占比重达 7.5%，成为仅次于煤炭工业的第二大支柱产业。流通业对全省税收的贡献日益突出。2011 年，仅批发零售业和住宿餐饮业提供的税收占全省财政总收入和一般预算收入的 10% 和 17% 以上。流通业是劳动密集型产业，是就业富民的重要渠道，为缓解全省就业压力做出了重要贡献。2011 年，全省从事批发零售业和住宿餐饮业的就业人员合计为 238.5 万人，占全省从业人员的 13.71%，成为仅次于农林牧渔业吸纳劳动力的第二大行业。

（二）流通业对全省的贡献率与拉动力稳步提升

流通业是国民经济的重要拉动力量。实践表明，消费每增长 1 个百分点，可拉动 GDP 增长 1.05 个百分点，其中，流通业增加值每增长 1% 会带动 GDP 增长 0.32%，而投资每增长 1 个百分点，只能带动 GDP 增长 0.44 个百分点。近年来，随着投资的空间日趋缩小、效率不断降低，投资的贡献率和拉动力有所下降，消费对经济增长的贡献却在不断提升。2011 年，山西最终消费对 GDP 的贡献率为 41.15%，拉动 GDP 增长 5.35 个百分点，同比分别提高 4.37 个百分点和 0.45 个百分点。其中，批发零售业和住宿餐饮业合计对 GDP 的贡献率约为 11%，拉动 GDP 增长约 1.45 个百分点，同比提高 1—0.5 个百分点；而投资作用却大幅度下降，贡献率为 44.69%，拉动 GDP 增长 5.81 个百分点，分别下降 36.47 个百分点和 5.15 个百分点。随着国家扩大内需战略的深入推进，流通业的贡献率和拉动力将继续提升。

（三）流通业在改善民生中的基础地位不断凸显

流通业既是就业富民的重要手段，更是实现民生改善的重要途径。"十一五"以来，全省社会消费品零售总额年均增长 18% 左右，比"十五"期间提高 4 个多百分点。2011 年，全省实现社会消费品零售总额 3773.6 亿元，同比增长17.6%,在社会消费品零售总额中批发零售业占86.9%、住宿餐饮业占9.8%。更能反映老百姓消费结构升级的是新型商品消费的快速增长。"十一五"以来,全省限额以上批发零售企业主要商品零售额中,年均增速最快的是汽车类、建筑及装潢材料类、家电及音响器材类、通讯器材类和金银珠宝类,年均增长都在30%以上,对社会消费品零售总额贡献率最高的商品依次为汽车类、石油及制品类和家电音响器材类。

(四)流通业在增强全省经济活力中的功能日趋强大

现代市场经济体制下,非公有制经济是最活跃、最富有创新力的要素。改革开放以来,流通业是全省个体、私营等非公有制经济发展最快、最好的领域,非公有制流通业占全社会消费品零售总额55%以上,从业人员75%以上,已成为激活国有经济乃至整个国民经济的有生力量。同时,流通领域也是市场化程度最高、竞争最充分的行业,各种业态竞相发展,交易方式不断创新,有形、无形市场花样迭出,使人们时时处处感受到创新的激情、竞争的冲击和发展的动力。

二、对我省流通业作用与地位的理性思考

放眼世界经济的发展态势,洞悉现代市场经济的内在规律,透视东部发达经济体的演进轨迹,把握我省经济转型的未来需求,都不难发现流通业在社会再生产循环中的角色正发生根本性转变,迫切需要对其地位和作用进行全新认识和提升。

(一)流通业引领产业结构优化升级的功能将日趋强大

生产创造消费、决定流通正在成为历史,而消费引领生产、流通决定生产却正在成为世界潮流。从发达国家经济发展经验看,由于流通生产力率先发展,在开拓国际市场中起到了先导或导向作用,带动了国内产业结构、产

品结构和企业组织结构的不断调整，由此构成了国家持续增长的竞争力。因此，越来越多的人认识到，谁掌握流通渠道，谁就掌握经济命脉。近年来，随着我国经济快速发展，流通业由传统的"桥梁"和"纽带"，也逐步发展成为对市场具有终端控制力、对生产企业的生存和发展具有决定性影响的先导性产业，对推动第一、二、三次产业结构协调、优化正在发挥越来越大的作用。

然而，就山西流通业的作用和地位而言，其作用是"跛脚、瘸腿"的，不完整的，在社会再生产循环中的先导地位远没有确立，对促进产业结构优化升级的作用相对有限。就其客观原因来说，我省是一个生活资料采购市场在外、生产资料销售市场也在外，流通业的采购市场与销售市场在区域上脱节的非独立的经济体，消费和生产之间、三产和一、二产之间都可能不发生必然的联系，消费的增长、流通业的发展并不一定能促进本地一、二产的发展，更不一定能增强本地产业之间的互融、互动、互进关系。长期以来，山西产业结构的状况、山西流通业的作用就是如此。就其主观原因来说，现代市场经济意识淡薄，流通业的时代观缺乏，没有认识到流通业的先导性地位和引领性作用，重生产轻流通氛围浓厚，没有把流通业作为战略性产业，放在心上，抓在手上，加大投入，加大支持力度，致使流通业不仅自身发展不足，规模不大、结构不优，而且对其他产业的先导作用和对产业结构的促优机制受到了抑制。比如，本来可以通过开拓省外市场，做大做强我省小杂粮、干鲜果等特色产业；本来可以通过培育发展以煤炭物流为主的现代物流业以加快构建"以煤为基、多元发展"的现代产业体系，然而，都由于忽视了现代流通业的作用而使我省转型跨越发展步伐受到了制约。

（二）流通业在实施"内需拉动"战略中的作用不可替代

流通业是现代市场经济条件下连接消费与生产的桥梁和纽带，具有实现市场需求、开拓市场需求、创造市场需求的特殊功能。随着我省经济进入转型阶段，发展的动力结构悄然发生着变化，内需拉动已成为推进经济发展的主要动力和手段，而在"内需拉动"中，流通业起着至关重要的作用。

具体路径主要有：一是流通网点布局的不断完善，能大大方便消费需求。便利性始终是影响消费需求的重要因素。流通网点空间布局的调整和完善，多核心、多层次、广域化流通空间结构的形成，能够为居民的消费方式和消费行为提供更大的便利性和自由度，在更大程度上满足消费者对便利性的追求，在更广的消费空间上促进消费实现。二是流通效率的不断提升，能降低消费成本。先进的流通基础设施、技术手段和现代流通方式、组织形式和管理模式，特别是信息技术在流通领域的应用，能够加速流通业技术创新和技术进步，促使现代流通企业在实现规模经济的同时，有效缩短流通时间，降低流通费用，形成价格优势、规模优势和网络优势，有利于扩大消费。三是新型流通业态的快速发展，能促进消费结构升级。便利店、专营店、仓储式商店、折扣商店、百货商店、购物中心、超市连锁等等，这些各具特色、优势互补的流通业态，能够满足不同层次消费者的消费需求，有力地拉动和促进消费的升级。四是新兴消费模式的兴起壮大，能引导、扩大消费需求。电子商务的兴起，使得以信息丰富、成本低廉、方便购买、不受时间和地域限制为特点的网上消费，具有巨大的吸引力和影响力，丰富了消费选择，并发挥出创造消费的巨大潜力，实现在更大范围内、更多层面上扩大消费，促进消费总量的增长。五是农村流通网络建设的加强，能促进农村消费扩大。农村消费市场十分广阔，扩大内需的最大潜力在农村。万村千乡市场工程、新网工程、放心粮油工程三网合一的推进、农村现代流通体系的完善和多类型、多层次、多元化商品流通网络的建设，不但能够逐步提高农民的消费水平和质量，而且有利于农民消费结构的优化升级，形成新的消费热点和新的经济增长点。

（三）流通领域改革在综改试验区建设中的使命特殊

加快流通业发展，是推进我省"国家资源型经济转型综合配套改革试验区"建设的一项重要内容，是推进我省经济转型、实现跨越发展、再造一个"新山西"的重要途径。在新形势下,坚持以科学发展观为指导,创新发展流通业的体制机制,对山西省转型综改试验区建设有着特殊的意义。

首先,流通业在综改试验区建设中起着先导、促进作用。综改试验区建设的首要任务是产业转型,是新兴产业的培育,是工业的新型化。流通业的发展,不仅可以创新业态、孕育新的产业,而且可以创造消费,为推进新型工业化提供更多的市场和更多的机遇,更可以促进生产要素的整合、重组与集聚,促进工业内部的产业分工和产业升级,加快新型产业的成长,形成结构合理、新型多元、竞争力强的现代产业体系。其次,生产资料物流业的成长壮大对完善我省的市场经济体制具有重要的促进作用。衡量市场经济完善或成熟程度的两个重要尺度,一是生活资料的市场化,一是生产资料的市场化。目前,可以说生活资料的市场化已非常成熟,竞争非常充分。但生产资料的市场化程度却比较低,迫切需要加快市场化进程,推进相应的体制改革和机制创新。第三,流通业在综改试验区建设中承担"先行先试"的责任。山西流通业在转型跨越发展过程中,同样面临管理体制上的障碍、产业发展机制上的困境和要素保障上的瓶颈,一句话同样面临改革的繁重任务,要靠改革为发展开路,为发展提供体制机制上的红利和支撑。

三、加快我省流通业转型跨越发展的建议

当前,加快我省流通业发展既有机遇,又有挑战。如何发挥优势、破解难题,最大限度地挖掘发展潜力,是当务之急。

(一)以进一步提高认识为前提,加快流通产业转型跨越发展

发展流通业是建立和完善社会主义市场经济体制、发展现代化大生产的需要。现代流通业是现代市场经济发展的火车头,是现代市场经济的血脉和神经。小流通带动小生产,现代化的大流通带动现代化的大生产。没有流通业的现代化,就没有现代意义上的市场经济及其产业体系。我省是典型的以

生产资料生产为支柱的产业体系,市场经济发育相对滞后,加快现代流通业发展更有其特殊的意义。因此,要以省委中心组专题学习现代流通业知识为导向,利用各种媒体、多种形式,加大现代流通业知识的学习普及力度,在全省掀起学习现代流通业知识高潮,进一步深化对流通业作用与地位的认识,不断提高各级领导干部现代市场经济素养和驾驭能力。

(二)以优化产业结构为引领,完善流通业产业体系

一是积极发展连锁零售业,不断丰富零售经营业态。连锁经营,被称为"现代流通革命",是体现社会化大生产的现代流通方式。鼓励多元化流通主体之间、不同区域流通企业之间、流通企业与生产企业以及内贸与外贸等不同环节流通企业之间的重组、合并与联合,突破流通领域传统的条块分割状态,营造新型的流通组织模式。二是大力发展电子商务,降低流通成本,提高流通效率。要积极建设一批集信息发布、价格指导、网上交易、资源配置等功能于一体的行业门户网站,发挥无形市场的优势,鼓励大型百货商场、购物中心、连锁超市建设网上商城,扩大网上消费,拓宽电子商务覆盖面。三是培育本土流通龙头企业,增强本土流通企业市场主导能力。要加强对省内流通领域大公司、大集团工作的指导,政策上给予鼓励和优惠措施,大力推进产权制度改革,加速流通企业兼并重组步伐,提高流通组织集中度,增强企业创新能力,提高其核心竞争力,实现规模扩张,力争培育出一批具有国际竞争能力的大型流通企业。四是充分发挥我省的资源优势、区位优势和交通优势,以建设中西部物流中心为目标,大力发展以煤炭物流为主导的现代物流业,促进现代工业和现代流通业的良性互动。

(三)以扩大内需为动力,深化流通业体制改革

根据发达国家产业贡献规律,第一、二、三次产业对经济增长的贡献与经济发展所处阶段相适应。目前,我省正处在工业化中期向后期转变和服务业的贡献正在超越第一、二次产业的转折过程中,服务业对经济增长的贡献

在逐步提高。然而，由于体制机制和政策的原因，流通业促进消费、拉动内需的作用难以充分发挥。为此，必须深化改革，释放体制红利，以加快内需成为经济主要拉动力的进程。一是鉴于目前我省生活资料流通城乡分割、生产资料流通无人负责的局面，成立省流通委员会，以形成分工明确、权责统一、协调高效的流通管理体制和部门协作机制，加快现代流通业特别是现代物流业的发展。二是加快流通管理部门职能转变，强化社会管理和公共服务职能。在有条件的地区开展现代流通综合试点，加强统筹协调，加快推进大流通、大市场建设。三是完善批发零售体制，在城市建立健全以连锁为纽带、产权为一体、大型综合流通企业为龙头的流通体系；在农村建立健全以大型批发企业为龙头、万村千乡工程为支点、产权多元化的流通体系。四是鼓励民间资本进入流通领域，保障民营企业合法权益，促进民营企业健康发展。五是进一步提高流通产业创新能力，引进现代物流和信息技术带动传统流通产业升级改造。六是支持有条件的流通企业"走出去"，积极培育省内商品市场的对外贸易功能，推进内外贸一体化。

（四）以提升城镇化质量为方向，促进流通业网点合理布局

现代流通业设施已成为城乡景观的重要组成部分，成为衡量一个地区规划建设现代化水平的重要标志。必须围绕完善城镇功能、提升城镇化质量制定完善流通网络规划。制定全省流通节点城市布局规划，做好各层级、各区域之间规划衔接。科学编制商业网点规划，确定商业网点发展建设需求，将其纳入城市总体规划和土地利用总体规划。乡镇商业网点建设纳入小城镇建设规划。各地制定控制性详细规划和修建性详细规划时应充分考虑商业网点建设需求，做好与商业网点规划的相互衔接。完善社区商业网点配置，新建社区必须配套建设商业和综合服务设施，并确保其面积占社区总建筑面积的一定比例。按照公共服务流通设施公益化的方向，地方政府应出资购买一部分商业用房，用于支持社区菜店、菜市场、农副产品平价商店、便利店、早餐店、家政服务点等居民生活必备的商业网点建设。各地可根据实际发布商

业网点建设指导目录,引导社会资金投向。各中心城市要根据城市不同商业圈层规划的要求,规划建设高标准、高档次、有特色、有风格的综合型商业设施和商业街,使其真正成为城市的地标建筑和象征。

(五)以优化发展环境为抓手,推进流通业快速健康可持续发展

一是完善流通领域法律法规和标准体系。加强地方流通法律法规建设,完善地方流通行政法规体系。完善流通标准化体系,加大流通标准的制定、实施与宣传力度。二是健全支持政策体系。按照土地利用总体规划和流通业建设项目用地标准,统筹安排流通业各类用地,加大流通业用地支持力度;完善促进消费的财政政策,扩大流通促进资金规模,重点支持公益性流通设施、农产品和农村流通体系、流通信息化建设等;鼓励金融机构针对流通业特点,创新金融产品和服务方式,开展质押融资、商圈融资、供应链融资、商业保理等业务,创新消费信贷产品,改进消费信贷业务管理方式,培育和巩固消费信贷增长点;减轻流通产业税收负担。在一定期限内免征农产品批发市场、农贸市场城镇土地使用税和房产税。积极推进营业税改增值税试点,完善流通业税制;落实好鲜活农产品运输"绿色通道"政策,切实规范农产品市场收费、零售商供应商交易收费等流通领域收费行为。三是健全统计和监测制度。加快建立全省统一科学规范的流通统计调查体系和信息共享机制,不断提高流通统计数据质量和工作水平。扩大城乡市场监测体系覆盖面,加快监测信息成果转化。四是发挥行业协会作用。完善流通行业协会的运行机制,支持行业协会为流通企业提供法律、政策、管理、技术、市场信息等咨询及人才培训等服务,及时反映行业诉求,维护企业合法权益。五是强化人才队伍建设。大力培养流通专业人才,加快形成高校、科研院所与部门、行业企业联合培养人才的机制,积极开展职业教育与培训,提高流通专业人才培养质量。六是加强组织领导。省直有关部门、地方各级人民政府要将加快流通产业改革发展作为调结构、转方式、惠民生的重要抓手,加强对流通工作的协调指导和监督检查,及时研究解决流通产业发展中的重大问

题，完善配套政策和监管措施，保障流通产业改革发展所需资金，促进流通产业持续健康发展。

(2013年5月《调查与分析》第5期)

关于引进先进技术和资金
加快推进"气化山西"建设步伐的建议

赵付忠　刘庆忠

"气化山西"是省委、省政府作出的重大战略决策,是我省实施转型跨越、加强综改试验区建设的重要内容,其核心是充分利用我省丰富的煤层气资源、途径,我省多条国家级管道下载天然气以及其他洁净气体能源,优化能源消费结构,降低温室气体排放、改善环境,提高生产生活品质,实现生产生活低碳化。"气化山西"是我省能源结构调整的一次革命,涉及全省人民切身利益,需要调动各方面积极因素,加快推进建设步伐。最近从有关方面获悉,中国燃气凭借自身技术、资源、资金优势,正在积极寻求与我省合作,力争通过资源共享和合作共赢,加快推进"气化山西"建设步伐。对此,我们进行了深入调研。

一、中国燃气概况、优势及典型合作范例

（一）中国燃气概况

中国燃气即中国燃气控股有限公司,是在香港联交所注册上市的天然气运营服务集团,主要在国内从事投资、经营、管理城市燃气管道基础设施,

关于引进先进技术和资金加快推进"气化山西"建设步伐的建议

向居民和工商业用户输送管道燃气,建设及经营加气站,开发与应用石油、天然气相关技术。中国燃气目前已成为国内经营城市管道燃气、液化石油气、天然气开采、煤层气气田开发、天然气长输管线、进口 LNG 贸易、车船燃气业务的综合性一体化大型能源综合运营服务集团。主要股东包括北京控股、中国石化、英国富地石油、韩国 SK、亚洲开发银行等。截至 2012 年底,中国燃气旗下项目公司已超过 300 余家,遍布全国 20 多个省、市、自治区,总资产 400 亿元,年营业额超过 200 亿元,拥有各类管道燃气用户 1000 多万户、瓶装液化石油气用户 300 多万户,覆盖城市人口超过 1 亿,拥有高、中压管网和庭院管网总计 5 万余公里,投资建设各类车船燃气加气站 200 余座。其中,中燃清洁能源(深圳)有限公司是中国燃气的全资子公司,主要在国内从事车船燃气加气站投融资、天然气购销、装备采购、天然气产业链延伸业务等,具有一流的技术、资源、资金优势和实践经验。

(二)九大优势

1. 股东及战略合作伙伴优势

中国燃气是目前国内唯一拥有国家级大型能源企业——中石化作为股东的燃气企业,并拥有韩国最大的能源集团——韩国 SK 集团、英国能源巨头——英国富地石油、国际金融机构——亚洲开发银行等作为主要股东,同时也是国内唯一与两家国家级上游能源集团——中石油、中石化签署全面战略合作协议的跨区域燃气集团。依托股东方与战略合作伙伴在气源、资金、技术领域的优势,集团对"气化山西"建设可提供全方位强力支持。

2. 资金优势

为支持中国燃气做强做大,国家开发银行先期向中燃提供了 201 亿元人民币授信额度,中国工商银行、中国交通银行给予了 60 亿元人民币授信额度,中国建设银行、中国农业银行、中国银行、中国邮政储蓄银行、招商银行等,也不同程度提供了授信额度,集团拥有资金总量超过 500 亿元。近期,集团还获得了亚洲开发银行、皇家苏格兰银行、荷兰国家开发银行、法国国家开发银行、法国兴业银行、台湾23家银行财团7.2亿美元的长期信贷支持。据此，集团可为"气化山西"建设提供足够资金保障。

3. 气源优势

在天然气气源方面，中国燃气目前已构建并形成了自成体系的上、中、下游一体化产业链条，届时可依靠上游天然气资源以及稳定的气源运输，为"气化山西"提供可靠、充足的气源保障。特别是在上游气源方面，集团目前在我省柳林县拥有183.82平方公里煤层气资源，同时拥有已获国家资源局批准的53亿立方米气体资源量和天津LNG接收码头年近170万吨进口LNG气源，未来可确保山西用户足量煤层气资源供应。此外，中燃近年来在河北、天津、内蒙古等省、市、区建成并投入使用的LNG液化厂，可为"气化山西"提供多渠道气源保障。在天然气运输方面，中燃在河北、内蒙古、湖北等地拥有资质完备、经验丰富的天然气专业运输团队，可提供全方位运输保障。

4. 经营优势

国家实施西气东输、川气东送以来，中国燃气已在全国各地相继投资建设了200多个城市管道燃气项目，建成各类天然气汽车加气站200余座，项目遍及北京、天津、重庆、山东等20多个省、市、自治区，包括哈尔滨、呼和浩特、南京等10多个省会城市和宝鸡、芜湖、包头、淮南等一批大中型工业城市。此外，中燃拥有完善的技术、设备、服务（LPG）分销网络，在广东、山东、江苏、浙江、福建五省拥有8座液化石油气（LPG）专用码头、4个大型石化产品仓储物流基地、3套二甲醚生产装置，码头泊位能力达22万吨，LPG库容达27.47万立方米，化工库容量达7.8万立方米，已形成规范完善的石化产品销售与物流配送体系。与此同时，中燃还投资建设了国内唯一具有开采权的地方性天然气公司，在内蒙、河北、湖北、天津、重庆等地拥有多条长输管线，年输气能力超过50亿立方米。特别是在内蒙，还拥有2440平方公里的区域勘探开发煤层气权，具有独特经营优势。

5. 技术优势

关于引进先进技术和资金加快推进"气化山西"建设步伐的建议

在技术领域,中国燃气与中国城市燃气协会、哈尔滨工业大学共同组建了中燃—哈工大燃气技术研究院,这是迄今为止国内燃气公司首度与行业协会、大专院校联手组建的专业燃气技术研究院,通过与科研机构和行业协会的成功合作,该研究院积极从事燃气行业技术理论研究,从而使中国燃气在天然气输配、管网建设与养护、技术开发、行业人才培养教育等方面,具有强大优势。同时,中燃还拥有国内同行业唯一的甲级燃气设计院——重庆川东设计院,为天然气工程设计提供了强力技术支持。此外,作为外资股东方,中燃与韩国 SK 集团联合成立了合资公司,可为分布式能源项目提供全方位技术支撑。而英国富地石油,可为船舶油改气、船舶 LNG 加气提供首创性技术储备,在技术方面占据独特优势。

6. 经营管理优势

在城市管道燃气经营、加气站工程建设运营管控方面,中国燃气经过长期实践,已经总结并形成一整套模块化设计、一体化采购、规范化施工、标准化建设、全过程监管体系,经 200 多个城市管道燃气项目、200 余座车船燃气加气站实践检验,以高标准、高效率、精服务、安全高效运营赢得了广泛赞誉。

7. 企业改制优势

近年来,中国燃气先后参与了哈尔滨、抚顺、宝鸡、扬州、宜昌、芜湖、淮南等地诸多国有燃气企业改制,积累了丰富的实践经验,可确保企业在改制过程中平稳过渡、安全供气,特别是在不同体制融合、技术创新、管理和文化交流互补以及服务用户方面,具有丰富的实践经验,可帮助当地燃气企业走出困境,发展壮大。

8. 企业管理优势

在企业管理、激励机制方面,中国燃气依托香港国际金融中心,以扁平式、团队式管理模式取代传统的金字塔管理模式,使员工才智得到充分发挥。一是采用激励机制,为企业最大限度聚集保留了人才;二是在制度上破除以职位、级别衡量员工价值的做法,建立了以贡献衡量员工价值的理念和制度；三是在职务等级系列的上升通道之外，建立并突出了专业技术等级的上升通道；四是坚持从企业实际出发，建立了以目标责任管理和计划管理制度为基础的员工考绩奖惩任用制度，使考评与业绩挂钩，体现了科学、公平、公正和透明，为员工创造和搭建了公平竞争的平台，使员工积极性、创造性和企业综合活力得到充分发挥。

9. 企业文化优势

中国燃气重视建立以人为本的企业文化，基本理念是为社会提供最优服务、为企业争取最高效益、为股东实现最大回报、为员工搭建最广舞台。中国燃气的企业精神，概括为诚信、创新、合作。诚信，就是对己讲严谨、对人讲诚心、对事讲信誉；创新，就是开拓新视野、创立新思维、运用新方式；合作，就是上下有沟通、左右有交流、内外有配合。中国燃气注重文化观念的灌输和引导，着力提升企业核心竞争力。特别是在燃气行业，通过安全管理、人才管理、情感管理、制度管理，使员工以高度的主人翁精神和社会责任感，自觉履行职责，做好本职工作，用实际行动树立中国燃气的良好形象。

（三）典型合作范例

中国燃气组建以来，相继在国内投资完成了大量城市管道燃气建设项目，其中在黑龙江、内蒙古、辽宁、湖北、福建等10余个省市区全面推进清洁能源建设，取得了明显成效。目前在建的典型合作项目，主要有以下几个：

1. 气化龙江项目

中国燃气与黑龙江省达成协议，依托自身在哈尔滨、佳木斯、牡丹江等地的大型项目公司，一方面整合鸡西、鹤岗、七台河、双鸭山、绥化等地的城市管道燃气市场，形成有序科学发展，另一方面在各地级市市区、高速公路、交通要道、厂矿区分区域建设100余座汽车加气站，同时在全省推进煤层气开采及综合利用，力争在3-5年内实现"三位一体、气化龙江"的目标。

2. 内蒙高速公路清洁能源项目

中国燃气在投巨资建设呼和浩特、包头、鄂尔多斯城市管道燃气的基础上，力推高速公路重型载货车清洁能源项目，规划在 2-3 条主要干线布局 8-10 对约 20 座 LNG 加气站，届时每天可为超过 10000 台重卡提供天然气供应。此为内蒙古"十二五"十大重点节能减排示范工程，目前正在着力推进。

3. 国内天然气应用高科技领军项目

在清洁能源综合利用方面，中国燃气依托股东方及战略合作伙伴的独特优势，以及韩国 SK 集团分布式能源尖端技术，大力推广清洁能源冷热电联产项目，其技术在国内天然气应用方面属领先水平。在船舶油改气方面，中国燃气拥有国内最先进的船舶油改气和船舶 LNG 加气技术，并已取得 10 余项国家和海事局适航许可证，规划在长江沿岸建设 5-10 个大型内江船舶加气站，届时将建成国内最大的内河、内江岸基清洁能源运营基地。

4. 参与国有燃气公司改制项目

目前，中国燃气已成功参与完成或正在改制的国有燃气企业，分别有哈尔滨、辽阳、宝鸡、包头、扬州、芜湖、宜昌等地的燃气企业。通过改制，不仅可使企业摆脱困境，扭亏为盈，更重要的是可为用户提供优质服务，有效改善环境，助推当地经济发展。

二、中国燃气"气化山西"发展原则、总体目标、投资计划及实施方略

（一）发展原则

1. 总体规划、同步实施、快速推进原则

为助推"气化山西"建设进程，中国燃气凭借自身技术、资源、资金

优势和实践经验，坚持以加快实施"气化山西"总体目标为己任，以推动"四气"在山西的综合利用及产业发展为宗旨，从上游煤层气开采、中游天然气运输、下游城市管道燃气输送、加气站建设、分布式能源利用、天然气相关产业延伸发展等方面进行总体规划，在上、中、下游各区域多项目同步实施，并成立相应专业团队，集全力助推"气化山西"建设进程，并尽快投产供气。

2. 政府统一部署、市场有序开发原则

在投资"气化山西"建设过程中，中国燃气将根据当地政府统一部署和要求，在有关部门指导监督下，集全力科学规划、自主实施、安全运营，并按照市场化方式进行有序开发，力争通过新兴领域的示范和带动作用，推广和实现天然气在山西的综合利用。

3. 调整能源结构、可持续发展原则

中国燃气秉承"奉献绿色能源、服务山西发展"理念，将着力在煤改气、油改气等方面进行能源结构调整，力主通过天然气管网直供，支持工商业用户使用清洁能源，并大力推广天然气汽车在公交客运、煤矿重载车的应用，鼓励运输企业进行油改气，适度发展天然气发电和冷热电联产等多种方式，着力推进清洁能源使用，提升绿色产业结构，努力实现山西燃气产业的可持续发展。

（二）总体目标

为助推"气化山西"建设进程，中国燃气凭借自身优势和实力，力争到2020年实现如下目标：

1. 天然气可利用资源目标

在山西境内实现拥有上游每年5亿-10亿立方米的煤层气使用资源，届时可为全省不同区域用户提供每年超过200万吨的LNG资源保障。

2. 长输管线建设目标

在全省现有基础上，投资新建长输管线500公里以上，使之覆盖全省主要大中城市。

3. 城市管道燃气气化目标

在全省开发建设 50 个市、县（区）城市管道燃气市场，中燃管网覆盖地区气化率超过 40%，天然气年销售量超过 10 亿立方米，覆盖人口超过 1000 万人。

4. 清洁能源交通发展目标

在全省投资建设 100 座各类汽车加气站、10 座船舶 LNG 加气站、30 座高速公路服务区加气站，推广使用天然气汽车总量达到 50000 辆以上，基本形成全省主要交通枢纽、重要车辆停放区加气站的网络化覆盖。

5. 分布式能源发展目标

在全省推广 5 个大型分布式能源项目、20 个中小型分布式能源项目。

6. 大型工业园、开发区气化目标

在全省投资建设 20 个工业园区、开发区的配套管道天然气项目，实现气化工商用户达到 1000 户以上。

（三）投资计划

按照"气化山西"总体部署和阶段性目标，中国燃气计划在 7 年内投资 100 亿元，助推"气化山西"各项目工程建设。同时，着力推进车辆油改气、天然气发动机制造、LNG 气瓶生产、加气站设备制造等相关产业发展，带动总量投资超过 500 亿元，着力开创山西清洁能源综合利用新局面，为全面提速"气化山西"奠定坚实基础。

（四）实施方略

1. 参与制定总体规划

中国燃气作为国内最大的跨区域综合燃气运营集团，先后主导参与了许多省、市燃气建设"十二五"规划、整体布局和专业设计，具有顶层设计能力和经验。凭借自身优势和实力，愿参与制定"气化山西"总体规划、省级燃气管网、城市燃气、车船燃气加气站、分布式能源、工业园区气化工程设计等，助推"气化山西"工程项目科学合理建设，安全及时启动，稳定准时供气，快速带动天然气产业健康发展，力促"气化山西"在"十二五"末发生根本性变化。

2. 强化上游气源开发建设

在煤层气资源开发方面，重点做好柳林县区域内煤层气开发利用，加大煤层气管道运输、LNG液化厂投资力度，逐步形成围绕柳林县煤层气资源开发利用的上游气源供应网络，同时加大河北、内蒙古、天津LNG液化工厂、天津LNG接收码头外气内供运输能力，并根据下游需求在全省布局2－3个大型LNG仓储基地，为冬季气源调峰需求储备资源，确保气源供给；此外，进一步加强与中石油、山西国新能源的战略合作关系，在自身管网未辐射经营区域，形成稳定可靠的气源供应链。

3. 加大城市管道燃气建设力度

根据"气化山西"总体部署，结合各市、县、区天然气开发利用实际，一是对未建设天然气管网、经济不发达或欠发达地区，通过政府引导、招商引资、招投标等方式，加大市场开发力度，加快管道燃气建设；二是积极参与地方性煤气公司、燃气企业改制，通过并购吸收、合资合作等多种方式，帮助企业渡过难关，助力当地燃气发展；三是通过市场运作，运用资本杠杆，并购一批经营能力差、运作不规范、气源保障弱的中小型企业，提高气源保障能力，提升天然气综合利用水平。

4. 加快车船燃气加气站建设

重点是坚持从山西实际出发，统筹布局，分区域实施，着力解决在清洁能源交通领域存在的突出问题。一是在城区加气站布局上，与符合建站条件的企业强强联合，盘活闲置资产，在解决现有企业经营困难的同时实现加气站的网络化建设。二是在长途客运、物流运输领域推广清洁能源，一方面与客运企业、物流运输公司合作，加速清洁能源客车的更新换代和使用，另一方面在各地级市主要客运站、大型物流园区建设LNG加气站，形成全省公路运输城市节点加气站网络化覆盖。三是在重工业企业清洁能源汽车应用方面，探索通过与山西焦煤集团、太钢集团等大型企业合作，在厂区、矿区布点 LNG 加气站，以点带面，带动更多重型车辆进行油改气。四是在船舶油改气方面，在黄河、汾河等内河港口推广 LNG 船舶的应用与发展。

5. 推广分布式能源项目

根据国家有关要求，结合市场需求，借助韩国 SK 技术优势，集中开发 5-10 个分布式能源项目，从根本上改善大型企业能源结构，降低使用成本，间接提升当地产业投资环境，为吸引更多外资，促进经济发展夯实基础。

三、政策建议

为助推"气化山西"建设步伐，促进我省转型跨越和综改试验区建设，结合中国燃气实际，特提出如下建议：

1. 从加快推进转型跨越和综改区建设大局出发，提高对引进先进技术和资金，促进"气化山西"建设重要性的认识

转型跨越是省委、省政府作出的重大战略决策，"气化山西"是转型跨越和综改区建设的重要内容，是惠及全省人民的庞大民生工程。按照我省"气化山西"总体部署，到 2015 年，我省市级城市气化率要达到 92% 以上，县城达到 70%，100 个重点镇达到 50%，重点工业用户气化覆盖率达到 90%，煤层气产量达到 203 亿立方米，在全省构建形成"三纵十一横、一核一圈多环"的输气主干管网格局，总里程达到 5500 公里，省级年输气能力达到 250 亿立方米，实现全省一张网、全覆盖，并在充分保障省内需求的条件下力争余气外输。要实现上述目标，需要采取有效措施加快推进。最近，李克强总理主持召开国务院常务会议，专题研究部署大气污染防治工作，其中出台了主要包括大力推广清洁能源，加大天然气、煤制甲烷等清洁能源供应，强化节能环保指标约束，加大排污费征收力度等十项具体措施。据此，

今后一个时期，我国将着力在转变经济发展方式上下工夫，用法律、标准"倒逼"产业转型升级。并且突出强调，各级政府对当地空气质量要负总责。山西是能源大省，实现煤变电、煤变气是山西能源结构的一次历史性变革。目前我省转型跨越和综改区建设正在快速推进，我们要紧紧抓住这一机遇，真正从思想上提高引进先进技术和资金对加快推进"气化山西"重要性的认识，采取措施，认真抓好落实，这对助推我省经济社会发展，将产生重要影响。

2. 加强对"气化山西"工作的组织领导，以积极的姿态、务实的作风，认真做好先进技术和资金的引进工作

我省《综改2013行动计划》拟定的30个重点项目，"气化山西"位居第八，体现了省委、省政府对"气化山西"工作的重视。做好重点项目、先进技术和资金的引进，是我们的既定政策，也是加快推进转型跨越和综改区建设的重要举措，关键是要抓落实，见成效。燃气涉及发改、建设、规划、国土、安监、环保、消防等数十个部门，加快推进"气化山西"，平平稳稳按部就班推进不行，必须加大力度。我们抓转型跨越，抓综改区建设，抓重点工程，中国燃气为我们送技术、送资金，我们须高度重视，切实加强领导，转变观念，以积极的态度、务实的作风，认真做好先进技术和资金的引进工作。改革开放初期深圳建设经济特区时，打破常规，特事特办，按程序需要十几天、几十天办完的事，采取现场办公的形式，一上午几十分钟就办妥了，工作效率提高几十倍、上百倍。我们作为综改区，更应借鉴特区的经验做法，把工作做得更好。因此，建议省领导高度重视先进技术和资金的引进工作，必要时率团亲临实地考察，在了解掌握实际情况的基础上作出决策；有关职能部门要本着对三晋人民高度负责的精神，敢抓敢管，敢于担当；要摒弃部门利益思想，主动联系，搞好对接，有些还需要我们主动走出去上门邀请；只要是为三晋人民谋福祉，为"气化山西"做贡献，就要大胆地试，大胆地闯，大胆地抓；必要时可采取集中办公的形式，简化程序，提高效率，在项目的申报、审批、立项、建设、运行等方面给予强力支持，

关于引进先进技术和资金加快推进"气化山西"建设步伐的建议

力争以优惠的政策，宽松的环境，热情的服务，扎扎实实做好先进技术和资金的引进工作。

3. 引入竞争机制，运用市场化运作方式，营造宽松、平等的投资环境和公开、公正的竞争氛围。市场就是竞争，竞争才有活力，这是不依人的意志为转移的客观规律

近年来，通过各级不懈努力，我省"气化山西"已取得明显成效，但从市场运行情况看，经营主体相对比较乱，规模、性质、渠道各异，既有各地市煤气公司，又有天然气公司，还有国家、省级授权的煤层气公司，各公司之间为了争夺市场相互制衡，不利于燃气市场健康发展。造成上述情况的原因，主要是政府对燃气市场监管乏力，不少地方特许经营进入门槛低，同一地区，不同性质的燃气企业无序竞争，扰乱了市场秩序，也带来较大安全隐患。加快推进"气化山西"建设步伐，需要政府强有力的领导。要坚持从我省实际出发，制定统一规划，采取有效措施，分区域按步骤有重点地抓好落实；要适应市场需要，坚持从体制、机制入手，政府把握方向，进行宏观调控，运用市场手段进行运营管理；要坚持以有关职能部门为主体，健全运营管理机构，制定出台优惠政策，给予强有力的扶持；要尊重市场规律，引入竞争机制，在全省营造一种宽松、平等的投资环境，形成公开、公正的竞争局面，这对加快"气化山西"建设步伐是非常重要的。

4. 加强对"气化山西"重点工程项目的社会监督，强化质量建设，确保向用户提供优质生产生活服务

"气化山西"是一项庞大的惠民工程，直接关系到广大人民群众的工作生活。从气源供应角度来说，如果下游用气量始终达不到供气总量，则会造成燃气企业成本危机加剧，导致用气量指标逐步缩减；从供需角度来讲，城镇化进程加速，以及天然气汽车的快速推广应用，加速了下游天然气需求，而气源运输能力弱、气源储备能力低、天然气管网覆盖率低、加气站网点少必将制约和影响"气化山西"的建设进程。因此，"气化山西"既需要政府强有力的领导，更需要市场调节，运用市场手段，严格规范，强化监管，以

确保向用户提供优质服务。可以考虑适当提高燃气企业投资山西的准入门槛，鼓励大型企业参与燃企改制，同时对各辖区燃气企业进行监管，促进天然气应用健康发展。当前要注意解决好利益衔接机制问题，要坚持以政府为主导，以股份制为主要形式，以资产为纽带，把各地各类资源和具备实力的燃气企业有机联合起来，做到利益共享、风险共担，合资合作、共赢发展，形成"四气合一"的体制和可持续发展运行机制，共同助推"气化山西"建设步伐，为加快我省转型跨越和综改区建设，促进经济社会健康发展做出积极贡献。

（2013年6月《情况与建议》第1期）

高收视率 高关注度 高话题度 《寻找好声腔》成为传递社会正能量的新亮点

成五虎　杨艳芳

《寻找好声腔》是由中央电视台、山西卫视联袂打造的中国戏曲史上第一档大型戏曲真人秀节目。今年初在山西卫视热播以来,以其高收视率、高关注度、高话题度的"三高"现象展示了山西戏曲艺术绵长而深远的生命力。6月10日,由《寻找好声腔》优秀选手和山西戏剧职业学院学生联合编排"守望传统与文明"非遗综艺晚会在中央电视台播出,再次引起较大反响。

一、基本情况

《寻找好声腔》电视栏目由我省一向热衷于社会公益事业的民营企业山西鼎成文化传播有限公司出资赞助。该公司为了更好地把山西戏剧这种非物质文化遗产传承下去,今年春节期间,一次性投资近300万元,与中央电视台、山西卫视联袂打造了中国戏曲史上第一档真人秀节目。《寻找好声腔》以戏曲和山西民歌为媒介,旨在挖掘山西传统文化和优秀戏剧人才,向社会大众传递积极的、健康的、催人奋进的动力和情感。

(一)为山西的传统文化提供传播平台

《寻找好声腔》立足我国源远流长的戏曲文化,深入发掘戏曲自身的魅力,将我国多样的戏种集中呈现在电视荧屏上。其中,我省广为人知的四大梆子——晋剧、蒲剧、上党梆子、北路梆子争奇斗艳;民众基础广泛的山西民歌、阳高二人台闪亮登场;历史久远的珍稀剧种如啰啰腔、耍孩、碗碗腔、沁州三弦书、武乡鼓书等,第一次出现在了荧屏上,为观众带来了新鲜的感受。丰富的戏曲种类、参赛者精湛的演绎,使节目获得了戏曲界的首肯,也得到了非戏迷观众的喜爱。

(二)为基层戏曲表演者提供展示平台

《寻找好声腔》的参赛选手来自全国各地,他们之中有正规院团的专业演员,也有业余团体的戏曲爱好者,还有来自民间的草根艺人,他们不受年龄、性别、行业的限制,只要有好声腔,就落落大方地站在《寻找好声腔》的舞台上展示才艺,展示自我价值。

(三)为传递社会正能量提供"三高"平台

《寻找好声腔》第一季在未做预先宣传的情况下,在山西卫视黄金档分9期播出,收视率节节攀升,不仅戏迷乐此不疲,普通电视观众也被深深吸引,连续数周收视率排名山西卫视第一,引起轰动。国家新闻出版广电监管中心的《监听监看》简报,以"专题点评"对该栏目做了充分肯定。该节目的成功,在于它继承传统基础上锐意创新的文化定位;在于它既接"地气",又力求专业,做到了雅俗共赏;在于它立足山西本土文化资源,利用现代传播手段,专家创意、专业制作,传承山西非物质文化遗产的有益尝试;在于它以高度的文化自觉、文化自信和文化自为,通过《寻找好声腔》作媒介,传递社会正能量,引导积极向上的价值观。

二、对保护传承山西文化遗产的启示与建议

山西有着极为丰富的文化资源，但山西人却或多或少缺乏足够的文化自觉与文化自信，这是因为我们缺少能打出去的文化品牌。《寻找好声腔》的成功，让我们深感两个不足：一是对戏剧的重要性认识不足。盛世华音，戏剧绝不是酒足饭饱后的消遣，它是文化的载体，更是山西文脉的延续，是山西精神的呈现。对戏剧的保护与传承，不仅仅是对文化遗产的保护，也是建设和谐社会、幸福山西的重要举措。二是对戏剧深厚的群众基础认识不足。《寻找好声腔》播出过程中，发现群众对戏剧的热情、热爱远远超出人们的想象，尤其是众多优秀的年轻选手，让我们看到戏剧的未来和希望。也让我们感到，不论社会怎么发展，风气怎么浮躁，这个社会都不缺少热情，只是缺少"发现"。这就要求各级党委、政府、尤其是宣传文化部门要更新工作评判标准、创新发现机制，激发民间的向善潮流，引发群众的文化自主、自发和自觉。

（一）协调关系，坚持贴近基层，创作出叫好又叫座的节目

目前，人们已经逐步认识到对非物质文化遗产保护的重要性，并在传承与发展方面进行了积极探索。我省非物质文化遗产的保护、传承与发展三者之间，不能相互割裂，应把其作为有机整体进行研究，明确保护是传承的前提和条件，传承是保护的目的和有效手段，发展是保护的有效手段也是传承的主要目的。建议引深和扩大新闻战线倡导的"走转改"，鼓励和倡导广大文艺工作者深入生活，到群众中去，揣度民众的脉搏，寻找创作的灵感，打造依托山西文化资源、展现山西风采、弘扬山西精神、提振山西人文化自信的戏剧、曲艺节目。

（二）营造氛围，坚持借助新媒体宣传推广，展现传统文化的魅力

产业化是文化发展的重要路径之一，但绝不是唯一选项。山西的文化资源，面临的首要问题是保护。在推进文化产业化的过程中，一定要保护优先，尤其要注重原产地、原生态、原汁原味的保护。就戏剧而言，建国初期，山西有地方剧种200多种，至今剩下不足30种。有些珍稀文化遗产，流传范围极小，有的濒临灭绝。对这些珍稀文化遗产，靠通过其自身的产业化来保护和传承是不现实的。单靠政府的力量也远远不够。要与时代同步，充分利用现代传播手段，引起全社会的认识和关注，激发全社会保护文化遗产的热情，并引导社会力量投入资金、人力去保护和传承文化遗产。为此，建议充分利用电视、网络、多媒体等手段，通过最先进传播方式，让传统文化进行有效传播，为山西丰富的文化遗产提供更大的平台、更多的机会，让这些珍稀资源能得以原汁原味的展示呈现。只有让传统文化元素交相辉映，徜徉其中，才能使更多的人了解、关注、接受并喜爱，才会形成保护和传承的社会氛围。

（三）政策支持，坚持承前启后培养新人，激发优秀人才保护与传承传统文化的热情

对非物质文化遗产的保护与传承，最根本的是对传承人、尤其是对青少年传承人的培养。参加《寻找好声腔》节目的一些青少年选手，有着很好的自身条件和对戏剧的热爱，但他们大多生活贫困，有的参赛选手连简单的演出服都没有。我省出台的《山西省省级非物质文化遗产项目代表性传承人认定与管理暂行办法》规定了对传承人的认定和资助，还应该注重对尚未获得传承人资格、但热爱非物质文化遗产的青少年的培养与资助。鼓励山西鼎成文化传播有限公司等一批热衷于社会公益事业的民营企业投资文化遗产保护项目，大张旗鼓地推出新人，让喜爱传统文化的群众登上舞台、走进千家万户、走进观众心里，弘扬文化，传递社会正能量。建议将《寻找好

高收视率 高关注度 高话题度《寻找好声腔》成为传递社会正能量的新亮点

声腔》选手的选拔与全省各类艺术职业院校对接，政府予以政策和资金支持，选拔这些优秀选手进行学习深造，接受良好的职业教育，这既是保护与传承的有效途径，也是传递正能量的善举。

（四）建立机制，坚持拓展市场，打造《寻找好声腔》栏目形象和品牌唱响全国

江苏卫视制作出当下中国最受关注的电视节目之一《非诚勿扰》，去年该节目以超过20亿元的冠名和特约播出费用位列全国视频单个节目第三名，仅次于央视的《新闻联播》和《焦点访谈》。同样，我省《寻找好声腔》第一季的制作和试播，获得很好的声誉，集聚了丰富的资源，其影响力已经波及河北、陕西、河南等周边省份。要不断使山西文化走出去，并通过电视节目作成品牌，应学习江苏卫视打造《非诚勿扰》栏目的经验，走资源＋创意＋市场＋营销之路。建议由宣传部门牵头，建立依托戏剧文化遗产、遵循艺术规律、整合多方资源、政府支持、市场运作的运行机制，策划、制作、投资、播出多方协作，对《寻找好声腔》进行包装并定期常态化播出，把《寻找好声腔》打造成山西制作、唱响全国的优秀文化品牌，努力用这些独具特色的文化产品来换取"真金白银"，用雅俗共赏的戏曲艺术来励志、尚德、增智、怡情、养心、明理、崇义，不断提升人们的精神境界，进而推动社会全面发展。

(2013年6月《情况与建议》第2期)

实施民生警务、打造亲民公安的有益探索

成五虎

长治县位于我省东南部、上党盆地南缘，历史悠久，是黎国古地，又称黎都。面积483平方公里，人口34万，是全国文明县城、山西省经济建设十强县，经济发达，人口密度大，流动频繁，社会治安形势复杂。近年来，长治县公安局坚持走群众路线，"实施民生警务、打造亲民公安"，建立了一种以民意为导向的新型警务机制，使公安工作更合民心、顺民意、惠民生，进而从根本上预防和减少了不和谐、不稳定的因素，全面建设走在了全国、全省公安系统前列。先后荣获了全国优秀公安局、全国执法示范单位、全省优秀公安局、全省文明和谐单位、"十八大"安保先进集体等100余项殊荣，有60余名民警立功受奖，在2012年度长治市局年终综合考核中名列第一。研究该局把维护社会治安与服务民生结合起来，坚持安全第一与服务至上协调统一的探索实践，对于推进我省平安山西、法制山西建设具有十分重要的借鉴意义。

一、强化民警素质，以过硬本领取信于民

民警素质的提升是队伍建设的重中之重，该局通过育警、励警、塑警、

强警，提高民警做好当前群众工作的能力和水平。一是以德育警。局领导把处事为公、掌权为民作为实施民生警务的自律信条，在治安灾害事故、侦破大要案上，身先士卒，冲锋在前，以扎实的工作和良好的作风为广大民警做出了表率。特别是在长治县第九届两委换届选举工作中，该局班子成员按照分工，深入基层派出所直接指挥和参与两委换届期间的安保工作，确保了全县换届选举工作圆满顺利完成，受到县委、县政府的一致好评。在工作中，该局依据《人民警察职业道德规范》、《人民警察内务条令》，狠抓民警日常行为养成教育，强力推进了队伍的正规化建设水平。二是以考励警。组织开展了"阳光警察"评选活动，通过基层科、所、队推荐，结合"执法规范化建设"和"信息化建设"技能竞赛活动和年终工作考核任务完成情况，经纪检督察、法制部门把关，评选出了20名"阳光警察"和7个阳光警队，全部制成版面悬挂在单位醒目位置，一方面激发了广大民警争做"阳光警察"践行"阳光警务"的热情，另一方面也提高了广大人民群众议警、评警，关心、支持公安工作的积极性。三是以行塑警。在13个派出所和各业务单位安装了"阳光警务平台"，将100多项执法依据、30多项行政审批项目以及人口管理、出入境管理、刑事治安案件办理情况等信息全部录入，群众可根据需要点击系统进行查询、投诉和评价，民警根据群众的诉求改进执法方式和管理服务水平。除了办事、办案程序之外，他们还把民警容易发生问题的"车、酒、枪、权"等方面作为监督重点，接受人民群众监督，真正使权力在"阳光"下运行。四是文化强警。投资建成了占地200余平方米，集纸质图书、电子图书为一体、藏书达15万册的图书室，极大地满足了基层广大民警渴求知识的需求。坚持每年举办"警营文化系列活动"，开展朗诵、演讲比赛、警体运动会、知识竞赛、写作、书法比赛等活动，让民警在文艺舞台上展示才艺，在体育赛场上施展身手。各基层所队普遍建设了五小工程，该局机关还专门建立了老年活动室，退休老民警可以在这里读书看报、健身，感受公安机关浓浓的文化氛围。

二、强化执法规范，以公平正义施政于民

警察是一个让人有安全感的称号，警察的执法质量是公安工作的生命线。长治县公安局按照公安部统一部署，以规范执法办案场所作为突破口，以硬件设施规范倒逼执法主体规范，为理性、平和、文明、规范执法提供了保障。一是建立了执法岗位风险防控体系。根据不同警种的工作流程，明确了各个岗位的工作职责，然后通过自查、互查并广泛听取人民群众和服务对象的监督反映，查找出693个可能出现执法不公、执法违法、不作为、乱作为和失职、渎职等岗位风险点，全面公开公示，接受群众监督，极大地增强了民警的自律意识和职业的责任感。二是规范了执法执勤标准。在治安、刑侦、交警、经侦、监所等容易发生执法突出问题的警种推行规定动作。健全完善了案件季度评审、执法办案终身制、法制员制度和五级审核把关制度等一系列阳光执法制度，明确了接警、现场处警、行政执法、刑事执法等四个方面147项具体执法行为的法律依据和操作程序。完善了52个办案流程和程序规定，制定了《执法岗位标准工作流程规范》，编印了《执法规范化建设制度汇编》《执法执勤行为语言标准规范》。通过一系列精细化的制度建设，使基层民警对工作的理解和认识有了很大提高，明白了自己该干什么、怎么干、干到什么程度，民警规范执法的意识逐步增强。三是执法场所标准化建设。高标准建成了局机关、207国道沿线、南片和北片四个全封闭式的标准办案区，13个派出所全部完成了"办公区、办案区和生活区、接待区"的隔离改造工作。在办案区安装了门禁系统、视频监控系统和同步录音录像系统等安全防范装置，对民警规范执法起到了刚性制约的作用。四是案件回访贯穿始终，群众满意度大幅提升。利用自主研发的110警情跟踪督办系统，对所有接处警实行网上登记、审核、审批，并对所有警情进行电话自动回访和随机抽查回访，实现了对民警执法活动事前、事中、事后的全程管理和监督，从根本上解决了有案不立、立案不实、接警不处、处警不结等问

题。由于执法规范成绩突出，该局先后被公安部定为"全国公安机关执法示范单位"，被省公安厅树为"全省公安机关执法规范化建设标杆单位"。

三、强化严打整治，以突出业绩保安于民

在马斯洛的需求层次中，"平安"是人最基本的需求，在广大人民群众的生活追求中，平平安安的分量比什么都重。长治县公安局深谙此理，始终保持对刑事犯罪的严打高压态势，着力大案攻坚，严打黑恶犯罪，组织区域整治，以创造优良的治安环境赢得人民群众认可。一是全力攻克大案，实现命案全破。打掉了以"两劳"释放人员段小青为首的恶势力团伙，命案侦破率连续五年达到100％。二是严打经济犯罪，规范市场秩序。根据企业举报和群众提供的线索，近两年来共查处侵占挪用、制假贩假、偷税漏税、合同诈骗、非法集资等案件85起，为国家挽回经济损失3000余万元。三是深化涉毒人员管控攻势。开展了涉毒人员重点查控专项行动和禁毒严打整治专项行动，对全县登记在册的437名吸毒人员全部落实了管控措施，并充分利用信息化手段，对辖区吸贩毒人员及外来吸贩毒人员活动轨迹实行每日研判。近两年来，共侦破贩卖毒品案件50余起，抓获贩毒人员75人，吸食毒品违法嫌疑人260余人，有效遏制了涉毒违法犯罪活动的滋生蔓延。四是强化重点整治，维护一方平安。先后组织了一系列区域性、专项性重点整治，及时控制了局部地区治安反弹局面。去年，先后成功侦破"2012·12·1"荫城镇双岗村重大入室抢劫、故意杀人案以及"7·26"故意杀人抛尸案等6起现行命案，破获了"6·9"外省籍流窜人员入室抢劫、盗窃案件，"2·14"系列飞车抢夺案，"3·3"聋哑人盗窃街面商铺案，"1·24"持刀抢劫游戏厅案、砸车玻璃盗窃案等一系列重大侵财案件，侦破贷款诈骗案件48起，整治了一批事关民生的突出治安问题，实现了社会治安的持续稳定。

四、强化社会管理，以优质服务惠利于民

民有所呼，我有所应。民生警务就是要强化社会管理，以优质服务惠利于民，真正把群众的困难当成自己的困难，让群众感知、感应、感动、感到温暖。长治县公安局把群众拥护不拥护、赞成不赞成、高兴不高兴、答应不答应，作为衡量工作的标准，进一步强化群众意识，关心群众疾苦，躬身察民情、顺民意，本着"治安秩序最好、管理服务最优，让党委政府满意、让人民群众放心"的思想，大力提升社会管理创新能力，坚持思想上尊重群众、感情上贴近群众、工作上依靠群众，赢得了党委政府和广大人民群众的一致好评。一是加强了警务信息化建设。高标准完成了警用地理信息平台及应用系统建设，建成了网上督察信息系统，整合了自主研发的"四留一建"暂住人口管理系统、"六进社区"管理系统、"民爆物品监控"系统、派出所值班系统、高清智能交通卡口管理系统、城防监控系统、电话查询系统等七项公安应用系统，提升了警务效能。二是创新巡防机制，提高打防效能。组建了警务区治安巡逻队、社区保安队、看楼护院队、治安综治队、民兵巡逻队、老年义务巡逻队等六支巡防队伍，夯实了人防工作根基。同时积极构建覆盖全县的"天网工程"，在全县 26 个农村和社区警务室安装视频监控探头 106 个，在 13 个派出所建起了治安动态监控中心，在重点单位、居民小区、商场和公共娱乐场所安装视频监控探头 11000 余个，大大提高了防范工作的科技水平。三是实行"四警联动"防控机制。巡警、交警、治安、刑警四警种不定期设卡巡逻，通过与指挥中心联网的平台，形成若干个流动的治安小平台，有警处警，无警巡逻，有效地预防和打击了各类街面违法犯罪。

五、强化警民交流，以亲民形象问计于民

实施民生警务，建立健全以民生为导向的工作机制，努力创造群众追求、认可、满意的平安，确保平安建设真正成为惠民工程、民心工程。坚持"服务跟着群众走、当好百姓勤务员"的理念，积极拓展警民互动平台。一是六进社区，当好百姓勤务员。"六进社区"是长治县公安局社区和农村警务工作的主要工作模式，社区民警每周在辖区组织开展一次法律宣传、组织一次联防巡逻、为群众办一件实事、进行一次矛盾纠纷调解、参加一次农村公益活动，每季度召开一次"村情民意恳谈会"。全县百余名社区民警进入乡村和社区，全面掌握社情民意、"零距离"服务辖区群众。此外，针对外来务工人员多、居住集中的特点，他们在煤矿、建筑工地等地建立起了临时警务室。帮助企业核实就业人员身份，解答民工关于权益保障等方面的疑问，推荐外来务工人员顺利就业。二是主动警务，提升社会和谐度。该局在局机关推行领导班子成员值班制和中层领导坐堂值班制，履行"审、调、巡、督"等职责；在派出所推行所长五天五夜值班制，第一时间掌握、受理群众报警求助、来信来访投诉，督促民警快速出警、规范处置、及时反馈；同时，他们把爱民、安民、便民、亲民的服务理念贯穿到"三访三评"深化"大走访"活动中，社区民警主动深入到乡村为当地群众照相、办证、送证累计达3000余人次，2012年以来，共举办"警民恳谈会"55次，恳谈对象超过7000余人次，征求群众意见和建议579条，反馈落实率达100%。三是网上评警，提高人民群众对公安工作的支持度。互联网从虚拟走进现实，已经成为当今这个时代的标志。该局把依法管理作为网络管理的出发点和落脚点，规定全县所有"阳光警察"和"阳光警队"，全部在互联网上开通QQ警务室和微博，公开各项公安便民服务政策和警务信息，及时发布治安防范预警信息，适时答复网民咨询，网民也可以通过QQ与当天值班民警进行在线交流。目前，网上评警已成为该局"三访三评"大走访活动的有

力平台,在近期开展的万人评机关和行风评议中,人民群众对公安工作的满意率达99.3%。

民生警务开新局,维稳助推中国梦。2013年初,全国政法工作电视电话会议召开,习近平总书记在对会议的指示中,要求全国政法机关"要顺应人民群众对公共安全、司法公正、权益保障的新期待,全力推进平安中国、法治中国、过硬队伍建设"。省委书记袁纯清同志在省第十次党代表大会报告中也指出,加强和创新社会管理,要坚持民生为基、服务为先、管理为要。长治县公安局把握规律,改革创新,锐意进取,扎实构建民生警务,实现了无影响政治稳定的重大事件、无重大责任事故、无执法违法违规、无行政诉讼败诉、无民警违反五条禁令的"五无"目标,为维护社会和谐稳定、促进社会公平正义做出贡献。该局实施民生警务、打造亲民公安,积极探索新形势下实现平安长治、法制长治的新路径,符合党的十八大精神和省委省政府的决策部署,符合新形势下推进政法、行政执法机关工作和队伍建设的发展方向。这一探索实践是全省各级政法和行政执法机关进一步深入学习贯彻党的十八大精神,做好新形势下各项工作特别是着力纠治群众反映强烈的突出问题,认真解决基层深层次矛盾和问题的有效途径。

(2013年6月《情况与建议》第3期)

同煤重组漳电的启示

李晓谦

大同煤矿集团有限责任公司（简称"同煤"）与中国电力投资集团公司（简称"中电投"）所属山西漳泽电力股份有限公司（简称"漳电"）以资本为纽带，运用资本运作手段，成功实施了大型煤炭企业与大型电力企业的并购重组，开创了"地方煤"与"中央电"联合经营的范本，有效实现了多赢，不仅为破解煤电矛盾、实施煤电一体化闯出新路，也为我省正在进行的企业整合重组提供了许多有益的启示。

一、重组

漳电于1997年在深交所上市，是我省首家火电企业上市公司。2003年，根据国家电力体制改革的要求，中电投取代山西省电力公司成为上市公司的第一大股东，持有当时上市公司41%的股权，山西国际电力为第二大股东，持有当时上市公司31%的股权。近年来，由于煤电价格、煤源不稳、环保约束等因素，漳电连年亏损，被交易所冠以"*ST"，面临退市风险。漳电决策层认为，要从根本上扭亏脱困，必须解决煤炭供应问题。同煤是我省最大的动力煤基地，早在2003年，省里就决定将同煤建成我国最大的煤电一体化企业，提高煤炭就地加工转化水平，实现煤炭企业的转型。同煤也将"煤电一体化"确立为中长期的核心战略，提出了"煤炭做强、电力做大、资本做活、贸易做实"的目标,而并购重组电力企业是实现这一目标的捷径。双方需求的互补和目标的吻合成为重组的重要前提。

2011年,在省里的大力撮合下,同煤与漳电开始重组,方案为"定向增发+股权划转+配套融资"。所谓定向增发,是指漳电以3.55元/股的价格,向同煤集团定向发行股份6.8亿股,购买其持有的塔山发电60%股权、同华发电95%股权、王坪发电60%股权、大唐热电88.98%股权,从而使同煤的股权注入漳电。这种定向增发减少了管理层次,使大量外部性问题内部化,大大降低了交易成本。所谓股权划转,是指中电投、山西国际电力分别将其持有的1.85亿股和1.14亿股漳电股份,无偿划转给山西省国资委,后者将上述股份全权委托同煤管理,并在一年之内以增加资本金的方式注入同煤。部分股权的无偿划转旨在调整和理顺国有资本运营体系。通过定向增发和股权划转,同煤持有漳电9.79亿股,占重组后总股本的43.45%,成为第一大股东。所谓配套融资,是指漳电按照证监会的规定,在重组的同时向不超过10个特定的投资者发行股份融资8亿元。配套融资进一步提升了上市公司的融资能力。这三种方式有效组合,充分运用资本手段,成为重组成功的关键。

二、多赢

同煤重组漳电,实现了参与各方的优势互补、利益共享、风险共担。**对同煤来说**,一是获得了上市公司的控股权,实现了旗下电力板块的整体上市,融资能力和持续发展能力显著增强,借力资本市场步入发展的快车道。二是借助漳电已获"路条"的众多后备项目及人才资源,实现电力业务的迅速扩张,成为与煤炭并列的第二大主业。电力业务和资产规模双翻番,"十二五"末,电力装机容量将达到2000万千瓦,可就地转化煤炭7000多万吨,煤电两大业务板块的优势互补,大大增强了抗市场风险能力。**对漳电来说**,最大的好处是获得了优质、稳定的电煤供应,享受重点长效合同,解决了发展的瓶颈问题。而且获得了同煤全部发电业务的资产注入，装机容量达到重组前的1.8倍，资产规模、盈利能力大幅提升。同煤通过优化资产质量、改善负债结构、安置富余员工等方法，使漳电在存量资产不变、主营业务不变的情况下，靠增量资产带动存量资产扭亏增盈。2012年，漳电实现利润6000万元，一举扭转了连续亏损的局面。重组还有效化解了退市风险，保护了广大中小股东的利益，实现了企业效益最大化，企业发展、发电安全、职工稳定等问题得以有效解决。

对中电投来说，出让漳电的控股权，摆脱了华北分公司电厂关停以来累计11亿元和每年新增2亿元的亏损包袱，腾出更多精力推进其他重点企业。**对山西国际电力来说**，所持的股份由亏损股变为潜力股，重组后的权益市值达到8.04亿元，实现了保值。更为关键的是，借助重组与同煤建立了中长期的煤炭供应关系，今后5年，同煤将为山西国际电力供应500万吨煤。

同煤重组漳电，为我省推进煤电联营、实施煤电一体化战略和改进国有资产管理模式探出一条成功的道路。

三、启示

1. 煤电一体化是破解煤电矛盾，增强企业效益，优化产业结构的必然选择

煤、电同属我省两大支柱产业，但是受到"中央电和地方煤"、"市场煤和计划电"等体制、价格因素的影响，煤电矛盾一直存在，许多电厂守着家门口的煤矿"没煤吃"，买不到廉价的煤炭；煤矿卖煤给电厂"没利润"，宁愿远途销售到电价更高的省份。由此导致部分电厂长期亏损、负债经营，不仅直接影响电网安全，而且造成山西自身"电荒"。随着煤炭价格的一路走低，已接近成本价，"煤炭红利"几近消失，挖煤卖煤的模式已难以为继，煤炭企业也必须突破，寻求新的利润增长点。不仅如此，许多电企为求自救，纷纷圈占煤炭资源，一些煤企盲目上马火电项目，造成重复投

资。为了彻底破解煤电矛盾，实现双赢，近年来省委、省政府大力推进煤电联营、煤电一体化战略，成立高规格的煤电协调发展领导组，出台相关实施方案，鼓励煤电企业联手发展，打通产业链条，共同抵御风险。面对时艰，煤企电企"抱团取暖"、联合经营显得更为必要。同煤重组漳电为煤电联营提供了一个成功的样本，双方突破体制障碍实施重组，"一条皮带就把隔壁煤矿的煤炭运到电厂"，形成了名副其实的"坑口电厂"，大大节约了成本，提高了效益，实现了煤炭资源的就地转化。更为重要的是，煤电联营打通了上下游产业链，提高了整体抗风险能力。继同煤重组漳电之后，西山煤电托管华电旗下的武乡电厂，大唐太原第二热电厂与中煤平朔公司通过"容量替代"、出让发电机组权益打造联营模式，山西煤销集团和山西国际电力集团合并重组成立晋能集团，我省煤电一体化步伐加快迈进。截至2012年底，全省34户主力火电企业当中已有21户实现了煤电联营，装机容量占火电装机总容量的61%，除5户企业继续亏损外，其余全部实现盈利。煤电联营不仅增强了企业的盈利能力，也为产业结构优化调整，实现"输煤"到"输电"的转变打下坚实的基础。我们要继续大力推进煤电联营、煤电一体化战略，构建新型煤电关系，充分发挥煤炭交易中心的作用，盘活存量资产，促进结构调整和产业整合升级。同时，要打破产业边界，加快推进煤炭、冶金、焦炭、化工、电力、建材等上下游关联产业的重组整合，促进资源型企业跨行业、一体化发展，打造全产业链模式。

2. 缔结资本纽带，发挥市场的力量，借助并购重组做大做强企业

同煤成功重组漳电，不是行政命令下的"拉郎配"，更不是简单的"谁吃掉谁"，而是综合考虑各方利益，充分运用市场手段，在证监会的监督和管理下，实施规范、公开、公平的操作。无论是定向增发，还是股权划转、配套融资，资本运作的手段得到了充分发挥。同煤注入原4个电厂的权益资产，给漳电带来4亿元的利润；中电投和山西国际电力出让部分股权，同煤的电力业务得以借壳上市。重组之后，同煤、中电投和山西国际电力以股权融合为核心，以资本为纽带，结成战略同盟，节约了交易成本，实现了资源

的就地转化和高效利用，技术和管理团队进一步充实，协同效应明显。纵观世界500强企业，除了自身发展以外，大多数通过并购重组实现低成本快速扩张，并购重组已经成为企业做大做强的利器。在产能过剩的大背景下，我省焦化、钢铁等产业的并购重组到了提速、攻坚阶段。煤销集团和国际电力合并式重组、阳煤集团托管重组太化集团、晋煤集团托管重组太原煤气化公司也被列为我省全年重点工作，作为综改试验区的重要任务加速推进。为使并购重组顺利进行，需借鉴同煤重组漳电的成功经验，一是发挥资本市场的作用。我省的煤焦冶电领域都有很好的上市公司资源，也可以借助外部的上市公司资源，通过资本金注入、股权置换、定向增发、托管等多种方式实现并购重组，促进骨干企业资产实现几何级增长，打造更多"航母级"企业，促进国有资产保值增值。要熟悉资本市场运作规律及相关法律法规，减少关联交易、防范内幕交易。二是把握三条路径。对主导产业趋同、业务相近的企业进行同业并购，使企业存量向规模化集结，实现规模效益；依托大集团的资源、资金等优势，连接上、下游产业链条，形成产业链集合优势；对技术、人才等资源优势各异、互补性强的企业进行联合重组，实现优势互补，形成"1+1>2"的互补增值效应。三是最大限度保护各方利益。要充分发挥市场机制和行业协会的作用，强化重组企业的主体地位，做好资产定价、股权转让、绩效考核等基础性工作。重组各方要从大局出发，互谅互让、互惠互利，发挥各自优势，使重组得以顺利实施。

3. 重组不是结束，而是开始

企业兼并重组是否成功，不在于重组本身，而在于重组之后的持续发展能力。如果把企业兼并重组比作一场婚姻，重组仅仅意味着婚姻生活的开始，如何尽快度过"磨合期"，共同应对未来挑战，考量着企业监管者、决策者、管理者的智慧。作为政府，要在资源配置、项目审批、财税政策等方面"大开绿灯"，给予重组企业多方面的支持，保护这段来之不易的"婚姻"；作为企业的决策者和管理者，要充分考虑重组企业的原来的体制、行业特征，做好人员整合、组织再造、财务整合、管理对接、战略协同、品牌及价值链创新等工作，尽量减少磨合期间的内部冲突和损耗，挖潜降本增效，提高市场竞争力。特别要在企业文化的融合上下工夫，坚持以人为本，关爱员工，增强广大职工的归属感、荣誉感和成就感，保证企业平稳过渡，职工和谐稳定和企业长治久安。

（2013年7月《调查与分析》第7期）

做一篇"四化"一体推进的大文章
——山西联盛集团农业开发有限公司产业扶贫开发的调查与思考

刘东光　武少权

地处我省吕梁山区的柳林县,是全省的煤炭大县;留誉镇位于县城东南40公里高原腹地丘陵之中,是一个农民人均收入不足3000元的纯农业乡镇。山西联盛能源(集团)有限公司(以下简称"联盛集团")是柳林县最大的民营煤炭企业,集团总裁邢利斌是一位情系家乡、热心公益的民营企业家。从2010年起,联盛集团围绕投资现代农业、建设新型农村和培育现代农民、实现脱贫致富的转型目标,本着回报社会、回报生态、回报家乡的宗旨,坚持农业现代化和工业化,农村城镇化、生态化同步推进,坚持市场化方向、公司化运作,联手槐树沟土地专业合作社,共同注资成立了联盛农业开发有限公司,投资建设联盛生态农业文化园区,对留誉镇154平方公里的土地进行山、水、田、林、路、村、企综合开发,全力实施十大项目建设,构建四大产业体系,形成五大支柱产业,做了一篇"四化"一体推进的大文章,率先探索出一条资源型企业产业转型与集中连片带动农民脱贫致富相结合的产业扶贫开发新路子。

一、模式与内涵

联盛集团产业扶贫开发的路子,是在不断探索和实践中走出来的。作为一种发展模式的形成,经历了一个自发到自觉的过程。概括地讲,是多种力量共同推动的结果。

首先,企业的源动力。联盛集团投资建设的生态农业文化园区,覆盖留誉镇154平方公里土地,于2010年4月开工,总投资100亿元,建设工期为10年。目前,已完成投资22.7亿元,其中产业投资近19亿元,建成后将形成年产值达80亿元、利税达40亿元的产业规模,可转化农业产业工人1万人,园区内农民人均纯收入将超过5万元。在产业发展的同时,园区规划将52个自然村、近2万人口集中居住在新建的留誉新城。建成后,在黄土高原的腹地、黄河东岸的丘陵之中,将会呈现出一幅林立的高楼与居民小区交错、公园草地与公共服务设施齐备、生态型城镇与特色产业共进的生动画面。2011年,联盛园区分别被国土资源部和水利部命名为"全国土地综合整治示范区""全国水土保持科技示范区",并被省政府确定为省综改试验标杆项目。联合国中国生态农村工程建设项目国际专家实地考察后,称赞这里将成为一个生态农业的成功样本。很显然,联盛集团作为项目的投资主体,并不是以招商引资形式吸引的外来投资者,而是依靠当地煤炭资源发展起来的本土企业。吸引联盛集团投资建设生态农业文化园区项目的最初动力,也不是项目的投入产出比和短期内的回报率,而是作为一个资源型企业,企业的成长源于家乡地下的黑色资源,企业壮大以后,理应从投资地下转到投资地上,回报家乡、回报村民;从投资"黑色"转到投资"绿色",回报社会、回报生态。应该说,最初联盛集团投资产业扶贫开发还完全是自发的。

其次,政府的推动力。柳林是全省的煤炭大县,依托优质煤炭资源,近年来县域经济迅速发展,财政收入持续快速增长,2012年,全县地方可用财力达到25.35亿元，列全省第一。但是，县委、县政府清醒地认识到，在县域经济发展迅速、财政收入增长迅猛的同时，农民收入增长滞后，边远贫困农村经济凋零；在煤炭产业"超常规增长"、县域经济严重依赖煤炭的同时，经济结构呈现"一煤独大"局面，新兴产业还很弱小，始终未能形成新的增长极。经过深入调查研究，县委、县政府明确提出了"1+2"的县域经济发展新思路，要求每一个煤炭企业，必须领办一个非煤新兴产业，创办或领办一个农业产业化企业。为此，县委、县政府对于联盛集团的农业开发项目给予大力支持。现任柳林县委书记、时任县长的王宁多次予以指导，要求联盛集团进一步拓宽经营思路，提升发展理念，规模更大一些，规划更长远一些，实行企业化运作、园区化承载的办法，把联盛园区建设成一流的现代化农业园区，真正实现农村城镇化、生态化，农业产业化、现代化，农民工人化、市民化。

再次，市场的吸引力。随着省委、省政府煤炭资源整合重大战略举措的强力推进，煤炭资源格局和市场趋势相应发生了根本性变化。面对新的形势，联盛集团进一步深刻地认识到转型发展是大势所趋，联盛集团必须转型，不仅不转不行，而且慢转也不行。开始涉足农业领域的联盛集团在进一步强化民营企业社会责任的同时，抓住区域性扶贫的政策机遇，经过反复论证，多次完善，产业扶贫开发的思路逐步从自发走向自觉，建设生态农业文化园区的设想逐步由公益回归产业，坚持"生态和谐、市场导向、效益优先、科技支撑"的原则，确立了"以农业产业化为方向，以农民增收为核心，以企业为载体，以乡镇为单元，农业现代化和工业化、农村城镇化和生态化同步推进"的指导思想，"抓住一个园区、建设一个乡镇、带动一个区域的农民整体实现脱贫致富"的发展思路日益完善，"产业化发展农业、城镇化带动农村、工业化致富农民、市场化村企共赢"的发展理念逐步落实，"市场化方向、公司化运作、产业化经营、规模化发展"的发展路子日趋成熟，在探索中不断形成"一产抓特色、二产抓提升、三产抓规模、整体抓科技"的可持续发展模式，在实践中不断丰富内涵，对社会的影响力、对农民的吸引力不断增强，显示出越来越强大的生命力。

二、理念与做法

联盛集团产业扶贫开发为我们展现了广阔的前景，说明大型骨干企业进行产业扶贫开发不仅是可以做、能够做，而且是可以做得好的。联盛集团的理念与做法，昭示大型骨干企业进行产业扶贫开发，不仅要投入，而且还要产出；不仅要有社会责任，而且更要具备市场观念。只有把市场化理念、工业化模式和项目化建设、企业化运作有机结合起来，企业进行产业扶贫开发才具有持续性和生命力。

资金的投入产出如何体现效益。在资金上，联盛农业公司依托联盛集团资源优势，实行利润支撑、政策支持、银行融资、信托担保等多种形式确保投入。目前，联盛园区的开发建设投资已达到22.7亿元，其中主要是联盛集团占联盛农业60%股份的资本金投入。据联盛农业董事长、总经理马建明介绍，企业直接用于生产、经营活动的投资经过反复测算，有很好的市场前景，有可观的效益支撑，是建立在充分的投入产出分析基础之上的。一是投资5亿元，利用园区淤地坝，种植高粱8000亩，用于白酒酿造，达产后可实现产值20亿元；二是投资1.4亿元栽植3万亩钙果林，加工果酒、果酱，预计产值10亿元；三是投资约2.2亿元高标准栽植核桃树200万株，配套5万吨核桃加工厂，预计产值27亿元；四是投资5亿元，建设2万亩永久生态基地、3万亩名贵绿化树种基地，10年后每年可收益10亿元；五是投资5亿元，利用中南铁路惠家坪货运站由公司承建运营的优势，发展物流产业，建成后年收益可达10亿元。五项总投资18.6亿元，达产后年产值可达77亿元。

除了投入产业的经济效益账以外，联盛集团在投入中还有一笔回报乡亲、体现公益的社会效益账和生态效益账。在联盛园区已完成的22.7亿元的投资总额中，除产业投资外，还投入2.2亿元，建设园区内道路、水利设施和留誉新城的住宅、公园、电力、通信、学校等社会公共事业。此外，联盛园区覆盖154平方公里的山岭沟壑、穷山恶水、水土流失严重区域。为此，联盛集团投入1.7亿元建设林木葱茏的青山绿水、产业循环的绿色生态园区，林木覆盖率将由2010年的25%提高到65%以上；将使近2万名居住在山庄窝铺的农民成为城市居民和产业工人，人均收入将由4000元提高到5万元左右，彻底摆脱了靠天吃饭的历史宿命，使全县的城镇化率提高6%左右，其生态效益和社会效益都是无法用金钱计算的。

农民的权利利益如何得到保障。联盛集团推进生态农业文化园区建设，必须要破解建设用地难题。在这个问题上，村民的利益与园区的建设发展浑然一体，息息相关。联盛园区规划面积154平方公里，涉及耕地41477亩，经营权分属18个行政村、52个自然村、5000余户农户，分布零星，权属复杂。园区的集中用地需求与家庭联产承包责任制下一家一户的土地经营之间的矛盾，成为联盛园区建设面临的首要问题。只有搞好土地流转，才能破解这一难题。联盛农业园区的土地流转办法是：以清晰产权、自愿互利为原则，先成立农民专业合作社，将农户的耕地、宅基地和村集体的机动地、四荒地、林地等公共土地集中流转到合作社，然后由农民专业合作社用土地经营权出资入股占40%，联盛集团用现金出资占60%，共同组建注册资金为2.5亿元的联盛农业开发有限公司，作为园区项目的投资、建设和经营主体。合作社作为公司的投资主体，在章程中明确规定：土地所有权归集体，全体村民共享合作社股份权益，保障村民土地分红收益不低于2000元/人/年，并且在五年内全部变为公司员工，取得劳动收入，并且享受就业、培训、住房、医疗、养老等方面的保障。与此同时，在土地经营未见收益之前，以户籍人口为准，给入社农民每年每人2000元生活费，每户两袋面粉，以保障入社农民的生活。这一体制机制创新，使农民变股东、经营权变资本；农民转身份、变工人，保证了农民流转土地后的收益，保证了农民在土地流转中"不失地、不失权、不失利"。

在推进大规模土地流转的过程中，县、乡两级党委、政府及有关部门做了大量细致工作。一是按照"县包村，乡联户"的办法，由县、乡主要领导宣传土地流转政策和法规，分析发展前景和长远利益，鼓励村委会将村集体机动地、四荒地、林地等公共土地也进行流转。二是由县直有关部门及时跟进，深入镇、村进行对接服务，指导农民组建专业合作社，制定合作社章程。三是在签订土地流转合同之前，由镇、村两级干部和大学生村官分别深入各村、各户，填制以行政村为单位的《土地状况表》、以农户为单位的《农民专业合作社社员登记表》和以农民个人为单位的《村民登记表》，组织完成入社农户家庭信息的调查和土地经营状况的统计。在此基础上，以自然村为单位，组织每村选举一名社员代表，负责监督土地的流转和合作社运行。

企业的产业转型如何健康持续。作为资源型企业投资现代农业园区，联盛园区不仅建设规模大，涉及产业广，而且无涉农经验，如何保证各项工作有条不紊推进，是园区建设之初面临的一大难题。园区建设的主要做法是：一是产业化发展农业。园区采取规模化、集约化、现代化的经营生产方式，着力构建四大产业体系，突出发展五大支柱产业，完成十大项目建设，全面推进农业产业化。四大产业体系是：以特色经济林栽植为主的生态产业体系、以特色农产品加工为主的循环产业体系、以特色宜居名镇开发为主的旅游产业体系、以发展现代物流业为主的服务产业体系；五大支柱产业是：白酒工业、钙果产业、核桃产业、苗木产业、物流产业；十大项目建设是：土地综合治理、林业产业开发、水利水土保持、旱作农业示范、规模健康养殖、农产品加工、循环农业链延伸、农村城镇化、生态文化旅游及物流信息产业。目前，园区已完成机修整地3万亩、栽植生态林3.6万亩、核桃林3.5万亩、钙果林2000亩；在建设施蔬菜基地1000亩，育苗500亩；年产粮食200万斤，蔬菜500万斤；养殖肉牛61头；年加工粉面8.3万斤、粉条5万斤、蜂蜜2000余斤；年生产白酒200吨；正在积极筹备上马4000万只肉鸡养殖加工项目。二是城镇化带动农村。园区规划将52个自然村的5000农户集中居住，建设留誉新镇，实现农村城镇化。预计投资40亿元，建设 5000 套农民新居、2000 套产业工人住宅、4000 米长商贸大街，配套建设 20 万平方米公共服务设施。目前，已有 12 个村、700 户、2000 多人实施了搬迁，留誉新镇一期建设房屋 1260 套，计划于今年 10 月份首先安排拆迁户入住。三是工业化致富农民。园区以工业化的理念经营农业、致富农民，使园区变为现代化工厂，使农村劳动力转变为产业工人，实现农民工人化。围绕园区开发建设，建立了一整套企业化管理、公司化运作、规模化开发的体制机制。在山西联盛农业开发有限公司之下，根据不同产业开发项目又成立了 9 个独立的子公司，具体负责组织实施各个分项目的建设。同时，在园区开发建设中，充分吸收和培训本地农村劳动力，使之转变为产业工人，既有劳动收益，又有分红权益。目前，参与园区建设的产业工人有 2000 余人，每人每月工资收入平均为 3000 元。四是生态化改善环境。联盛园区在推进建设中，除了通过广植经济林、生态林，使昔日的荒山秃岭披上绿装之外，还打破了常规的农业与农村经济发展模式，遵循工业农业相辅相成、种植养殖同步进行、节能减排稳步实施的产业原则，以核桃林、钙果林、高粱种植，支撑 5 万吨核桃、2 万吨钙果加工、万吨白酒酿造；油渣、果渣、酒糟与秸秆合成饲料，支撑 3000 头肉牛育肥、20 万头猪、1000 万只鸡养殖及 4000 万只鸡屠宰加工；以动物粪便为原料，兴建日产 6000 立方米的沼气项目；以沼渣、沼液、风化煤为原料建成年产 10 万吨的生物有机肥厂；有机肥回施到种植链条，形成循环产业，有效改善了当地的生态环境。

科技的支撑条件如何坚强有力。构建园区现代产业体系，从根本上讲得靠科技和人才支撑。在规划阶段，联盛园区请中国农科院对园区进行总体规划，并编制了产业建设规划，以保证总体规划和产业布局的科学性；由中国石油化工科学院对园区的节能减排、生态建设进行专项规划，在园区打造太阳能综合利用、地热利用、沼气综合利用三大基地。在建设过程中，更加注重科技支撑。在园区内筹建农业新兴产业孵化基地，设院士工作站一所、专业实验室 5 个、科技成果转化企业 5 个、实验示范基地 10 个、培训实习基地 10 个，集科研、培训、示范、品种展示、推广等功能为一体，致力于农业科技成果转化与农业科技企业孵化。聘请国内外100名不同学科的专家、学者组成顾问组，指导园区建设各个方面的工作。加强与中国科学院植物所、中国农业科学院、中国农业大学、山西农业大学等科研院所的合作，围绕种、养、加等主导产业发展，在新品种引进与示范、新资源开发与利用、新技术推广与展示等方面下工夫，大力推广应用先进机械和设施，提高现代农业生产水平。申报"国家科技创新示范园区"，计划邀请国内一流专家驻扎园区，签订技术合作协议，提供充裕的资金支持、必要的科技设备、完善的服务保障，为提升园区科技水平提供强有力支撑。正是科技的广泛应用和推广，保障了园区规划目标的实现。

联盛农业还探索出了一条依靠高端人才和现代科技促进生态建设与产业转型有机结合的新路子。柳林县人民政府与中国科学院植物研究所实行战略合作，在联盛园区试验和推广芒草的种植及其开发利用。芒草是世界关注的新一代能源作物，其耐旱、耐寒、耐瘠薄的特性适合于在黄土高原种植；芒草地下根茎发达，地上生长茂密，高度可达3到4米，有利于保持水土和改良土壤；芒草的纤维素和半纤维素含量高，可供转化液体燃料和各类高附加值的化工产品，从而带动可再生能源和生物技术产业的发展，形成一个农业、工业和生态建设密切结合的新兴产业。目前，在中国科学院植物研究所和著名的生物质能源专家桑涛教授的指导下，项目进展顺利。

靠传统农民建不成现代农业。土地流转后的农民，不再是农民，而变成了工人，进入联盛园区挣上了工资，住进了联盛园区开发的留誉新城。为了使习惯于传统耕作、缺乏文化知识和专业技术的农民真正转变为从事现代农业的高素质产业工人，支撑联盛园区的长远发展，联盛农业采取了一系列措施提高农民素质。一是设立现代农业职业技能培训学院，按照国家人事劳动部门关于职业技能培训的要求，对园区内2万余名农民进行分期分类培训，使农民掌握一定的现代农业专业技能。二是不定期开设农民大讲坛，邀请国内知名专家、学者、文化名人登坛演讲，使农民拓宽眼界，开阔视野，转变观念。三是组建农民素质提升宣讲团，深入各行政村、自然村宣讲党的政策、园区建设规划等，使农民了解政策，了解园区，凝聚园区建设的合力。

在下大力气提高农民素质的同时，联盛农业高度重视管理团队和科技团队的建设。选派50多名大学生进驻园区内的52个自然村，开展大学生村官"5234"工程，即每名大学生在所在帮扶村，用5年的时间记录编写《大学生驻村工作日志》、《农户星级家庭评选档案资料手册》2本册子，为农户做好3件实事（解决两个劳动力就业、培训学会一项实用技能、指导形成一项家庭收入模式），实现帮扶农户人均收入达到4万元的目标，促使大学生在实践中成长。加强与在蔬菜种子方面优势突出的瑞克斯旺（中国）有限公司的合作，选派农业院校毕业的员工到该公司总部或示范站进行六个月或一个作物生育周期的培训学习，培养园区的技术人才。投资2000万元作为创业基金，支持50名大学生带领1000户农户贷款1亿元，在园区内发展特色种、养、加项目，自主经营，锻炼一批有经营管理能力的业务骨干。

三、思考与启示

联盛集团在实践中不断探索形成的"市场化方向、公司化运作、产业化经营、规模化发展"和"一产抓特色、二产抓提升、三产抓规模、整体抓科技"的发展路子和模式，对我省做好"四化"一体的大文章，打好产业扶贫开发的整体战具有十分重要的指导意义和启示作用。

（一）"三个优势"有机结合是产业扶贫开发的必要前提

联盛集团产业扶贫开发的显著特征是大规模的园区化、产业化开发，它集移民扶贫、整村推进、产业扶贫、教育培训、就业带动等各种扶贫方式为一体，是扶贫开发史上的大变革，是转型跨越发展战略在扶贫工作中的具体实践。这场变革的关键在于把过去政府主导、农民主体的扶贫工作机制变革为政府主导、企业主体的新模式。这一模式使政府的组织、政策、资源优势，企业的资金、管理、技术、市场优势和农村的土地、劳动力优势以及特色资源优势得到了有机结合,找到了各种优势资源在市场经济条件下有机结合、高效运作的正确途径,为从根本上破解农业发展滞后、农村经济衰败、农民增收困难这一历史难题提供了可能性。

发挥好政府的主导作用,一要发挥政府在人口集聚、城镇发展、生态建设、土地利用、产业布局等规划职能,引导企业扶贫;二要发挥政府的基层政权优势,组织和动员群众,协调解决土地流转、社会管理、矛盾调解、教育医疗等公共服务问题,解决企业扶贫的后顾之忧;三要发挥政府在制定财政税收、金融创新、土地利用、人才供给、城镇建设等方面的政策调控功能,调动企业扶贫积极性;四要发挥政府在道路交通、水利建设、通信、电力等基础设施建设中的基础作用,为企业扶贫创造良好条件。

发挥好企业的主体作用,就是发挥企业的资金、技术、管理、人才、市场等优势,把农民带入企业经营、产业发展的市场经济大潮中,把农民带入人口集中居住、享受公共服务、接受公共管理的城镇化过程中,把农民变成工人、变成市民。在这一过程中,必然充分地开发和利用农村广袤的土地、剩余而廉价的劳动力,以及富有地方和区域特色的资源,这些生产要素的有机结合,潜在的优势变成为现实的优势,变成为强大的生产力,将彻底改变农民的命运,改变农业的前途,改变农村的面貌。

(二)"农企双赢"是产业开发扶贫持续推进的基本目标

增加农民收入是"三农"工作的核心,更是扶贫工作的直接目标。产业开发扶贫就是以产业为载体的扶贫工作,企业通过在贫困地区兴办项目、发展产业,带动农民大规模就业,达到扶持贫困、增加农民收入的目的。产业是否选得准,产品是否适销对路,企业是否有效益,就成为产业开发扶贫能否成功的关键。为实现增加贫困农民收入、改变农村落后面貌的目标,其产业必须首先取得效益,失去效益支撑的产业项目难以持续运营,扶贫这一目标也就成为无源之水。这就是产业扶贫的辩证法,通过企业获得效益,达到增加农民收入的最终目标。联盛集团建设生态农业文化园区能够在短时间内完成大规模的农村土地流转，顺利开工建设，根本原因在于使广大农民得到了实惠，得到了他们的支持和拥护。联盛集团进行如此大规模的产业扶贫开发，也绝不仅以扶贫为唯一目标，而是着眼于企业转型发展的战略决策。在全省推进产业扶贫开发中，要把"农企双赢"作为项目上马的前提，对农民增收带动不明显的项目不作为产业扶贫项目，市场前景不乐观的项目坚决不上。

（三）坚持市场化方向是产业扶贫开发成功的关键

在我省，农业产业化开发的主要力量是资源型企业，他们普遍面临着转型发展的巨大压力。如何把产业扶贫项目与企业转型项目的选择结合起来，是资源型企业迫切需要解决的问题。联盛集团认识到，煤炭产业和农业产业在行业发展、企业经营、市场运作、产品营销等方面，既有共同的本质规律可循，又有巨大的差异，在开发农业园区之初，就坚持市场化方向，聘请了国内一流的专家进行产业规划和设计；按照现代企业制度的方式进行运营，还聘请了专业团队进行经营管理。联盛模式的启示是，推进全省产业扶贫要特别注重坚持市场化方向，在项目的选择、建设过程中，充分尊重四个规律。一是要尊重自然规律。省、市、县三级都要制定专项规划，承担项目的企业要制定完整的项目规划；各级规划要相互衔接，要充分考虑当地的土壤、地形、气候、水资源等自然条件，宜农则农，宜林则林，宜牧则牧，宜果则果。其中的工业化项目和城镇化项目要充分考虑到当地生态环境、自然景观、人文景观的保护，坚决杜绝以牺牲环境、破坏资源为代价换取一时的经济发展。二是要尊重市场规律。要处理好政府和企业的关系，企业投资什么项目、以哪种方式投资、在哪里投资，政府只做引导不做硬性规定，不搞"拉郎配"。三是要尊重产业规律。要按照地域特色确定产业项目，发挥比较优势；按照"一村一品"、"一县一业"的思路进行集中连片的产业布局，凸显规模效益；按照标准化要求，提高产品质量，努力与国际市场接轨，获得更高的经济效益。四是要尊重经济规律。要进行投入产出科学分析，合理安排投入，确保企业主营业务不受影响；要循序渐进推进项目建设，不贪大求全，不造成半拉子工程。

（四）"四化"一体推进是产业扶贫开发的必然选择

联盛集团进行产业扶贫开发以现代农业为基础，以农产品深加工项目为骨干，以产业循环发展为特色，以农村城镇化和园区生态化为保障，凸显了农业现代化、工业化、城镇化、生态化"四化"一体推进的发展新格局。联盛生态农业文化园区在推进过程中，遵循了这样的路径和轨迹。农业园区通过农业新技术的支撑，进行产业集中开发，变分散为整体，变弱势为强势，推动了农业现代化进程。为了提高农业收益，农业园区按照工业化思维谋划农业生产和经营模式，用现代工业提供先进技术装备农业，实现了农产品加工的集中化、规模化、市场化、品牌化。同时，在产业布局、人口集聚、生态环境、基础设施建设过程中，都因地制宜运用现代科学技术，因势利导开发利用自然资源，努力做到生产、生活、生态和谐共存，努力达到"四化"同步发展，协调统一和相互支撑。园区化产业开发扶贫是扶贫历史上的一次飞跃，它从输血式扶贫到造血式扶贫，从传统意义上的开发式扶贫转变到园区化、企业化、产业化的开发式扶贫；它把单纯的农民增收这一命题扩展为农民变为工人、变为市民这一身份和地位的转变；它把农业产业化发展和人口城镇化集聚、区域的生态化建设紧密地结合起来，实现了革命性的飞跃。在推进全省产业扶贫、发展现代农业的过程中，应把园区化发展作为主要形式，使之成为推动全省工业新型化、农业现代化、市域城镇化、城乡生态化新的有生力量。

（2013年7月《调查与分析》第8期）

对我省推进产业扶贫开发的几点建议

刘东光　武少权

联盛集团为全省产业扶贫提供了一种新模式，探索了一条资源型企业转型发展的新路径，构建了"四化"一体推进的新格局，值得在推动全省产业扶贫和转型跨越发展的实践中认真总结、借鉴。通过对联盛集团开展产业扶贫开发的调研，结合其他方面了解的情况，对我省推进产业扶贫开发提出如下建议：

一、强化企业的社会责任意识

企业社会责任意识问题体现到产业扶贫上，就是对产业扶贫的认识和态度问题。这个问题深刻影响着产业扶贫项目的选项、上马和运营全过程。从社会责任意识的视角看，联盛集团之所以投巨资建设生态农业园区，与企业的决策者是土生土长的本地人、有着浓厚的回报家乡、回报农民的情结有很大关系，也与柳林县委、县政府长期倡导并推动工业反哺农业、"黑色"反哺"绿色"，在当地形成了以回报家乡、回报社会为荣的浓厚氛围有很大关系。从全省来看，多数企业有这样的情结，但多数县在引导企业转型，树立社会责任，回报家乡，回报农民方面不像柳林县一样扎实。因此，推动产业扶贫要把强化企业的社会责任意识摆在重要位置。要强化教育，使企业真正认识到履行社会责任是自己应尽的义务，也是自身长远发展的内在支撑，从而提高搞好产业扶贫开发的积极性和自觉性。要强化激励和约束,把产业扶贫的工作成效纳入对企业发展的考核评价,针对不同类型的企业制定相应的奖惩措施,引导和促使企业重视产业扶贫、真抓产业扶贫。要营造氛围,充分发挥报纸、广播、电视、网络等媒体的作用,宣传企业履行社会责任、致力扶贫开发的典型案例、先进人物和先进事迹;积极推荐在履行社会责任方面做出突出贡献的优秀企业经营者参加各项社会荣誉的评选,使产业扶贫成为企业形象的重要组成部分。

二、明确界定政府和企业的职责

像联盛集团这样大规模园区化、产业化开发扶贫是一件创举。在开发和建设过程中,如何合理而清晰地界定政府和企业的作用,哪些项目该由政府拿钱建设、哪些事情该由企业拿钱去办,目前存在着模糊的认识,也存在着难解的困难。比如说,联盛园区由于规模较大,成建制地开发留誉镇的全部土地,成建制地对所属农村进行移民并村,成建制地对所有人口进行城镇化集聚,因而在一定程度上与留誉镇的党委、政府工作交叉,镇党委、政府很多行政管理和公共事务基本上依附于联盛集团和联盛园区。比如镇、村小学、卫生院的支出,甚至镇公安派出所的经费,联盛集团都要承担很大一部分。又比如,联盛园区内的道路、水利等基础设施建设,联盛农业分别投入了2.2亿元、1.7亿元,如此巨大的投入由企业负担既不是其职责所在,更不利于企业取得较好经济效益,不利于产业开发扶贫可持续推进。由县级政府承担,所需金额巨大,像柳林这样的财政富县也是力不从心。建议:第一,省、市、县级政府要加强规划引导,建立园区既要深入贫困山区,解决农民就业,强化扶贫效果,又要靠近交通便利、基础设施较好的地区,以减少政府和企业前期投资,尽快见效。第二,对必要的基础设施项目,采取省、市、县三级配套承担、逐年投入的办法。第三,改变各部门支农资金"撒胡椒面"的办法,集中投入到有发展前途的农业园区。

三、构建产业扶贫开发项目的投融资平台

企业参与产业扶贫，不能完全靠企业积累投入，而要更多地从市场获得资金。现实情况是，农业项目周期长、投资大、见效慢，且风险较大，银行一般不愿贷款，其他方式的项目融资也比较困难。即使像联盛集团这样规模较大、效益较好的资源型企业，在煤炭市场不景气的形势下，也出现了投入能力不足、园区项目难以融资的问题。为了解决产业扶贫项目的投融资问题，建议省、市、县三级政府从煤炭可持续发展基金接续产业部分中切块资金，组建各种类别的产业扶贫投资公司，产业扶贫投资公司出资组建产业扶贫项目担保公司，从而引导资本下乡，引导银行信贷资金和社会资金投资产业扶贫项目，促进各类金融机构为产业扶贫项目服务。产业扶贫投资公司拿出部分资金吸引社会资金，设立农业产业投资基金，形成以政策性农业投资公司为核心、以农业担保公司和农业产业投资基金为支撑，三位一体的产业扶贫项目投融资平台。

四、引导土地有序流转并改革用地管理办法

大规模的农业项目建设必然涉及大范围的农村土地流转。目前，全国在土地流转问题上还没有统一规范的政策，省里一时也不宜对土地流转作出太多具体的规定。对大多数企业而言，联盛集团的土地流转方式不可复制，但从其土地流转的实践看，省里可以明确提出，在坚持农民自愿、保证农民和村集体不失地、不失权、不失利的前提下，鼓励各地在土地流转上先行先试。土地流转之后，企业在土地整理和开发利用方面还存在一些政策性障碍，主要是：企业进行土地复垦后，得不到用地指标交易收益，增大了复垦成本，也影响了复垦的积极性；农业园区内，生活设施用地比例过低，与农村一家一小院的生活习惯不符，很多农民不愿意集中到楼房居住，制约了农

民参与园区建设、推进城镇化建设的积极性。对此，建议由国土和农业部门组织专项调研、测算，提出合理的改进办法。

五、深化林权制度改革

造林是农业园区建设"四化"一体推进的重要组成部分。明确造林企业的林权，不仅是对企业发展的法律保障，也便于企业以林权作抵押物，从银行获得贷款支持。但现行林权制度规定，林权证只发给农户，不发给企业。这种情况下，企业的造林投入在一定意义上就成了闲置资金，也缺乏权属保障，不利于调动企业造林积极性，不利于产业扶贫项目的推进。为此，建议把改革林权制度作为综改试验区建设先行先试的内容之一，责成林业部门，尽快研究制定向企业发证的标准和程序。

六、深化涉农政策和资金管理体制机制改革

现有各类支农资金分散在各涉农部门，各部门的管理使用办法是与以乡镇——村——农户相对应的传统体制相适应的。像联盛园区这样打破了村级建制，把几十个村的农民集聚起来的园区化、产业化创新模式，很难得到原有体制机制的支持。比如说，对村"两委"班子的转移支付，对新农村建设重点村的资金支持等，就是由上级部门直接支付到村；各种涉农贷款优惠和奖励政策，各种涉农补贴，如良种补贴、农机具补贴、节水机械设备补贴、林业、抗旱补贴都是直接对农户，这些政策是与现行的以户为基本单元的家庭联产承包责任制相适应的，这种体制机制在发挥良好作用的同时阻碍和限制了农业规模化、产业化、集约化发展。建议由政府牵头，组织发改、财政、扶贫、农业、水利、国土、林业等各涉农部门，尽快根据农业产业化、现代化发展的新形势，创新涉农政策和资金管理的体制机制。

七、深化项目审批制度改革

园区的项目审批难主要体现在园区内投资项目众多,有公路、水利、电力、土地开发、产业项目等,现行的体制是只要有一个项目就必须层层审批,各个涉及部门多头审批,大大加重了企业的成本,延长了建设周期,严重挫伤了企业参与产业扶贫开发的积极性。建议省有关部门按照综改区办法,先行先试,扩权强区,尽快提升农业园区的规格,按照投资规模、开发范围、涉及农户等条件,确定省级、市级园区,享受直报省有关部门审批的办法,或对园区所有项目按进度对年度投资开发的项目实行捆绑审批的办法,以减少审批项目和环节,减轻企业负担。

八、认真研究园区管理体制问题

随着联盛园区建设的大规模、大面积推进,园区管理与乡镇行政管理体制、园区城镇化与农村管理体制的矛盾凸显出来。目前,园区建设已经覆盖留誉镇 18 个行政村之中的 14 个。这些村的旧村址大部分已复垦整理,村民绝大部分已分散到周边村或县城居住,等到留誉新城建成后,回迁集中居住。但在省民政厅的行政区划建制中,这 14 个村依然存在,按照"两委"换届的规定,2014 年将举行第十届村"两委"班子的换届选举。这种选举,对这 14 个村的社会管理已经没有太多意义,也不便于实际操作。对这一具体问题,建议将 14 个村委改为居委会,在回迁新址之前,暂不组织换届选举。可以预见,随着全省产业扶贫的大规模开展,类似的现象会越来越多,如果与之相适应的管理措施跟不上,就可能成为基层社会的不稳定因素。为此,建议责成有关部门及早介入,进行广泛深入的调研,制定相应的农业园区和农村城镇化管理体制改革办法,保障农村社会稳定和产业扶贫项目顺利推进。

(2013 年 7 月《调查与分析》第 9 期)

转变作风重在抓好落实

——对长治县西火镇"六小民务"活动的调查与启示

赵付忠　刘庆忠

根据中央和省委部署,目前正在全国进行的以为民务实清廉为主题的群众路线教育实践活动,核心是按照"照镜子、正衣冠、洗洗澡、治治病"的总要求,对作风之弊和行为之垢进行一次大扫除,以保持党的先进性和纯洁性,夯实党的执政之基。空谈误国,实干兴邦,转变作风重在抓好落实。长治县西火镇党委坚持"一切为了人民群众"的宗旨,认真履行职责,切实转变作风,在全镇开展以惠民生、保稳定、抓经济、促增长为主要内容的"六小民务"活动,有效化解了矛盾纠纷,保持了社会稳定,促进了经济发展。他们的做法,对如何做好农村工作,保持稳定和促进发展,具有一定指导意义。

一、"六小民务"活动的内涵

西火镇位于长治县东南部,东与壶关毗邻,南与陵川、高平接壤,辖30个行政村,2.5万人,面积49平方公里。境内资源丰富,人文璀璨,山翠景秀,素有民俗古都、文化大镇俗称,同时也曾是长治市乃至全省有名的上访镇和群体事件多发镇。长期以来历届领导虽然采取多种措施积极化解矛盾纠纷，但始终存在一定隐患与"暗疾"。近年来，该镇坚持"一切为了人民群众"的宗旨，在对各村深入调查研究的基础上，有针对性地组织开展了以"创建民情小档案""帮定富民小措施""化解民困小纠纷""摸排民安小隐患""宣讲民生小政策""倡导民俗小文化"为主要内容的"六小民务"活动，其主要内容是：

1. 创建民情小档案，做到"四清"。通过深入农户、田间地头，对群众进行走访慰问，了解民情，掌握民意，对各走访户有针对性地建立民情小档案，做到"四清"：即家庭情况清、人员类别清、矛盾隐患清、民意诉求清，并及时更新资料，实现全镇村情民意的动态化管理。如在梁家庄村进行走访时，了解到村民荣某孤身一人，并患有脑梗塞、半身不遂等疾病，生活不能自理。为此，镇党委研究后，责成梁家庄村委派人照顾，并承担了部分医药费，同时向当地民政部门申请补贴和生活救济，帮荣某解除了后顾之忧。

2. 帮定富民小措施，实现"四提"。围绕政府"搭台"、农民"唱戏"的工作思路，紧紧抓住综改试点县的机遇，鼓励和帮助村民调产上项，并在政策、技术和资金等方面进行帮扶，积极创造农民增收的环境与平台，致力于实现家家有工程、户户有项目、人人有事做、个个能增收的网络化经济。首先从基础设施建设、移风易俗等"小处"着手，先后帮助24个行政村实现了街巷硬化全覆盖，30个行政村成立了红白理事会。其次与全国若干名优高校和权威科研单位对接合作，新组建了16个农民专业合作社，优化发展生态农业、畜牧业和干果业；发挥当地优势，新上和扩建了5个规模企业；利用当地传统餐饮特色，拓展了50户"西火十大碗"联营店，旨在助推当地农村实现"基础设施提高、就业能力提升、文明建设提档、收入增长提速"的目标。

3. 化解民困小纠纷，促进"四和"。为确保村民间存在的矛盾纠纷能得到及时处理，每个民情员都充当了"民调员"角色，对所包村的大小事都积极参与，甚至对村民邻里、婆媳间的吵架斗嘴，都及时进行调解。特别是对各村重要决策、重大事项及财务支出等村民关心的热点问题，做到"四议两公开"，实行民主决策、民主议事，及时将日常事务、集体资金使用、发展规划等情况在农廉网公布，接受社会监督。通过干部和村民的及时沟通了解，使诸多矛盾纠纷得到化解，促进了全镇"干群和谐、邻里和气、家庭和睦、纠纷和解"。

4. 摸排民安小隐患，做到"四早"。按照"逐日排查、周五汇总、周一研判"的机制，对村民出行、人畜吃水、住房安全、上学就医、惠民政策落实、与群众生产生活密切相关的事项等进行逐项排查，做到早发现、早掌控、早处置、早排除，采取积极主动措施，把矛盾隐患消除在萌芽状态。如该镇在组织逐村逐户走访排查时，发现山后、平家庄等几个行政村有5个废旧煤矿遗留井口，存在较大安全隐患，便立即采取措施，及时向当地国土部门提出填埋申请，并在井口附近设置警示标志，使问题很快得到了处理。

5. 宣讲民生小政策，做到"四到"。采取集中宣讲、标语宣传、入户讲解等多种形式，借助党员服务站、远程教育网、农家书屋等平台，广泛宣传党的"三农"政策，以及省、市、县、镇贯彻落实惠民政策的各项具体措施，做到"四到"：即宣传到位、贯彻到位、责任到位、落实到位。此举方法灵活，简便易行，既可美化环境，又活跃了气氛，同时推动了各行政村的文化建设、街巷硬化、林权改革、冬暖工程、新农保新农合等项工作的展开落实。

6. 倡导民俗小文化，实现"四新"。充分发挥文化广场、农家书屋的作用，大力挖掘民俗文化、民间文化。为了活跃农村文化气氛，加强文化建设，镇先后组建了百姓欢乐大舞台、道乐祈福团、百名女子威风锣鼓、长治县书法协会西火分会，积极组织当地村民开展了健身比赛、歌舞表演、农知竞赛等各项有益活动，初步实现了农村风气"四新"：即生活态度新改善、生活方式新进步、生活情趣新提高、生活理念新转变。

二、采取的措施及效果

为有效推进"六小民务"活动深入开展,该镇采取了四项措施:一是建立机构。镇设立"六小民务"活动领导组办公室,按照"企村和村村共建"原则,将全镇划分为4个民情工作片,以村民小组为基本单元,共建立了138个民情工作小组,从组织形式上实现了全镇的民情工作小组全覆盖。二是选配人员。镇党委书记、镇长分别兼任"六小民务"活动领导组组长、副组长,镇党委委员、副镇长分片包干,镇包村干部、若干村党支部书记或村委会主任分别兼任各民情工作小组组长,负责日常工作的展开与落实。在各村选任了635名民情员,直接承担并做好工作,民情员与帮扶对象比例达到1∶10。三是实行网络化管理。为及时收集汇总情况,该镇专门为此购置配备了微机,区分情况,设定程序,指定专人负责,并根据数据变化情况,及时汇总更新,实现了"六小民务"活动网络化管理。四是加强制度建设。了解掌握民情是基础,关键是要解决问题,为此,该镇坚持在制度建设上作文章,议定每周四对各民情小组的情况进行汇总,周五由镇党办负责进行分类建档,次周一镇党委会进行集中研判,结合实际情况,提出解决问题和化解矛盾的方案,指定专人负责,限期抓好落实。

"六小民务"活动开展以来,实现了镇政府与各村村民、镇包村干部与帮扶对象的"零距离"接触和面对面交流,及时化解了村民之间的矛盾纠纷,达到了预期目的。据不完全统计,截至目前,该镇6400余户村民均创建了民情档案,撰写民情日记1000多篇20余万字,宣讲民生政策47200余人次,排查安全隐患150个,化解矛盾纠纷320起,帮定发展措施540条,实施惠民工程300多项。如针对南大掌村群众反映的"天下都城隍"文化开发和氛围营造欠缺问题,该镇在旅游沿线及周边区域显要之处设置了60多个大型广告宣传栏,以充分展示"天下都城隍"历史沉淀和文化底蕴,宣传当地名优和绿色农副产品,同时根据周边行政村"农家乐"规模不大、缺乏特色的情况，引导"农家乐"经营户联合组建餐饮公司，发展餐饮文化，体现民间风情特色，初步形成了具有本地特色的文化乐民、文化育民、文化富民氛围，有效推动了当地经济转型、村民致富和风气好转。通过组织开展"六小民务"活动，一起起矛盾纠纷得到温情调处，一个个安全隐患得以及时化解，一批批民生问题顺利解决，全镇上下呈现出产业转型势头良好、惠民工程全面实施、文明建设扎实推进、党群互信和谐共建的繁荣景象，有效促进了当地经济社会健康发展。

三、几点启示

农业、农村、农民问题是全社会关注的焦点，也是我省长期以来下大力狠抓的一项重要工作。如何确保农村稳定、农民增收、经济发展，长治县西火镇开展的"六小民务"活动，给我们以深刻启示：

1. 从政就要为民谋利。群众路线是我们党的生命线和根本工作路线，也是我们最大的政治优势，植根人民、服务人民，一切从人民的利益出发，全心全意为人民服务，是我们的职责所系和力量之源。乡镇是我国政体中最基层的政府机构，党和政府各项政策的落实，最终都要由乡镇一级政府来实施。政之所兴，在顺民心；政之所废，在逆民心。如果执政党脱离了群众，也就丧失了执政基础。从政就要为民谋利，就要认真履行职责，把工作做细做好。长治县西火镇的"六小民务"活动，体现了勤政务实和"群众利益无小事"的理念，单就该镇组建4个民情工作片、138个民情工作小组、635名民情员而言，机构上没有编制，人员上全部为兼职，只有工作与责任，不计报酬和获取，如果基层各级都能像他们那样，时刻置身于群众之中，想群众所想，急群众所急，和村民打成一片，把群众的事当自己的事来办，将村民的衣食冷暖时刻挂在心上，做到"心中有数"，那么我们的工作就没有克服不了的困难。

2. 转变作风重在落实。长治县西火镇开展的"六小民务"活动，没有惊人之举，不见豪言壮语，有的只是平平淡淡实实在在的行动，这正是他们的可贵之处。目前正在全党开展的群众路线教育实践活动，中央明确提出要聚焦在"四风"上，要对准焦距，找准穴位，抓住要害，通过"照镜子、正衣冠、洗洗澡"，最终达到"治治病"的目的。历史经验证明，我们党最大的政治优势就是密切联系群众，党执政后最大的危险也是脱离群众。转变作风重在落实，如果说一套做一套，就会失去民心。假若我们各级都能像长治县西火镇那样，在其位谋其政，一心扑在工作上，真正深入到群众中，和村民打成一片，和他们交朋友，说真话，办实事，转变作风才会真正落在实处，见到实效。

3. 只有稳定才能发展。现阶段我国正处于快速转型期，经济体制转轨和社会结构转型相互交织，社会分化趋势加剧，社会矛盾错综复杂，经济社会发展面临巨大挑战，只有稳定才能发展，这就要求我们必须认清形势，坚定信心，锁定"保稳定、求发展"的目标，敢于正视发展中存在的问题，做到困难面前不退缩，诱惑面前不动心，机会面前不犹豫，想办法从根本上解决问题。长治县西火镇的"六小民务"活动，从保持稳定和促进发展大局出发，从帮助群众解决最基本困难入手，通过大量深入细致的工作，将诸多矛盾纠纷消除在萌芽阶段，既帮助群众解决了困难，又促进了社会稳定和经济发展。他们的做法给我们提供了很好的借鉴经验，农村人口众多，区域广阔，居住分散，条件艰苦，只有像他们那样，深入基层，真正帮村民解决问题，群众才能与我们一心，农村才能稳定，经济才会发展，否则，稳定与发展只能是一句空话。

4. 活动虽小小中见大。长治县西火镇的"六小民务"活动，在全国全省农村这盘大棋中，无论是规模或影响，确实算不上大，但活动虽小小中见大。据有关统计资料，目前我省共有1196个乡镇，乡村常住人口达到1760万人以上，约占全省总人口的一半。截至2012年底，全国共有41636个乡镇，拥有乡村人口64222万人，约占全国总人口的47.43%。我国是一个农业大国，农村稳定了，党的事业就有了坚实基础。推进农村的稳定与发展，对巩固和提升党的执政地位具有重要意义。改革开放以来，为了加强农村建设，我党相继制定实施了一系列有益乡村发展的政策，如"新农合""新医保""种地免税并补贴""城乡统筹发展"等，但推进乡村的稳定与发展，是一项艰辛而复杂的民心工程，任重而道远，需要我们付出艰辛与努力，真正把工作做实做好。长治县西火镇的"六小民务"活动，解读了乡村的稳定与繁荣，这是一项集乡村基层社会管理、干部转变工作作风、打造阳光政务的综合性工程，是坚持科学发展观，实干兴邦的具体实践。我们要坚持从大局出发，敢于担当，实事求是，在工作实践中不断探索与创新，真正像他们那样，从小事做起，从细节做起，只要我们坚持这样做了，那么，我们的事业就一定会取得新的更大成就。

(2013 年 7 月《调查与分析》第 10 期)

新绛县农村土地流转的调查与思考

马文革　刘东光　马海刚

农村土地流转是一个全国各地都在积极探索的重大课题。截至2012年底，全国土地流转面积约2.7亿亩，占家庭承包耕地面积的21.5%。近年来，新绛县在农村土地流转方面做了大量工作，取得了明显成效，先后被农业部确定为农村土地承包经营权登记试点县、农村土地流转规范化管理服务试点县。近日，省委政研室组织力量，对新绛县农村土地流转工作进行了专题调研。

一、基本情况及成效

新绛县古称绛州，是一座有着1400多年历史的国家级历史文化名城，全县国土面积593平方公里，总人口33万人，其中农业人口28万人，耕地面积53万亩。近年来，该县积极推动农村土地承包经营权流转，创新机制，服务规范，促进了全县土地规模化、集约化经营。截至目前，全县土地承包经营权流转面积达到13.5万亩，占耕地面积的25.5%，涉及农户2.1万户，占农户总数的32%。

按照流转方式的不同，新绛县农村土地流转划分为五种方式：一是转包。主要是同一集体经济组织内部的农户之间进行的土地承包经营权流转行为。二是互换。农户之间通过协商的办法，以调换、互串的方式，把各自分布在不同地块的土地调整到一起，实现小范围的规模经营。三是出租。农户将土地承包经营权在一定期限内租赁给他人从事农业生产经营。四是转让。经承包方申请和发包方同意将土地承包经营权转让给他方，并与发包方变更原土地承包合同的流转方式。五是入股。承包方将土地承包权作为股权，自愿入股组成股份公司、专业合作社等，或者联合从事农业合作生产经营的行为。

按照流转主体的不同，可划分为五种类型。一是项目带动型。以土地整理和农业综合开发项目实施为依托，对土地进行综合整理后流转给种植大户。二是集体引导型。通过县委、县政府和乡村组织的统一规划，引导农民进行集约化生产经营。三是合作社引领型。由农民入股或专业合作社统一运作、调整土地、制订规划进行流转。四是经营大户带动型。由农户将土地转包给经营大户集中经营，经营者每年支付一定的承包金。五是龙头企业带动型。由龙头企业统一流转农户土地，或依托龙头企业，建立起规模种植、养殖基地。

农村土地流转带动了资金、技术、劳动力等生产要素的优化配置，有力地支撑了全县"一村一品、一县一业"的发展，在农业增效、农民增收、农村富裕等方面收到了比较明显的效果。一是实现了农业规模化集约化经营，实现了土地资源效益最大化。通过土地流转，全县形成了蔬菜、畜牧、粮食、水果、药材五大农业支柱产业，50亩以上规模经营面积达6.2万亩。通过土地流转，直接带动了农民增收。过去在旱垣地带，种植小麦、玉米等农作物，年亩收入为600元左右，流转后改善农业生产条件，种植设施蔬菜亩收入超过万元，是过去的15—20倍。通过土地流转，过去撂荒的土地流转到合作社、经营大户或者农业企业手中，土地得到充分、高效利用。二是促进了现代农业发展。通过土地流转，先进农业技术、先进耕作设备、先进管理手段得到大力推广和使用，加快了现代农业发展步伐。新绛全县蔬菜播种面积达到30万亩，其中设施蔬菜种植面积达到14万亩，最大的丁村蔬菜基地面积达到2800亩，蔬菜年产销量达到14.2亿公斤，产值超过16亿元，仅蔬菜一项就可为农民提供年收入的 64%。三是加快了农村劳动力转移，促进了农村二产、三产的快速发展，促进了城镇化发展。土地流转后，很大一部分农民从农业生产中解放出来，全县从事农产品冷藏储运、包装加工、物流配送、农资供应、生活服务等行业的达到 1.25 万户，从事相关产业的达到 3.5 万人。

二、主要措施

（一）健全土地流转交易平台，为土地承包经营权流转提供服务。明晰土地承包经营权是进行土地承包经营权流转的前提。2009 年，新绛县按照有关法律和政策要求，对全县农村二轮土地承包情况进行核实、完善，对全县所有农民的土地承包经营权进行了确认，把农户信息全部输入电脑，建立了数据库。县政府一次性拿出 280 万元，建立了新绛县农村经济综合服务大厅，成立了县乡农村土地流转服务中心，开通了新绛农经信息网，在网上设立了农村土地经营权流转管理系统，将农户三十年延包合同和土地流转合同输入电脑，建立了土地流转数据库，实行内部管理监控。设立了农村土地流转服务平台，收集、发布土地流转供求信息，指导全县土地依法、自愿、有偿、有序流转，为农民提供查询方便、诉求畅通、咨询便捷的服务，解决了制约农村土地流转的市场缺位问题，规范了土地承包经营权流转交易。这一举措有效地促进了全县的农村土地流转，交易平台建立以来，全县土地流转面积每年以 1 万亩以上的速度增长。

（二）强化政策扶持，引导产业发展与土地流转相互促进。开展土地承包经营权流转，目的是提高农业生产规模化，推进农业产业化进程，实现土地产出效益更大化。为此，新绛县按照"以土地流转为举措，以产业发展为载体，以农业增效、农民增收为目标，实现土地承包经营权流转与产业发展良性互动、相互促进"的工作思路，先后出台了《关于推进农村土地承包经营权流转的实施意见》《关于鼓励和扶持农业产业发展，促进土地有序流转，提高土地规模效益的意见（试行）》《新绛县农村土地承包经营权流转暂行办法》《新绛县农村土地承包经营权流转风险保证基金管理办法》《农村土地流转服务中心建设标准》等一系列政策文件，明确了土地流转各个环节的操作程序和操作办法。这些政策措施的实施对全县农业产业发展与土地承包经营权流转产生了积极的引导、规范、扶持作用。

（三）完善管理机制，提高土地承包经营权流转工作水平。随着产业的发展壮大，新绛县土地承包经营权流转呈现出流转规模扩大化、流转主体多元化、流转范围广泛化、流转方式多样化、流转用途综合化的特点，为促进全县土地承包经营权流转的规范、有序、持续、健康发展，新绛县探索建立了土地流转的"四个三"长效工作机制：一是建立三级土地流转推进机制。县政府成立了由分管副县长任组长，经管、财政、监察、国土、农牧、信访为成员的农村土地流转工作领导小组；每个乡镇都相应成立了由乡镇长任组长的土地流转工作机构；每个村明确由村委主干负责土地流转工作，为推进农村土地承包经营权流转工作的开展提供了强有力的组织保障。二是建立三级土地流转服务机制。建立健全了县乡村三级农村土地流转服务网络，县级建成了农村土地流转服务中心，负责指导全县农村土地流转工作，并重点为跨乡镇区域之间土地流转提供信息服务；乡镇建立了农村土地流转服务中心，主要开展区域土地流转信息收集、登记发布、土地收益评估、合同签订鉴证等工作；村级有农村土地流转服务站，由村会计兼任信息联络员，负责收集登记并向乡镇土地流转服务中心报送土地流转供求信息。三是建立三级土地流转纠纷调处机制。县政府成立了农村土地承包纠纷仲裁委员会，设立了仲裁庭，乡镇成立了农村土地承包纠纷调解小组，村级设立了土地承包纠纷调解员，及时仲裁调解土地流转中发生的纠纷，做到小纠纷不出村、一般纠纷不出乡、重大纠纷不出县。四是建立三级土地流转风险保障机制。县财政从全县国土出让收益中拿出2%，建立土地流转风险保障基金，鼓励乡镇和村从集体收入中提取一定资金，建立风险基金，保障流转土地的农民在遇到灾害和风险时利益不受损害。

（四）创新金融服务体系，为产业发展提供金融支持。加强金融服务是个新课题。今年以来，新绛县积极创新金融服务体系，用足用好各种金融政策，为土地流转后的农业产业发展提供充分的金融服务。一是政府支持农村信用社加大信贷支农力度。全县农村信用社贷款23亿元中，80%的贷款用于农业发展。二是探索建立农业保险体系。由财政出资，为新发展的日光温室补贴50元，农户再出50元，共同购买一份最高理赔额5000元的农业保险，最大限度地解决农户的后顾之忧。三是成立"三中心一公司"，主要为土地流转进行融资服务，用于解决农业贷款风险问题。新绛作为全省金融支持土地流转试点县，率先成立农村权证管理中心、农村产权评估中心、农村土地物权收储中心和农村土地物权担保公司。通过对农村土地承包经营权、农村集体土地所有权、集体建设用地上房屋所有权、林权、大中型农机具等进行确权和价值评估，完善贷款前置，为农业产业化发展提供便捷、安全、高效的金融服务。

三、若干启示

（一）农业产业化发展是农村土地流转的客观前提。土地流转是家庭联产承包责任制实行三十年来的又一次革命。近年来，由于农村劳动力成本的提高，土地的边际效益已经递减，单靠以家庭为单位的农业生产已经不能适应社会化大生产。农业要想继续发展，必须要向土地规模要效益，必须发展农业产业化。新绛县土地流转之所以走得快，正是新绛大力发展一县一业，加快发展蔬菜产业，从而在客观上加大了对土地流转的需求。与之相反，在一些没有主导产业的农村，土地没有流转的需求，更多的是劳动力缺失、土地撂荒、农民收入增长缓慢等现象，这是必须引起高度关注的问题。

（二）政府积极主动作为是搞好农村土地流转的关键。土地流转是农民面临和需要解决的问题，但仅靠农民是完成不好的，需要政府各职能部门因势利导、主动作为，服务引导、规范发展。新绛县农村土地流转经历了从自发到自觉的过程。2007年，他们就积极探索，逐步从不规范到规范，从个别现象到成规模的流转，从单个调解到成立机构规范发展，不断深入、不断提高、不断壮大。从新绛县的实践来看，在农业产业发展的不同阶段，政府应根据实际需要，围绕土地流转发挥相应的作用。在攻坚阶段，要发挥"助推器"作用；在成熟阶段，要发挥"稳压器"作用；在遇到风险时，要发挥"减震器"作用。只有这样，才能保证土地流转工作的顺利进行。

（三）完善的服务体系是农村土地流转的根本保障。土地流转工作政策性、专业性、业务性、技术性很强，政府各职能部门只有提供完善的服务，才能保障农民的土地流转得以顺利进行，才能保障农民的利益不受损失，才能保障土地的效益得到最大程度的发挥。从土地确权到合同签订，从政策解释到合同履行，从调解纠纷到银行贷款，从技术服务到风险担保等，新绛县建立健全了完善的服务体系，从而降低了农户的生产经营成本和风险，提高了农户流转土地积极性。

（四）强有力的金融支持是农村土地流转的重要支撑。土地流转后，生产规模扩大了，需要增加投入用以改善农业生产设备和发展设施农业，对金融服务的需求十分强烈。土地流转工作走在前面的新绛县已经遇到了这样的问题，金融支持已经成为土地流转后面临的最大瓶颈和必须破解的难题。没有强有力的金融支持，农村土地流转必将事倍功半。

四、问题及建议

从全省来看，土地流转不同程度地存在一些问题，主要表现在三个方面：一是农民认识不到位。土地一直都是农民最基本、最重要的生产生活资料，许多农民视土地为"命根子"，对土地流转存在着本能的抵触。大部分农民对土地的所有权、承包权、经营权、收益权的概念搞不清，错误地认为"流转就失去了承包权、收益权"，他们宁可粗放经营甚至撂荒，也不愿把土地流转出去。二是流转过程不规范。我省有些地方，没有建立流转平台，评估机制也不健全,没有专门的土地流转价格评估机构和专业人员,土地流转价格靠协商,定价普遍偏低。流转合同口头协议多,书面合同少,而且合同条款不规范,容易引起纠纷。三是流转活力不充分。目前,全省土地流转以农户之间转包和互换土地为主,更高层次的流转不多,各项服务很不到位,农业产业发展活力远未激发。

针对上述问题,我们建议:一是加大宣传教育力度。把广泛宣传引导、转变农民观念作为推动土地流转工作的突破口,在全面落实承包地块、面积、合同、证书"四到户"的基础上,大力宣传农村土地流转的重要意义、政策法规等,使广大群众知道什么是土地流转,为什么要流转,怎样依法流转,从而变成"要我转"为"我要转"。二是强化服务监管。要以县为单位,加快建立健全土地流转信息平台,广泛收集土地流转供求信息,引导供求双方进行协商洽谈;要建立健全土地承包台账,搞好农村土地承包经营权登记工作,对过去土地流转手续不全的要及时进行完善,确保资料准确完整,维护各方利益,保持农村社会稳定;要尽快完善土地流转纠纷调处、土地流转风险防范等制度和机制,使土地流转逐步走上法制化、规范化和程序化轨道。三是培育规模经营主体。把扶持壮大农业龙头企业、专业经营大户和农民专业合作组织作为促进农村土地流转的有效途径。要有效整合农业、水利、交通等方面资金,大力推进农业综合开发、土地耕作保护、土地项目整理,为土地适度规模流转创造条件。要协调金融机构加强对农业规模经营主体的支持和服务,促使土地流转实现由转包、互换为主向示范引导入股转变,由流转主体以农户为主向龙头企业和农民专业合作组织转变。

(2013年7月《省委主题调研报告》)

加强综改试验区建设的积极探索
——关于阳泉市郊区积极推进综改区建设的调研报告

薛安廷　赵付忠

资源型地区转型发展是一个世界性难题。我省作为国家第九个综改试验区，如何充分利用好转型综改试验区这个大品牌、大平台、大载体，并以此为总抓手，破解难题、深化改革、增强活力、科学发展，是摆在我们面前的一个全新课题。作为全省转型综改试点县，阳泉市郊区不等不靠、主动作为，不仅在综改的四大任务——产业转型、生态修复、城乡统筹、民生改善上有所建树，而且根据自身实际，大胆先行先试，创新出一系列亮点。这些经验做法，不仅为资源型地区如何转型蹚出了一条新路，而且对我省加快推进综改试验区建设具有重要启迪。

一、基本概况

阳泉市郊区地处山西省东部，太行山中段的娘子关境内，是典型的城郊型、资源型农业县区。全区总面积617平方公里，耕地11.6万亩，人口23.7万，辖8个乡镇，184个行政村。郊区矿产资源富集，属典型的资源型、工矿型农业县区，煤炭保有储量3.58亿吨，铝矾土保有储量约3400万吨,是全国四大耐火材料基地之一(其他三家分别是河南巩义、山东淄博、江苏宜兴)。郊区旅游资源丰富,境内现有玉泉山关王庙(荫营镇)、石家花园(义井镇)、银园山庄(平坦镇)、翠枫山(平坦镇)、桃林沟(平坦镇)等一大批人文自然景观。多年来,依托丰富的煤炭和铝黏土资源优势,以及环抱市区的区位优势,逐步形成了以煤炭、耐火、化工、冶金四大传统产业为基础,以新型建材、新型电力、装备制造和铝加工四大潜力产业为先导,以城郊型现代农业和三产服务业为补充的发展格局。作为省级转型综改试点区,阳泉市郊区的本位优势主要体现在四个方面:从资源的角度看,郊区不仅有煤,尤其以铝矾土资源储量大、品位高、易开采而著称,仅次于世界铝矾土王国圭亚那。资源的禀赋,造就了郊区耐火行业的品牌优势,是全国四大耐火基地之一。从区位的角度看,郊区虽地处内陆,但自古以来就是往来晋冀两省的通衢之地。特别是随着近年来高铁和高速公路建设的快速发展,境内交通十分便利,位于我省一小时经济圈核心区域。从城镇化的角度看,全区城镇化率达到了67.59%,在全省119个县(市、区)中排名第十五位,已接近刘易斯拐点,内需拉动和人口红利已逐步显现。从政策的角度看,郊区是我省11个转型综改试点先行区之一,我省赋予的各项优惠政策,使郊区发展具备了快速发展的比较优势。

二、转型综改总体情况

近年来,阳泉市郊区在推动经济社会转型跨越发展过程中,始终按照省委、省政府提出的工业新型化、农业现代化、市域城镇化、城乡生态化"四化"目标要求,充分发挥自身优势,加快项目建设、注重生态修复、促进城乡统筹、大力改善民生,取得了阶段性成效。

(一)狠抓项目建设载体,推动产业转型进程

借助郊区的区位优势,实施"园区+项目"、"煤耐+新型"的"双加

双培"工程，着力培育科技型航母式板块经济和多元化新兴工业体系。依托东城科技创新园区，抓好六大产业集聚区（307复线小微企业集聚区、河底现代物流产业集聚区、西南舁新型耐火产业集聚区、义井三产服务业集聚区、旧街保安新矿区、关王庙—刘备山—张飞庙金三角"忠义"文化产业园）建设。围绕以煤为基、多元发展的思路，大力发展绿色、低碳产业。抓住阳煤、南煤等大集团"腾笼换鸟"带来的产业转型机遇，促进一批高端装备制造业落户。加快对煤炭、耐火等传统产业改造升级，努力把资源优势转变为产业优势和产品优势。同时，大力发展现代服务业，重点扶持文化旅游、电子商务、信息服务、现代物流业，不断提升现代服务业在经济发展中的比重。

（二）全面加快城乡统筹，努力消除二元结构

郊区环绕阳泉市区，加快城镇化建设、实施城乡一体化发展具有得天独厚优势。打造阳泉新北区是郊区进一步放大区位优势的重大举措。该区先后实施了李荫路整修、荫营大街改造、便民服务中心等一大批基础设施项目，开发各种住宅商贸近50万平米，并完善了荫营城区的路、水、电、气、暖等配套工程。特别是区委、区政府筹资5.2亿元建成了新城大道，缩短了与市区的空间距离。相继完成了新城大道二期李家庄互通工程，实施了漾泉大道一期、南区新城主干道、"双营路"续建、区人民医院病房大楼、国防动员指挥中心、档案馆、检察院技侦大楼等重点工程，全面加快荫营城区旧村改造步伐，使荫营城的城市功能进一步完善。

（三）加强生态修复力度，营造宜居宜业环境

在综改的四大任务中，郊区选择生态修复作为突破点，不仅在项目上转型，摒弃高耗能、高污染行业，而且在被破坏的地表恢复植被，使绿色重新回归。针对尾矿库、排土场、采空区、渣场、露天采矿坑等地质灾害严重区域，按照资金捆绑、工程扎堆的思路，积极争取上级扶持，把农、林、水、

土等专项资金集中起来，开展造林绿化工程，打造了郊区万亩森林公园，走出了一条"灾害治理、生态修复、土地平整、农业高效、农民增收"的路子。经过不懈努力，郊区生态修复现已初见成效。截至目前，已累计投资3亿元，完成通道绿化300多公里，荒山造林13万亩，国家水土保持治理工程174平方公里，全区林木覆盖率达到23%，连续三年被省政府授予"造林绿化先进区"称号。同时，大力加强环保工作，全区227家重点企业和34家非重点企业全部实现了污染源排放达标，85%以上的耐火制品企业用上了天然气。荫营城区二级以上天气保持在330天以上。郊区呈现出天蓝水美、林丰草绿的美好景象。

（四）大力改善民计民生，幸福指数逐年提升

高标准完成了村村通公路、中小学校舍安全改造、农村安全饮水、新型农保等13项全覆盖工程。目前，基本完成农村新的"五个全覆盖"工程。同时，社会各项事业全面进步。先后荣获全国"示范性县级青少年活动中心"、全省"科教兴县先进单位"等称号。近年来，共争取上级科技扶持资金1200多万元，实施科技项目150项，获得专利受理443项。在全市率先推行了药品价格集中询购制度，农民"看病难、看病贵"的问题得到有效解决。人口和计生整体工作多年来在全省名列前茅。基层公共文化设施建设不断加快，非物质文化遗产保护工作全面启动。

三、转型跨越发展亮点

郊区在转型综改中，不仅在综改的四大任务上有所突破，而且在机制体制上先行先试、敢为人先，创新了一系列具有启发性的经验做法。

在创新上，阳泉市郊区的主要做法是：

（一）建设"三型"郊区

郊区的综改思路集中体现在打造"三型"郊区，即"资源节约型、环境友好型、社会和谐型"的"三型"郊区。"三型"郊区的提出，是对我国综改地区——湖南长株潭"两型"社会综改理论的引深和发展。湖南长株潭的"两型"是指"资源节约型、环境友好型"，阳泉市郊区加入了"社会和谐型"，标明除了有清洁生产、美丽家园的综改任务外，还有社会和谐、人文关怀，通过资源节约型、环境友好型、社会和谐型的"三位一体"，实现地区的科学发展、绿色发展、统筹发展。

（二）打造"飞地经济"

"飞地经济"是配置资源要素、提高项目产出的一种有效经济形式。针对阳泉市矿区土地面积小、有项目，郊区承载面积大、有产出的实际，阳泉市郊区和矿区提出了两地互惠合作、互利共赢、共同打造"飞地经济"的思路，走活走好了项目这盘棋。自年初郊区政府和矿区政府正式签订"飞地经济"合作协议以来，双方不断将合作引向深入，其中年产5000台减速机项目和总投资10亿元的双隆办公设备制造项目，是矿区重点招商引资项目。目前，该项目选址、投资人经双方协定已经确定。此外，双方还就进一步扩大"飞地经济"合作范围、共同建设专业园区、打造专业发展平台等问题进行了深入研究并建立了定期会商机制，这些举措，有力推进了"飞地经济"在郊区、矿区落地开花。

（三）实施"五创五破"

即创新招商理念，实行"五位一体"（定向定位招商、以企引企招商、激活民资招商、创优环境招商、亲情友情招商）招商，在全区上下形成人人参与、全民招商的浓厚氛围，破解开放引进不足的难题；创新融资平台，设立1000万元政府风险补偿金，通过"助保金贷款"方式，加大信贷资金对转型标杆项目的扶持力度，破解建设资金紧缺的难题；创新土地管理，制定出台耕地保护、土地储备、用地供应、土地交易、推介招商、增减挂钩、征地拆迁、集中安置等"八统一"管理办法，创新土地管理和使用机制，破解建设用地紧张的难题；创新政策扶持，设立科技创业基金、企业转型技改扶持基金、企业市场风险联动基金"三大基金"，破解企业抗风险能力不强的难题；创新服务机制，对投资项目实行"一站式"审批、"一条龙"服务。变招工为招生，项目签约时一并签订用工培训协议，项目开工即开始在区职高定向招生为项目培训高素质员工。三个特殊扶持，对主营业务收入、销售收入达到一定规模的企业和项目，进行特殊奖励，给予减免相关规费、实行挂牌保护等特殊政策，派驻企业特派员提供特殊服务，破解项目建设效率不高的难题。

（四）积极探索"联村党委"发展模式

我省综改《总体方案》十大改革中提出了改革行政管理这一课题。为构建行政服务新格局，区委、区政府创新思路，先行先试，着力探索组建"联村党委"，开创新形势下农村党建工作新模式。其主要内容是：按照"大村带小村、强村带弱村、富村带穷村"的思路，采取一个大（强、富）村带一个或多个小（弱、穷）村的"1+X"联建模式组建联村党委。按照"以强带弱"的原则，联合组建"区域发展型"联村党委；按照"以大带小"的原则联合组建"社会管理创新型"联村党委；按照"产业相似"的原则联合组建"共融共富型"联村党委；按照"以富带穷"的原则联合组建"依存发展型"联村党委；按照"地缘相近"的原则联合组建"共享共建型"联村党委。以此形成资源共享、优势互补、合作共赢的发展格局。

（五）实施民事代办制度

创新行政管理理念，大力推行"党员干部民事代办"制度，强化服务职能，主动变"管理"为"服务"，实现了群众事务由党员干部"被动受理"为"主动服务",变"群众跑"为"干部跑",打造了偏远乡镇党员干部直接服务群众的特色品牌,受到领导与群众好评。其主要内容是:围绕社会救助、社会保障、计生服务、农业服务、其他服务等五类事务,推行"定点代办""上门代办""应急代办"三种方式,开展民事代办服务,为群众提供全程代办、无偿服务,积极构建服务农民群众、推动科学发展、维护社会和谐的服务型党委,全面构建服务生产、服务生活、服务经济、服务发展、服务稳定的多元化服务新格局。

四、存在问题及解决措施

当前,郊区经济社会总体态势运行平稳,但仍面临诸多不确定因素,制约转型跨越发展步伐。

(一)存在问题

一是经济平稳较快增长,但产业结构欠优,对资源依赖性较大。依托"黑、白、黄"(煤炭、铝矾土、硫铁矿)的资源优势,郊区经济在改革开放初期实现了快速增长。1991年,根据衡量农村县级区域社会经济整体水平的21项指标,阳泉市郊区综合实力位居全省20强县区之首。之后随着资源优势的逐渐减弱,郊区在全省的位次逐年后移。近年来,全区经济继续保持了稳定增长(2008—2012年,地区生产总值年均增长15.78%;财政总收入年均增长19.67%;固定资产投资年均增长19.56%)。从产业结构看,2012年全区三次产业结构比为3.3:63:33.7,工业经济比重占明显强势。2012全区GDP比重中,煤炭行业占39.1%,耐火行业占6%。税收结构中,全区现有451个工业企业中,7个煤炭生产企业上缴税金占到全区税收的31%,251个耐火企业上缴税金占到全区税收的10.5%,煤炭和耐火仍然是支撑全区经济增长的主要产业。

二是招商引资成绩显著,但拉动发展的大项目、带动转型的好项目尚不多。近五年来，全区共引进百万元以上经济技术合作项目246项，到位资金180多亿元，先后引进1个全球500强企业（香港华润）、5个国内500强企业（阳煤集团、冀东水泥、金隅通达、恒大地产、庞大汽贸）的项目入驻。招商引资连续多年在全市名列前茅。但总体看，通过招商引资引进落地的六大项目中，亚美水泥、阳煤氧化铝、华润燃气已经投产，去年上缴税收总额为8165万元，占到全区财政总收入的6.79%。冀东水泥、北京通达刚试运行，氧化铝二期建设基本完成，对全区经济增长的推动作用尚未显现。这些项目的建设与当地资源的关联度很强，对全区经济结构转型的带动作用有待进一步挖掘。

三是现代农业粗具雏形，但在形成产业优势、提升农民增收能力上还不够给力。近年来，全区投入资金2亿多元，形成了5800亩温室大棚、2.15万亩优质果品、3.2万亩核桃，以及85个规模养殖小区、年出栏7万头生猪、蛋鸡存栏180万只的设施农业规模，2010年被列为"山西省现代农业示范区"。去年，又引进易汇投资公司建设200亩温室大棚，其蔬菜直销、"农超对接"等营销理念，为农业提质增效开辟了新途径。在西南舁推广涵盖防雹网、反光膜、生物杀虫等八项新技术在内的标准化果园建设，有效实现了果园效益翻番。但用发展的眼光看，全区发展现代农业上还存在规模不大、品位不高、机制不活、龙头带动不够等问题，在促进现代农业为农民增收方面还需要做大量扎实有效的工作。

四是基础设施建设不断加强，但在中心城镇的品位提升、功能完善上还存在许多薄弱环节。近年来，区委、区政府在基础设施方面投入力度持续加大，相继投资建设了一批基础设施项目和重点工程，并完成各种住宅商贸开发及旧村改造。全区城镇化率2011年达到67.59%，在全省排名第15位。但中心城镇荫营城区的建设，还存在功能不够完善、建筑品位不高、经营城市能力不足、发展空间受限等问题。

(二)解决措施

针对发展中的问题,阳泉市郊区抢抓"全省转型综改试点区"这一契机,结合实际,深入调研,提出打造资源节约型、环境友好型、社会和谐型的"三型"郊区,努力实现绿色发展、清洁发展、低碳发展、安全发展、可持续发展。

在实施路径上:一是大胆创新新农村建设模式。实施"一区四园",以构建省级"现代农业示范区"为目标,以菜、果、蛋和休闲观光为重点,着力抓好河底、西南舁和平坦与义井、桃林沟与龙泉沟四个现代农业园区建设。大力发展"餐桌经济",实行土地流转、大棚托管机制,推行蔬菜直销点、易汇蔬菜VIP会员、"农超对接",走出了一条科教相结合、贸工农一体化具有郊区特色的现代农业发展道路。二是不断做大做强耐火产业。积极鼓励本土企业走出去招商引资,吸引大集团兼并重组、嫁接联合。目前,已成功引进了金隅通达、联合荣大等大集团,培育了耐火产业新的增长点。同时,加强与高等科研院所合作,引进新技术、开发新产品,促进耐火产品上档升级。三是加强荫营镇区环境整治。荫营镇是郊区的中心城镇,年内阳泉市郊区全面启动了荫营镇区环境改造工程,重点对荫营矿至铁路桥约3公里路段进行集中整治,计划完成雨污归网、停车场建设和弱电管网入地等工程,力争将区政府所在地打造成生态宜居、管理规范、特色鲜明、环境优美的区域经济文化中心。四是积极打造文化旅游产业品牌。按照"培育特色、打造亮点、塑造品牌"的工作思路,阳泉市郊区科学规划,合理整合,形成联动效应,实施了旅游一卡通措施,把翠枫山景区、银圆山庄、小河评梅景区、林里关王庙等景点景区整合包装,扩大了郊区旅游的影响力和知名度,为景区的可持续发展奠定基础,加快了文化产业转型发展。

五、亟待帮助解决的问题

目前,阳泉市郊区在加强综改试验区建设方面,存在以下问题亟须帮助解决,以加快推进该区的转型跨越发展。

(一)促进耐火产业联合发展

耐火产业是郊区主导产业之一,也是我省的传统产业。多年来,耐火产业为加快全省经济发展发挥了重要作用。但是,当前"小、散、乱"发展现状令人堪忧。由于缺乏科技人才、企业规模不大、产品科技含量不高,导致市场竞争力逐年减弱。为了扶持耐火产业尽快做大做强,希望省委、省政府及有关职能部门研究制定促进耐火企业联合发展的相关优惠政策,并适时聘请国内耐火专家、学者到我省举办耐火产业发展论坛,为全省耐火产业"把脉会诊",让本土企业经营者进一步解放思想、创新观念、主动联合,真正使耐火企业成为促进全省经济转型的助推器。

(二)推进新农村建设进程

改革开放最大的红利是城镇化。在全面加快城镇化建设进程中,建设资金直接关系到城镇化的速度和质量。由于地下压覆的资源受国家开采政策限制,不能随意开发利用,导致新农村建设步履维艰。希望省委、省政府加强资源开采管理,制定出台科学合理的资源开发政策,将矿产资源收益分配面适当扩大到乡、村,让农民真正得到实惠,共享资源开发成果,力争把最后"一桶金"的价值发挥出来,推进城乡一体化建设进程。

(三)做大做强文化旅游产业

发展乡村旅游既是加快区域转型的需要,也是促进农民增收的途径,更是保护乡村原真性的有效手段。目前,郊区的文化旅游资源除了翠枫山、石家花园、大阳泉古村、关王庙、银圆山庄等有形的遗产之外，还有迓鼓、评说、跑马皮、面塑、送瘟神等独具特色的非物质文化遗产。但由于投资多、见效慢、风险大等因素，开发力度不够，导致文化旅游产业多年来做不大、做不强，甚至有些传统文化濒临消亡。建议上级主管部门给予政策倾斜和资金扶持，帮助郊区提升文化软实力。

（四）严格规范小产权房

小产权房由于产权不完善，价格便宜，不少购房人选择了购买。根据国家关于小产权房最新政策解读，国土部严禁登记发证。从实际情况讲，阳泉市郊区和全省其他县(市、区)一样，有在建楼房中，有一部分属于小产权房。希望省委、省政府及有关部门加强对小产权房的管理，特别是加强对借户籍制度改革或擅自通过村改居等方式非经法定征收程序将农民集体土地转为国有土地、农村集体经济组织非法出让或出租集体土地用于非农业建设、城镇居民在农村购置宅基地、农民住宅或小产权房等违法用地的规范管理。

六、几点建议

立足郊区实际，纵观全省转型综改推进过程，应着力从资源开发、新农村建设、园区打造等方面出台更多优惠政策，为促进基层转型跨越发展注入活力、指明方向。

（一）妥善处理资源开采与新农村建设的关系

我省是资源大省，全省119个县区有94个有煤炭资源。在全面加快城镇化建设进程中，必然涉及大拆大建。有些农村需要搬出山庄窝铺，异地建设；有些农村需要就地重建。其中，建设资金直接关系到城镇化建设的速度和质量。但是，一方面由于地方财力受限，不能完全解决建设资金短缺问题。另一方面，地下压覆的资源受资源开采政策限制，不可随意开发利用，使部分具有区域优势的县区，在新农村建设方面受到影响。希望省委、省政府加强资源开采管理。严禁非法采矿，以减少对耕地的破坏。加大农村地区地质环境恢复治理力度，加强对矿山企业监管，落实好地质环境保护责任，做好对采矿引发的地面塌陷、地面沉降、地下水干枯等次生地质灾害的防治工作，保护农民群众生命财产安全。对在地质灾害治理、土地整治、新农村建设、修路工程施工过程中遇到的残留资源，坚持从我省实际出发，制定相应政策，在国家政策许可范围内组织好回收利用，发挥好其最后"一桶金"作用，造福当地农村，推进城乡一体化进程。

（二）给予园区更多的优惠政策

我省去年已针对园区出台了十条优惠政策，要认真抓好落实。同时，要通过资源整合等方式扩大发展空间，实现扩容提质；对园区基础设施和公共服务体系建设给予贷款贴息和补助支持；根据土地总体规划和年度计划积极予以保障；依法落实科技创新园区的企业研发费用加计扣除、孵化器税收减免、创业投资和高新技术企业税收优惠等政策，加快推进园区建设。在打造园区建设过程中，要考虑到许多园区地处山地，且涉及村庄和企业搬迁，由于打造平台的资金来源少，县区一级的财政压力大，工业平台下压覆的浅层资源（煤炭、铝粘土等）受现有政策制约，承建县区平台打造进度缓慢。鉴于这一情况，应制定出台相关保护或优惠政策，让承建园区建设的县区规范开发资源，突破建设资金紧张的瓶颈制约。同时，招商引资过程中，积极探索"飞地经济"发展模式，打破行政区域限制，推动项目引进，通过采取不同管理模式和利益分享机制，促进生产要素的合理流动和优化配置。

（三）积极探索"联村党委"发展模式

城镇化作为一种社会历史现象，不是简单的人口比例增加和城市面积扩张，重要的是实现产业结构、就业方式、人居环境、社会保障等一系列由

"乡"到"城"的转变。随着城镇化的发展与扩大,第二、三产业将向城镇聚集,而地理位置的转移和职业的改变将引发生产方式与生活方式的演变。有关数据表明,人均GDP超过3000美元,城镇化率在30%–70%之间,是城镇化进入快速发展期的重要标志。目前,我国城镇化率已经超过50%,如按户籍人口计算仅占35%左右,远低于发达国家近80%的平均水平。2012年,我省人均GDP已经达到5327美元,城镇化率达到51.26%,表明我省已进入城镇化发展关键期。面对新型城镇化发展趋势,全省经济发展和转型要有新突破,必须加快"新型城镇化"建设,这是当前最大的结构调整,最大的内需源泉,也是最大的改革"红利"。我省119个县(市、区)下辖上万个行政村,多数比较分散,各村规模有大有小,经济发展水平不一,甚至有些村由于资源枯竭、外出务工人员多,已成为"空壳村"和"留守村",群众生活质量每况愈下。面对这种情况,我们可借鉴山东省在城乡一体化建设过程中,通过探索联村党委的发展模式,有效整合农村土地、矿产、人文等各种资源,使其发挥最大效益,破解制约城镇化发展难题,加快推进城镇化建设进程。

(四)建立科学合理的综改工作考核体系

考核不能不要GDP,但绝不能唯GDP。没有一个宜居的环境,再高的GDP都将失去意义;人民群众的幸福生活,才是一切发展的最终目标。一个地区综改实验能否见效,要在经济、政治、文化、社会、生态文明建设"五位一体"中走出特色之路,要注重打基础、利长远的"潜绩",注重发展质量的提升与民生福祉的增进。要按照袁纯清同志"五个发展"即"绿色发展、清洁发展、低碳发展、安全发展、可持续发展"的要求来衡量和考核综改指标任务。在考核指标体系的建立上,综改区要和一般考核区别开来,要科学合理,注重转型。特别要注重对非煤产业、高新产业、朝阳产业的加权评分。此外,要建立激励机制。对先行先试工作出色,转型项目储备多、推进快、质量高和政策创新效果好的市(县、区)、企业和部门,从各方面给予支持,对敢行敢试、快行快试、善行善试的优秀干部,给予表彰奖励。

(2013年8月《调查与分析》第11期)

"三农"老难点改革新课题

——关于加快实现农村小康问题的几点思考

梁若皓

党的十八大明确提出到2020年要全面建成小康社会,实现国内生产总值和城乡居民收入比2010年再翻一番,同时提出了农业现代化目标。"三农"问题又重新成了全社会共同关注的一个焦点。十七届三中全会明确指出"农业基础仍然薄弱,最需要加强;农村发展仍然滞后,最需要扶持;农民增收仍然困难,最需要加快"。当前农村普遍存在的问题是领导、管理、经营体制尚不完善,农业生产经营组织化程度低,农产品市场流通体系、农村社会化服务体系、国家对农业支持保护体系都不健全,构建城乡经济社会发展一体化体制机制的要求十分迫切。如何把握当前农村发展的阶段性新特征,适应农村改革发展新形势,顺应千百万农民过上美好生活新期待,抓住时机、乘势而上,努力开辟中国特色农业现代化的广阔道路,奋力开创社会主义新农村建设的新局面,加快实现城乡一体化进程,是摆在我们面前的艰巨任务。

改革开放三十多年来,我国经济社会已经发生了翻天覆地的变化,全社会都从中得到了实惠,这是有目共睹的。然而,农业是国民经济的基础,却还是弱势产业;农民是我们的国民主体,却还是弱势群体;农村是我国改革的"先驱",却仍然十分落后。农业增效、农民增收、农村繁荣的"三农"问题,依然是我国改革发展和全面实现小康的难点所在,是全党面临的一项重大政治任务。当初的农村改革为城市改革创造了条件,农村的稳定撑起了共和国的大厦;现在整个经济社会发展了,我们更不能忘掉农村这块"短板"!只有当农村生产力再次得到大解放,农村经济社会得到长足发展,才能为整个国民经济又好又快发展奠定更加坚实的基础。要全面建成小康,要构建和谐社会,农民小康、城乡和谐则是根本所在。

一、"三农"问题难在哪?

农业是安天下的产业,但也是"天下第一难"的产业。它同时受"两个规律"制约:既是受自然规律制约的经济生产,又是受经济规律制约的自然生产,在供求关系决定市场价格的前提下,风调雨顺时农产品却卖不下好价格,当市场价格走高时恰恰又都是农产品欠收之时。由于我国特定的历史和国情,长期靠农业的"高积累"来支持工业和城市建设,城乡差别长期存在,农村严重缺乏资金和技术,农业受自然条件和气候因素制约,基础设施落后,又缺乏科学的指导和管理,再加上农产品效益比较低,价值规律严重背离。这个号称"民以食为天"的产业,却由最弱势的群体、用最落后的装备、在自然和市场"双重风险"的夹击之下,经营所得只能是许多许多的"无奈"。

实行家庭联产承包责任制曾极大地调动了广大农民的生产积极性,迅速解决了几十年解决不了的温饱问题。但随着我国改革开放带来的国民经济快速发展和经济体制转型,在"没有规模就没有效益、没有批量就没有市场"的条件下,农村又遇到了前所未有的新问题——千家万户小生产,如何应对千变万化的大市场!由于农民的组织化程度过低,又缺乏市场服务中介,农产品流通的渠道不畅,"卖难"问题愈演愈烈,农民只能是"辛辛苦苦干一年,最终落个肚儿圆,就是口袋没有钱"。就连当初农村改革"先驱"的安徽小岗子村也是"一朝实现温饱,三十年迈不进小康门"。为了能挣钱养家,有本事、有知识、有体力的青壮年农民大都进了城务工从商,农村留守的多是"386199"部队（妇女、儿童、老年人），农业"现代化"进程步履维艰。

农村长期投入不足，公益事业、公共服务严重缺失，农民是"三等"公民。城市建设基本是由政府投资，农村建设则主要靠农民积累，这是城乡"二元结构"形成的差别。农村土地分散，居住分散，交通落后，信息闭塞，教育落后，农业科技严重缺乏；农村金融发展滞后，农业投资严重不足，农民单家独户势单力薄，农业产业化路途漫漫；农民"盼的是致富，缺的是技术，苦的是没有门路，最需要的是服务"，然而，村里"腿短"、县里太远、乡镇无权。

"三农"堪谓"三难"，"三难"难在"三弱"，最需要的是加大投入、强化指导、配套服务；更由于它是共和国的根基，因而被列为全党工作的重中之重。但是，农业现代化、农村小康如何实现、怎样落实呢？"桥"和"船"在哪里？客观现实的突出问题是：农村经济尽管也在缓慢增长，然而农业的经营成本也在不断加大，由于存在工农产品价格"剪刀差"，城乡居民之间已经很悬殊的收入差距实际上仍在不断拉大！

要建设"生产发展、生活宽裕、乡风文明、村容整洁、管理民主"的社会主义新农村，"生产发展"则是一切美好愿景的重要前提和基础。与当初农村"第一步改革"相比，究竟进一步促进农村发展繁荣的活力何在、动力何来呢？如果说农村"第一步改革"是"放"，"第二步改革"是"免"，"第三步改革"是"建"的话，那么，建什么、怎么建才是问题的关键。

二、体制存在大障碍

我们说应避免将"三农"口号化是有根据的。"三农问题是全党工作重中之重"，但是机构改革改了这么多年，从省到县，党委机构偏偏只撤销了一个农村工作部！党委既然重视"三农"工作，就应该强化领导抓在手上，要真抓就必须得有"抓手"。实际情况是党委的农工部变成了政府的农工委,农工委又都设在了农业局,农业局又如何领导协调林业、水利、土地这些部门呢?既然领导不了,就形不成工作合力,所谓"加强、重视"就像戴着拳击手套打在了棉花套子上。(据悉,目前已有不少省份恢复了党委农村工作部)

对中西部来说还有一个遗留二十多年的问题,也是由"人民公社"改乡镇政府之后,一直都未解决好的老问题。

《地方各级人民政府组织法》明确规定,乡镇一级政府与县级政府几乎有着相同的经济社会管理职能,然而这个与"三农"问题密切相关的体制问题仍长期没能得到解决。

乡镇政府只有"三个镇长、三个兵",许多事情想得很好,但实现不了。

乡镇虽然设有"七站、八所",机构部门不少(据调查乡有28个、镇有33个),但统统都是县直部门的"派出机构","乡镇看得见、但管不着;县上管得着、却看不见"。这种条块分割的行政管理体制,形成了一个工作"怪圈":部门扯皮——基层告状——上级领导出面协调。看似大家很忙,"扯皮"才显"水平"。

乡镇财政普遍未建立,仍然吃的是县级财政的"大锅饭",再加上乡镇之间自然经济条件的差异,上级对乡镇的许多工作都无从考量。乡镇作为我国最基层一级政权,权责不统一。

乡镇人大监督作用普遍难以发挥。乡镇政府一无财政、二无部门,很难作工作;于是,组织农民实施产业化经营难,协调服务民营经济发展难,建立农业社会化服务体系难,推进农村城镇化建设难……"难"就难在乡镇政府很难发挥其综合服务职能作用。

我们常讲生产力与生产关系要相互适应,生产关系反作用于生产力,生产关系超前或滞后都会阻碍生产力的发展。当初农村第一步改革,分田到户,实行了家庭联产承包责任制,由集体经营变成了分户经营,挣脱了生产关系的束缚,使农村生产力得到了集中迸发。那时为了解决温饱问题,农村经济还基本停留在产品经济时代,"养鸡为换盐、养猪为过年",农民需要的只是一般性的生产服务，村级组织就可以协调解决；当农村进入第二步、第三步改革之后，随着商品生产的发展和市场经济体制的建立，无论是集约化经营，还是产业化发展，都迫切需要由乡镇一级政府提供更高水平和更深层次的指导，提供社会化的系列服务，解决一些"村里办不了、县里够不着"的事情。然而，乡镇政府却无能为力。

如果说与东部发达地区相比，中西部的民营经济发展缓慢，全民经济"热潮"还未形成，农村市场经济的"底火"不旺，农村的社会服务和管理比较滞后，对民营企业的安全生产监管不力、责任不落实等等。那么这些问题，都无不与我们的乡镇职能作用难以得到正常发挥、这种传统滞后的管理体制机制密切相关。

三、找准改革着力点

无论过去革命战争年代，还是现在和平建设时期，党在农村的基本工作任务都始终有两个：一是教育引导群众，二是组织发动群众。当前影响农村实现小康的最大问题一是土地分散，二是资金分散，三是经营分散。我们不可能重新回归到过去的"人民公社"和"大集体"，农村改革发展新阶段，急切地呼唤着新的经营体制机制产生，这种经营体制应该是顺应农民致富新要求，适应农村生产力发展新水平，能够激发广大农民群众致富奔小康新热情的新体制——由能人牵头、自愿组合、自主经营、集合各种生产要素、形成适度规模的"专业合作经济组织"。而这些大量的教育规范引导、组织协调发动工作，都需要由直接领导和服务"三农"工作的乡镇党委政府来完成。

1986年，中共中央、国务院下发了《关于加强农村基层政权建设工作的通知》（中发〔1986〕22号），明确指出："目前，县级许多部门在乡镇设有分支机构，并且统得过死，使乡镇政府难以统一组织和管理本行政区域内的各项工作。这种条块分割的管理体制必须进行改革。凡是可以下放的就要下放给乡镇领导管理。"（当时我们正在搞完善土地承包责任制，落实粮

棉定购合同）

1991年中央召开十三届八中全会，做出了《关于进一步加强农业和农村工作的决定》，其中第二十七条明确规定："加强乡镇党委和政府的自身建设，充分发挥乡镇党委的领导核心作用，健全乡镇政府职能，使之成为有权威、有效能的基层党委和政权组织。县有关部门设在乡镇的机构，除少数不宜下放的实行双重领导外，一般都要下放到乡镇管理。对实行双重领导的机构，干部调动、任免、奖惩应征得乡镇党委同意。乡镇党委和政府要对这些单位加强领导，使之相互配合，形成合力，共同为农村的经济和社会发展服务。"（当时我省正在推广"隰县改革经验"，实行"小政府、大社会"，鼓励政府部门办"实体"）

1989年，山西省七届人大常委会第十次、十三次会议先后通过了两个地方性法规：《山西省乡镇财政管理条例》和《山西省乡镇人民代表大会工作条例》，为乡镇机构管理体制改革进一步创造了条件。

但是，我省的这项改革至今并未真正执行到位。原因是"两头热"（上头、下头热），"中间凉"（省、市、县各业务部门凉）。地方政府谁也不敢贸然"孤军深入"，只怕由此引来"四面楚歌"。将县级部门的下属机构放权给乡镇政府来管理，看似十分简单，实则相当艰难，因为政府系统内部有"既得利益团体"，即条块分割。改革是一场革命，是权力的再分配，利益的再调整，乡镇机构管理权下放这项改革1986年全国在山东莱芜试点时，就是由中央六部委联合下文才得以推进的，现在虽然中央已经有了明确政策，但单靠市县自己是无法推进的，必须由省委省政府统一制定出台强力的政策措施，首先统一省级各个职能部门的思想认识，才能排除一切干扰，积极向前推进。

"三农"问题，说到底是个发展问题，是投入、管理和服务问题，特别是必须首先解决好依然存在的管理体制机制问题。农业现代化、农村城镇化的任务都十分艰巨，"三农"问题，不是简单地靠"撤乡并镇"、精简机构就能解决的，必须对症下药、有的放矢。而如何整合现有行政资源、发挥集合效能、提供有效服务，充分调动和发挥乡镇最基层政权组织的作用则是明智之举，也是最有效、最现实的选择。

完善乡镇职能。在一个县域之内有山有川，各乡镇的自然条件、经济状况相互差异是很大的，乡镇的职能作用在于能弥补县级集中统一管理的盲区和死角。将县直部门设在乡镇的机构尽可能地下放给乡镇管理，使乡镇政府"生出四肢"来，不仅可以健全和强化乡镇管理服务"三农"的功能，而且还能有效精简县级机构，解决其机构臃肿问题。实行"分类指导、分层决策"，这是用科学发展观解决"三农"问题的需要，更是实现乡域经济社会又好又快发展的客观要求。重视、关心、支持"三农"，最有益的方法莫过于直接服务"三农"；统筹城乡发展，更在于加快解决"三农"难题。否则就可能成为文件"三农"、会议"三农"和口号"三农"。行政机构改革一直是一个难题：一方面是有人无事做，一方面是有事无人做。通过乡镇机构管理体制改革，将"人、财、物"三权下放，可以"精简上层、充实基层"，有效解决县级政府（含事业）严重超编、而乡镇政府普遍缺编的"头重脚轻"的问题，达到"放权给乡镇、服务到基层"的目的。

建立乡镇财政。如果说县级是处在城乡的"结合部"，那么乡镇则完全是面向"三农"的。因此，要想破解"三农"难题，"撤乡并镇"不仅是"隔靴搔痒"，甚至恰恰走向了反面。必须清醒地看到目前乡镇一级之所以难以发挥作用的根源和实质所在，正是由于权责不相一致，财权事权不统一，才使得乡镇的职能作用难以有效发挥。既然大家都知道"权力就是责任"，那么为什么不给其权力，却希望它担当责任呢？"有一级政权，就应当有一级财政"，这既是国际惯例，也是沿海发达地区的经验。因此乡镇职能作用的发挥，仅仅下放人权、事权还是不够的，必须将财权也一起放下去，使之名副其实。乡镇财政的建立，端掉了吃县级财政的"大锅饭"，变压力为动力，不仅能有效推动乡域经济发展，而且对考核乡镇工作实绩非常必要，可以形成一种竞争和激励，促使其全力以赴服务"三农"。

笔者认为，省直管县也好、扩权强县也罢，其根本意义和落脚点都应是在这里。在山东、广东，这种体制的作用已非常明显。

适度改乡设镇。农村城镇化是我们的发展目标，我国人口众多，都拥进大城市很不现实，何况农业也需要现代化。到山东、广东，我们不难发现那里的镇比乡多、市比县多，这是现代化进程的一个标志。农村经济不够繁荣与乡多镇少不无关系，而现在的建制镇大都是计划经济历史上遗留下来的。随着农村市场经济的发展，特别是交通条件的大幅度改善，原来的经济和市场格局已经开始发生新的变化。每个县的辖域面积一般都在上千平方公里，在这样大的范围之内，以县城为半径来服务"三农"，是很难看到我们所希望的农村经济繁荣景象的，还必须形成市场的网络格局。因此，在条件和时机成熟的地方改乡设镇非常必要，不仅能增强辐射、带动和服务"三农"的功能，而且还可加快农村城镇化的进程。

2008年10月党的十七届三中全会《关于推进农村改革发展若干重大问题的决定》指出："继续推进农村综合改革，二〇一二年基本完成乡镇机构改革任务，着力增强乡镇政府社会管理和公共服务职能。"要"加强党委农村工作综合部门建设，建立职能明确、权责一致、运转协调的农业行政管理体制"。这是新的希望，也是新的机遇。

"三农"问题直接关系到三分之二（目前我国人口城镇化率实际只有35%）的人民群众的生活，撼动着共和国的根基，影响着整个国民经济发展，决不是个小问题，也不是一般经济问题，而是个重大政治问题。"中央政策是原则，地方贯彻讲结合"，科学发展观是与时俱进的，与"三农"问题直接相关的领导体制、管理体制和经营体制也须随着发展方式和经济体制的转型而转型。统筹城乡、以城带乡、以工补农、扶贫助农等，都是扶持"三农"的有效之策。医治体弱患者，创造良好的外部康复环境或"打针输液吃补药"都是十分必要的，但一定要与提高自身机能、增强内在活力结合起来，标本兼治，方能显其功效。

（2013年8月《情况与建议》第4期）

阳泉市矿区发展"飞地经济"的探索与研究

张文英

去年以来，阳泉市矿区深入贯彻落实省、市转型跨越发展战略，立足区情，结合实际，通过持续深入推进"总部经济"实现了与阳煤集团的良性互动，集聚了一批好项目、大项目。为解决辖区土地资源缺乏带来的项目落地难、阳煤集团在外运营成本高等一系列难题，矿区顺应产业转移客观规律，先行先试，在全市率先探索发展"飞地经济"，取得了与合作县（区）互利共赢的积极成效，走出了一条促进区域协调发展的新路子，在特殊区域加快推进转型跨越发展方面总结出了一些好的思路和做法。去年12月6日，省委书记袁纯清同志与遴选干部进行座谈时，对阳泉矿区从区域实际出发，因地制宜发展"飞地经济"、促进转型跨越的做法予以一定肯定。最近，我们对矿区发展"飞地经济"的具体实践进行了调研。有关情况如下：

一、矿区发展"飞地经济"的背景及意义

"飞地经济"作为一种要素重组和经济协作的创新模式，在改革开放初期多指我国沿海地区作为境外企业的海外"飞地"。随着我国改革开放的深入，"飞地经济"逐渐成为进行跨区域产业转移、优势互补、经济合作的

一种形式。

矿区发展"飞地经济"绝不是"赶潮流"照搬他人经验,更不是"拍脑袋"式的随意决策,而是在深入分析区情实际的基础上,发挥优势、补足"短板",努力将有利因素最大化,不利因素最小化。

(一)突破土地瓶颈制约,矿区发展"飞地经济"势在必行

矿区位于阳泉市西南部,地处太原与石家庄的中点,区位优势十分明显。矿区是阳泉市的5个行政区(县)之一,建成区总面积9.88平方公里,还有一块面积9.27平方公里的"飞地"位于平定县境内,为阳煤集团五矿所在地。矿区总人口24万余人,是我省行政区划面积最小、人口密度最高的市辖区。由于行政区划面积狭小,矿区一直以来所面临的土地制约、空间限制问题在全国市辖区中也尤为突出。由于历史原因,矿区一直以来面临着"小政府、大企业"的尴尬,政府职能不全,且辖区大部分土地属于阳煤集团所有,严重影响了区政府招商引资工作,抑制了工业投入和区域发展需求。自1980年政企分设,阳泉矿区形成单独建制区以来,矿区就将服务阳煤集团作为工作重心,不断优化发展环境,大力扶持其下属企业。以阳泉市装备制造业龙头企业——华越机械有限公司和山西华鑫电器有限公司为例:华越机械有限公司始建于1949年,成立之初只是一个负责原阳泉矿务局井下机械设备修理的小企业,年产值为30万元;山西华鑫电器有限公司前身为原阳泉矿务局四矿机电科下属的一个机械维修厂,2003年销售收入只有4千余万元。多年来,矿区政府一直给予企业政策扶持和资金支持,提供"保姆式"全程服务,引导企业逐步由"小机修"转变为"成套造",从"仿造"转变为"创造",从而使这两家企业从简单粗加工转变成了拥有自主知识产权和自主研发能力的科技型装备制造龙头企业。到2009年,华越机械有限公司已实现销售收入5.6亿元、山西华鑫电器有限公司实现销售收入5.18亿元。就在企业发展壮大,财政、税收贡献成几何倍增长,有更多能力"反哺"矿区时,却因为土地制约不得不搬离矿区。目前,这两家销

售收入近20亿元的企业已迁至郊区、开发区等地，矿区对企业的服务也只能无奈止步于简单意义上的"摇篮"和"孵化器"阶段。

（二）发挥总部经济效应，矿区发展"飞地经济"具备良好基础和条件

阳煤集团是矿区最大的驻地企业，近年来发展势头十分强劲。目前，阳煤集团以2012年度营业收入285.78亿美元的优良业绩首次进入世界500强行列，实现了历史性的跨越。正是基于对阳煤集团这个得天独厚驻区企业"比较优势"的认识，从2011年起，矿区从阳煤集团原材料供应商入手，着力实施总部经济发展路径。去年，矿区努力打造软硬环境，制定出台了优惠政策，投资改造、设立了总部商务大楼，作为总部经济的发展示范性工程；协调阳煤集团制定出台相关文件，明确规定总部区域内的新上项目、中小企业、建筑、贸易、物流、服务类企业及集团公司的外埠中间商、物资供应商必须优先在矿区注册，享受矿区的各项优惠政策和服务措施。这些举措一经实施，当年就有54家阳煤集团原材料供应商从外地迁至矿区注册。今年1至6月份，新入驻总部商务大楼的企业纳税超过了去年全年阳煤集团原材料供应商入驻企业纳税总额。

目前，矿区总部经济相关政策效应持续显现，吸引了越来越多的阳煤集团供应商到矿区发展。这些供应商中，许多都有将在外地的生产基地搬到矿区的想法，而与此不相适应的是，矿区无法为其提供建设、发展用地，导致招来商后难落地。以"飞地经济"模式谋求发展，对于"飞出地"矿区而言，可以突破瓶颈，更好地发展特色产业，实现产业化、集约化，有效地促进跨区域的协调发展；对于"飞入地"郊区（盂县）而言，可以实现产业结构的转型升级，实现区域技术、管理水平的提高，完善区域产业体系。显而易见，矿区发展"飞地经济"不仅具备了良好的基础和条件，而且意义十分深远。

(三)应对区划调整难题,矿区发展"飞地经济"是现有区情下思变求变的主动作为

阳泉市的行政区划是 1970 年设定的,形成于计划经济体制时期,1979 年作过局部调整,以后再未变动。随着改革开放的深入和城市的快速发展,目前的区划已愈来愈不适应发展的要求。城市区土地资源利用已趋饱和,不具备招商引资的基本条件,且城郊之间犬牙交错,土地资源难以合理开发利用。因此,从长远来说,调整行政区划才是阳泉市实现科学、合理配置生产要素,走可持续发展之路的有效路径。

矿区作为典型的城市工矿区,管理好城市的同时又面临着发展经济的繁重任务。招商引资、项目落地工作屡屡因为土地制约难以推进,政府和企业都只能"望地兴叹",彼此痛失合作机会。在这种现状下,矿区政府没有等、没有靠,通过发展"飞地经济"寻求解决路径,由过去点对点的企业转移转变为区对区、区对县的产业转移,由单纯的资金承接转变为管理与项目的复合承接,这是既保持现有行政区划,又突破区域分割、实现区域间合作的一种新形式,也是行政区划调整短时间难以实现的情况下一种发展经济的主动积极作为。

"飞地经济"使矿区和郊区、盂县实现了携手合作,各自的优势得到互补和叠加,不仅成为"飞出地"、"飞入地"加快科学发展,推进城乡统筹的"驱动器",也成为增进友谊、深化合作的连心桥和助推器。较之矿区多年来一直呼吁的以"行政村托管"模式扩大行政版图的办法,"飞地经济"模式规避了一些社会和管理问题,使得合作区域都可"轻装上阵"。

二、矿区尝试发展"飞地经济"的路径和做法

矿区在全市先行先试,于 2012 年下半年首先同郊区对接,探索实践"飞地经济"。矿区的经验和做法为阳泉市全面实施"飞地经济"起到了

"助推器"作用。目前,矿区正在严格按照市政府的统一安排部署,与合作县区一道,逐步打破行政区划局限,大力推动"飞地经济"发展。

(一)充分利用多方优势,积极储备"飞地经济"项目

为切实增强"飞地经济"发展后劲,矿区从四方面入手增加项目储备数量,并积极推进、落实。

一是深入挖掘辖区项目资源。在充分考虑企业发展历程、工作延续、管理惯性的基础上,矿区将多年前就已完成孵化"飞出"的项目作为"飞地经济"项目库的重要组成部分,重新梳理后与企业逐一签订协议,并通过与合作县区的深入沟通、协调,达成了共享企业发展带来的红利这一共识。这些举措不仅充分肯定了矿区历届区委、区政府在扶持企业上所做的工作,也为"飞出地"、"飞入地"分成问题的协商奠定了基础。

目前,矿区分别就山西兆丰铝业氧化铝二期、阳煤集团兴峪煤矿、阳煤集团吉天利工业园区等3个项目同郊区、盂县协商了有关分成事宜。

二是充分发挥总部经济持续效应。矿区政府在与郊区、盂县等合作县区对接的同时,充分发挥总部经济带来的政策效应,瞄准阳煤集团深入挖掘项目资源,为"飞地"引来"金凤凰"。矿区政府向阳煤集团发出了《关于探索"飞地经济"新模式进一步推进总部经济发展的函》,与阳煤集团建立了长效对接机制,依托总部经济发展平台,将阳煤扩大生产、招商合作、园区建设等对外投资项目、新注册企业以及阳煤集团生产型企业、原材料供应商所建设的项目全部纳入"飞地经济"项目库。

矿区大力实施"退二进三"战略,结合阳煤集团产业发展格局和优势,将散落在居民区周边、混杂在居民区内的100余家中小型制造企业进行整合,统一纳入"飞地经济"项目库,拟通过"飞地"模式异地搬迁实现产业的转型升级,通过合理配置土地资源进一步改善、提升在建区的公共设施档次,加快房地产项目建设,扩充商贸版块和市场容量。

三是全力抓好招商引资工作。矿区在充分利用中博会、能博会等平台强

化自我推介，加大招商引资工作力度的同时，按照全省重点工程建设"六位一体"目标要求，大力推进项目在"飞入地"落地工作，确保招来商，落得下。

今年，矿区先后就浙江新农实业集团大型农产品批发市场项目、上海延云投资管理有限公司花园式游艺场项目、山西瑞阳公司加气站项目、山西长富新能源投资公司生物质发电项目进行对接洽谈，并签订了招商引资协议，探索以"飞地"模式打造项目落地新平台。现在，"飞地经济"不仅为矿区项目建设搭建了新平台，而且还成为区域经济发展的新引擎。今年上半年，矿区已通过"飞地"模式引进5个项目，涉及投资额19.5亿元。

实践证明，矿区发展"飞地经济"既是财政收入（或任务完成）最显著的增长极，又是扬长避短、破解"有天没地"发展瓶颈的有效途径；既是省、市各级政府因势利导积极推进的结果，又是区域发展的必然趋势。矿区发展"飞地经济"在一定范围走在了全省前列。

（二）综合考虑合作基础，选好"飞入地"

与矿区相邻的郊区、盂县具有共同的资源型特征，地理位置相近。郊区、盂县土地资源雄厚，有几个规模较大的工业园区，能承载许多项目，选择郊区、盂县作为"飞入地"既有利于飞入企业继续维持原有业务关系，不因企业搬迁而丢失区域市场，又因人文相亲、生活习惯相同、文化相通、经济往来密切，减少了相互沟通的障碍。此外，全省转型跨越发展战略的实施和综改试验区建设为两区一县的区域发展提供了契机。可以说，这样的"飞地经济"未跨大区域，是"小飞"，更具土生土长的特色。两区一县的区位优势并不仅仅在于地理资源上的优势互补，更在于创新和提升了发展市场经济的要素。

（三）明确双方责任义务，全力为企业发展搭建平台

政府在"飞地经济"实施过程中，既是利益的享有者，更是整项工作

的倡导者和推动者，必须明确各自责任和义务，通过机制的不断完善，确保企业落得下、发展好。矿区政府作为"飞出方"，负责将引进、储备的符合国家产业政策和环保政策的阳煤集团和市外、省外及境外的投资项目，经过筛选确定为"飞地经济"项目，协助投资方在郊区（盂县）落户，并在郊区（盂县）注册；郊区（盂县）政府作为"飞入方"，负责"飞地经济"项目用地安排、落地建设、运营管理、政策扶持等方面的管理与服务。基于长远考虑，"飞入地"可选择一块立地条件好的中小企业园区，负责打造"五通一平"，专门承接矿区"飞出"项目落地，并负责监管落地项目的环保、安全生产等相关事宜。

发展"飞地经济"，由"飞出地"和"飞入地"共同制定一揽子协议，为企业解决了以往"单飞"所面临的成本高、过程复杂、政策难以把握等问题。同时，合作双方政府坚持一切以投资者为重、以企业需求为重、以项目建设为重的思路，为企业提供了全方位、一站式、"保姆式"服务，着力营造了"企业无小事、服务无止境、落实无借口"的良好发展环境。

（四）准确把握核心实质，确保分成合理、利益共享

建立一套明确合理的利益分享机制，最大限度地调动合作双方的积极性，是双方合作取得成功的前提和基础。达成共识后，矿区与郊区、盂县分别签订了《阳泉市矿区与郊区（盂县）飞地经济合作框架协议》，对共同引进落地的项目，矿区与郊区（盂县）政府共同研究，制定统一政策，使企业享受平等的优惠待遇。矿区政府与郊区政府、盂县政府在充分协商的基础上，本着互谅互让的原则，就年底财政转移支付方式及地区生产总值、固定资产投资等主要经济指标分成进行了对接，按照共育、共享、共担、共议的合作方向逐步夯实"飞地经济"各项基础工作。如在税收分成上，"飞地经济"项目形成的税收按属地原则，在郊区（盂县）就地缴库、属地统计，年底根据分成比例转移支付；在指标分配上，"飞地经济"项目的固定资产投资、地区生产总值及项目落地、开工、投产等指标，原则上按双方分成比

例按月统计。

此外,合作双方在既考虑以前,又注重当前,更考虑长远的基础上,充分考虑到对企业的管理惯性以及双方政府在企业发展历程中的贡献,按照"飞出"、引入项目时间年限,制定了三种不同分成标准,从制度层面上保证了矿区作为项目"培育地"和"飞出地"的积极性:一是 2013 年前已与矿区签约并由矿区协助落地到"飞入地"的阳煤集团项目,郊区(盂县)、矿区按 8.5:1.5 比例分成;二是 2013 年以后通过矿区签约并落地到"飞入地"的阳煤集团新上项目,郊区(盂县)、矿区按 6.5:3.5 比例分成;三是已在矿区注册经营三年以上,但需向郊区(盂县)转移(含阳煤集团)的各类企业,或以矿区政府牵头,引进阳泉市以外落地到"飞入地"的招商引资项目,郊区(盂县)、矿区按 6:4 的比例分成。按照以上大的原则,具体项目落地时,补充事宜双方按照一事一议的方式具体协商确定。

三、矿区发展"飞地经济"存在的困难及政策建议

(一)矿区发展"飞地经济"存在的困难

矿区探索"飞地经济"是新生事物,目前虽取得一定进展,但尚处于起步阶段,仍有不少制约因素需要破解。

思想观念的制约。面对"飞地经济"这个新生事物,矿区在发展中始终坚持主动作为,但由于"飞出地"和"飞入地"个别干部尚难完全破除"本位主义",考虑部门和小团体利益较多、小区域意识较强、"大阳泉"意识较弱,对"飞地经济"发展造成了不利影响。具体来说:一是"飞出地"个别干部依然对托管矿区周边行政村的办法心生眷恋,对发展"飞地经济"的重要性和必要性认识不足,导致出现了一些思想误区。二是个别干部跨区域合作意识不强,封闭保守、故步自封,不愿与他人合作共赢。"飞入地"政府对"飞入"项目选择上存在着青睐好企业、大项

目，本能拒绝规模小、见效慢的项目；或者只关注、扶持自己的招商引资项目，忽视"飞出地"引进项目，一定程度上影响了"飞出地"项目的落地。三是有的领导干部思想不够解放，裹足不前，有"重眼前、轻长远"的思想，主张"飞出"项目只算招商任务，不计税收分成和其他政策性考核指标。也有个别同志主张由"飞出地"、"飞入地"共同投资建设园区，并按照投资比例分成，但实际上以矿区目前的财政实力，导致具体操作层面一时难以实现。四是个别干部在分成思想上还存在着对阳泉区域以外的招商引资项目可以进行分成，但对阳煤集团新投资项目和多年前已落户"飞入地"、但由矿区政府孵化过的项目不进行分成。

从市场经济的角度看，以上这些思想和做法不仅不符合发展"飞地经济"合作共赢的初衷与理念，而且也违背了市场经济发展的秩序与规则。从这一层面来说，矿区政府坚持针对不同类型的"飞出"项目实行不同比例的分成，超越了单纯的"说法"阶段，有利于形成推动"飞地经济"规范发展、持续发展的普遍认同和实施规则。下一步，区县政府在阳泉市委、市政府的领导下，需进一步抛开束缚，打破常规，从全市"一盘棋"的角度统筹协调加以解决。

体制机制的制约。互不隶属行政区域之间的合作，涉及土地指标、征地拆迁、行政审批、指标统计、税收分成等许多敏感的核心利益问题。政府领导指导"就地"发展的习惯做法以及"飞地园区"或"飞地项目"的归属权、领导权、管理权等，都会在合作中成为"绕不开"的焦点问题。同时，空间不足是矿区经济发展长期面临的最大难题，矿区的国土所、规划办等都属于市国土局、规划局的内设机构，权利、义务不匹配。这种不完全、不匹配的县（区）级政府建制和职能，制约了经济社会的发展。另外，矿区政府经过前期的洽谈协商以及多次选址，确定的符合项目落地的基本地域，需市规划、国土以及相关职能部门尽快办理手续批复。从指标分成来说，涉及省、市重点办、统计、经信、发改等相关部门，需给予认可和支持。

（二）推进发展"飞地经济"的政策建议

今年 4 月 2 日，省委书记袁纯清在学习十八大精神——山西转型跨越发展大会上指出："我省各市都有发展'飞地经济'的条件，要结合综改试验和先行先试，加快这方面的创新，并尽快创造条件启动试点工作。"4 月 7 日，阳泉市召开了发展"飞地经济"推进会，出台了《阳泉市关于发展"飞地经济"的指导意见》，在政策支持、合作模式、合作架构、组织保障等方面做了明确要求，对全市开展"飞地经济"工作提供了政策层面上的指导。矿区只有巧借东风，抢抓机遇，发挥比较优势，加快发展"飞地经济"，才能在完善现代产业体系建设的同时，调整、优化好产业结构。建议在以下两个层面做好推进工作。

第一个层面，调整行政区划，从根本上解决矿区的可持续发展问题。从长计议，在充分研究论证的基础上，尽快调整阳泉市行政区划，完善城市功能、拓宽发展空间才是解决矿区未来可持续发展的根本所在。相关部门要抓住我省实行综改试验的机遇，不失时机进行研究论证，寻求根本解决的最佳方案。可借鉴北京市等地整合行政区划的做法，突破空间瓶颈。2010 年，北京市委、市政府决定实行大兴区、亦庄开发区行政资源整合。大兴区充分发挥土地资源、社会管理、公共服务等优势，亦庄开发区则发挥品牌、政策、产业发展、科技创新等优势，两区实现了优势互补、强强联合，产生了"1+1＞2"的化学反应。阳泉矿区与郊区、盂县在很多地方上与大兴区、亦庄相类似，建议启动省级调整阳泉矿区等行政区划研究议题，并在更加充分调研的基础上，把矿区与郊区合并成一个行政区，通过区划调整优化，摒弃画地为牢的传统观念，修正"放弃优势找优势"的做法，从根本上化解经济发展面临的空间瓶颈问题。

第二个层面，在现实行政区划的框架下，更加积极主动地推进"飞地经济"健康发展。由于行政区划调整需要一些特定的程序和较长的过程，当前工作还需要立足于现实的行政区划和体制。

1. 进一步解放思想，坚定发展"飞地经济"。深入贯彻落实党的十八大以及省、市经济社会发展的一系列精神，牢牢把握主题、主线、主攻方向，坚定信心，抢抓综改试验区建设机遇，践行先行先试要求，进一步深挖总部经济潜力、推进"飞地经济"；树立合作共赢的理念，积极参与跨区域经济合作与竞争；以创新为立足点，围绕产业转型、统筹城乡、生态修复、社会民生等任务，落实"工业强市"、"四区融合"，发挥矿区依托阳煤集团便于招商的优势和郊区、盂县生产用地充足优势，建立园区，发展"飞地经济"；按照"扩城阔市"要求，抓好区域规划工作，提高城市容积率和园区承载力，实现有限土地集约化利用，努力破解发展空间不足问题，为矿区经济社会发展注入新的动力和活力，为矿区加快发展造势，努力实现区域环境更好、经济实力更强、群众生产生活水平更高的新矿区建设目标和要求。

2. 加强协调管理，正确发挥政府引导作用。"飞地"双方是不同的利益主体，在管理、投入、分配等方面，离不开省级政府及相关部门的有力支持。建议省政府以顶层设计的理念制定出台一个发展"飞地经济"的实施意见，相关部门出台具有指导性、全局性的大政策，保证各地市（区、县）在具体实施过程中的可操作性和利益均衡，并避免由于人事变更带来的政策难以延续等问题。省环保、国土、安监等部门要统筹考虑，出台相关文件和规定，就环保指标、用地指标以及安全考核等方面进行界定和进一步规范，以切实推动"飞地经济"发展。同时，要明确"飞出地"、"飞入地"安全监管、环保监管等方面的责任和义务，避免出现"逐利避害"的现象或者交叉管理、重复管理等问题。一般来说，要坚持"飞出地"在利益分成上让一点，"飞入地"实行安全、环保属地监管原则。

3. 注重"点面结合"，促进市场良性竞争。在充分考虑土地规划、环境保护、产业布局等因素的基础上，省、市级政府要指导协调有需求的地方积极进行区域协作。如指导矿区、郊区、盂县三地采取"点面结合"的方式逐步推进合作。"点"是指以每个项目为推进，逐个协商逐个落地；"面"是指条件成熟时由郊区（盂县）划定一个成熟园区，由郊区（盂县）负责园区基础设施建设以及后期安全、环保等方面的监管，由矿区组织招商落地。推进实施过程中，要注重市场规律，形成政企分开、互为促进的良性关系，政府在协调服务中体现价值，企业在市场竞争中促进发展。

4. 营造吸引人才环境，助力"飞地经济"发展。对于发展"飞地经济"而言，部分地方管理者专业化程度不高，能力水平与工作需要不匹配，成为制约提升、发展"飞地经济"的短板。因此，加强对相关人才的培养，引进素质较高、精通"飞地经济"的高级管理人才和专业技术人才尤为重要。可以通过严格选拔、挂职锻炼、招聘优秀人才及培训进修等措施，进一步提升"飞地经济"园区管理队伍的整体水平。也可以直接引进沪、浙、苏等"飞地经济"发展较好的园区领军人物担任园区管委会主任或政府专职副县（区）长，引领"飞地经济"建设发展。同时，要大力弘扬求真务实的精神，崇尚实干，鼓励创新，营造尊重人才、尊重知识、尊重创造的良好氛围，激发区域发展活力。

（2013年8月《调查与分析》第12期）

关于加强城镇化建设的若干建议
——对阳泉市郊区综改试验区建设的调查与思考

赵付忠 薛安廷

当前，城镇化建设已成为我国现代化建设的一项历史任务，成为提升发展水平、改善人民生活的重大战略。党的十八大以后，加快了城乡一体化改革步伐，其中包括城镇化的推行、土地确权、城乡社会保障一体化、教育资源的均衡配置、户籍一元化改革等等。所有这些，都体现了"以人为本"，是改革开放的最大红利，涉及人民群众的实际利益。当前，随着改革进入深水区攻坚期，如何打造山西经济升级版，对于我省加快转变经济发展方式、保持经济持续健康发展具有重要意义。山西经济升级版，需要城镇化支撑，盘活市场资源，增强内需拉动，从而使"三驾马车"健康而行。

一、加快城镇化建设的意义

李克强总理强调，城镇化是现代化的必然趋势，也是广大农民的普遍愿望，它不仅可以带动巨大的消费和投资需求，创造更多的就业机会，其直接作用还是富裕农民、造福人民。而经济增长在于内需拉动，拉动内需就需要城镇化，我们必须立足当前、着眼长远，用勇气和智慧推动转型发展，打造山西经济升级版，这对稳增长、增后劲具有双重作用。按照科学发展观五个统筹的要求，在进入工业化中期阶段的基础上继续积极推进工业化进程，消除城乡二元结构带来的矛盾，实现以城带乡、以工促农，关键在于大力推进城镇化进程；加快城镇化建设，让更多的农民实现身份、职业和观念的全新转换，缩小社会成员在财富分配、发展机会、享受公共服务等方面的差距，增强社会认同感，促进社会和谐；加快城镇化建设，把大量的农村人口变为城市居民，既可以转变旧有的生产生活方式，提高收入水平，享受现代城市文明，也可以使留在农村的人口提高资源占有水平，实现规模化和集约化经营，提高劳动生产率，改善生活质量，实现共同富裕。

二、阳泉市郊区城镇化建设现状

按照普遍规律，人均 GDP 超过 3000 美元，城镇化率在 30%～70% 之间，是城镇化进入快速发展期的重要标志。2012 年，我省人均 GDP 已经达到 5327 美元，城镇化率达到 51.26%，此组数据表明我省已进入城镇化发展关键期。依据我省区域性建设规划，"十二五"期间，我省将以太原都市区为核心、区域性中心城市为节点、大县城和中心镇为基础，构建"一核一圈三群"城镇体系框架。阳泉市处于太原盆地城镇密集区为主体的城镇组群都市圈，在推进全省城镇化进程中，具有举足轻重的作用。阳泉市郊区是打造阳泉生态新城的主战场，也是实现"扩城阔市"的首选地。2012 年，全区城镇化率达到 67.59%，排到全省第 15 位，已接近"刘易斯拐点"，内需拉动和人口红利效益逐步显现。

近年来，随着城乡一体化发展战略的全面实施，作为城乡一体化发展的两个重点，阳泉市郊区在小城镇和新农村建设方面均取得了突出成效。李家庄乡和平坦镇的部分村，已经基本融入市区；义井镇利用义白路和南外环沿线的黄金地段，发展了一批装饰材料、中高档家私、汽配物流等专业市场，服务城市的功能进一步完善，居民消费水平明显提升。荫营镇十多个住宅小区先后拔地而起，河底镇融浦、景然居等四个住宅小区相继交付使用；义东沟、义井、大阳泉、前庄、赛鱼、石卜嘴等城中村利用区位优势积极改造，使一大批村民住上了新楼房；柳沟、石马沟、桑堰、孙家沟配合白泉工业园区开发而异址新建，率先建成新农村；小沟村、武家庄村因大项目建设，北垴、长吉岭、新庄窝等村因采空区改造整体搬迁，一步到位，集聚到城镇；桃林沟因地制宜，挖掘优势，突出生态建设新农村，已成为全市、全省典范；即使是西南舁等偏僻地区，也新建了水电暖配套齐全的现代化楼房。全区广大居民走出平房窑洞，住入楼房，居住条件得到较大改善。荫营镇被列为全国58家综合示范小城镇，河底镇被列为全省百家示范小城镇。

三、存在的问题

阳泉市郊区城镇化建设近年来取得了突出成绩，但也存在一些问题，归纳起来，主要体现在以下六个方面。

（一）城镇化建设缺乏整体性规划。大部分乡镇没有编制乡镇总体规划，使各乡镇在城镇化建设过程中没有明确的目标和方向，使得小城镇与小城镇之间，小城镇与周边乡村之间，难以形成分工明确、布局科学合理的城镇体系和空间格局。部分乡镇虽有总体规划，但缺乏可操作性，且未注重特色设计。

（二）对乡镇的城镇化建设重视不够。近年来县城建设面貌日新月异，相比之下，大部分中心镇建制镇发育程度不高，镇区规模普遍不大，基础设施建设欠账较多，配套功能尚不完善，经济实力缺少第二、第三产业支撑，城镇吸纳积聚功能比较弱。重点中心难以发挥其规模效益和辐射服务等功能。

（三）制约城镇发展的因素难以突破。中心城镇建设融资能力较弱，小城镇基础设施建设多元化多渠道投资体制尚未建立。城镇建设与用地矛盾比较突出，土地利用规划没有很好地与城市总体规划、城镇体系规划相衔接，土地流转较为困难、用地不足，建设用地调剂受到制约。农村集体土地拆迁缺乏相关法律、法规依据和政策措施。

（四）社会保障及户籍制度不够完善。失地农民没有健全的社会保障机制，这使他们心里很不踏实，由于户籍制度制约，失地农民农转非较为困难，即使农转非，也没有享受城市低保、城市青年服兵役等城镇非农业人口的待遇。

（五）城镇化建设管理机制不够健全。城镇化进程的加快对城镇建设管理提出的更高要求，由于前期机构改革取消了乡镇城建办，致使各乡镇的建设处于无人管理状态，乱搭乱建乱占耕地现象比较严重。

（六）对区域城镇化率统计数据有出入。由于郊区毗邻市区的区位特点，区域内流动人口多，统计的渠道不一，口径上有出入，表面上看城镇化率较高，但数据不够精确，存在一定水分。

四、政策建议

我国城镇化建设已跨越了50%的历史性门槛，目前已进入关键性阶段，转型是现阶段城镇化发展的主题，我省城镇化要实现从重"数量增长和规模扩张"向重"质量提高、效益提升和功能完善"的转变，解决过去城镇化进程中积累的诸多"不平衡、不协调和不可持续"的深层次问题，应着力抓好以下工作。

（一）建立健全领导机构。成立城乡一体化示范区建设指挥部，由"一把手"挂帅，并抽调相关部门精兵强将，同时明确各部门工作职责，实行定领导、定责任、定人员、定进度、包任务、包时间、包质量、包达标的"四定四包"工作机制，把推进城乡一体化示范区工程建设作为各级党委、政府重要议事日程。按照党委、政府统筹协调、乡镇村组织落实、部门帮扶共建、全民共同参与的思路，把工作任务和责任分解落实到相关单位，制订完善考评兑现办法，定期听取工作进展情况，及时研究解决存在问题，真正形成政府统筹、部门协同、乡镇配合、村企出力四级联动的工作格局。

（二）扩大舆论宣传引导。通过电台、电视台、报纸等各种新闻媒体开辟城镇化专栏，大张旗鼓地宣传示范区建设的重大意义和在工程建设中涌现出的先进事迹，力争把各级争先发展的兴奋点都集中到重大决策上来，把广大人民群众真抓实干的创业干劲汇聚到城镇化建设的战略部署上来，形成上下齐心、干群配合、热火朝天、干劲十足的建设氛围。

（三）创新投资融资体制。资金保障是关系城镇化建设成败快慢的关键。在开发过程中，可以通过以下四种渠道，解决资金问题：一是向上要一点。积极做好省、市两级的衔接工作，想方设法争取省、市政府的专项扶持资金。二是财政出一点。当地财政开列资金专户，挤出一部分财力，优先支持城镇化建设。三是市场筹一点。要树立"经营城市"的理念，用市场的办法解决资金问题，充分运用市场化手段，采取收费经营、招商、贷款等多种手段多方筹集资金。四是民间投一点。加大吸引民间资金投放力度，按照"谁投资、谁所有、谁受益"的原则，采取灵活多样的形式，鼓励各类开发商参与城镇化建设，确保资金不断链、建设不停工、进度不放慢、工程早竣工。

（四）坚持以人为本理念。城镇化建设范围广、时间长、拆迁面积大，必然会产生大量与人民群众切身利益相关的情况和问题。在工作中，要牢固树立"以人为本、构建和谐"的理念，坚持"三个凡是"原则，妥善处理好有关问题。即：凡是涉及居民拆迁的，都要耐心细致地做好居民的思想工作，确保依法拆迁、文明拆迁、和谐拆迁；凡是在涉及城镇化建设中涉及拆迁安置和补偿的，都要严格按照有关规定和程序及时落实到位，丝毫不能损伤人民群众的根本利益；凡是与人民群众切身利益相关的每一项工作，都要及时公开、全程公开、全面公开，确保每一项工作都能够处于公共监督的"阳光"下运行。

（五）用足用活国家政策。一是完善户籍管理政策。放开农民进城落户的限制，建立以居住地划分城镇人口和农村人口、以职业划分农业人口和非农业人口的户籍管理制度，最终实现城镇户籍管理一体化。二是完善土地使用政策。对建设用地实行统一规划、统一征地、统一划拨、统一管理。妥善解决好土地使用权的合理流转问题。三是完善社会保障政策。加快发展各项社会事业，建立健全社会保障体系，使农民"失地不失权，失地不失利，失地不失业"。四是完善就业政策。突出抓好农民的教育培训和就业指导服务，提高农民素质。

(2013年9月《情况与建议》第5期)

"气化山西"应注重加强高新科学技术的推广应用

赵付忠　张振中

"气化山西"是省委、省政府坚持从山西实际出发作出的重大战略决策，我省作为全国煤炭资源大省，"气化山西"无疑是能源史上的一次深刻变革，必将给全省经济社会发展带来重大影响。"气化山西"的核心，是充分利用我省丰富的煤层气资源、途经我省多条国家级管道下载天然气以及其他洁净气体能源，优化能源消费结构，降低温室气体排放量，改善环境，提高生产生活品质，实现生产生活低碳化，造福三晋人民。近年来，随着"气化山西"各重点工程项目的加快推进，无论是气源开发、输气管网建设，还是用户覆盖率等均取得显著成效。按照"气化山西"总体部署，到2015年，我省市级城市气化率将达到92%以上，县城达到70%，100个重点镇达到50%，重点工业用户气化覆盖率达到90%，煤层气产量达到203亿立方米，在全省构建形成"三纵十一横、一核一圈多环"的输气主干管网格局，总里程达到5500公里，省级年输气能力达到250亿立方米，实现全省一张网和全覆盖。如此庞大的惠民工程，直接关系到全省经济社会发展和人民群众生产生活。鉴于燃气目前在我省尚处于初始发展阶段，因此从一开始就应注重加强高新科学技术的推广应用，这对提高效能、节约能源、减少污染、促进发展，具有重要意义。

一、燃气应用的特征及问题

鉴于能源的不可再生性，对燃气的开发应用，是高新科学技术发展对新能源不断探索的结果。特别是随着页岩气等气体能源的进一步开发应用，气体能源在全球能源结构中将会愈来愈占据主导地位，并有望引领新一代能源潮头，促进全球能源结构的深刻变化，给经济社会发展带来深远影响。按照人们长期以来形成的传统观念，能源多指煤炭、油类等可见性固、液体资源，由于气体能源与固、液体能源相比，具有明显的优越性能，因此一经面世便受到青睐，短时期内得到快速发展。

作为能源，无论是固体能源、液体能源，还是气体能源，其实质都是根据人类需求，采取一定方式方法，通过化学能向热能转化实现既定目的，为生产生活服务。特别是气体能源，与固、液体能源相比，更具明显特征，因此受到广泛关注。其一，资源丰富。据有关资料显示，目前全球天然气已探明储量为180万亿立方米，到"十二五"末，我国将建成4个年产量200亿立方米以上的大型常规天然气生产区，为国民经济发展提供强力支撑。其二，热效率高。实验数据表明，燃气与固体能源比较，热效率可提高2倍以上；与液体能源比较，提高近1倍；若用于工业生产，能有效提高产品质量与产量，有利于实现生产自动化，进一步降低劳动强度，提高劳动生产率；同时，可广泛应用于民用、工业、交通、发电、内燃机等，用途极其广泛。其三，清洁环保。监测数据显示，煤炭燃烧时所排放的SO_2、尘粒、NO_x、CO等有害物质，是大气的主要污染物。若以气代煤可减少NO_x排放量的80%~90%，减少SO_2排放量的95%~98%，能有效改善环境。其四，方便运输。因燃气可采用管道输送，所以能有效减轻交通运输压力。据有关统计资料显示，"十二五"期间，我国将新建天然气管道4.4万公里，新增干线管输能力约1500亿立方米/年，到"十二五"末，初步形成以西气东输、川气东送、陕京线和沿海主干道为大动脉，连接四大进口战略通道、主要生产区、消费区和储气库的全国主干管网,形成多气源供应,多方式调峰,平稳安全的供气格局,为燃气应用提供强力保障。其五,使用便捷。调查显示,采取传统燃煤方式,耗时费力,能源浪费较大。改为燃气后,质量提高,效率提升,操作便捷,易于调控,使用非常方便,倍受用户欢迎。其六,经济实惠。调查显示,按市场可比价格计算,采取燃气方式,较采取燃煤方式更经济、更实用、更便捷。尤其是燃气作为政府强力扶持的新型能源,随着城市环保治理力度的进一步加大,以及取缔城市燃煤锅炉等一系列刚性政策的实施,给燃气开发利用提供了巨大空间,因此得到快速发展。鉴于此,针对燃气市场开发应用趋势及特征,研究探索燃气在实际应用中存在的问题和解决途径,加大高新科学技术在燃气领域的推广应用力度,逐步完善燃气市场管理应用规范,对加快推进"气化山西"建设步伐,服务用户,提升质量,提高效率,减少污染,促进发展,是非常重要的。

气体能源与固、液体能源比较,突出的特点是肉眼的不可见性。鉴于这一特性,在实际应用中,安全与节能两个环节就显得尤为重要。从安全角度讲,鉴于气体能源的肉眼不可见性,存在诸多不可预测的安全隐患,任何疏忽大意都可能导致事故发生,造成不可估量的生命财产损失,须引起高度重视。据采取抽样方式统计,2012年不同时间段的6个月内,全国共发生各类燃气事故614起,其中燃气爆炸216起,燃气泄漏224起,燃气燃烧93起,燃气中毒57起,其他事故24起。2011年全国共发生燃气事故514起,其中燃气爆炸261起,事故造成死亡143人,伤776人,煤气中毒74人,给国家和人民生命财产造成严重损失,教训十分深刻。2012年11月23日,我省晋中市寿阳县喜羊羊火锅店发生液化气泄漏爆炸事故,并引发大火,造成14人死亡、47人受伤,其中17人重伤。2012年2月27日,太原北营铁道桥附近一小吃铺发生煤气爆炸,当场将兄弟二人炸飞,致其面、手部等多处严重烧伤,另外飞出的爆炸物品还将一辆路过的轿车砸伤。2013年6月19日,我省朔州市一饭店发生天然气管道爆炸事故,造成2人死亡,12人重伤,157人不同程度负伤。2012年与2011年比较,随着燃气用户的增加,事故呈直线上升趋势，同比提高139%，须引起我们高度关注。从节能角度讲，同样因气体能源的肉眼不可见性，用户在正常使用时，由于多方面原因所致，火焰有可能被溢出的汤水浇灭或被风吹灭，如未及时发现或采取措施关闭，极可能导致漏气，一方面造成气体能源浪费，严重污染环境，另一方面极易引发事故，造成生命财产损失。据有关统计资料显示，在燃气事故分类统计数据中，因户内管道泄漏发生事故的约占22%，因户外管道及设备故障原因发生事故的约占8%，因胶管老化等方面原因发生事故的约占5%，因第三方原因或违章施工发生事故的约占16%，因做饭溢火或操作不当等方面原因发生事故的约占6%，因忘记关阀门等方面原因发生事故的约占5%，因煤矿、工厂、气站等方面原因发生事故的约占9%。这些血淋淋的教训警示我们，在燃气应用行业，因终端用户的分散性和使用对象的不确定性，安全与节能两个环节非常重要，如不引起关注，极易引发一系列事故，给国家和人民生命财产造成重大损失，须引起我们高度重视。

二、高新科学技术对燃气应用的强力支撑

燃气是发展国民经济和改善人们生活的重要物质基础，与固、液体燃料相比，具有经济、实用、便捷、环保、清洁等诸多优势，因此发展速度很快。据有关统计资料显示，西方先进国家在燃气开发应用方面不仅先于我国多年，而且燃气能源消耗在所有能源消耗中占比较大，且呈逐年上升趋势。我国燃气能源在时间上虽然开发利用起步较晚，但发展速度较快，具有较大发展空间。对燃气能源的开发应用，从采气、供气到终端应用三个环节来讲，采气和主干管网建设主要由政府和专业部门承建，无论是设计、施工、保障等方面都相对规范，问题多出在分户支管网和终端应用方面。因此，抓好燃气应用过程中的安全、节能工作，必须紧紧抓住上述两个关键环节。对此，我国消防、安监有关法规条例明确规定：第一，所有燃气用户必须安装气体泄漏智能报警和自动关闭气阀的安全报警保护装置；第二，所有使用燃

气的产品必须达到国安标准，以确保燃气使用安全不发生问题。从我国燃气应用市场行为分析，近年来随着市场和燃气产业的快速发展，终端应用新产品不断出现，各种型号、规格、类型的产品大量涌向市场，特别是随着高新科学技术的发展，许多高新技术不断应用于实践，新产品周期缩短，安全性能好、节能效果优、使用寿命长的终端产品不断问世，为做好燃气应用的安全、节能提供了强力支撑，关键是要推广应用好高新科技产品，为燃气用户提供高质量的服务。

红外线热辐射技术应用。目前普通终端灶具的热效率约为52%，采用红外线热辐射技术，可使热效率提高到68%，节能效果提高30%以上。在环保减排方面，由于红外线燃具采用无焰燃烧，即燃烧时没有可见明火，长期使用不会熏黑炊具和污染厨房环境。普通燃具因燃烧不充分，会产生一氧化碳和氮氧化物，前者吸入人体会中毒，后者容易慢性致癌。红外线燃具燃烧充分，污染物排放量远低于国家标准，科学监测数据表明，其一氧化碳排放量仅为国家标准的十分之一，且具有抗风性能，不易被风吹熄，不易产生如黄焰、脱火、回火等不稳定现象，同时具有良好的抗热震性能，既将燃烧器烧至1100℃时，瞬间投入20℃冷水中不会爆裂。在正常使用过程中，如有冷水倒入正常燃烧的燃烧器不会熄灭和爆裂，使用方便，安全可靠。

等离子体高效节能技术应用。是在传统燃具上增加非平衡低温等离子体形成的自动制氢制氧节能装置，主要是将水作为补充能源或替代能源，把水分子分解成为氢气、氧气供给灶头燃烧器燃烧，从而替代或者增加一部分燃气以达到节约燃气和节能减排的目的。实验检测数据显示，可节约燃气20%～50%，热效率提高8%～25%。对于大功率用户来讲，可节约燃气50%，是目前民用燃气行业更新换代的高新技术产品和理想的节能减排项目。

纳米技术应用。主要是利用纳米材料、纳米技术和机械杠杆控制原理，自动控制火焰大小，当锅放在灶台上的同时，火焰瞬间猛火燃起，当锅离开灶台的同时，火焰瞬间呈小明火，自动转换，可有效杜绝空烧现象，为用户节约燃料。据有关资料统计，传统灶具耗气量大，排出废气多，污染环境，时间长了锅底变黑，容易引发呼吸道疾病。采用纳米技术可通过喷气预混雾化燃烧，确保燃气完全燃烧，有效抑制烟气中游离碳等污染物的排放，消除隐患，净化环境，且不熏黑锅底，为人们打造了一个环保、健康、绿色的厨房。监测数据表明，同等条件下，烧菜做饭用一般燃具约需10分钟，而采用纳米技术只用5分钟即可，这是因为传统燃具燃烧不充分，火温低，致使炒菜时间长。采用纳米技术火力集中，燃烧充分，缩短了烧菜做饭时间，满足了现代人快节奏高质量生活需求，节能可达到45.8%，且不破裂、不变形、寿命长、抗风性能好，安全便捷，环保绿色。

航天技术应用。引进航天技术的三元催化节能燃烧原理，结合燃气、红外、热能量储存与散发原理等特殊材料，采用拉法尔喷嘴保证燃烧所需的一次空气充分供应，吸引并带动周围空气进入喷射器与燃气充分混合，二次空气在燃烧时由红外线燃烧板周围的空气自然补给，使燃气燃烧更完全，能有效抑制一氧化碳及氮氧化物的生成，消除游离碳的析出，达到"无焰、无明火燃烧的效果"。同时，采用多种复合材料，使燃气燃烧时所产生的热应力能承受急冷急热变化，防止炸裂，具有高强度机械性、抗震性、抗风性，热工和环保指标在同类产品中处于领先地位。

完全上进风技术应用。主要技术特征是改革安装在喷嘴座边沿上的外环喷气嘴，使其外露在面板上，出气方向与水平方向成一角度，炉头座上设有的各个引射管的引射方向与水平方向所成角度，和对应的外环喷气嘴的出气方向与水平方向所成角度一致，燃具燃烧所需的一次空气和二次空气从面板和炉头座之间的间隙进入，面板与底壳不需开进风孔，实施全封闭，空气和燃气的混合较为均匀，可有效避免黄焰产生，实现提高负荷、节能环保的目的。

喷气式技术应用。主要特点是在传统燃具的基础上改革铸铁灶头，使燃具结构更简单、更合理，燃气经网状喷眼喷出后，自然吸附在锅底燃烧，传热方式更加直接，有效减少了能量传递损失，使热效率得到大幅度提高，节能效率提高30%~50%。

增氧助燃技术应用。主要特征是在灶内设置安装了分子筛式制氧系统，当燃具启动时，其设备本身就具有高精度、高纯度为90%~95%的氧气制造和自动提取功能。燃具燃烧时，大量氧气与微量燃气自动混合助燃使其充分燃烧，节能可达到70%，当大量高纯度氧气与微量燃气自动混合助燃时，其排放生成的是二氧化碳和水，对环境无污染，节能环保、安全可靠。

酷火金属丝网技术应用。主要特征是采用内筒式燃烧技术，以美国进口合金丝网作基础材料，采用燃气空气预混式强化燃烧技术，结合强化传热技术，在保证猛火的前提下，改变了传统灶芯高耗能、强噪音的特点，比传统灶芯节能35%以上，综合节能效果高达50%左右，且使用时不会发生回火，安全高效，火焰集中，无噪音，能有效抑制一氧化碳、氮氧化物的生成，消除对人体健康危害的隐患，达到国际标准。

诸多高新科学技术，为燃气应用提供了强力支撑。但鉴于燃气行业在我国推广应用起步晚时间短，因此在综合应用高新技术推进燃气发展方面具有较大空间，市场前景看好，且属于国家强力扶持项目，因此各地开发力度都比较大，并取得了明显成效。如我省平瑞祥科技有限公司与上海拓赢科技公司、江苏启东巨龙安防设备有限公司、浙江华港厨具配件有限公司、山西今耐科技有限公司、山西雪龙环保科技有限公司等实行强强联合，凭借雄厚的科技实力，综合利用红外线热辐射等多项高新科学技术研发的集安全、环保、节能、便捷为一体的高科技产品，先后荣获30多项国家专利，其主要特点体现在九个方面：一是实现了漏气自动报警和自动关闭气阀功能，有效提升了终端用户的安全保障；二是实现了"锅到火着，锅离火灭"，彻底杜绝了空烧现象和因明火外溢而引发的安全事故；三是操作方便简捷，能够实现自动点火，自动控制，0.5秒即可达到最佳燃烧状态，点火时间较普通燃具提高120倍；四是可以有效降低环境温度，减少有害气体排放，提高空气质量，改善工作环境，提高工作效率；五是能够有效延长设施使用寿命，减少安全隐患，提高经济效益；六是具有调节控制功能，一旦发生故障，不会影响设施的正常使用;七是安装简单,使用方便,产品标准化集成度高;八是可有效降低厨房噪音,降幅达 40 分贝以上,即可由普通产品的 90 分贝降低至 50 分贝以下;九是可有效提高火焰温度,即由普通燃具的 800°C 提升至 1200°C,280W 风机降为 80W,大幅度降低供风比例,自动混合助燃使其燃烧更充分。经在我省开元食府、怡湘园、滨河饭店、晋味源、东关美食、瑞福楼、大同会馆等省城 63 家大中型酒店餐馆以及大同、晋中、忻州、阳泉等地市推广应用,实际节能效率达到 50% 以上,效果非常明显,具体监测数据见下表:

高新科技成果推广应用前后能耗对照表

类别	内容	价格	时耗	每天使用时间	月用量	月节省
中餐灶	液化气	6 元/kg	4kg	5 小时	3600 元	1800 元
	天然气	3.6 元/m³	5.0 m³	5 小时	2700 元	1350 元
粤餐灶	液化气	6 元/kg	5kg	5 小时	4500 元	2250 元
	天然气	3.6 元/m³	6.0 m³	5 小时	3240 元	1620 元
厨房工作温度	使用前	使用后	降低温度	空气污染指数	使用前	使用后
夏天	55℃	45℃	10℃	厨房空气	251–300	100–150
冬天	41℃	32℃	9℃	污染指数	中度污染	轻度污染

从上表可以看出,在燃气领域推广应用高新科技产品,无论是提高效率,还是节能环保,效果都非常显著。如果再从节约经费和投资回报比较,以餐饮业一台灶为例,如果采用普通燃具一年支出 3.6 万元,改用高科技产品后每年可节约 1.6 万元,节约经费比例高达 44% 以上。据不完全统计,单就餐饮行业而言,我省目前规模经营需要和能够进行改造的约有 20 万台普通燃具,若以此计算,每年可节约经费 32 亿元。如果此项节能技术进入家庭,其节能效果会更明显,节约的经费数额会更大。特别是伴随着人们物质生活水平的不断提高,高新科技产品所具有的安全可靠、节能高效、环保降温、经济实用的特点,愈来愈受到人们欢迎。毋庸置疑,随着高新科学技术在燃气领域的不断拓展,质量更高、性能更优、功能更全的新产品将不断呈现,更加突显安全节能、环保经济特色,为人们提供更优质、更全面的服

务，但同时也给我们如何搞好安全节能和降低成本提出了更高要求，因此必须下大决心，采取有效措施认真抓好落实。

三、政策建议

为加快推进"气化山西"建设步伐，促进高新科学技术在燃气领域的健康发展，进一步做好燃气安全、节能工作，结合我省实际，特提出如下建议：

1. 提高思想认识，增强做好燃气市场安全节能工作的责任感和自觉性。未来主导世界经济的主要因素是能源，谁拥有能源，谁就占据主导地位，发展就有保障。纵观历史，特别是世界近代史，第一、二次世界大战、中东战争、海湾战争、伊拉克战争等等，皆为争夺能源所致。能源是一个国家生存与发展的基础，鉴于能源的不可再生性，一是开发，二是节能，必须上升到国家战略高度来认识。我省第十次党代会明确提出，今后五年，我省节能减排幅度要高于全国平均水平，这是一项关注民生的硬指标，也是省委、省政府关注的重点。我省作为全国煤炭资源大省，安全、节能面临较大压力。气体能源的开发应用，为我省经济发展带来了新的机遇。因此，一定要从国家战略和促进全省经济社会发展的高度，充分认识做好燃气安全、节能工作的重要性，切实提高思想认识，增强做好燃气安全、节能工作的责任感自觉性。要坚持从我省实际出发，关注和支持燃气产业的发展，采取有效措施，抓好推广应用，淘汰落后产能，加强用能管理，积极探索安全、节能、环保、高效的路子，实事实办、特事特办，制定出台相关优惠政策，鼓励和扶持终端用户自觉做好燃气的安全、节能工作。

2. 加大宣传力度，进一步提升高科技对燃气市场强力支撑的正能量。先进科技产品从开发、应用到转化为实际成果，为生产生活服务，客观上有一个逐步认识、推广、普及的过程。目前全球气体能源的开发利用总体上呈快速发展态势，我国尚处在早期发展阶段，要与先进国家同步发展，在燃气领域拥有一定话语权，促进经济社会持续发展，必须重视气体能源的开发应用。因此，要重视加大对燃气领域安全、节能工作的宣传力度，逐步提升和积累高科技产品对燃气市场强力支撑的正能量。要充分利用报刊、广播、电视、互联网等各种媒体，采取多种形式和方法强化宣传，不断扩大影响，提高广大用户的认知度；要依法强化媒体对商业广告的规范管理，整顿和净化广告市场，本着对消费者高度负责的精神，坚决打击、消除和杜绝任何形式的虚假广告和有偿宣传，增强正面宣传与引导的影响力；要倡导和鼓励基层适时组织开展"安全节能宣传日"、"安全节能宣传周"等有益活动，重在调动广大用户做好安全、节能工作的积极性；要注重发挥基层的主观能动性，如在集中居住区设置安全节能宣传点、设立宣传展板、张贴"安全用气警示牌"、发放《用气安全须知》等宣传资料，旨在努力营造燃气安全、节能的浓厚氛围，对用户及时进行引导，提升消费者安全、节能的认知度和参与性。

3. 遵循市场规律，用经济杠杆和市场手段对燃气行业进行有效调节。任何事物的发展，都必须遵循事物发展的客观规律。燃气行业也是这样，鉴于燃气应用对象的分散性，因此必须按照市场规律，对燃气安全节能进行有效调控；要认真探索市场经济条件下做好燃气安全、节能工作的途径和方法，适应市场发展变化要求，深化燃气管理体制机制改革，逐步形成与市场发展要求相适应的体制机制；要运用经济杠杆和市场手段，按照国家宏观产业和节能减排政策规定，发挥价格的杠杆作用，制定优惠政策，合理调节产销关系，优化消费结构，扶持终端用户节能减排，促进燃气开发应用和安全节能，提高燃气产业效益；在燃气开发应用过程中，要注重发挥好以点带面的示范效应，如在若干区域有重点地选择若干用户进行试点，尝试鼓励由相关科技公司免费向燃气用户提供安装高新科技节能产品并提供售后服务，在确保安全、节能的前提下，按照市场规律，从节省的费用中按照一定比例提成，用于公司发展，取得经验后再逐步推广，让事实和数据说话，发挥好以点带面的作用，形成辐射效应，逐步扩大影响并形成规模；在重大节日、繁华区域和有条件的地方,可适时组织高新技术产品推介、安全节能成果展示等各种有益活动;也可规模组织"科技产品下乡"、"安全节能进万家"等各种形式的科普下乡活动,旨在服务用户,使消费者在实践中尝到甜头,得到实惠,认识上有了提高,就会将燃气安全、节能工作转变为自觉行动,进而推进燃气产业的健康发展。

4. 强化市场监管,进一步建立健全和规范完善燃气行业的市场行为。做好燃气领域的安全、节能工作,事关人民群众切身利益,因此一定要加强行业监管,确保安全运行。相关职能部门要强化对燃气产品的质量监督,消除事故安全隐患,从源头上降低事故发生概率,并定期进行检查维护;要规范燃气行业经营企业行为,本着对用户高度负责的精神,为消费者提供全方位高质量的优质服务;要适时制定出台相关政策规定,落实国家政策,采取有效措施,对燃气安全、节能工作给予强力扶持。如对燃气安全、节能工作取得明显成效的单位,考虑在国家政策规定范围内,安排一定比例的节能专项资金用于专项扶持。凡符合政策规定,节能成效明显的企业和单位,均可申报专项资金支持;对存在安全隐患的产品及用户,要限期进行整改,对整改不及时致使发生事故的,要追究相关人员法律责任。同时要严格规范燃气经营企业和用户的责任义务,加大社会监督力度,促进燃气产业健康有序发展。总之,燃气应用涉及千家万户,直接关系到人民群众生产生活,因此对各个环节必须严格规范,强化监管,发现问题,及时解决,以确保向用户提供优质服务。燃气、质检、物价、环保等职能部门,要充分履行职责,加大监测力度,力争通过大家共同努力,为加快推进我省转型跨越和经济社会发展做出积极贡献。

(2013年10月《调查与分析》第14期)

灵石县积极探索县直纪检监察派驻机构联组工作统一管理新模式

成五虎

党的十八大提出,要健全纪检监察体制,完善派驻机构统一管理。省委书记袁纯清在省第十次党代会报告中也指出,要加强制度建设和创新,健全拒腐防变教育长效机制、反腐倡廉制度体系、权力运行监控机制,注重廉政风险防控,铲除滋生腐败的土壤。灵石县坚持从自身实际出发,探索县直纪检监察派驻机构联组工作统一管理的新途径,在不改变现行派驻机构管理体制、职责的前提下,组建4个纪工委、监察分局,有机整合工作力量和各种资源,应对十分繁重的纪检监察工作,切实解决监督力量薄弱、监督乏力等问题,为提升全县纪检监察机关工作效能,进一步推动党风廉政建设和反腐败斗争的深入开展发挥了重要作用,其做法具有示范意义。

一、起因

县级纪检监察派驻机构作为基层党风廉政建设和反腐败斗争的直接领导者和组织者,处于基层反腐倡廉工作的核心和主导地位。随着我国反腐败战略从权力反腐转向制度反腐,纪检监察部门的角色、职能也在发生变化,纪检监察派驻体制的进一步完善也受到越来越多的关注。近年来,灵石县纪检监察部门坚持标本兼治、综合治理、惩防并举、注重预防的方针，严格执行党风廉政建设责任制，开创了反腐倡廉建设的新局面，全县党风廉政建设取得了明显成绩。与此同时，基层纪检监察工作也出现了许多新情况、新问题，主要表现在三个方面：一是力量比较薄弱。绝大多数纪检组人手紧张，甚至一人一组，工作常常是"单枪匹马"、'单打独斗'，难以适应和担负起日益繁重的工作任务。二是人事管理受限。各单位纪检组受县纪委监察局和所在单位、部门双重管理，而人员编制、后勤保障主要由所驻部门负责，派驻人员如此身份待遇，使其开展工作常常束手束脚，顾虑重重，很难有效地督人督事督责，一定程度上影响了监督职能的发挥。三是精力难以集中。各单位纪检组长作为所驻部门的党组成员，承担着部门安排的各种日常业务工作，主要精力难以集中到本职工作上来。正是为了解决上述问题，灵石县在晋中市纪委的指导下进行了纪检监察派驻机构联组工作统一管理的探索。

二、做法

今年年初，灵石县被晋中市纪委确定为纪检监察派驻机构推行联组工作统一管理试点县，该县县委、县政府高度重视，积极组织相关人员开展专题调研，并数次召开常委会酝酿讨论，最终在不改变现行派驻机构管理体制、职责的前提下，按照"职能相近、工作便利、大小搭配"的原则，在47个县直单位纪检监察机构联合组建了4个纪工委、监察分局。这4个纪工委、监察分局，纪工委书记、副书记（监察分局局长）、委员的任免由县纪委提名，县委常委会通过后任命，工作人员从派驻机构现有纪检组长中择优选任，工作范围分别涉及涉农部门、社会保障、安全生产、政法工作四个领域。实行纪工委书记负责制，受县纪委、监察局直接领导，代表县纪委、监察局履行专项检查、交叉监督、查办案件等职能。每个纪工委负责联系11至12个派驻部门机构的工作，形成了有职能授权、组织设置、职责分工、规范制度、固定办公场所设施、经费保障和配套运行机制的新型纪工委运行模式。

实行派驻纪检监察机构联组工作统一管理以来，该县积极探索，尝试统分结合的工作运行方式，在落实各所在单位日常工作部署、常规监督检查等方面以各派驻机构纪检组长为主，以"分"的方式细化工作，完成所在单位各项任务；在交叉巡视、专项检查和查办案件等方面以纪工委为主，由纪工委书记统一组织协调，以"统"的方式，完成事前、事中和事后监督的衔接工作。

三、效果

联组工作统一管理机制的建立，为纪检监察派驻机构直接规范地参与所在单位的党风廉政建设和反腐败斗争提供了制度保障，效果比较明显。

一是破解了"监督驻在部门难"的问题。形成了监督主体和责任主体分离的工作格局，派驻纪检监察机构真正实现了"角色回归"，避免了纪检派驻机构所在部门不敢监督、不好监督的难题，解决了"开展监督不好张口，查办案件不好下手"的问题，派驻机构案件查办工作取得历史性突破，特别是不少派驻机构实现了办案零的突破，极大地提升了全县行政机关工作效能。如：第一纪工委加强对重点工程的督查，对重点工程推进不力的1名副科级干部给予党内警告处分，对履职不到位的1名科级干部和1名股级干部分别给予行政警告和行政撤职处分；第二纪工委开展了对全县12个乡镇卫生院和2个社区卫生服务站工作人员在岗情况、工作态度情况、医疗卫生服务收费公示情况、《十条禁令》执行情况的重点督查；第三纪工委抽查了5个乡镇、7个专安办的安全生产责任落实情况，并就发现问题提出整改意见，对3名工作失职人员给予行政开除处分；第四纪工委针对群众举报的煤焦秩序稽查中存在问题进行调查，责成县煤焦办对违规人员进行处理，并要求煤运公司、煤管局、交警大队等单位完善相关制度，加强内部廉政风险防控。

二是解决了社会关注的热点问题。4个纪工委，充分发挥职能优势，积极收集、整理群众反映强烈的社会热点问题，组织专门力量集中予以解决，取得了非常显著的成效，得到社会各界的一致好评。如：为确保"两节"期间群众食品安全，第一纪工委与第四纪工委联合对食品源头和流通渠道进行了专项检查，组织专人对全县2个定点屠宰厂和24个生猪肉销售点进行了检查，针对检查中发现的台账不规范、卫生条件较差等问题，下发整改通知书6份，要求畜牧局、食药局、工商局责任人切实整改，严格巡查，确保全县人民群众吃得安全、吃得放心。针对社会关注度高的教师招考工作，第二纪工委抽调专人全程监督教师招考中报名、笔试、面试、体检、公示5个重要环节，从资料审查、考场秩序、试卷保密、成绩公布等方面严格把关，最终从2336名考生中择优选聘出150名教师，保证了招聘工作的公开公平。针对群众关注的中小学生的新生入学问题，第二纪工委全程参与监督了新入学2600多名学生分校划片和编班过程，解决了外来务工人员、人户分离等特殊群体子女600余人次就近入学的问题，电话解答群众咨询30余次。

三是加强了全县纪检监察力量。纪工委成立以后，纪检监察派驻机构变"单兵作战"为"联合作战"，有效加强了全县纪检监察力量。在全县安全生产、森林防火、防汛、重点项目推进、"一清退三整顿"、清理违规公务用车、清理办公用房等专项行动中，县纪委充分依托各纪工委力量，统一组织、统一协调，先后开展各类监督检查30余次，既发挥了联组的职能优势和专业优长，减少了多头检查带来的行政成本浪费，又有效地提高了监督检查的效率，促进了各项工作的顺利开展。如在近期开展的"清车清房"专项治理中，四个纪工委以多种方式迅速传达贯彻省、市、县专项治理有关要求，就本次清房清车工作的具体内容做了安排部署，分别就所管辖单位的车辆配备、办公用房底数进行了全面摸查、整理。随即采取交叉检查、实地查看的方式，对前期的摸查情况进行复查，将督查中发现的17类问题进行了分类汇总上报。最后采用不定时、不定单位抽查的方式对8家单位机构车辆配备、办公用房进行随机督查，确保了"清车清房"专项治理任务的圆满

灵石县积极探索县直纪检监察派驻机构联组工作统一管理新模式

完成。

灵石县纪委监察局派驻机构实行统一管理模式的探索与实践,加强了全县纪检监察力量,是改革和完善纪检监察体制和工作机制的重要内容,是新形势下进一步加强党的建设、深化干部作风建设、推进反腐倡廉工作、提高监督检查实效的良策,也是确保派驻机构做到方向正、机制全、业务精、监督实、作风硬的一项基础性工作。对于调动派驻机构人员的工作积极性,充分发挥派驻机构作用具有重要意义,为纪检监察部门全面履行党章和监察法赋予的职责和任务,为进一步提高全省反腐倡廉水平,构建山西特色惩治和预防腐败体系提供了有益的借鉴。

(2013年10月《情况与建议》第6期)

我省应大力发展中小企业私募债券

尹海滨　陈丽萍

中小企业私募债，也叫高收益债，是指我国中小微企业在境内市场以非公开方式发行的，发行利率不超过同期银行贷款基准利率3倍，期限在1年（含）以上，对发行人没有净资产和盈利能力门槛要求的，完全市场化的公司债券。发行中小企业私募债券可以有效破解中小企业直接融资难、银行贷款难、信用担保难以及融资成本高等问题，对中小企业拓宽融资渠道，实现健康快速发展能起到极为重要的助推作用。

一、发行中小企业私募债券的好处

和其他融资方式相比较，发行中小企业私募债券有三大好处。

一是融资成本低。中国证券委批准发行中小企业私募债的主旨就是为中小企业服务。因此，在发行制度设计上，对发行人、发行条件、监管机构、发行审核体制、具体条款等方面进行了更为明确的界定，在合理控制风险和有效保护投资者利益的前提下，放宽了企业通过资本市场进行债务融资的准入条件，强调了中小微企业和金融的直接对接。这就意味着，通过发行中小企业私募债券融资，要比信托资金和民间借贷更能降低中小企业的融资成本。有的省区，这种融资方式还可以获得政策贴息，融资成本更低。

二是发行审批快。中小企业私募债采用的是以未上市的中小微企业为发行主体，以非公开的方式发行转让，以还本付息进行收益结算的三位一体的发行公式。只要符合工信部对除金融和房地产外不同行业的企业在营业收入、从业人员、资产总额方面的条件界定的中小微企业都可成为发行主体，没有公司上市所要求的繁锁条件；在债券规模占净资产的比例上也未作限制，筹资规模可按企业需要自主决定。加之，发行审核上实施的是"备案"制度，从接受材料到获取备案同意书的时间周期被要求在十个工作日内，因而发行审核更为快捷。

三是资金用途活。中小企业私募债券期限可以分为1至3年的中短期、5至8年的中长期和10至15年的长期三种，可以设置附赎回权、上调票面利率选择权等期权条款，还可以分期发行。在增信制度设计上，可分为第三方担保、抵押或质押担保等，也可以设计认股权证等。作为私募债券的发行主体，中小企业对于通过发行融得的资金用途具有决定权。发行人可根据自身业务自行设定募集资金用途，可用于还贷，补充运营资金、项目投资、股权收购等。这与建立在明确约定与资金使用的严格监管等基础上的传统公司债和企业债，有重大的区别，从而具有为新型金融市场不断注入活力的优势。

二、全国中小企业私募债券发行情况

2012年5月23日，经中国证券监督管理委员会批准，上海和深圳两个证交所分别发布《中小企业私募债券业务试点办法》及配套指南。接着，中国证券业协会和中国证券登记结算有限责任公司也出台了相关的试点办法及实施细则。这些文件成为中小企业私募债券发行的制度框架。自此，中小企业私募债券业务试点正式启动。

2012年6月7日，上交所正式受理私募债券发行备案申请，6月8日上午，首单中小企业私募债券成功发行，6月11日完成首单挂牌及第一笔非公开转让。截至 2012 年底，上海证交所接受备案的中小企业已有 100 家，备案总金额为 126.51 亿元，规模最大的为 5 亿元，最小的为 1500 千万；期限最长的为 3 年，最短的为 1 年。这些企业覆盖了工业、建筑、交通运输等 12 个行业，其中工业企业所占比例相对较高。在这些接受备案的企业中，已有 51 家企业完成 55 只债券的发行，发行总额达 56.23 亿元，发行的票面利率最低的为 5.5%，最高的为 11.2%，按发行规模加权平均的票面利率为 8.7%。45 只债券完成了上交所固定收益证券综合电子平台挂牌，登记注册总量 44.64 亿元；其中成功完成转让 266 笔，转让总金额达 40 亿元。已参与中小企业私募债承销的证券公司也达到了 29 家。

截至 2013 年 6 月底，全国中小企业私募债券试点省市有十三省五个市，分别是北京、上海、天津、重庆、广东、浙江、江苏、湖北、山东、安徽、内蒙、贵州、福建、新疆、云南、江西、宁夏和大连。

三、我省争取发行中小企业私募债券正当其时

当前我省正处于转型跨越发展的攻坚期，积极推进中小企业私募债券的发行，全力拓宽融资渠道，为全省实体经济发展拓展新的资金来源显得尤为必要。

一是中小微企业自身快速发展的需要。省委、省政府近年来出台了一系列支持中小企业发展的意见，全省中小微企业呈现出快速发展的态势。截至 2012 年底，我省中小企业达到 11.27 万个，实现增加值 5243 亿元，税收 945 万元，分别占到全省经济总量和财政收入的 43.29%、36.65%。今年以来，中小微企业的发展更为迅猛，截至 6 月底，全省新创办中小微企业 1.72 万户，总数达到 12.9 万户，占全省企业总户数的 99.7%。与此同时，中小微企业发展的活力也进一步提升，今年 1 至 6 月，全省中小微企业增加值同比增长 16.72%。其中规模以上中小工业企业增加值同比增

长 16.3%，比全省规模以上工业企业增加值高出 5.5 个百分点。中小企业的快速发展对资金的需求量也进一步加大，为了解决长期以来一直困扰全省中小企业发展壮大的融资难问题，今年 5 月省政府出台《关于进一步支持中小微企业发展的措施（2013 年第 2 批）》，对驻晋金融监管机构、各金融机构进一步深化中小微企业综合金融服务作出了更为具体、明确的要求。这些政策措施，对破解中小微企业的融资难问题必将起到重要的推动作用。但是，当省内金融企业遭遇规模限制的时候，以私募债券的形式直接融资，就显得更为必要和紧迫。

二是资本市场全面发展的需要。资本市场是经济发展的源头活水。长期以来，我省资本市场有三个特点，其一是上市公司市值不高。截至 6 月底，全省境内共有 A 股上市公司 34 家，总市值（含限售）3423.50 亿元，在中部六省排名第 5 位，从股本、市值、资产等指标看，整体上在全国处于中下游水平。其二是融资能力不强。今年 1 至 6 月，全省通过资本市场融资 649.74 亿元，占全省融资规模的 28.29%，低于全国 2.13 个百分点。而企业通过市场直接融资所占的比例也明显低于全国平均水平。其三是融资功能发挥不足。目前主要是通过非公开发行再融资、企业债融资、中期票据融资、短期融资券融资、公司债融资、资产支持证券、私募股权基金融资等方式进行融资，区域性股权交易市场尚未形成，中小企业私募债券发行也未获批准，且各种融资方式融得资金都非常有限，直接用于实体经济的更少。在这种情况下，争取发行中小企业私募债券不仅可以弥补全省债券市场的空白，实现资本市场多元化发展，而且可以更大程度地发挥资本市场的融资功能，实现融资额度的规模化提升。

三是有相对成熟的推进经验可资借鉴。中小企业私募债券，作为一种新兴的融资模式，从国家证监会批准试点到现在，只有短短一年零两个月的时间，试点发行省市就发展到 18 个，承销证券公司就达到 29 个，备案企业达到 100 家，完成发行 55 家。如此强劲的发展势头已经足以证明其旺盛的生命力和强大的融资能力。这些省市对于试点的申请已经有了非常成熟的运作方式,对于申请发行债券的中小企业从发行条件到条款设计再到承销安排都有相对成熟的工作流程和制度,我们只要拿来,即可运用。基于此,建议充分利用我省作为综改试验区先行先试的政策优势,把中小企业发行私募债作为试点内容,争取将我省列入全国中小企业私募债券发行试点省份,从而为加快解决中小企业融资难问题,健全和完善我省资本市场,促进转型跨越发展作出贡献。

表1 中小企业私募债发行条件和条款设计要求

分类		具体要求
发行条件	发行人	符合《关于印发中小企业划型标准规定的通知》规定、且未在交易所上市的中小微型企业,暂不包括房地产企业和金融企业
	投资者	机构投资者:1. 金融机构及其理财产品;2. 注册资本>1000万的法人;3. 认缴出资≥5000万元或实缴出资≥1000万元的合伙企业
		个人投资者:1. 资产>500万元;2. 两年以上的证券投资经验;3. 理解并接受私募债券风险
		持股5%以上股东、承销商也可参与认购和转让
条款设计	发行利率	不得超过同期银行贷款基准利率的3倍
	债券期限	一年(含)以上
	债券评级	未限定
	转股条款	发行人可设置附认股权或可转股条款
	赎回回售	可设置附发行人赎回、上调票面利率选择权或投资者回售选择权
	担保评级	私募债券增信措施以及信用评级安排由买卖双方自主协商确定
	承销安排	证券公司承销:1. 具备债券承销业务资格;2. 级别B类(含)以上;3. 净资本≥10亿元人民币;4. 各项风控指标符合规定等

表2　工信部关于中小微企业的界定标准

行　业	营业收入	从业人员	资产总额
农、林、牧、渔业	20000万元以下	—	—
工业	40000万元以下	1000人以下	—
建筑业	80000万元以下	—	80000万元以下
批发业	40000万元以下	200人以下	—
零售业	20000万元以下	300人以下	—
交通运输业	30000万元以下	1000人以下	—
仓储业	30000万元以下	200人以下	—
邮政业	30000万元以下	1000人以下	—
住宿业	10000万元以下	300人以下	—
餐饮业	10000万元以下	300人以下	—
信息传输业	100000万元以下	2000人以下	—
软件和信息技术服务业	10000万元以下	300人以下	—
房地产开发经营	200000万元以下	—	10000万元以下
物业管理	5000万元以下	1000人以下	—
租赁和商务服务业	—	300人以下	120000万元以下
其他未列明行业	—	300人以下	—

数据来源：《关于印发中小企业划型标准规定的通知》

上交所中小企业私募债备案、投资、转让等条款摘录

备案与发行	备案条件	1. 发行人是中国境内注册的有限责任公司或者股份有限公司；
		2. 发行利率不得超过同期银行贷款基准利率的3倍；
		3. 期限在一年（含）以上；
		4. 本所规定的其他条件。
	时　限	备案材料完备的，本所自接受材料之日起10个工作日出具《接受备案通知书》。
		发行人取得《接受备案通知书》后，应当在6个月内完成发行。逾期未发行的，应当重新备案。

续表

合格投资者	机构投资者	1. 经有关金融监管部门批准设立的多事机构,包括商业银行、证券公司、基金管理公司、信托公司和保险公司等;
		2. 上述金融机构面向投资者发行的理财产品,包括但不限于银行理财产品、信托产品、投连险产品、基金产品、证券公司资产管理产品等;
		3. 注册资本不低于人民币 1000 万元的企业法人;
		4. 合伙人认缴出资总额不低于人民币 5000 万元,实缴出资总额不低于人民币 1000 万元的合伙企业;
		5. 经本所认可的其他合格投资者;
		6. 承销商可参与其承销私募债券的发行认购与转让;
		7. 发行人的董事、监事、高级管理人员及持股比例超过 5% 的股东,可参与本公司发行私募债券的认购与转让。
	个人投资者	1. 个人名下的各类证券账户、资金账户、资产管理账户的资产总额不低于人民币 500 万元;
		2. 具有两年以上的证券投资经验;
		3. 理解并接受私募债券风险。
	数量	每期私募债券的投资者合计不得超过 200 人。
转让	转让条款	合格投资者可通过本所固定收益证券综合电子平台或证券公司进行私募债券转让。
		按照申报时间先后顺序对私募债券转让进行确认,对导致私募债券投资者超过 200 人的转让不予确认。
投资者权益保护	偿债保障金	发行人应当设立偿债保障金专户,用于兑息、兑付资金的归集和管理。
		发行人应当在募集说明书中承诺,在私募债券付息日的 10 个工作日前,将应付利息全额存入偿债保障金专户;在本金到期日的 30 日前累计提取的偿债保障金余额不低于私募债券余额的 20%。
	限制条款	发行人应当在募集说明书中约定采取限制股息分配措施,以保障私募债券本息按时兑付,并承诺若未能足额提取偿债保障金,不以现金方式进行利润分配。
	增信措施	发行人可采取其他内外部增信措施,提高偿债能力,控制私募债券风险。增信措施包括但不限于下列方式: 1. 限制发行人将资产抵押给其他债权人; 2. 第三方担保和资产抵押、质押; 3. 商业保险。

表4 中小企业私募债和其他主要信用债特征比较

	中小企业私募债	公司债	企业债	中票＆短融	非金融企业非公开定向发行债务融资工具（PPN）	创业板私募债
监管机构	交易所	证监会	发改委	银行向市场交易商协会	证监会	
审核方式	备案制	核准制	核准制	注册制	注册制	备案制
发行人条件	符合工信部《中小企业划型标准规定》的中小微、非上市企业（上交所规定不包括金融、地产企业）	上市公司	非上市公司、企业	具有法人资格的非金融企业	具有法人资格的非金融企业	创业板公司
发行方式	非公开发行	公开发行	公开发行	公开发行	非公开发行	非公开发行
投资者数量限制	≤200人	无	无	无	无	≤10人
审核时间	10天之内	1个月左右	6个月左右	3个月左右	—	—
发行时间	备案后6个月内完成；可分期发行	标准后6个月内完成首期发行；可在2年内分多次发行	核准后6个月内完成；不可分期发行	注册2个月内完成首期发行；可在2年内分多次发行	注册后6个月内完成首期发行；可分期发行；注册有效期2年	备案后6个月内完成首期发行；可在2年内分多次发行
净资产要求	无	一般要求归属母公司净资产大于12亿	一般要求归属母公司净资产大于12亿	未具体要求，但实践中一般要求高于企业债	—	一般要求归属母公司可净资产大于12亿
盈利能力要求	无	最近三年持续盈利,三年平均可分配利润足以支持债券一年利息	最近三年持续盈利,三年平均可分配利润足以支持债券一年利息	未具体要求	—	最近三年持续盈利,三年平均可分配利润足以支持债券一年利息
评级及审计要求	不强制要求评级；2年财务需审计	需评级；3年财务需审计	需评级；3年财务需审计	需评级；3年财务需审计—	需评级；3年财务需审计	

续表

	中小企业私募债	公司债	企业债	中票&短融	非多事企业非公开定向发行债务融资工具(PPN)	创业板私募债
发行规模	无限制	不超过企业净资产的40%	不超过企业净资产的40%	不超过企业净资产的40%	—	不超过企业净资产的40%
发行限期	1年以上(深交所);3年以下(上交所)	一般为中期	一般为中长期	中票为中期3-5年;短融为1年内	—	一般为中期
投资者要求	见表1	交易所投资人	银行间市场机构投资人	银行间市场机构投资人和交易所投资人	银行间市场特定机构投资人,定向投资人,指具有投资定向工具的实力和意愿,了解该定向工具投资风险、具备该定向工具风险承担能力并自愿接受交易商协会自律管理的机构投资人,由发行人和主承销商在定向工具发行前遴选确定	目前阶段创业板公司非公开发行债券在发行对象数量、发行方式等方面参照非公开发行股票的有关规定
交易场所和流通方式	交易所固定收益综合平台、证券公司	交易所	银行间市场交易所	银行间市场	在《定向发行协议》约定的定向投资人之间流通转让	不进行公开转让深交所有计划为此类债券提供一定的转让服务

(2013年11月《调查与分析》第17期)

关于破解我省民营企业生产要素瓶颈的调研报告

加年丰

土地、资金、人才、技术等生产要素，是企业生成、发展的基础。当前，我省民营企业的转型跨越发展，由于主客观原因，均受到了上述要素的严重制约。如何通过体制机制创新、政策倾斜与民营企业公司治理、素质提升，化解生产要素瓶颈，已成为民营企业生存发展的关键。带着问题，寻找答案，我们赴全省各市进行了广泛调研。通过调研，深化了对问题及其原因的认识，并在总结各市好的经验做法的基础上，提出了带有针对性、具有普遍性的对策建议。

一、我省民营企业使用生产要素的现状及问题

民营企业使用土地、资金、人才、技术等生产要素的多寡、难易状况，既取决于各要素的特性和稀缺程度，又取决于影响要素的制度安排和使用要素者的状况。择其要者，土地、资金更多是受企业外部制度、政策的约束，而人才、技术更多是受企业内部体制、素质的影响。目前，民营企业面临的要素障碍，按影响程度依次为融资难、融资贵，专业人才短缺，土地使用受限和环境容量限制等。

(一) 土地是基础约束

土地,是财富之母,是企业得以立足生存之地。土地属稀缺资源,建设用地指标短缺,一直是制约企业发展的基础性约束,民营企业,特别是中小微企业用地困难尤为突出。主要表现在三个方面,一是用地计划指标严重不足,各市用地指标满足度一般在25%~50%之间,如晋中市连续多年的用地计划指标与实际用地需求比都在1:4以上。二是用地指标分配不合理、不公平。一方面,全省建设用地计划指标实行层级管理,按行政层级依次递减的方式分配,而发展民营企业特别是中小微民营企业的主要舞台却是按行政层级逆向依次递增,省里用地指标主要支持国有大型企业、高速公路等重点项目,基层发展民营企业用地量大却苦于土地指标少、审批权小,这在客观上形成了对民营企业用地的不公;另一方面,各市每年的建设用地计划指标,都优先用于大项目、急项目、重点项目和招商引资项目,而中小微民营企业的小项目建设基本无地可用。一般来说,国有企业的项目占用地指标的50%以上、政府的高速公路等重点项目占用地指标的30%、民营经济用地占用地指标的20%左右。此外,民营企业很多是小规模用地,难以纳入土地部门的规划予以保证。三是大量过去占用集体土地的老企业,未办理土地手续,现在补办,手续繁杂,补交罚款和其他费用金额巨大,企业办不起变更手续,因此影响土地的占用和使用。如农业科技企业山西澳坤量子由于土地证无法办理,导致企业无法上市。

(二) 资金是最大约束

资金,是企业的血液。民营企业,特别是中小微企业长期贫血的状况,是民营企业转型跨越发展的最大约束。具体表现在融资难、融资贵与税费政策不平等几个方面。

近年来,省委、省政府多措并举解决民营企业的融资难问题,民营企业贷款的增速和增量都保持了持续提高的势头,但与民营企业的贡献和需求相比仍有相当距离。总括各市情况，民营企业创造了约80%的就业、30%～60%的GDP和30%～50%左右的税收，而民营企业获得的贷款在各市总贷款中的比例仅为20%左右。如大同市，2012年，民营企业贷款占全市的27.2%。民营企业特别是中小微企业融资难客观上与小微企业先天不足有关，许多企业没有足够的抵押资产，没有规范可信的会计账目，缺少信用记录，加大了与金融服务对接的难度。但金融机构服务不足也是重要原因，主要是民间资本进入金融业门槛高、限制多，担保、信用、信息等中介服务体系发育不足，配套法律法规体系不完善；产品、业务、审批流程等还不能满足民营企业"短、小、频、急"的融资需求；一些金融机构和人员对民营企业抱有偏见，顾虑较多。我省民营企业除贷款等间接融资困难之外，上市等直接融资难也是一个主要表现。发达国家企业的融资中直接融资占70%，我国江浙等发达省市的企业直接融资比例也在30%左右，而我省的民营企业直接融资比例很低，渠道过窄，至今只有一家企业在中小板上市，在创业板上市的企业为零。直接融资滞后已成为我省民营企业成长的明显短板。

民营企业特别是中小微企业融资贵，主要表现在以下几个方面，一是贷款利息高。民营企业特别是中小微民营企业一般很难在国有商业银行贷上款，如长治市"工农中建"四大国有银行，每年贷款大约50%用于国有大型企业，30%用于各级政府性贷款，而用于民营企业的不足20%。民营企业贷款的主要渠道是小额贷款公司、村镇银行、农村信用社、股份制银行等，这些金融机构的贷款利息一般都比国有银行高3—6个百分点。二是利息以外的附加费用多且高。民营企业特别是中小微民营企业由于这样或那样的原因，往往贷款抵押物缺乏，不得不寻求第三方担保，负担高利息之外的担保费用，此外再加上不合理的其他收费，使得民营中小微企业融资成本雪上加霜。

民营企业资金紧张，还与税费政策不平等密切相关。调查中，民营煤炭企业普遍反映，在收取煤炭可持续发展基金中，对国有大矿往往按下限收取，而对民营煤矿则多按上限收取；省煤运公司收取的煤炭准销费，只对民营企业收取；河津民营焦化企业反映，与河对岸的韩城相比，由于多收取各项费用，致使吨焦成本增加60元，等等。民营企业特别是中小微民营企业自有资金本来就不足，贷款又紧张，再加上各项税费不平等，民营企业的资金羁绊可想而知。

（三）人才是根本约束

人才，是企业生存、发展的前提。我省民营企业人才普遍缺乏，特别是高素质专业技术人才、管理人才尤为短缺。据太原市调查，中小型民营企业48.31%的缺少技术人才、30.77%的缺少管理人才、22%的缺少营销人才。据吕梁市典型调查，全市平均16个中小型企业只有一名高级专业技术人才，3.2个中小型企业只有一名中级专业技术人才。创业者缺乏、企业主素质普遍低下、专业技术人才短缺、技能型人才不足，已成为民营企业提高核心竞争力、实现转型跨越发展的根本约束。具体表现在以下几个方面：

一是创业者缺乏。通观民营企业，特别是中小微民营企业，所谓人才，主要包括五大类，即创业者、企业主、管理人才、技术人才和技能型人才，其中，创业者是最基本的基因。今天的创业者有可能成长为明天的企业主、管理者和技术人才。我省民营企业人才短缺，最根本的是创业者短缺。创业者短缺，最根本的原因，是山西本土创业的土壤、养分和气候短缺。山西并不缺乏创业的种子。每年有大批学成而滞留省外的莘莘学子就是证明。

二是企业主产业分布单一且素质低下。山西民营企业主主要分布在传统的餐饮、运输和资源型产业，信息技术、新材料、生物医药等新兴产业的企业相对不足。前者是满足消费的产业，成长空间相对较小，对新生代吸引力较弱；而后者则是引导消费、创造消费的产业，成长空间相对较大，对新生代吸引力较强。加之，企业治理结构不健全，家族式管理严重，客观上制约了人才的进入、成长和扎根。

三是人才引入难且流失严重。据对太原晋源区21家规模以上企业调查，近三年共引进各类高级人才350名，流失的多达130名，占37.14%。民营企业招用人才难，留住人才更难。究其原因，主观客观并存，内因外因交错。最关键的原因是，政府对民营企业的歧视性或不公平的人才政策。民营企业与国有企业实行的是完全不同的人才政策和制度。国有企业的人才管理制度与公务员、事业单位的基本相同，而民营企业则完全是另一套规则和办法。在人才进入和日常管理环节，就没有纳入国家所谓正规的轨道和盘子，没有严格履行人才建档、执行国家工资标准、入"五险一金"的要求，评定职称、培训晋升也没有严格的制度规定和渠道；在人才流转和退出环节，民营企业主与民营企业人才基本没有渠道或渠道狭窄，民营企业主当个县长、市长不可思议，而国有企业主则理所当然；国有企业与政府机关、事业单位的人才流动通道基本畅通，而民营企业管理人才要进入公务员队伍或事业单位却从来就没有通道。凡此种种根本问题不解决，即使出台这样或那样的优惠政策，还是留不住人才，特别是高素质的常规性人才。如，长治市襄垣县出台政策，引导大学生到民营企业工作，县财政与其签订三年合同，由财政发工资，结果应者寥寥，即使有，也是暂时栖身，最终还是另谋高就。从企业方面看，民营企业特别是小微企业，普遍不能严格执行国家的劳动合同制度、工资制度、"五险一金"制度，人才培养使用晋升机制不健全，以及企业文化和价值认同上的差异等，也严重影响人才的招录和留用。

此外，技术这一关键约束、环境容量这一要害约束，以及用电、用水等约束，也都严重存在，不同程度影响着民营企业的发展。

二、各市解决生产要素瓶颈的做法与经验

民营企业在转型跨越发展过程中所受到的土地、资金、人才、技术、电水等要素约束，主要的原因有2个，一是民营企业由于自身素质方面的原因在要素资源市场竞争中所处的弱势地位。这要通过提高民营企业的资源要素竞争力来解决；二是政府资源要素配置的不公平体制、机制和政策。目前，我国、我省在资源要素配置中存在的"二元体制、机制和政策"的问题并

没有根本解决。为此,各市在破解民营经济发展的要素约束方面,或出台一揽子解决意见,如《关于进一步加快民营经济发展的意见》,或出台专项实施方案,如《引进高层次领军人才的办法》等,都主要在体制、机制和政策层面进行了积极的努力和探索。

（一）土地体制、政策方面

各市为缓解用地指标不足的困难,都充分利用国家资源型经济转型综改试验区建设机会和解决土地难题的部省协议契机,大胆进行探索和试验。如,临汾市17个县（市、区）全面开展了城乡建设用地增减挂钩,稳步推进矿业存量土地整理和工矿废弃地复垦,13个涉煤涉矿县（市、区）全部成为矿业存量土地整合利用试点,襄汾、尧都、洪洞、霍州4个县（市、区）成为首批工矿废弃地复垦利用试点。

（二）融资体制、政策方面

晋中市将解决民营企业资金困难问题,与健全地区金融体系、改善融资环境结合起来,出台了一系列鼓励政策和举措,有效地缓解了民营企业的融资困难。先后引进了华夏、浦发、兴业、晋商等股份制银行,成为全省除太原以外股份制金融机构最多的地市；全市成立了42家小额贷款公司,成立了榆次融信、左权华丰、介休华都、太谷兴泰四家村镇银行,成为全省小额贷款公司和村镇银行数量最多的地市。此外,市政府还通过出台鼓励股权融资、发展私募股权投资基金、设立中小企业专项发展资金等各种金融政策,极大地改善了民营企业的融资环境。

临汾市围绕解决中小型民营企业融资困难,在出台综合性发展民营经济意见的基础上,先后出台了《小企业贷款风险补偿试行办法》、《扶持中小企业信用担保公司的意见》,有效解决了小微企业融资担保不足的问题,调动了金融机构帮扶小微企业的积极性。同时,积极引导、鼓励民间资本参与农村信用社改制和新型金融机构设立,在一定程度上改善了临汾的金融环境，为中小微企业拓宽了融资渠道。

长治市以培育扶持民营企业中的"小巨人"企业上市融资为重点，解决民营企业的融资困难。通过牵线搭桥、提供免费办公场所和设备等，吸引天津股权交易所、康达律师事务所、长治市担保联盟等九家机构在长治"金融街"设立办事机构，营造了小的金融生态，方便了民营企业融资，缓解了民营企业融资难题。继推动华南纸业在天交所挂牌上市后，又指导帮助振东五和、襄子老粗布、世龙食品等10户具备条件的企业上市。

运城市积极发挥政府的引导协调作用，搭建平台，推进银保企合作。市政府出台中小企业信贷融资奖励办法，每年安排200万资金考核奖励；每年拿出200万元支持担保机构，对中小企业融资担保风险进行补偿。市金融、银监、中小企业管理等部门积极跟踪，引进晋商、华夏、民生、浦发等股份制银行和中钢联担保公司入驻运城设立机构。同时，鼓励引导工商、建设、邮政、信用等金融机构设立中小企业信贷中心，开展短期贷款、票据融资等信贷业务。积极引导推动青山化工、永东化工、天海泵业上市融资。

（三）人才体制、政策方面

为缓解民营企业人才不足的困难，各市都着力在人才引进、培养上下功夫。临汾市出台了《关于加速推进人才强县（市、区）的意见》、《引进高层次领军型人才和创新创业型人才"绿色通道"实施细则》、《人才工作目标责任制考核办法（试行）》等系列政策举措，明确了引进标准和考核办法，确定了引进程序和各县（市、区）人才专项资金的规模，规定了生活待遇和资助奖励办法。

大同市把人才培训作为工作的重中之重，投入大量的财力、人力，大力开展培训工作。2012年以来，结合大同市民营企业的实际，开展了各种技能和业务培训活动。市中小企业局联合市人事局，在中国人民大学举办了民营企业家高端培训班，大同市50多位民营企业家参加了培训。

吕梁市着力实施民营企业家"千人培养计划"。市委把民营企业家队伍建设作为推动吕梁转型跨越的重要战略举措，在"十二五"期间实施民营企业家"千人培养计划"，即用五年时间政府投入1000万元，对1000名民营企业家进行高端培养。采取政府组织引导，企业需求主导，用高位培养平台、优质教育资源，为吕梁市培养和造就一批具有世界眼光、敢为人先、锐意进取、实现赶超的民营企业家队伍。2012年对产业龙头民营企业家在中国人民大学进行了培训，取得了良好效果。

运城市注重人才培养培育引进。采取高薪聘请等多种形式招引高级人才，依托高等院校培养中级管理人才，委托中等技术职业学校有计划针对性培育初级技能人才。全市全年培训培育各类人才3万多人次，引进高级优秀人才15名以上。截至2012年底，中小（民营）企业中专以上学历人员达8万人以上。

（四）科技体制、政策方面

各市从自身实际出发，围绕民营企业科技创新、培育科技型企业，并以推进企业技术中心建设、专利申报、品牌塑造等为引领，开展了一系列提升民营企业技术水平活动。其中，尤以太原、长治比较典型。

太原市从其科技资源丰富实际出发，大力发展民营科技企业，民营高新技术企业数、科技创新能力相对较高。2010年市政府就出台了《太原市人民政府关于加快民营科技发展的意见》，鼓励创办民营科技实体，鼓励和吸引社会资本及国外资本进入民营科技领域。对科技型中小企业实行市、县两级集中财政科技经费，重点支持民营科技企业在太阳能、风能、生物质能等可再生能源产业及化石能源清洁利用产业发展。一批能源消耗少、技术含量高、市场前景广、就业机会多、带动系数大、经济效益好的自主创新新项目被纳入了财政支持的体系。据统计，太原高新技术企业，占全省65%以上，其中，中小企业、民营企业占全市认定高新技术企业的76%左右；民营经济高新技术产业增加值达100亿元左右，占全市高新技术产业总增加值的60%以上。

长治市，深入实施民营企业知识产权战略、标准化战略和品牌战略，整体素质得到提升。专利申请量达到1000件以上，荣获中国驰名商标5件（屯玉种业、沁州黄小米、世龙食品、唯思可达饮料、中德型材）、省著名商标72件，95%的中小微型企业实现标准化生产，5户企业建立了技术研发中心。推进企业管理创新，全市80%的中小微企业建立了规范的管理制度。大力实施公共服务网络平台建设，年孵化小微企业100户、培训各类人才5000人次、完成成果技术转化项目60余项。

忻州市民营企业着力知识产权保护和品牌塑造，有相当一批有一定竞争力和自主知识产权、著名品牌的企业正在迅速崛起，一些产业在全国具有举足轻重的地位，已经成为产业、行业的龙头骨干。如定襄的法兰锻造建立了全国同行业最具权威的研发验证中心，不仅有发言权，而且有定标权；原平的液压密封件取得三十多项专利技术，成为国家"十二五"科技支撑项目；河曲的同德化工股份公司是忻州市唯一一家拥有中国驰名商标的上市企业。截至2011年底，全市民营企业共拥有中国驰名商标一个、省著名商标44个、省名牌产品15个，各类民营企业共申请实用专利技术609项。

运城市注重研发，打造科技型企业。不断完善科技合作机制，深入推进科研院所、厂校企研联合重组，建立企业技术研发机构（中心）86个，不断增加科研投入经费，占到企业营业收入1.5%。临猗卓里集团与中北大学实行产学研合作，研制生产的微型遥控履带式拖拉机，被认定为"国际技术领先产品"；临猗青山化工、盐湖天海泵业、闻喜银光镁业、万荣黄腾化工、河津绿拓新能源等企业聘请引进高校和科研单位专家教授博士，建立国家或省级技术研发中心，研发新技术新产品，提高产品技术含量和市场竞争力，多种专利新产品畅销全省、全国并出口国外。大力实施品牌战略，注重技术研发和产品质量，重视争创国家和省级名牌产品和驰名商标，全市"中国驰名商标"达15件。

三、解决民营企业生产要素保障难题的思路与举措

(一) 基本思路

应站在"民企强则山西强、民企兴则山西兴、民企活则山西活"的高度,以国家资源型经济转型综改试验区建设为契机,以实现身份、地位、待遇平等为遵循,以更大的改革勇气和智慧,攻克体制机制上的顽瘴痼疾,坚持公平、公正原则,统筹解决民营经济与国有及国有控股经济的要素约束难题,推动要素约束由个性问题向共性问题转化;坚持扶小、扶弱原则,对民营经济要素配置实施倾斜,推动要素制约向要素引擎转化;坚持创新驱动、特色引领原则,多措并举丰富民营经济要素供给的方式、方法和路径,推动要素约束解决由线形思维向立体思维转化,通过企业的不懈争取、社会的不断呼吁和政府的持续改革,促使民营企业的要素短缺障碍向要素有力支撑转化,保障民营经济更快更好发展。

(二) 主要举措

1. 区别不同规模,解决土地瓶颈约束

对小微民营企业,采取规划营业场所和建设创新创业园区的路径解决土地难题。小微企业,是就业的主要渠道,事关百姓生计、社会稳定和产业未来,理当受到政府的扶持、倾斜和照顾。这是政府出台优惠政策的根据所在。鉴于小微企业所需土地小、散的特性,政府应采取集中布局和分散安排的方式予以解决。对于从事饮食服务等行业并分布于居民区的小微企业和个体工商户,政府应做好规划,合理布局安排经营场所,并予以租金或建设资金补贴;对于从事高新技术等新兴产业的小微企业,政府则应通过建设创新创业园区及建设其中的厂房等方式予以解决所需土地问题。

对大中型民营企业,则应视所处产业实际和贡献,给予土地计划指标倾

斜或平等对待。大中型民营企业所需土地的解决，与小微企业不同，不是要求照顾，而是要求公平，和其他类型企业一样平等参与土地资源的竞争。政府是否给予土地指标的倾斜，不是基于是国有及国有控股，还是民营，而应是企业所处产业，是政府要鼓励、扶持的，还是要限制、淘汰的。在我省来说，不论是民营企业，还是国控企业，只要处在焦炭、钢铁、水泥等传统的产能过剩行业，其所需土地问题不仅不能满足，而且要作为对其限产的一种手段加以利用；若处在新材料、新能源、生物医药、装备制造等领域的企业，则要通过建设园区、土地指标单列、倾斜和用地方式创新等多种途径予以解决。同时，土地指标计划的安排，要与民营企业的发展速度和贡献相匹配，按民营企业增加值占地区生产总值的比重年提高的幅度，相应增加民营经济项目建设用地指标。

2. 针对新矛盾，解决融资难融资贵问题

民营企业融资难且融资贵的问题，突出表现在中小微民营企业身上。这是政府出台政策的出发点和着力点，也是民营企业资金困难及解决办法具有个性特征的问题。首先，要处理好金融风险防范与为中小微企业服务的关系问题。金融风险必须控制，中小微企业所需服务更要搞好，不能以控制风险为借口，忽视或削弱对中小微企业的信贷支持。为此，必须完善对金融机构考核的指标体系和机制，发挥考核的指挥棒作用，推动金融机构将服务中小微企业与控制风险有机统筹起来。其次，要处理好金融创新与为实体经济服务的关系。金融，固然需要创新，创新固然重要，但不能为创新而创新，金融创新必须围绕缩短金融达到实体经济的距离、减少金融服务实体经济的成本而展开、而深化。现在金融创新有误入歧途的倾向。不是围绕怎么更好地服务实体经济来推进金融创新，而是游离于实体经济在金融领域自创自乐，创造了许多衍生产品和不必要的金融工具，其结果是金融到实体经济的环节越来越多、距离越来越远、成本越来越高，使中小微民营企业不胜其烦、不堪重负。第三，针对中小微民营企业融资缺乏抵押、担保而导致融资难、融资贵的问题，政府应结合转型综改试验区建设，推动金融机构开展民营企业的房产、物产、知识产权等物收益权抵押贷款试点,争取"无抵押贷款城市试点";同时,应完善政策性担保、商业性担保、互助性担保为主的担保体系建设,设立并充实民营企业信用担保基金,增强民营企业的融资信用,并降低贷款成本。第四,大力发展各类金融机构,特别是鼓励发展股份制金融机构、小额贷款类金融机构和村镇、城商、城乡信用合作等金融机构,完善金融市场主体,深化金融机构改革,推进金融活动市场化程度,完善金融市场体系,形成充分竞争、规范有序的金融环境,增强民营企业融资的主动性和话语权,以化解融资难、融资贵问题。第五,加强民营企业信用建设,开展企业信用等级评定活动,推进凭信用、无抵押、无担保信用融资,多渠道、多方式解决民营企业的融资难问题。第六,鼓励民营企业直接融资,推动企业到各类公开市场上市融资或进行股权交易,政府对上市成功企业财政给予一定额度的补贴、贴息或奖励。建立中小微企业扶持基金。第七,加大政府对民营企业的资金支持力度,省政府设立每年20亿的支持民营企业发展专项资金,市政府、县政府依次相应设立5亿、1亿规模的专项发展资金,重点用于支持民营企业技术改造、先进设备引进、上市融资、资产重组、技术中心建设、新产品开发、品牌培育宣传等。结合综改试验区财税体制改革,实施税收优惠鼓励政策,给予民营企业增值税、营业税、所得税或减或免或先征后返或以奖代减免等支持。

3. 揪住老根子,解决人才引不来留不住问题

解决民营企业人才引得来、留得住问题,必须标本兼治。在继续加强人才培养、实施各项人才引进计划的同时,要从民营企业外部和内部两个方面深化改革,以逐步从根子上解决民营企业人才短缺的特殊性问题。

从民营企业内部来讲,要加强民营企业的现代制度建设,用股份制改造企业的家族制,用法人治理结构取代家长制,建设现代企业文化,形成具有时代性、社会性,且企业特色鲜明的企业价值体系,实现以待遇引人、事业用人、文化留人的目标追求。这是针对解决民营企业的高级经营管理人才和技术人才问题而言的。对企业一般技术人才和技能型职工队伍问题的解决,

则要求企业必须严格执行国家的劳动合同、工资制度、福利制度、劳动纪律、休假制度等劳动法律法规和政策，并推进制度执行的随意性向规范化转变，用制度管理取代靠人管人，提高职工对企业的价值认同感和对工资福利、去留的心理预期，从而提高职工队伍的稳定性。

从民营企业的外部来说，则必须深化政府人才管理体制和劳动用工制度改革，逐步建立全社会统一的人才管理体制，解决人才管理上长期存在的国有、民营"二元体制"和民营企业人才"二等职工"的心理障碍。首先，进一步完善统一的劳动人事管理制度，逐步解决民营企业在人才报考公务员或事业单位、民营企业中层管理人员级别认定及能否调入公务员队伍或事业单位等方面的"二元体制"，推进民营企业人才流动、调动过程中的工资工龄认定、"五险一金"接转等体制的完善，实现人才经济待遇、政治待遇完全平等。其次，要严格执法、严格制度落实。政府及相关职能部门必须负起责任，督促企业严格按制度办事，对不落实"五险一金"制度、加班加薪制度等的企业，要加大处罚力度。第三，参照"科技副县长"的做法，探索建立民营企业"总工程师、总会计师"制度，纳入政府雇员序列进行管理，鼓励懂技术、善核算的专业人才到企业工作，以缓解企业人才短缺困难。第四，支持民营企业引进高层次人才。对民营企业引进省外"两院院士"、"千人计划"、"百人计划"的人才并签定3年以上合同的，分别给予企业100万、50万、20万元的奖励；对建立院士工作站、博士后工作站和技能大师工作室的民营企业，分别给予50万、20万、10万元的建站补助。

4. 顺应大形势，解决技术创新难题

科技创新，是国有及国有控股企业转变经济发展方式的必然要求，同样是民营企业提高核心竞争力的必由之路。为此，首先，要完善民营企业的技术创新体系，建立健全政、产、学、研、企互联互动的技术研发推广应用体制；其次，建立健全民营企业技术投入体制和机制，保证技术研发经费占企业销售收入的一定比重，并与销售收入增长率提高相应提高的机制，以不断加大科技投入；第三，完善企业技术开发应用体制机制，支持企业技术研发平台建设，对进入省或国家企业技术中心行列的，省市政府要给予资金上的支持；第四，政府应加大对民营企业技术研发的支持力度，结合太榆科技城建设，成立支持新技术研发转化专项基金，鼓励扶持民营科技企业发展。第五，鼓励支持科技型民营企业开发新产品、应用新技术，各级政府要设立专项支持资金，对列入省级重点技术改造计划的项目购置先进技术设备的，按购置费的5%优先给予补助。

(2013年11月《调查与分析》第18期)

我省工艺美术品制造业的现状问题及发展策略

尹海滨　陈丽萍

工业美术品制造业，是指传统手工艺术品制作及在此基础上发展起来的新兴工艺品制造业，其大部分产品的制作工艺和流程可以追溯到百年以前甚至更久远。我省的工艺美术品行业，涵盖了雕塑工艺品、金属工艺品、漆器工艺品、花画工艺品、抽纱刺绣工艺品、地毯挂毯类、珠宝首饰制品、民族工艺品、美术陶瓷、烟花爆竹等11大品类。既包括平遥推光漆器、新绛云雕漆器、孝义皮影、广灵剪纸、阳城琉璃、上党堆花等传统手工制品，也包括其他金属工艺品和美术陶瓷等现代工艺制品，是独具特色的山西文化元素的载体。省委袁纯清书记在今年的"7·29"讲话中指出，手工艺品将作为文化创意产业的重要组成部分，明确要求强力推进。可见，工艺美术品，其文化价值已经超越了制造业产品本身的价值，成为文化产业极为重要的组成部分，蕴藏着很大的发展潜力。

一、我省工艺美术品制造业发展现状

近年来，我省工艺美术品制造业呈现出蓬勃发展的态势。截至2012年底，全省规模以上工艺美术品制造企业达27户，从业人员6424人，产值达

31.59亿元，销售收入近34.09亿元，利税达到4071万元，出口交货值达到1.2亿元，分别比2004年增加了9倍、8.25倍、28.21倍、39.64倍、10.18倍、3.24倍。

一是一批工艺美术品生产企业集群已经形成。目前全省已经建成山西本命年文化创意、定襄晟龙木雕模型艺术、临汾市尧都区土圪塔手工布艺等十个省级工艺美术文化产业基地；形成平遥推光漆器、祁县手工吹制玻璃器皿、五台山澄泥砚和文山石砚、晋绣、美术陶瓷等十个产业集群；建立山西运城宇达青铜文化、山西中国（广灵）剪纸文化、平定古窑文化等三个国家级文化产业示范园区。

二是一批知名的专业人才脱颖而出。全省有2名国家级工艺美术大师、32名省级工艺美术大师、18名民间工艺美术大师、91名高级工艺美术师。其中，国家级大师薛生金2012年荣获第二届亚太地区手工艺大师荣誉称号。

三是一批技能培训机构相继形成。全省已有5家专业科研机构、27个专业藏馆、12家专业市场。这些机构，经常通过各种方式对相关专业的技师和技术人员进行培训。此外，已经有2所本科院校和9个高职院校开设与工艺美术行业相关专业。

四是涵盖全省的工艺美术品生产行业协会开始发挥作用。全省11个市已经全部成立了工艺美术协会，平遥县还成立了平遥推光漆器专业协会。随着工艺美术品产业的发展，协会的作用也越来越明显。经省工艺美术协会推荐已有20余人在中国工艺美术协会、中国工艺美术协会所属的刺绣、玉器、漆器、美术陶瓷、中青年人才等专业委员会担任相关职务。

五是推进我省工艺美术产业化、规模化发展的三级平台成功搭建。在省内，依托包括"剪纸馆"、"中国工美珍宝馆太原店"、"黄河画院画廊"、山西工艺美术精品在内的总面积达5000余平方米的"山西省工艺美术馆"，集中展示销售我省特色工艺美术品。目前，馆藏品达到250余件，推出精品力作4500余件，举办省内外大型展览30余期，累计接待省内外参观者5万余人次，其中省、部级领导60余人；在国内，以会展为抓手，运用财政资金"以奖代补"政策，为工艺美术品搭建交流营销平台。2005年至2013年，累计组织参加大型展会40余次；在国际上，争取到春秋季广交会各两个工艺美术品摊位，并获准参加每年一度的国际全球采购大会。省内、国内、国际三级平台的搭建，进一步促进了山西工艺美术品的发展。工艺美术大师山西刘晓辰引领制作的大型木雕"五台山圣景"、"应县木塔"、"飞云楼"等展品在深圳文博会上一次性被客户收藏。

六是社会效益逐步显现。"十一五"以来，山西工艺美术行业先后荣获国家级旅游设计大奖"金凤凰"奖：金奖5枚、银奖10枚、铜奖12枚；工艺美术行业国家级最高级别"百花杯"奖：金奖10枚、银奖15枚、铜奖22枚；联合国教科文组织杰出手工艺品徽章4枚；2009年中国美术陶瓷技艺大赛金奖1枚、银奖2枚、铜奖1枚，2010年第二届"艺鼎杯"中国木雕现场创作大赛优秀奖1枚，2010年有30件精品入选上海世博会山西馆。特别是十位工艺美术大师、书画艺术家、高级技师联袂，圆满完成了用国家级非物质文化遗产平遥推光漆技艺二次创作的大型推光漆画《江山如此多娇》和毛主席《长征》诗词手迹的画屏任务，把山西传统手工艺制作成果展示到中央党史研究室。2012年，我省工艺美术大师梁中秀为人民大会堂山西厅创作了《黄河壶口》和《五台圣境》。这些工艺美术品充分展示了山西灿烂历史文化、扩大了山西非物质文化遗产影响力、提升了山西对外形象。

二、制约我省工艺美术品制造业发展的主要因素

纵向看我省的工艺美术品制造业，近年来尽管有了长足的发展，但横向比较，无论是从业人员数量、行业产值、出口交货值等硬指标方面，还是人才储备量、科研和教育培训机构数量等软指标方面，我省都居于全国中下游水平。不仅与东南沿海地区的广东、福建、山东等省相比差距很大，就是与中部的河南、江西、安徽等省相比差距也非常明显。这与我省深厚的文化底

蕴和广阔的旅游资源相比很不相符。制约工艺美术品产业的因素很多，归纳起来主要有四点：

一是人才储备少，技艺传承难度大。传统工艺美术技师、大师创作条件较差，待遇不高，创作积极性受挫；过去许多传统手工业和工艺美术生产企业纷纷关闭、破产或转产；父艺子不学、师技徒不受的情况十分严重；继承和传承下来的图书和声像资料缺乏，传统手工绝技和工艺美术品种面临技消艺绝的处境。比如，大同铜器及铜器制造工艺和原为中国四大木版年画之一平阳木版年画等目前已经处于濒危状态。再比如，我省独特云雕漆器、螺钿漆器、五台山石砚（文山石砚）、皮影（孝义、侯马）、堆锦（长治、交城）等传统工艺美术品种生存状态也极为困难。这几年，省工美术协会加大了人才培训力度，但每年全省只有36万元的培训资金，对于一个应该受到保护发展的产业来说是杯水车薪。

二是从传统手工业制品向现代机械制造业产品转换的研发能力不足。我省多数工艺美术品种的生产仍处于分布零星分散、小规模手工作业、家庭作坊式的水平，区域性的乡、村、街的规模和产业园区寥寥无几，不利于做大产业规模、做强产品品牌。特别是工艺美术产品从传统的手工制品向规模化发展，必须对原有手工工艺进行机械化改造，既需要有相对独特的机械，还需要改变一些固有的工艺流程，这些过程都是需要进行深入研究和不断试验才能完成的。小作坊和个体艺人基本没有资金支持，寻找赞助也很困难。囿于人才和资金的双重困扰，我省目前在这方面做的工作很少。

三是专业技艺人才培养跟不上产业发展的需要。近10年来，我省评审出高、中、初级工艺美术师职称的人数只有94人、700人和1200余人。目前，我省开设涉及工艺美术的专业本科院校较少，而设有工艺美术品相关专业的高职院校学生由于工艺美术品制作劳动强度大，熟练化程度要求高，工酬又低，毕业后真正从事工艺美术工作的人数也寥寥无几，每年申报工艺美术类职称的人员更少。具有创新研发能力的专业人才尤其匮乏，使得我省许多传统工艺美术品种传承无力、创新不足，更谈不上适应时代发展的潮流和国内外市场变化的要求。

四是传统手工业、工艺美术缺乏相关保护扶持政策。国务院已于 1997 年颁布了《传统工艺美术保护条例》，江苏、浙江、上海、北京、四川、广东等全国重点工艺美术产区也相继制定了本省（市）传统工艺美术保护规定，从立法的层面对本地区的传统工艺美术进行保护。我省目前尚未出台《山西省传统工艺美术保护办法》。若不抓紧采取有力措施保护和抢救传统工艺美术，我省的部分传统工艺美术有可能失去其在全国的优势地位，具有浓厚山西地方特色的文化遗产将会受到重大损失。另外，从我省政策扶持资金上看，每年全省工艺美术行业从省市县三级政府获得的扶持资金累计不足 1 千万元。同时，工美企业也享受不上转制文化企业的税收优惠政策，规模化、产业化发展步履维艰。

三、扶持我省工艺美术品制造业发展的政策建议

在工艺美术品行业"十二五"规划中，工艺美术品制造业提出以实现产值 100 个亿、出口交货值 10 个亿为主要目标的发展规划，实现这个规划，需要行业本身在加快转变发展方式方面有大作为，在集团化发展方面有大动作，在建立产品国际化交流平台方面有大举措，在山西特色上做大文章。但由于行业的特殊性，仅有自身的努力还远远不够，还需要在全省政策层面上进一步加大扶持力度。

一是尽快制定出台《山西省传统工艺美术保护办法》。早在 2008 年 10 月，省城联社、省工美协会就已经以文件和网上申报的方式向省政府法制办提出了"关于建议《山西省传统工艺美术保护办法》立法立项的申请"，关于工艺美术品的保护也已经引起省直有关部门的高度重视。建议省里尽快出台《山西省传统工艺美术保护办法》。这既有利于传统工艺美术品的保护，也有利于工艺美术品产业化发展。

二是建议省政府适当增加工艺美术品保护和发展基金。高尔基说过，

"一个民间艺人的逝世，相当于一座小型博物馆的毁灭"。针对目前传统工艺美术品的生存和发展现状，中央财政每年给中国工艺美术协会拨款2000万元建立国家工艺美术保护和发展基金，全国已经有22个省市相继出台了地方性法规和扶持政策，并建立了相应的扶持或保护资金，用于扶持、保护和传承传统和现代工艺美术事业，支持企业或协会建立博物馆、珍品馆，设立大师工作室。如北京市每年拨款1000万元，浙江省每年拨款700万元，并且呈逐年增长的态势。我省虽然也达到500万，但是我省工艺美术品种类齐全，保护和发展的任务也相对较大，加之我省是文化旅游大省，而工艺美术品本身又是独具山西特色的文化产品，省委省政府对文化产业高度重视。因此，建议省政府将这笔专项资金增加到1000万元以上，增量部分主要用于对传统工艺美术品研发支出和扶持工艺美术品专业技艺人才的培养。

三是建议工艺美术集团在税收上享受国家对转制文化企业的优惠政策。早在2011年，省委、省政府就明确提出组建十大文化产业集团的战略构想。按照省委、省政府对文化产业的总体部署，2013年省政府第116次常务会议明确提出组建山西省工艺美术集团的要求。落实会议精神，由省城镇联合会牵头，正在对省属科研院所和对外经济贸易公司等进行整合，同时对外引进中国工艺美术集团总公司、中国工艺美术品进出口总公司等有资质和实力的企业进行谈判。谈判过程中，各方普遍关注的一个问题就是集团的税收优惠问题。今年初，由省委宣传部、省财政厅、省国税局、省地税局等四部门联合发文（晋宣字2013第15号），明确了已经组建的"山西日报传媒（集团）有限责任公司"等五大文化产业集团为转制文化企业，可享受国家相关的税收减免政策。鉴于省工艺美术集团本身就是省政府组建的十大文化产业集团之一，且工艺美术品制造业又属于弱势产业的实际，建议将其列入转制文化企业名单，享受与五大文化产业集团同等的税收优惠。

四是建议省政府协调省直相关部门在向中央有关部门争取项目方面提供更多的支持。工艺美术品制造业既是弱势产业，更是受到保护的产业。对于这个产业，国家层面上有很多项目，如财政部的民族特需商品生产补助资金项目，国家商务部、文化部的国家文化出口重点企业和重点项目等等，但是我省的企业和艺人很少能够真正申请到，这一方面是工艺美术品行业本身的原因，另一方面也与省直相关部门的重视度不够有关。建议省政府协调这些部门，加大工艺美术品制造业申请国家资金和项目的支持力度。此外，建议省科委星火计划、省中小企业局省级中小企业发展专项资金项目等向工艺美术品制造业适度倾斜。

(2013年12月《调查与分析》第19期)

小店区城中村社区换届选举是怎样做到风清气正的

刘东光　武少权

在今年太原市第五届社区居委会换届选举工作中，小店区紧扣"选出好人、配强班子"选举工作思路，创造性地提出了界定竞（候）选社区"两委"干部14种负面资格条件，坚守"不贿选、不诬告、不乱承诺"换届纪律底线，成功探索出一条匡正换届风气，加强基层组织执政骨干队伍建设的新路子。

一、小店区城中村社区换届选举多年积累了较多的矛盾和问题

近年来，随着太原市城市化进程的加快，小店区日益成为太原都市圈的核心区，城市化扩张的主阵地。全区经济社会总体呈现出经济发展速度快、社会稳定任务重、基层群众利益诉求多、各种因素诱发信访问题多的"一快一重两多"特点，城中村尤为突显，积累了许多问题和矛盾。一是关系界定问题。经"城中村"改造，集体经济组织改制组建的公司与改制组建的社区"两委"职能、关系难以界定，党的领导核心地位、经济职能归属等问题直接冲击换届工作，影响换届秩序。二是贿选拉票问题。一些竞选者

利用各种手段贿选拉票，全面渗透进基层选举，加之少数人贿选成功产生的"扩散"效应，导致相互效仿，愈演愈烈。三是造谣蛊惑民意问题。一些竞选者以维护居民权益为幌子，树立所谓"正义领袖"形象，在农村、社区肆意造谣传谣，恶意制造干群矛盾，以获取支持选票，使换届选举和换届后很长时间内持续陷入"相互上访告状"势态。四是违规承诺竞选问题。一些竞选者以"做善事"为噱头，胡乱承诺、竞相加价当选后"做善事"，其实变本加厉谋私利，赚回竞选投资，造成了一轮又一轮的群体性上访，把地方党委、政府推向承诺兑现判定和监管前沿。近三年来，小店区反映城中村社区集体资产去向不明的 8 批次，居委会与集体经济改制公司发生利益纠纷的 5 批次 110 人次，反映干部私自非法出让集体土地 2 批次，因城中村社区换届拉票贿选而受开除党籍处分 15 人，移送司法机关 14 人。

对于城中村社区选举出现的矛盾和问题，我们一些党委、政府旗帜不够鲜明、态度不够明确、打击不够有力、措施不够正确、办法不够科学，致使基层民主选举成为投机寻租者和村官腐败的温床，极大地破坏了农村社区的政治生态，阻碍了基层组织的政治民主化进程，使基层自治组织的合法性和权威性也越来越受到各方面的质疑。

二、小店区创新思路严明纪律的主要做法

为了更为强有力贯彻党的十七届四中全会和党的十八大精神，贯彻省委、市委关于加强基层组织建设，严格基层民主选举的指示，小店区委、区政府在此次社区居委会换届选举中，以建设"办事公道、廉洁奉公、遵纪守法、热心服务"的基层执政骨干队伍为目标，创新思路、明晰资格、严明纪律、强化措施，通过第五届社区居委会换届选举，实现了"厘清关系、选出好人、组好班子、匡正风气"的预期目标。

(一)依法厘清运行关系，奠定换届制度基础

近年来，随着城市化进程的加快，小店区列入太原市城中村改造名录的一些城中村相继撤村建居、改制组建股份有限公司。但因缺乏相关指导意见，村改居社区中社区党组织、居委会、公司三者关系难以理顺，严重影响基层社会管理和经济协调发展，也给组织换届选举的组织者、竞选者带来一系列困扰。

针对上述形势，鉴于该区10个村改居社区参加此次第五届社区换届选举，小店区委组织一班人在多次学习"取经"的基础上，结合全区实际，研究制定了《太原市小店区城中村改造过渡期规范管理办法（试行）》等"1+N"系列文件，明确界定：村改居社区党组织是社区各种组织和社区工作的领导核心，在街道、乡（镇）党（工）委的领导下开展工作；完成集体经济改制的村改居社区居委会按照《中华人民共和国城市居民委员会组织法》及有关法规、政策履行职责，不再承担原村委会的经济职能；村集体经济组织改制后的公司负责经营、管理原集体经济组织所有的集体资产，承担原城中村范围内的征地、拆迁和旧村拆除等改造任务。把经济管理职责从居委会职能中剥离并从职能定位上厘清了三者关系，构建了居企分开、产权清晰、权责明确、管理科学的村改居社区运行构架。

依据三者职责定位，为切实推进三者在实践运行层面的厘清，在此次换届选举中，严格执行村改居社区两委班子成员均不得在公司担任持股人代表和其他任何职务。之前已担任的，在区城中村改造综合管理办公室对村集体经济组织改制的公司下发整改完成认定书后，由本人选择其一留任。同时明确规定公司持股人代表每届任期6年，由全体持股人选举产生；董事、监事每届任期3年，按照《中华人民共和国公司法》规定由持股人代表选举产生，清晰地界定了各类组织的竞选主体、竞选对象和届期。在此次换届选举中，通过广泛深入宣传、引导，多数竞选者理性参选竞选，为规范村改居社区各类组织换届选举，尤其村改居社区居委会换届选举工作奠定了坚实的制

度基础。

（二）明确界定资格条件，营造有序竞选秩序

为切实打击"参与或指使他人以暴力、威胁、造谣、传谣、恶意中伤等非法手段参选竞选"行为，切实杜绝违法违纪人员竞选当选，在此次社区组织换届选举中，小店区依法依规依政策，经过深入调查研究，创造性提出了在坚持正向资格条件的基础上，明确界定有十四种情形的不得列为竞（候）选人的负向资格条件，并在换届选举中加以坚决贯彻落实。

十四种情形为：

（1）被判处刑罚、刑满释放或缓刑期满未满5年的；涉嫌黑社会组织被公安机关立案侦查未满3年的；因偷窃、抢夺、嫖娼、吸毒、扰乱公共秩序等受到公安机关拘留处罚未满3年的；

（2）受到党纪处分，在处分期内的；

（3）违反计划生育未处理或受处理后未满3年的（即计划外生育二胎的10年内，生育三胎及三胎以上的17年内；超过规定年限但未按计划生育有关规定接受处罚的）；

（4）2010年10月至选举日，有参与赌博、设赌抽头、私设赌场等行为，被公安机关查处的；

（5）2010年10月至选举日，组织、唆使、煽动、参与集体和越级等非正常上访、被有关部门查处的；

（6）信奉邪教、搞迷信活动，利用各种组织、宗族、黑恶势力干扰正常生产生活和工作秩序，受到有关部门处理的；

（7）在经济活动中有违法违纪行为，被有关部门查证的；

（8）近三年内，应对信访工作不主动、不及时、不尽责，导致赴市及以上群体性上访2次以上的两委主干；

（9）近三年内，有违法占地、违法建设行为未纠正的；

（10）换届期间，违反法规政策，损害集体利益乱许愿、乱承诺的；

（11）本人直接或指使他人以发放钱物、宴请等方式贿赂选民、选举工作人员的；

（12）换届期间参与或指使他人散布谣言、张贴大（小）字报、散发传单、网络造谣传谣，干扰破坏选举，甚至以暴力、威胁、欺骗、伪造选票、违法操作等不正当手段干预选民正常表达意志被查证的；

（13）在社区工作不履行职务或脱岗3个月以上的；2012年民主评议不合格、考核不称职的；

（14）其他不得作为候选人和竞选人的情形。

此次在换届选举中，各街道换届选举指导组严把资格条件，依规审查及时取消了50多例有违十四种情形的竞（候）选人资格，有效杜绝了有违法违纪、有犯罪前科的人竞选当选，有效维护了基层民主选举的公正性和党员、群众的民主权利，营造了公平有序竞选秩序。

（三）严守换届纪律底线，构建分层工作体系

——强化换届纪律底线。针对历次基层组织换届中易发多发贿选、诬告、乱承诺等不正之风问题，小店区在上述14种不得列为竞（候）选人的基础上，旗帜鲜明地明确"不靠贿选当选、不靠诬告上访当选和不靠虚假、绑架政府乱承诺当选"是换届选举的工作底线和纪律底线，并坚持把严肃换届纪律情况与换届风气考核结果纳入各街道年度党建目标考核内容并作为年度考核的重要依据。

——监督承诺依规落实。从今年6月起，小店区委部署开展系列换届纪律教育宣传活动。集中利用广播、报纸等新闻媒体和手机短信等渠道广泛宣传《太原市小店区城中村改造过渡期规范管理办法（试行）》等"1+N"系列文件及纪律要求，各街道聘请义务监督员，实行分级包片负责，全面收集反馈与遵守换届纪律有关的各类信息；区、街两级换届选举秩序组组成了督导组，分片对换届工作进行全程督导，构建了分层分类开展遵行换届承诺，逐级开展谈话提醒、多领域监督匡正风气的工作体系。通过宽领域、深

层次持续宣传，进一步强化了底线意识和责任意识，广大选民和社会的普遍认同。

——畅通渠道快查快办。在此次换届选举中，区纪委、组织部、政法委、公安分局、社区局等五部门联合下发第五届社区组织换届选举工作纪律通告，在五部门设立专线举报电话和专项举报信箱，畅通举报渠道，落实专人值守、专人开箱。对反映的违纪问题，迅速受理、深入调查，坚持"有举必查、查必有果、纠必到位"，严厉打击拉票贿选等破坏选举纪律的行为。对换届工作中的违纪违规行为，一经发现从重从快处理，决不姑息迁就；对查处的案件，及时通报、以儆效尤；对查处不力的，严肃追究责任。选举前发现并查实的，一律取消竞（候）资格，选举中发现并查实的，一律取消当选资格，选举后发现并查实的，一律当选无效；失职致使竞选人突破底线当选的，对街道主要领导及换届包点街道干部予以停职、调离处分。先后取缔了薛XX、张XX、殷XX等人的候选（竞选）人资格，作为贿选、诬告、乱承诺的典型案例，广泛宣传，形成强大的震慑力。

三、实践成效

（一）理顺了换届秩序。小店区依法界定村改居社区党组织、居委会和公司三者关系，尤其经济职能归属的明确界定，为村改居社区换届选举工作奠定了基础，理顺了换届选举秩序，填补了城中村改造指导性政策空白，为选出好人、组好班子，加快推进城中村改造提供了政策依据和实践路径，实现了顶层设计"双赢共赢"政策效果。

（二）匡正了换届风气。坚持党的领导和居民自治相结合，通过签订公示竞选承诺、宽领域宣传谈话警示和多层次监督举报查办通报，坚守"不贿选、不诬告、不乱承诺"等参选竞选底线和换届纪律，有效破除了基层民主选举中投机寻租腐败的温床，维护了基层政治生态，推进了政治民主化进程，匡正了换届风气，同时也为第十届农村换届选举奠定了坚实基础。

（三）选出了骨干队伍。严格执行"14种不得作为竞（候）选人"规定，选委会、街道、区三级联审严查严把"入口关、当选关"、严厉打击非法或不正当手段参选竞选行为，始终坚持不预设人选、顺势支持，使一大批"守信念、讲奉献、有本领、重品行"的基层党员当选，一大批"办事公道、廉洁奉公、遵纪守法、热心服务"的合格人选进入居委会班子，"主干"平均得票率在90%以上，选出好人、组好班子的换届目标全部实现。

（四）密切了干群关系。小店区委始终坚持打击违法行为、匡正换届风气，把握正确的舆论导向，始终坚持充分发扬民主，保障选民权利，尊重居民自主表达意志，始终坚持走群众路线，相信群众、依靠群众，发挥选民主体作用，做好群众工作，团结和引导居民投好信任票、选好领头雁，在民主法律框架下实现了党的领导与居民自治的实践结合，干群关系空前融洽。

四、实践启示

太原市小店区换届选举实践，在多层面都取得了很好成效，其经验做法值得很好总结。小店区委也进行了深入的总结分析，认为在推进重点难点村改居换届选举，尤其从许西社区换届舆情事件分析，有不少问题值得深入研究思考。

（一）届前研判必须扎实。换届之前深入细致做好社情研判是做好换届工作的前提和基础。在换届启动前，街道、乡（镇）要增强换届主体意识和责任意识，要组织专门力量，逐一深入村居，全面了解把握届期及选前动态，进行选前风险评估，重点对届期社情民意、信访稳定、竞选团队、选委会履职等进行认真分析研判，预测可能出现的问题，并及时采取措施，将矛盾化解在萌芽状态、问题处理在换届选举启动前。

（二）政策宣传必须到位。换届选举前期深入广泛宣传十分必要和关键。要充分发挥舆论作用，广泛宣传发动，使换届选举的法律、法规、政策家喻户晓，为换届选举造势。对干预选举的宗族、帮派和经济公关拉票控票者，要重点加强正面教育，避免极端恶性行为。现阶段特别要突出"增强选民自主、民主和法律意识"，着力加强对群众的教育引导，提高选民综合素质，避免"漠然投票""跟风投票""亲情投票""贿赂投票"，引导群众珍惜权利，行使好投票权。

（三）后续工作必须跟进。农村社区基层相对比较复杂，在换届选举后，要把理顺关系、解除包袱、平衡利益摆在更加突出的位置。街道、乡（镇）主要领导或包村居领导要为当选者主动搭台，加强与落选干部的思想沟通。对因病或年龄偏大等原因落选的村干部，要充分肯定他们过去所取得的成绩，并积极为其解决生活上的实际困难，解除他们的后顾之忧；对因办事不公、作风不正落选的村干部，要谈心交心，使他们从内心认清问题，消除不满情绪和竞选隔阂，理解支持新班子工作；对有一技之长的落选干部，要积极创造倾斜政策，帮助找路子、上项目，发挥带头致富作用。

（四）承诺监督必须持续。在获得支持竞选成功之后，街道、乡（镇）要加强教育引导和监督履职，使当选者以此为工作动力，以改善民生、改造村居环境为己任，积极推行惠民政策，全心全意为群众服务。特别是要加强对换届承诺的台账管理和监督兑现落实，杜绝换届前大肆许愿发誓、大开"空头支票"，当选后一事无成、有位置无作为等情形发生，以满意的答卷回报群众的选择和信任，为在换届选举中争取连任提供有利条件。

（五）另选票样应予明确。在此次换届选举中，关于另选票是否应设计"另选他人"栏引发了争执。《中华人民共和国全国人民代表大会和地方各级人民代表大会选举法》，第九章第三十九条界定：选举人对代表候选人可以投赞成票，可以投反对票，可以另选其他选民，也可以弃权。其执行主体是全国人民代表大会及地方各级人民代表大会代表的选举。《中华人民共和国村民委员会组织法》、《中华人民共和国城市居民委员会组织法》及各省配套制定的《选举办法》等相关法律、法规、政策和基层组织换届业务指导，均未予以明确选票样式。建议依据山西省民政厅对《山西省村民委员会选举办法》第三十八条作出的"另行选举当选人仅限于第一次投票未当选的人员，不能扩大适用范围，降低当选条件"的应用释义，建议明确另行选举不设"另选他人"栏。

（2013年12月《调查与分析》第20期）

后　记

《调查与分析——2012年、2013年政研文集》汇集了中共山西省委政策研究室2012年、2013年的优秀调研报告，凝聚了政研室全体同志两年以来调研工作的成果和精华。在中共山西省委的直接领导下，政研室立足本职、求真务实，从全省政治、经济、文化、社会、生态、党的建设等各个方面深入开展调查研究，为全省发展凝智聚力、出谋划策。有许多报告得到了中央和省领导的批示，有许多建议已经转化为政策、举措得以实施，并在实践当中显出成效。为了进一步使这些调研成果转化为社会产品，扩大其效果和影响力，我们将其结集出版，全部报告按照初始刊发时间排序。由于水平所限及调研报告的时间局限性，书中难免存在疏漏之处，恳请广大读者批评指正。

中共山西省委政研室

2014年5月